胡铭　汪世荣　主编

"枫桥经验"史料整理与研究　第八卷

枫桥经验
矛盾纠纷多元化解机制史料与研究

朱继萍　编著

商务印书馆
The Commercial Press

浙江省文化研究工程指导委员会

主　任
王　浩

副主任
彭佳学　邱启文　刘　非　赵　承
胡　伟　张振丰　任少波

成　员
高浩杰　朱卫江　梁　群　来颖杰　陈柳裕
杜旭亮　陈春雷　尹学群　吴伟斌　陈广胜
王四清　郭华巍　盛世豪　程为民　余旭红
蔡袁强　蒋云良　陈　浩　陈　伟　施惠芳
朱重烈　高　屹　何中伟　沈铭权　吴舜泽

浙江文化研究工程成果文库总序

　　有人将文化比作一条来自老祖宗而又流向未来的河,这是说文化的传统,通过纵向传承和横向传递,生生不息地影响和引领着人们的生存与发展;有人说文化是人类的思想、智慧、信仰、情感和生活的载体、方式和方法,这是将文化作为人们代代相传的生活方式的整体。我们说,文化为群体生活提供规范、方式与环境,文化通过传承为社会进步发挥基础作用,文化会促进或制约经济乃至整个社会的发展。文化的力量,已经深深熔铸在民族的生命力、创造力和凝聚力之中。

　　在人类文化演化的进程中,各种文化都在其内部生成众多的元素、层次与类型,由此决定了文化的多样性与复杂性。

　　中国文化的博大精深,来源于其内部生成的多姿多彩;中国文化的历久弥新,取决于其变迁过程中各种元素、层次、类型在内容和结构上通过碰撞、解构、融合而产生的革故鼎新的强大动力。

　　中国土地广袤、疆域辽阔,不同区域间因自然环境、经济环境、社会环境等诸多方面的差异,建构了不同的区域文化。区域文化如同百川归海,共同汇聚成中国文化的大传统,这种大传统如同春风化雨,渗透于各种区域文化之中。在这个过程中,区域文化如同清溪山泉潺潺不息,在中国文化的共同价值取向下,以自己的独特个性支撑着、引领着本地经济社会的发展。

从区域文化入手,对一地文化的历史与现状展开全面、系统、扎实、有序的研究,一方面可以藉此梳理和弘扬当地的历史传统和文化资源,繁荣和丰富当代的先进文化建设活动,规划和指导未来的文化发展蓝图,增强文化软实力,为全面建设小康社会、加快推进社会主义现代化提供思想保证、精神动力、智力支持和舆论力量;另一方面,这也是深入了解中国文化、研究中国文化、发展中国文化、创新中国文化的重要途径之一。如今,区域文化研究日益受到各地重视,成为我国文化研究走向深入的一个重要标志。我们今天实施浙江文化研究工程,其目的和意义也在于此。

千百年来,浙江人民积淀和传承了一个底蕴深厚的文化传统。这种文化传统的独特性,正在于它令人惊叹的富于创造力的智慧和力量。

浙江文化中富于创造力的基因,早早地出现在其历史的源头。在浙江新石器时代最为著名的跨湖桥、河姆渡、马家浜和良渚的考古文化中,浙江先民们都以不同凡响的作为,在中华民族的文明之源留下了创造和进步的印记。

浙江人民在与时俱进的历史轨迹上一路走来,秉承富于创造力的文化传统,这深深地融汇在一代代浙江人民的血液中,体现在浙江人民的行为上,也在浙江历史上众多杰出人物身上得到充分展示。从大禹的因势利导、敬业治水,到勾践的卧薪尝胆、励精图治;从钱氏的保境安民、纳土归宋,到胡则的为官一任、造福一方;从岳飞、于谦的精忠报国、清白一生,到方孝孺、张苍水的刚正不阿、以身殉国;从沈括的博学多识、精研深究,到竺可桢的科学救国、求是一生;无论是陈亮、叶适的经世致用,还是黄宗羲的工商皆本;无论是王充、王阳明的批判、自觉,还是龚自珍、蔡元培的开明、开放,等等,都展示了浙江深厚的文化底蕴,凝聚了浙江人民求真务实的创造精神。

代代相传的文化创造的作为和精神,从观念、态度、行为方式和价值取向上,孕育、形成和发展了渊源有自的浙江地域文化传统和与时俱进的浙江文化精神,她滋育着浙江的生命力、催生着浙江的凝聚力、激发着浙江的创造力、培植着浙江的竞争力,激励着浙江人民永不自满、永不停息,在各个不同的历史时期不断地超越自我、创业奋进。

悠久深厚、意韵丰富的浙江文化传统,是历史赐予我们的宝贵财富,也是我们开拓未来的丰富资源和不竭动力。党的十六大以来推进浙江新发展的实践,使我们越来越深刻地认识到,与国家实施改革开放大政方针相伴随的浙江经济社会持续快速健康发展的深层原因,就在于浙江深厚的文化底蕴和文化传统与当今时代精神的有机结合,就在于发展先进生产力与发展先进文化的有机结合。今后一个时期浙江能否在全面建设小康社会、加快社会主义现代化建设进程中继续走在前列,很大程度上取决于我们对文化力量的深刻认识、对发展先进文化的高度自觉和对加快建设文化大省的工作力度。我们应该看到,文化的力量最终可以转化为物质的力量,文化的软实力最终可以转化为经济的硬实力。文化要素是综合竞争力的核心要素,文化资源是经济社会发展的重要资源,文化素质是领导者和劳动者的首要素质。因此,研究浙江文化的历史与现状,增强文化软实力,为浙江的现代化建设服务,是浙江人民的共同事业,也是浙江各级党委、政府的重要使命和责任。

2005年7月召开的中共浙江省委十一届八次全会,作出《关于加快建设文化大省的决定》,提出要从增强先进文化凝聚力、解放和发展生产力、增强社会公共服务能力入手,大力实施文明素质工程、文化精品工程、文化研究工程、文化保护工程、文化产业促进工程、文化阵地工程、文化传播工程、文化人才工程等"八项工程",实施科教兴国和人才强国战略,加快建设教育、科技、卫生、体育等"四个强省"。作为文化建设"八项工程"之一的文化研究工程,其任务就是系统研究浙江文化的历史成就和当代发展,深入挖掘浙江文化底蕴、研究浙江现象、总结浙江经验、指导浙江未来的发展。

浙江文化研究工程将重点研究"今、古、人、文"四个方面,即围绕浙江当代发展问题研究、浙江历史文化专题研究、浙江名人研究、浙江历史文献整理四大板块,开展系统研究,出版系列丛书。在研究内容上,深入挖掘浙江文化底蕴,系统梳理和分析浙江历史文化的内部结构、变化规律和地域特色,坚持和发展浙江精神;研究浙江文化与其他地域文化的异同,厘清浙江文化在中国文化中的地位和相互影响的关系;围绕浙江生动的当代实践,深入解读浙江现象,总结浙江经验,指导浙江发展。在研究力量上,通过课题组织、出版资助、重点研究基地建设、加强省内外大院名校合作、整合各地各部门力量等途径,形成上下联动、学界互动的整体合力。在成果运用上,注重研究成果的学术价值和应用价值,充分发挥其认识世界、传承文明、创新理论、咨政育人、服务社会的重要作用。

我们希望通过实施浙江文化研究工程,努力用浙江历史教育浙江人民、用浙江文化熏陶浙江人民、用浙江精神鼓舞浙江人民、用浙江经验引领浙江人民,进一步激发浙江人民的无穷智慧和伟大创造能力,推动浙江实现又快又好发展。

今天,我们踏着来自历史的河流,受着一方百姓的期许,理应负起使命,至诚奉献,让我们的文化绵延不绝,让我们的创造生生不息。

2006 年 5 月 30 日于杭州

目 录

导　论　/　001

第一章　"枫桥经验"大调解体系建设　/　014

1.1　大调解体系建设部署、实施及成效　/　016

1.2　大调解体系的工作体制和机制建设　/　073

1.3　大调解体系的组织和队伍建设　/　153

第二章　基层社会多元化解矛盾纠纷　/　208

2.1　乡镇(街)多元化解矛盾纠纷　/　210

2.2　村(居)多元化解矛盾纠纷　/　277

2.3　基层社会多元化解矛盾纠纷典型事(案)例　/　311

第三章　行业性专业性调解化解矛盾纠纷　/　346

3.1　行业性专业性调解组织建设　/　347

3.2　行业性专业性调解探索实践　/　370

3.3　行业性专业性调解创新发展　/　380

第四章 "诉调对接"化解矛盾纠纷 / 388

4.1 "诉调对接"推动矛盾纠纷多元化解 / 390

4.2 "诉调对接"提升多元解纷质效 / 423

4.3 "诉调对接"多元化解矛盾纠纷典型事例 / 459

参考文献 / 482

编写说明 / 488

导　论

"枫桥经验"的精髓是践行党的群众路线,在党领导下依靠群众将矛盾纠纷化解在基层、化解在萌芽状态。作为中国式基层治理现代化探索的重大经验,新时代"枫桥经验"在党领导下通过多元共治的路径、体系和机制建设,将矛盾纠纷化解在社会基层和萌芽状态,这也是党和国家赋予坚持和发展新时代"枫桥经验"的应有之义。多元共治的路径、体系和机制建设是同塑共筑的关系。在新时代"枫桥经验"的创新发展过程中,加强矛盾纠纷多元化解机制的建设,推动着矛盾纠纷多元共治体系建设,形成了矛盾纠纷多元共治的特色路径。

1. 坚持党的群众路线,将矛盾纠纷化解在基层、化解在萌芽状态

群众路线是党的根本政治路线和组织路线,是中国共产党人区别于其他任何政党的一个显著标志,[1]也是中国共产党领导革命走向胜利的重要法宝。社会主义建设时期,中国共产党一如既往地坚持群众路线,并不断深化群众路线的认识和实践,实现好、维护好、发展好最广大人民的根本利益,领导中国人民迈向了中国特色社会主义新时代。进入中国特色社会主义新时代,习近平指出:"群众路线是我们党的生命线和根本工作路线,是我们党永葆青春活力

---

[1] 毛泽东:《毛泽东选集》(第3卷),人民出版社1991年版,第1094页。

和战斗力的重要传家宝。不论过去、现在和将来,我们都要坚持一切为了群众,一切依靠群众,从群众中来,到群众中去,把党的正确主张变为群众的自觉行动,把群众路线贯彻到治国理政全部活动之中。"党的十九大报告提出,新时代必须始终坚持以人民为中心,把党的群众路线贯彻到治国理政的全部活动之中。新时代新征程,党的二十大报告要求,全党要坚持全心全意为人民服务的根本宗旨,树牢群众观点,贯彻群众路线,尊重人民首创精神,坚持一切为了人民、一切依靠人民,从群众中来、到群众中去,始终保持同人民群众的血肉联系,始终接受人民批评和监督,始终同人民同呼吸、共命运、心连心,不断巩固全国各族人民大团结,加强海内外中华儿女大团结,形成同心共圆中国梦的强大合力。

"枫桥经验"是在中国基层治理中贯彻实施党的群众路线的成功典范。在"枫桥经验"形成和发展的过程中,无论教育改造"四类分子",还是帮扶教育、维护社会稳定、化解社会矛盾纠纷,"枫桥经验"始终坚持党的群众路线,尊重人民主体地位,尊重人民的首创精神,一切为了群众,一切依靠群众,从群众中来,随着不同时期形势变化、党和国家的任务要求不断与时俱进,成为引领党的群众路线的一面旗帜。从诸暨县法院1963年关于调解工作的基本总结和今后任务的报告、1965年诸暨县枫桥人民法庭工作总结,以及草塔公社党委1978年关于推广"枫桥经验"、搞好民事调解工作的经验介绍等来看,在打击敌人、处理人民内部矛盾纠纷的过程中,"枫桥经验"始终坚持党委领导、依靠群众、调查研究、就地解决、调解为主的方针,实现了矛盾不上交。如枫桥法庭在下乡巡回办案时,采取法庭干部、调解组织、群众三结合的方法,依靠基层干部和群众查清事实、摸准当事人的"活思想"、做好思想工作,在半个月时间内解决各种生产权益纠纷两百多件,促进了农业发展。[1]

---

[1] 诸暨县枫桥法庭:《枫桥法庭是怎样依靠群众办案的》,内部资料,1965年8月。

正是坚持和贯彻了党的群众路线，紧紧依靠群众，从群众中来、到群众中去，"枫桥经验"才得以形成和发展，且始终注重群众参与化解矛盾纠纷的机制建设，不断开拓进取。如改革开放之后，"枫桥经验"依靠群众维护社会治理，收到了案件较少、治安稳定、经济发展的效果，枫桥区近十年年均刑事案件法案数和捕人数分别占总人口的万分之二点九六和万分之一点四六，明显低于全省和绍兴市的平均比例，社会稳定，经济发展；[1] 尤其是党的十八大以后，"枫桥经验"坚持贯彻党的群众路线，依靠群众多元解决矛盾纠纷，将矛盾纠纷化解在基层、化解在萌芽状态，做到"小事不出村、大事不出镇、矛盾不上交"，形成了新时代"枫桥经验"。[2]

2. 充分发挥人民调解在矛盾纠纷多元化解机制中的前端和基础性作用

作为中国特色社会主义建设过程中形成并不断发展完善的纠纷解决方式，人民调解发轫于第二次国内革命战争时期，经过抗日战争、解放战争以及1949年之后社会主义革命与建设，现已成为我国社会治理的基本制度内容，对经济社会的稳定发展具有重要意义并发挥了重要作用。"枫桥经验"在矛盾纠纷多元化解机制建设过程中，将人民调解作为依靠群众的重要渠道，始终重视人民调解工作，充分发挥其在化解矛盾纠纷中的重要作用，形成了人民调解的"枫桥经验"。

早在20世纪50年代，诸暨乡镇就已建立了各级调解组织。1958年6月，全县64个乡镇调解委员会（简称"调委会"）全部更名为调处委员会，848个农

---

[1] 浙江省公安厅、绍兴市公安局联合调查组：《紧紧依靠群众维护社会稳定——枫桥区在新形势下坚持和发展"枫桥经验"的调查报告》，1990年5月1日，载浙江省诸暨市公安局编：《枫桥经验三十年》，内部资料，1993年，第67页。

[2] 作为"枫桥经验"发源地之一的枫桥镇枫源村，已连续18年实现"群众零上访、干部零违纪、百姓零刑事、村民零邪教"。对此，当地干部介绍说，"零上访"不是说村里没有事儿，而是不等到村民上访，村干部就先上门，把该解决的事儿解决好。参见马剑、吴帅帅：《历久弥新的"枫桥经验"》，https://baijiahao.baidu.com/s?id=1777655810034152277&wfr=spider&for=pc。

业社（村）建立了调处小组。1961年后恢复原称，此后诸暨的人民调解发展相对迅速。1962至1965年期间，全县基层调解组织从827个发展到1263个，调解干部也从4534人发展到5597人。为了有效预防和化解基层矛盾纠纷，诸暨县人民法庭在枫桥区委的领导下积极指导、监督并帮助人民调解组织开展活动，依靠群众自我教育，就地及时解决人民内部矛盾，做到了矛盾不上交。

改革开放之后到90年代初期，诸暨的人民调解恰逢融"打、防、教、管、建"于一体的社会治安综合治理的"枫桥经验"形成之契机，呈现出迅猛发展之势。1981年，诸暨组建县司法局，将管理人民调解工作作为司法局的主要任务。在司法局开展的有重点的调整和整顿基层调委会以及在乡镇建立调解办公室等措施的积极推动下，至1991年，诸暨的人民调解委员会已发展到1453个，涉及乡镇、行政村、居委会、企事业单位等，调解纠纷的总数达10.4万件。相比此后20年的统计数据，这一时期（1981—1991）可谓诸暨人民调解发展的辉煌时期。究其原因，是国家在改革开放初期针对人民调解出台了一系列专门或相关的"助推"规定，如宪法、法律、法规、规章以及规范性文件，加之中国的民主和法制建设刚刚开始，司法在民事审判中的权威尚未建立，解决纠纷的效果有限。在如此情形下，尽管中国随着改革开放的发展已经开始了从熟人社会向陌生人社会的转型，但这个过程进展缓慢且受上述因素的影响，人们在发生矛盾纠纷时诉诸人民调解的惯性依赖没有太大的改变。更重要的是，在诸暨，关于社会治安综合治理的"枫桥经验"要求依靠群众、就地化解矛盾纠纷和一般治安案件，将人民调解委员会的建设及其调解工作置于重要地位，有力助推诸暨的人民调解委员会建设及其调解工作的发展。

20世纪90年代至21世纪初期，与人民调解在全国陷入低迷相反，诸暨的人民调解因"枫桥经验"而开展得有声有色且不断创新和发展。这一时期，为了满足"枫桥经验"在社会治安综合治理中通过建立部门协同和村镇联动的机制来预防矛盾、通过人民调解来化解矛盾的需要，诸暨对人民调解委员会及其工作进行了全覆盖的规范化、制度化和标准化建设。如 1996 年,诸暨以开展"基层建设年"为契机,成立了"人民调解协调中心"以加强基本调委会标准化建设,对镇乡调解工作实行规范化管理,形成了市、镇(乡)、片、村四级调解网络;2000 年,诸暨已在 35 个镇乡全部建立调解中心,形成镇乡有调解中心、办事处有调解小组、村里有调委会、村民小组有联络员的纵向到底、横向到边的调解组织网格,将调解组织的触角彻底伸入人民基层、深处和内部,组成了全面覆盖、不留死角的调解协调网络;2003 年,诸暨开展以"五有四落实"(即有办公场所、标牌、印章、记录、统计台账,落实组织、制度、工作、报酬)为标准的工作检查。并因地制宜地创新出调解工作的很多机制和方法,如枫桥镇调委会于 1984 年摸索出"六个优先、六个心"的工作方法,又于 1988 年进行了防纠纷发生、防民转刑、防非正常死亡的"三防"试点,促进人民调解工作实现从单纯处理型向主动预防型转变、从平息一般纠纷向防激化转变、从和事佬调解方法向依法调解和提供法律帮助转变,也即所谓"三转变"。

2008 年之后,随着"枫桥经验"的发展,在工作机制和方法创新的同时,诸暨的人民调解委员会的调解模式也步入创新发展时期。尤其是 2010 年以后,作为全国 35 家社会管理创新综合试点单位之一,诸暨市开始探索并积极构建发挥人民调解委员会的前端和基础性作用的"大调解"体系,一方面夯实人民调解委员会在大调解体系中的基础作用,在纵向上形成社会矛盾纠纷"大调解"体系建设领导小组领导的、市人民调解工作中心指导的市、镇、村三级人民调解网络,在横向上则建立健全市联合人民调解委员会以及各专业性、行业性人民调解委员会;另一方面进一步完善人民调解委员会调解与司法调解、行政调解、检察和仲裁工作、信访工作的衔接互动。2015 年,诸暨在健全基层人民调解组织的基础上加强社会化调解组织建设,推进乡贤志愿者、新闻媒介、仲裁员等多元力量参与人民调解,并推动政府购买服务、调解类社会组织孵化等社会化运作,又于 2016 年加强人民调解志愿者队伍建设。2017 年,诸暨市司法局着力构建以人民调解为基础,由政府、社会和专业力量共同参与的"人民调解+"专家、品牌、志愿、联动、互联网模式。同年,诸暨市法院成为浙江省开展律师调解试点工作的试点法院,对全市参加律师调解的律师开始进行有组织、分批次开展平台运用以及律师调解工作的动员和培训。时至今日,诸暨人民调解已经由单一调解向多元调解发展,正在打造以人民调解委员会调解为基础,行政调解、司法调解、律师调解以及在"人民调解+"专家、品牌、志愿、联动、互联网模式建设过程中形成的多类调解相互衔接或者配合、传统方法与现代方式结合的高效化解矛盾纠纷的体系、机制和方法,以充分发挥人民调解在基层社会治理中的作用。

总体而言,"枫桥经验"作为中国基层社会治理的经验,立足基层抓基础始终是其坚守,重视并充分发挥人民调解委员会在基层社会治理中化解矛盾纠纷的前端和基础性作用是其特色。党的十八大以来,诸暨市不断健全完善和改进各级人民调解委员会的组织、工作机制和方法的建设,并在各乡镇设立了直属司法所用以加强对基层人民调解委员会工作的指导,进行拓展和深化人民调解委员会调解的各种探索实践,夯实了传统村(居、社区)人民调解员及其调解工作在矛盾纠纷多元化解中的基础地位。经过改革开放以来持续不断的努力,诸暨市的基层人民调解委员会建设及其调解工作已走在全国前列,人民调解与其他调解形式对接或配合所形成的新模式也发展得很快,在化解社会矛盾纠纷方面可谓是独当半壁江山,并因此形构了人民调解的"枫桥经验"。

3. 建设大调解体系推动矛盾纠纷多元化解机制创新发展

大调解体系由江苏南通率先建设,因其既继承了中华传统调解文化,又回应了新时期社会矛盾纠纷急剧增长并日益复杂化的状况,为其他地区所借鉴,之后被推向全国。诸暨市大调解体系的建设虽是在江苏做法推广到全国的大背景下展开的，但又是紧紧把握时代搏动创新发展"枫桥经验"的产物，在历史轨迹、模式及机制等方面呈现出不同于其他地方的特色，书写了新时代"枫桥经验"矛盾纠纷多元化解机制新篇章。

"枫桥经验"大调解体系建设是在党委领导下，政府负责、社会协同、群众参与，各方各司其职、各负其责，协调协同完成的。根据2002年的报道，除一以贯之地注重发挥基层调解组织第一道防线的作用、重视抓好对基层调解队伍的工作指导外，诸暨市法院枫桥法庭还不断创新发展诉讼与其他解纷方式之间的协调对接，如积极为司法人员提供法律建议，与辖区的公安、交警、工商、税务等政府部门制定解决纠纷的"联系卡"等。[1]应该说，这为大调解体系构建和机制建设奠定了基础。

在大调解体系的构建过程中，党委统领对大调解体系和机制建设发挥了关键和重要作用。早在2004年，诸暨市委、市政府发布《关于创新"枫桥经验" 创建"平安诸暨"的实施意见》时，就要求形成和完善源头治理、信息预警、分级负责、归口调处、领导包案、督察督导的联动工作机制。2008年以后，诸暨市委、市政府发布了很多推动大调解体系建设的重要文件：既有宏观的政策文件，如《关于坚持发展"枫桥经验" 深化"平安诸暨"建设的意见》(2010)、《关于成立诸暨市社会矛盾纠纷"大调解"体系建设领导小组的通知》(2012)、《关于进一步深化完善社会矛盾纠纷"大调解"体系建设的实施意见》(2012)；又有衔接联动机制建设的指导文件，如《关于建立健全行政调解与人民调解衔接机制的意见》(2015)、《关于建立人民调解志愿者队伍 大力开展志愿服务活动的实施意见》(2016)等。

诸暨市社会矛盾纠纷"大调解"体系建设领导小组调解办公室（简称"大调解办"），诸暨市社会治安综合治理办公室（简称"综治办"），诸暨市司法局、

---

[1]《枫桥法庭深化发展"枫桥经验"出成效》，《诸暨日报》2002年10月29日，第3版。

检察院、人民法院、公安局也联合发布了许多关于实施大调解体系建设、衔接（对接）联动或甄别疏导机制建设的规范性文件，如诸暨市检察院、司法局《关于检调对接工作的规定》（2012），诸暨市法院、信访局、司法局《关于建立信访纠纷化解联动机制的意见》（2014），诸暨市综治办、大调解办、司法局《关于建立矛盾化解甄别疏导机制的实施意见》（2015）。正是在这些政策性或实施性文件的指导下，有关部门、单位和组织积极响应，社会广泛协同，群众踊跃参与，诸暨市大调解体系建设得以顺利推进并不断创新发展。

在诸暨市委领导下，新时代"枫桥经验"将现代信息技术应用于矛盾纠纷多元化解之中。大调解机制建设从"线下引导"发展到"线下引导与线上分流相结合"，通过数字化智能化助推社会矛盾多元化解的社会化、专业化和法治化建设。2022年以后，借助社会治理中心的枢纽平台建设，诸暨市开展了矛盾纠纷多元化解的数字化智能化建设，在不断优化矛盾纠纷化解协同机制的同时将调解大数据应用于矛盾源头治理，助力"枫桥经验"矛盾纠纷多元化解大调解格局治理更加效能化，走在了全国前列。

综上所述，如果没有诸暨市委统领、政府负责，相关部门的积极组织、大力推动并提供充分的支持和保障，"枫桥经验"矛盾纠纷多元化解体系就无法以大调解体系建设为契机，经过有序构建、高效推进而形成新时代矛盾纠纷多元化解的大调解格局。如果没有社会协同和公众参与，"枫桥经验"矛盾纠纷多元化解的大调解格局也不可能形成，更不可能实现将矛盾纠纷化解在基层和源头的目标追求。

4. 加强行业性专业性调解应对新时代矛盾纠纷多元化解新挑战

转型时期的社会矛盾纠纷呈现出复杂化和专业化趋势，为应对这种情况并有效解决矛盾纠纷，在建设覆盖市、镇乡（街道）、村（居、企）三级人民调解纵向体系的同时，诸暨市也开展了覆盖各领域、各行业及社会管理各方面的人民调解横向网络体系建设,包括市级层面的行业性、专业性人民调解委员会建设。2008年至今,诸暨市本着"成熟一个、发展一个、设立一个、运作一个、见效一个"的原则,逐步建立起涵盖多个领域的17家行业性专业性人民调解组织,如联合人民调解委员会、医疗纠纷人民调解委员会、劳动争议人民调解委员会、婚姻家庭纠纷人民调解委员会、道路交通事故人民调解委员会、消费纠纷人民调解委员会、总商会人民调解委员会、学生伤害纠纷人民调解委员会、环境保护人民调解委员会、物业纠纷人民调解委员会、江西商会人民调解委员会、电力纠纷人民调解委员会、装修业协会人民调解委员会等。行业性专业性调解组织解决行业性专业性领域矛盾纠纷效果明显,尤其在道路交通事故、医疗纠纷和婚姻家庭、涉电矛盾纠纷等领域,更是发挥了纠纷解决第一道防线和主渠道的作用。

如2008年12月1日,诸暨市根据浙江省司法厅、卫生厅的部署,率先成立了诸暨市医疗纠纷人民调解委员会(以下简称"医调委"),创造性地将人民调解机制引入医疗纠纷化解。得益于专业的人民调解员(辅之以专家库专家)的帮助以及完善的"医疗风险金"制度,尽管医疗纠纷相对复杂,医调委的调解仍取得了良好效果,连续多年实现"零上访"。2010年,诸暨市医调委被司法部命名为"全国模范人民调解委员会"。又如道路交通事故人民调解委员会成立于2012年8月,包括市交通事故人民调解中心(简称"交调中心")和各交通中队设立的8个交通事故调解室,内设事故受理室、行政调解室、人民调解室、交通法庭、法律服务室、价格认证室、保险理赔大厅和警务室。公安、司法、法院、保险、发改等五个部门进驻交调中心,根据各自职责开展交通事故的行政调解、人民调解、司法调解、审理判决、保险理赔、车损定损、法律服务等工作,完善受理、调解、法律服务、物品估价、保险理赔"一站式"化解机制,构建了"五位一体"齐抓共管新格局,形成了行政调解、人民调解与司法调解"三调联动"的大调解格局。

诸暨市在建立健全行业性专业性调解组织的同时，从各个方面加强其制度建设，通过强化专业性来保证其权威性，从而保证有效地调解社会矛盾纠纷。首先，以制度建设为先，综合施策，追求最佳效果。例如，针对医疗事故专业调解，早在2008年10月，诸暨市就出台了《诸暨市医疗纠纷预防和处置暂行办法》《关于建立诸暨市医疗纠纷人民调解委员会的工作意见》，要求卫生、司法行政、公安、财政和法院等部门密切配合，齐抓共管，为有效化解医疗纠纷提供强力支持。针对交通事故专业调解，诸暨市先后出台了《关于建立诸暨市道路交通事故调解中心的通知》《道路交通事故案件流转程序及各类案件材料要求的有关规定》，建立了高效、便捷的纠纷处理流程和规范的运作制度。交通事故发生后，由交警部门接警处理，出具责任认定书，并根据双方当事人意愿进行行政调解；人民调解委员会对一般程序处理的道路交通事故纠纷案件或不愿行政调解的案件，依法进行调解；价格认定室对受损车辆及其他物品及时做出估价。建立调解结果的回访制度、廉政建设制度等，确保纠纷解决的效果，充分体现人民调解的公正性。

其次，狠抓专业人民调解员队伍建设，建立专、兼结合的行业人民调解员队伍。如医疗调解室从医院、法院的退休人员中聘任医学、法学等拥有专业知识并热心人民调解工作的同志为专职人民调解员，专门从事医疗纠纷的调解；还聘请所辖区镇乡（街道）的司法所所长为兼职人民调解员，参与协助医疗纠纷调解工作；并从专家库中选择专家，实行"1+1"组合轮流"坐堂会诊"，发挥专业优势，以独立第三方的身份，提出客观评估意见，保证人民调解的专业性。道路交通事故调解人民委员会聘请的专职人民调解员需要接受为期一周的上岗培训，并进行半年市交警大队的分组轮岗实习，以确保处理交通事故纠纷的高能力和高水平；建立月例会制度，组织开展业务训练、疑难案件探讨、经验交流等活动；坚持"专业矛盾专家调"的工作模式，增强人民调解的专业性和权威性，这些对化解矛盾纠纷起到了积极的作用。

最后,建立专业的行业调解程序,确保人民调解员以第三方身份开展调解并取得实效。如将道路交通事故调解案件分为四类——现场解决案件、简易程序案件、一般程序案件和重大事故案件,按照"统一受理、审核登记、分类移交、案件处理、分类归档"标准进行运作,建立了规范的内部工作流程,即"统一受理登记,分组调解,按时销案,统一编号归档,定期回访"。此外,针对交通事故纠纷解决的成效,设计了"纠纷调解反馈表",使当事人有机会对纠纷调解的效果进行评价;对于调解成功的案件,当场签订调解协议,并督促当场兑现,对于涉及分期给付的,则引导双方当事人申请司法确认;还通过电话回访等形式,跟踪了解协议的履行情况,巩固调解成果。努力践行"一站式服务""最多跑一次"的高效服务模式,实现一般事故 1—2 小时解决,重大事故 2—3 天结案。

5. 完善"诉调对接"推进矛盾纠纷多元化解机制建设提质增效

"诉调对接"是一种将诉讼与人民调解、仲裁、行政调解及其他非诉讼纠纷解决方式相衔接,从而便捷、灵活和高效地化解社会矛盾纠纷、维护社会和谐稳定的纠纷解决机制。2009 年,最高人民法院印发《关于建立健全诉讼与非诉讼相衔接的矛盾纠纷解决机制的若干意见》(以下简称《若干意见》),要求"充分发挥审判权的规范、引导和监督作用,完善诉讼与仲裁、行政调处、人民调解、商事调解、行业调解以及其他非诉讼纠纷解决方式之间的衔接机制""充分发挥人民法院、行政机关、社会组织、企事业单位以及其他各方面的力量,促进各种纠纷解决方式相互配合、相互协调和全面发展,做好诉讼与非诉讼渠道的相互衔接"。之后,地方法院纷纷开展"诉调对接"机制建设的实践探索。2012 年,最高人民法院又发布了《关于扩大诉讼与非诉讼相衔接的矛盾纠纷解决机制改革试点总体方案》,要求越来越多的地方法院加入这个探索之中,以创新人民法院参与社会管理的方式、整合解决纠纷的各种力量,为人民群众提供更多可选择的纠纷解决渠道。

早在2008年10月也即最高人民法院《若干意见》发布之前,诸暨市委办公室、市政府办公室就发布了《关于建立人民调解与民事诉讼衔接联动机制的工作意见》,要求:在市人民法院及基层法庭设立相应的人民调解委员会,作为民事诉讼与人民调解工作衔接沟通的平台;在市人民法院设立联合人民调解委员会,由市司法局聘请专职人民调解员开展工作,各基层法庭与相应的镇乡(街道)调委会相衔接;上述人民调解委员会的主要职责是宣传人民调解、受理诉前民事纠纷并开展调解,接受法院(庭)委托调解民事纠纷、协助人民法院(庭)参与调解工作。

2010年8月以后,诸暨市开始积极尝试构筑人民调解、司法调解、行政调解于一体的大调解工作格局。这之后,为有效化解社会矛盾纠纷,诸暨市不断探索创新加强和完善人民调解及其与行政、司法、检察及社会的衔接互动的工作和建设,除强调人民调解队伍建设、机制完善和工作加强外,还提出了按照"衔接顺畅、配合有力、协调联动、优势互补"的工作流程,加强人民调解、行政调解、司法调解相互衔接配合的工作流程、对接程序、效力确认等制度和机制建设,切实发挥社会矛盾"大调解"工作的综合优势和整体效能。2016年9月,浙江省高级人民法院印发《关于建立健全"大立案、大服务、大调解"机制的指导意见》,要求发挥人民法院在矛盾纠纷多元化解机制中的引领作用。根据浙江省高院的要求,诸暨市人民法院主动争取党委、政府的支持,加强同司法行政部门、人民调解组织及相关部门的联系协作,组建以未入额法官为主体、入额法官为辅助的调解团队,建立引导调解、特邀调解和法官调解"三调合一"的大调解工作机制,通过诉前化解、立案调解、简案速裁、提高调解协议的司法确认比例等方式,形成非诉与诉讼有机衔接的一体式矛盾纠纷多元化解格局。

2018年1月,诸暨被浙江省综治委确定为全省"在线矛盾纠纷多元化解平台"（ODR）先行运行地区，诸暨市法院为平台运行的负责方。为了全面打造在线运行的"诉调对接"平台，实现"群众最多跑一次，甚至不用跑"的目标，诸暨市成立了推广"在线矛盾纠纷多元化解平台"工作领导小组，组长由市委副书记、政法委书记担任，副组长由市法院院长、市委政法委副书记、市司法局局长担任，各镇乡、街道、有关职能部门分管领导为成员，同时成立由相关职能部门同志参加的工作专班；工作专班设在法院诉讼服务中心，负责平台运行的日常管理和指导工作，并组织实施上线运行工作方案，整合辖区在线调解资源上线，引导适合线上解决的线下纠纷到平台上解决。ODR 的运行为群众提供了低成本、高效率的解纷途径，成为"枫桥经验"在新时代创新发展的亮点。

2018 年至今，诸暨法院深度融入党委领导的基层社会治理。为了做到坚持抓小抓早，推动非诉讼解纷机制作为群众解纷的首选，把矛盾纠纷化解在基层和萌芽状态，诸暨法院一方面主动融入基层社会治理，推动党委将"万人成讼率"纳入平安考核和除险保安亮晒清单，建立类案诉源治理例会制度，构建"个案办理—类案溯因—系统治理"的司法建议精准制发模式；推动市政府出台意见落实调解员"以奖代补"政策，服务衔接基层自治组织，培育民间调解志愿力量。另一方面，指派调解指导团队入驻社会治理中心，建立法官定向指导联络机制，提升调解员专业水平；设立由退休法官等老干部组成的"天平调解"，开展对疑难复杂案件的二次解纷，切实提高诉前纠纷实质化解率。

由上述可见，以"诉调对接"为抓手，诸暨市走出了一条充分发挥人民调解的基础性作用，将诉讼与非诉讼形式有机结合，高效化解社会矛盾纠纷的特色之路，形成了"诉调对接"的"枫桥经验"。

第一章
"枫桥经验"大调解体系建设

　　大调解体系是在党委领导下,由政府负责,相关部门和单位各司其职,社会各界、基层群众广泛参与,人民调解、行政调解与司法调解衔接联动,调防结合、以防为主、多种手段、协同作战,所形成的有效预防化解社会矛盾纠纷的多元联动体系。本章主要选取诸暨市自2008年以来大调解体系建设的史料文献,先按大调解体系建设部署、实施及成效,大调解体系的工作体制和机制建设,大调解体系的组织和队伍建设三大主题进行分类,各再细分为不同主题类,之后按时间顺序辑录。

　　大调解体系建设部署、实施及成效的史料文献分为诸暨市委、市政府大调解体系建设的政策性文件,大调解体系建设的实施文件,大调解体系建设工作成效三类。(1)关于诸暨市委、市政府大调解体系建设的政策性文件,收录了从2010年到2021年的史料文献,记录了诸暨市委、市政府关于大调解体系建设或与此密切相关的意见,如加强人民调解工作、加强新时代调解工作建设。(2)关于大调解建设的实施文件,收录了从2015年到2022年的史料文献,记录了诸暨市综治办、大调解办、司法局等部门或机构就建设预防化解社会矛盾纠纷多元联动机制所发布的实施性文件。(3)关于大调解体系建设工作成效,收录了从2008年到2017年的史料文献,记录了多元联动机制建设得到浙省政法委肯定,"四线组合"大调解体系构建为《求是》所报道,以及诸暨市司法局在2016年对健全完善大调解体系所做的总结,这些都表明大调解体系建设在矛盾纠纷多元化解方面取得了良好效果。

大调解体系的工作体制和机制建设的史料文献分为领导或指导机构及平台建设、衔接联动或对接机制建设、矛盾纠纷化解甄别疏导机制建设、矛盾纠纷多元化解数字化智能化建设四类。(1)关于领导或指导机构及平台建设,收录了从2012年到2022年的史料文献,记录了成立社会矛盾纠纷"大调解"体系建设领导小组、社会矛盾纠纷调处化解中心,以及诸暨市社会矛盾纠纷调处化解中心更名为诸暨市社会治理中心等。(2)关于衔接联动或对接机制建设,收录了从2008年到2020年的史料文献,记录了诸暨市开展人民调解与民事诉讼、检调对接、行调衔接、访调对接、衔接联动机制建设,以及构建调解、监察、仲裁、诉讼、执行有机衔接机制推动工资维权"一件事"改革。(3)关于矛盾纠纷化解甄别疏导机制建设,收录了从1998年到2023年的史料文献,记录了诸暨市从采取"四前"工作法到建立矛盾化解甄别疏导机制,依托社会治理中心建立一窗受理、调解对接、领导领办、督办指导、联动指挥、分析研判的矛盾纠纷解决机制。(4)关于矛盾纠纷多元化解数字化智能化建设,收录了从2017年到2021年的史料文献,记录了诸暨市从建成由上至下分级管理的微信塔群到推进矛盾化解的数字化与智能化的发展过程。

大调解体系的组织和队伍建设史料文献分为治调组织或调解员队伍建设、人民调解员管理和考核机制建设、人民调解"以奖代补"机制建设三类。(1)关于治调组织或调解员队伍建设,收录了从1990年到2015年的史料文献,记录了诸暨市不断创新发展群防群治队伍建设的历程。(2)关于人民调解员管理和考核机制建设,收录了从2011年到2023年的史料文献,记录了诸暨市做好专(兼)职人民调解员的选聘以及人民调解员的管理和考核机制建设实践。(3)关于人民调解"以奖代补"机制建设,收录了从2008年到2020年的史料文献,记录了诸暨市建设并不断完善人民调解"以奖代补"机制的实践。

1.1 大调解体系建设部署、实施及成效

1.1.1 大调解体系建设的政策性文件

1.1.1.1 诸暨市委、市政府关于坚持发展"枫桥经验",深化"平安诸暨"建设的意见

提要:《关于坚持发展"枫桥经验" 深化"平安诸暨"建设的意见》将开展社会矛盾化解作为"平安诸暨"建设的重要工作内容之一,要求强化综治工作中心在民情信息收集、矛盾纠纷化解、社会治安防控、重点人群管理、法制宣传教育等方面的功能,完善维稳工作机制,推行社会稳定风险评估和备案制度;畅通信访渠道,规范信访秩序;开展矛盾纠纷和不稳定因素排查调处工作,力争从源头解决矛盾;落实基层人民调解"以奖代补"措施、鼓励建立个人调解工作室;筹建市人民调解联合委员会,建好专业调解中心;基层人民法庭建立诉前调解工作室,公安派出所建立治安调解工作室,形成专业化、多元化的大调解格局;提高社会组织、新经济组织参与社会稳定工作的水平。

中共诸暨市委 诸暨市人民政府
关于坚持发展"枫桥经验" 深化"平安诸暨"建设的意见[1]

各镇乡党委、政府,各(街道)党工委、办事处,市级机关各部门,市属企事业

---

[1] 诸暨市委〔2010〕25号,2010年2月20日印发。

单位：

为认真贯彻落实党的十七届四中全会精神和中办、国办《关于深入推进社会矛盾化解、社会管理创新、公正廉洁执法的意见》（中办发〔2009〕46号）精神，切实维护全市社会和谐稳定，经研究，现就坚持发展"枫桥经验"、深化"平安诸暨"建设提出如下意见。

一、指导思想和总体要求

以科学发展观为指导，认真贯彻党的十七大和十七届四中全会精神，坚持和发展"枫桥经验"，以深化"学枫桥、保稳定、促发展"主题实践活动为抓手，以探索创新基层"和谐促进"工程为载体，全力夯实基层基础，着力解决薄弱环节，高标准推进"平安诸暨"建设，为经济社会又好又快发展提供稳定和谐的社会基础。

2010年，力争平安乡镇（街道）达标率100%，人民群众安全感满意率达到95%以上，不发生严重影响社会稳定的平安建设一票否决事件。围绕上述总体目标，要重点把握四个方面：紧紧围绕市委、市政府"创业创新、富民惠民"工作主题，主动服务经济发展第一要务；紧紧围绕社会和谐稳定，主动实施"护航护城"两项工程；紧紧围绕基层基础建设年活动，主动推进社会矛盾化解、社会管理创新、公正廉洁执法三项重点工作；紧紧围绕坚持发展"枫桥经验"，主动深化和谐促进系列创建，进一步形成上下联动、点面并重、共享共建的创建格局。

二、工作内容

（一）扎实开展基层基础建设年活动，切实提高"枫桥经验"创新发展水平

严格执行《诸暨市基层综治工作基本规程》，进一步加强基层综治组织建设，规范基层综治组织运作。巩固镇乡（街道）综治工作中心规范化建设，配齐配强镇乡（街道）平安综治工作专职领导力量和工作人员，坚持实行"十加X"运作模式，实行信访事项和矛盾纠纷一站式受理，在完善平安创建"五联机

制"的基础上,切实强化综治工作中心在民情信息收集、矛盾纠纷化解、社会治安防控、重点人群管理、法制宣传教育等方面的功能,使之成为基层各部门、各单位协作配合、便民利民的高效平台。紧密结合新农村建设和系列民生工程,进一步加强行政村(社区、企业)综治组织建设,建好"一站两会三组五员",即综治工作站,治保会、调委会、应急工作组、流动人口服务管理组、社区矫正组,治调信息员、综治(信访)信息员、安全信息员、法制宣传员、社情信息员等,切实提高村级综治组织的软硬条件和整体水平。大力深化基层综治管理网格化模式,全面推进农村综治、社区警务、社会人管理、安全生产、土地管理和应急工作等大网格建设,由社区民警、驻村指导员、流动人口协管员、安全监管员、土地管理员、综治信息员、网格联络员"一警六员"组团,实行网格化管理、组团式服务,推动平安创建网络向最末端拓展延伸。深化"八创八进""平安四区""三创三评"等基层创建活动,加强亮点培育,促进基层平安建设整体水平的提高。充分利用广播电视、报刊、宣传栏等传统阵地,用活用好互联网、手机短信等新型媒介,全面深入开展"平安诸暨"建设宣传工作,切实增强广大群众的平安建设知晓率和参与率。

(二)扎实开展社会矛盾化解,积极做好"护航护城"工作

进一步完善维稳工作组织领导、责任分解、预警排查、调处终结、通报考核等机制,建立健全社情民意调查机制,落实重大群体性事件隐患专案经营机制,积极推行社会稳定风险评估和备案制度。畅通信访渠道,规范信访秩序,重视初信初访,深化包案调处制度,完善领导下访、约访等"五访"办法,积极破解信访积案。定期不定期开展矛盾纠纷和不稳定因素排查调处工作,加强维稳信息报送和研判,力求获取深层次、内幕性信息,力争从源头解决矛盾。进一步落实基层人民调解以奖代补措施,健全量化评比工作,鼓励建立个人调解工作室,切实提高人民调解工作水平。积极筹建市人民调解联合委员会,借鉴推广市医疗纠纷人民调解委员会和市人民法院诉前调解工作经验,建立科

学的组织架构、可靠的保障体系和规范的运作模式,建好劳资矛盾、交通事故处理、消费侵权、老人妇女权益损害等专业调解中心。全市基层人民法庭建立诉前调解工作室,公安派出所建立治安调解工作室,形成专业化、多元化的大调解格局。加强隐蔽战线斗争,深入打击各类邪教,依法取缔非法宗教活动。借鉴奥运会和国庆60周年安保工作经验,积极实施上海世博会"护城河"工程,加强情报信息收集研判,加强重点对象排查管控,努力就地稳控和解决不稳定因素,以我市的安全稳定为上海世博会、第六届世界合唱比赛和广州亚运会的安全顺利举办做出贡献。

(三)扎实开展社会管理创新,积极推进"和谐促进"工程

按照"党委领导、政府负责、社会协同、公众参与"的要求,进一步创新完善基层社会管理服务机制。深入贯彻《浙江省流动人口居住登记条例》,调整完善流动人口服务管理体制,加强流动人口协管员队伍建设,全面实行居住登记和居住证制度,落实出租房屋管理、重点人员管控、信息平台建设等措施。逐步解决流动人口就业、居住、就医、子女入学等民生困难。深化归正人员安置帮教和社区矫正工作,组织开展重点青少年群体排查摸底专项行动,加强对精神病人、违法犯罪的艾滋病患者、吸毒人员等高危人群的管控,强化吸毒成瘾者社区维持治疗工作,及时做好教育管理和服务。注重虚拟社会管理,完善网络舆情发布、引导和快速反应机制。积极实施综治进新社会组织工程,提高社会组织、新经济组织参与社会稳定工作的水平。加强安全生产管理,继续加大酒后驾车查处力度,规范农村道路交通社会化管理,抓好黑点路段整治,大力加强以公共集聚场所、"三合一"企业、居住出租房屋、高层地下建筑为重点的消防安全隐患排查整改,全力降压各类安全生产事故。强化重大节会活动安全管理,推进"十小"行业质量安全整治,做好重大动植物疫病防治,加强公共突发事件应急管理,确保人民群众生命财产安全。

(四)扎实开展社会治安综合治理,积极服务经济平稳较快发展

紧密把握"黑恶必除、命案必破、两抢必打、逃犯必追、事故必防"主线不放松,组织开展治安重点地区排查整治活动,深入推进打黑除恶和打击盗抢犯罪行动,严厉打击各类刑事犯罪。进一步完善警务网格、综合巡防、信息预警、基层稳控、阵地管控等五大机制建设,组织开展界面防控网格化、社区防范物业化、场所防范保安化、网络防范常态化、阵地控制秘密化、重点部位技防化、农村防范群众化等"七化"防控工程建设,建强专业治安巡防队伍,提高见警率。把社会治安科技防范体系建设纳入城市发展基本建设规划,探索实行市场化、专业化运作模式,逐步新建和更新市区和重点集镇社会治安动态视频监控系统,建设视频信息共享平台。积极推进技防进社区活动,重点单位、要害部位和新建居民小区基本安装使用报警或监控设施,切实提高重点部位技防覆盖率和居民小区技防普及率。建好平安志愿者、护村队、护厂队、治安楼栋长等群防群治队伍,积极参与社会治安防控、社区矫正、消防、禁毒、法制及平安宣传等相关工作。严厉打击集资诈骗、非法吸收公众存款等涉众型经济犯罪,慎重稳妥处理涉企案件。加强对企业的全方位法律安全服务,提高企业抵御经济风险的能力。

(五)扎实开展"法治诸暨"建设,积极提供惠及全市的法治保障

坚持在党的领导下,健全完善人大监督法律实施的有效工作机制,切实加强对依法行政工作的组织领导,巩固行政审批制度改革成果,全面实行政府信息公开,推进机关效能建设,深化公共服务,有力推进依法行政进程,进一步提高科学决策水平,全面打造法治型政府。深化社会主义法治理念教育,建立完善司法机关信息化执法办案机制,严抓执法培训、规范执法、执法监督和考核导向,大力推进文明执法、"阳光执法",切实提高开放、透明、信息化条件下的执法公信力,营造公正廉洁的执法环境。综合治理执行难问题,持续加大司法救助力度,全力解决涉法涉诉信访问题,实现法律效果和社会效果的有机统

一。深化"一村一法律顾问"工作,推进法律援助扩面工程,提升法律援助服务质量。深化"五五普法",加强对干部、学生、农民等重点人员法制宣传教育。健全基层党组织领导的基层群众自治机制,争创一批优质"民主法治村(社区)",不断增强广大干部群众依法办事能力,从源头上预防矛盾产生。

三、工作要求

1. 加强组织领导。各级各部门要牢固树立"发展是第一要务、稳定是第一责任"的理念,切实增强大局意识、忧患意识和责任意识,把维护社会稳定工作放到更加突出的位置,严格落实领导责任和"一岗双责"工作责任,加强协作配合,形成工作合力,一级抓一级、层层抓落实,确保全市大局稳定和谐。

2. 完善工作机制。探索实行建设"平安诸暨"领导小组和综治委成员单位述职、市平安办分片联系指导等工作制度,进一步完善科学、简明、有效的平安综治考核办法和指标体系,尝试分层分类考核,充分发挥引导和激励作用。深化每月模拟考核通报、每季分析例会、定期暗访等工作制度,促进平安建设各项措施的落实。

3. 落实经费保障。根据中央办公厅〔2005〕25号和省委〔2004〕11号和市委〔2009〕19号等有关文件要求,市综治办、平安办、维稳办专项经费列入同级财政预算。综治工作经费、维稳工作经费、平安创建经费是按常住人口每人2元安排,并随着经济发展和财力增长而逐步增加。从2010年开始市财政统筹安排平安创建、维稳、综治经费300万元,专项用于专业会议,考核奖励,涉法涉诉矛盾化解,影响社会稳定的重要案件,重大事项处置,及敏感时期、重点时段社会稳控。镇乡(街道)和部门也要根据要求落实平安创建、综治和维稳工作经费。

4. 强化考核奖惩。创建"平安诸暨"、维护社会稳定工作纳入市委、市政府对镇乡(街道)和部门的年度岗位目标责任制考核,作为衡量镇乡(街道)和部门工作实绩和干部政绩的重要依据之一。综治、信访、安全生产等工作作为创建"平安诸暨"的主要内容,纳入社会发展环境考评。"平安乡镇(街道)"创建实行专项考核,按照市委〔2009〕19号文件精神,凡被评为省、绍兴市、诸暨市平安创建、综治工作先进集体的予以奖励。每年对基层综治工作"三创三评"活动中成绩突出的,采取以奖代补的方式予以奖励。凡被评为全国、省、绍兴市平安创建或综治工作先进集体的镇乡(街道)和部门,在岗位目标责任制考核中按规定加分(不累计加分,以最高奖为准)。对被列为省、绍兴市、诸暨市治安重点整治地区(单位)的镇乡(街道)不如期"摘帽"、治安问题突出或发生影响全市社会稳定的政治性事件和群体性事件的,实行一票否决,并责令限期整改。

1.1.1.2 诸暨市委、市政府关于进一步加强新形势下人民调解工作的意见

  提要:《关于进一步加强新形势下人民调解工作的意见》要求充分发挥人民调解在社会矛盾纠纷化解体系中的基础性作用,进一步加强人民调解组织建设,巩固和完善基层人民调解组织网络,推进行业性人民调解组织建设,加强人民调解组织规范化建设;进一步加强人民调解队伍建设,建立健全专兼职结合的人民调解员队伍,提高人民调解员选任、聘任制度,建立完善各类专业调解员专家库;进一步发挥人民调解的职能作用,健全矛盾纠纷排查机制,坚持抓早抓小,依法就地化解,加强人民调解方法机制创新,积极推进大调解联动体系建设;切实加强组织领导,为人民调解提供有力保障。

中共诸暨市委 诸暨市人民政府
关于进一步加强新形势下人民调解工作的意见[1]

为贯彻落实全国、省、绍兴市人民调解工作会议精神,坚持和发展"枫桥经验",完善"大调解"工作体系,充分发挥人民调解在化解人民内部矛盾,维护社会稳定,促进社会和谐,建设"平安诸暨""法治诸暨"中的重要作用,结合我市实际,现就进一步加强新形势下我市人民调解工作提出如下意见。

一、充分认识做好人民调解工作的重要性和紧迫性

人民调解是我国司法制度的重要组成部分,是化解基层矛盾纠纷的重要途径和有效方法,在社会矛盾纠纷化解体系中发挥着基础性作用。近年来,通过全市各级各部门的共同努力,人民调解工作不断发展,各类人民调解组织及广大人民调解员扎根基层,深入群众,化解了大量的社会矛盾纠纷,在维护社会稳定、促进社会和谐,推进基层民主法治建设等方面发挥了重要作用。当前,随着我市现代化、城市化进程的不断推进,化解社会矛盾的任务日益繁重,各镇乡(街道)及有关部门要从构建和谐社会、落实科学发展观的高度,充分认识新形势下做好人民调解工作的重要性和紧迫性,认真践行党的群众路线,深入实施《中华人民共和国人民调解法》,进一步加强新时期人民调解工作,不断开创人民调解工作新局面。

二、进一步加强人民调解组织建设

(一)进一步巩固和完善基层人民调解组织网络。按照"网格化管理、组团式服务"的要求,进一步巩固完善村、居(社区)、企事业单位和镇乡(街道)人民调解委员会建设。对涉及行政区划调整的村、居(社区),以及职工人数在200人以上的企事业单位,司法行政机关要加强指导,及时协调相关基层组织和单位,建立健全人民调解组织。对人数较多、情况较复杂、工作量较大的

---

[1] 诸暨市委〔2014〕22号,2014年2月14日印发。

自然村、小区，可根据实际工作需要，设立人民调解小组开展调解工作，有条件的可配专职人民调解员。镇乡（街道）人民调解委员会可根据调解工作需要，在本辖区的工作片、公安派出所等场所设立人民调解工作室，并在所在调解委员会的指导下开展工作。推进品牌调解室建设，规范以个人或工作特色命名的调解室。加强行政毗邻接边地区联合调解组织建设，抓好集贸市场、新市民（流动人口）集聚区等人民调解委员会的建设。

（二）深入推进行业性人民调解组织建设。专业化、行业化、专职化是今后调解工作的重要方向。在矛盾纠纷突出、多发易发，发生地或处理地相对集中的区域或领域，行业主管部门要在司法行政机关的指导下，推动有关社会团体、行业组织建立专业性、行业性人民调解委员会，有关行业管理部门对行业矛盾纠纷负有处置主责。司法行政机关应会同有关部门，进一步深化完善医疗纠纷、诉前（联合）、消费纠纷、婚姻家庭纠纷、劳动争议、交通事故等六大专业性人民调解委员会的组织建设、人员配备和业务指导工作，不断提升建设质量和工作成效。进一步整合社会资源，扩大行业性专业性人民调解组织建设覆盖面，扎实推动人民调解组织和人民调解工作向矛盾纠纷易发多发、且适宜通过人民调解方式解决的行业或领域延伸。进一步规范警调衔接、检调衔接，重点在物业管理、征地拆迁、环境保护等行业领域拓展人民调解工作。

（三）加强人民调解组织规范化建设。司法行政机关要组织开展星级人民调解委员会创建活动，规范人民调解委员会建设，督促落实人民调解组织"五有"（办公场所、标牌、印章、记录、统计台账）、"四落实"（组织、制度、工作、报酬）、"六统一"（标牌、印章、标识、程序、制度、文书）。司法行政机关应对现有人民调解委员会进行一次全面清理，对名称不规范的进行及时调整，对长期受理纠纷数量较少、实际作用发挥不明显的进行整合或撤销。做好人民调解组织备案工作，组成人员调整的、新设立的人民调解委员会（含调解室），应在调整后或新设立后一个月内，将人员组成等情况，向市司法局备案；市司法局应在备案后一个月内将相关情况通报市人民法院。

三、进一步加强人民调解队伍建设

（一）建立健全专兼职结合的人民调解员队伍。采取公开选聘、民主选举等多种方式，调整、充实人民调解员队伍，改善专业知识结构，建立专兼结合的人民调解员队伍。一是积极推进人民调解员队伍专业化、专职化建设。有关社会团体、行业组织建立的专业性、行业性人民调解委员会的专职人民调解员应当不少于2名，镇乡（街道）人民调解委员会应按镇乡（街道）人口规模大小配备2—5名，以满足化解矛盾纠纷工作的需要。专职人民调解员应由熟悉基层情况、工作经验丰富的人员担任，一般男性不超过60周岁、女性不超过50周岁，特别优秀的年龄可适当放宽。各镇乡（街道）要依法推选、配齐配强村（居、社区）人民调解委员会人员，自然村应当配备一名调解员。各类人民调解委员会特别要选优配强主任。二是加强人民调解志愿者队伍建设。探索党代表、人大代表、政协委员等参与调解的工作机制，将公道正派、热心人民调解的社会贤达、大学生村官、人民陪审员、退休政法干警、法律工作者以及不同行业的社会志愿者吸收到人民调解员队伍中来。

（二）提高人民调解员整体素质。建立完善人民调解员选任、聘任制度，建立完善各类专业调解员专家库。人民调解员开展工作应当持证上岗，并佩戴人民调解徽章。逐步试行人民调解员等级评定制度，充分调动调解员工作积极性。加强对各级人民调解员的培训，进一步探索和完善人民调解员培训管理形式和机制，不断提高人民调解员的政治素质、业务能力和调解技巧。采取分级培训模式，市司法局每年至少要对镇乡（街道）调委会和专业调委会的人民调解员进行一次集中培训，镇乡（街道）每年至少对辖区内村（居、社区、企事业单位等）调委会的人民调解员进行二次培训。人民调解员的培训工作要与人民调解员持证上岗、人民调解员等级评定等制度相衔接。

四、进一步发挥人民调解的职能作用

（一）建立健全矛盾纠纷排查机制。人民调解组织要在所在党委、政府的统一领导下，建立健全矛盾纠纷排查机制，依托基层人民调解组织扎根基层、面向群众的优势，积极开展矛盾纠纷排查工作，做到早发现、早处置、早解决。要紧紧围绕开展重大活动、完成重大任务、应对重大事件，开展矛盾纠纷预防化解工作，切实提高对社会热点、敏感问题的预知、研判和预防能力。进一步健全完善矛盾纠纷信息网络，完善信息收集、报送分析制度和矛盾纠纷信息反馈机制，变被动调解为主动化解，变事后调处为事先预防，努力把矛盾纠纷化解在萌芽状态。

（二）坚持抓早抓小，依法就地化解。按照"小事不出村、大事不出镇、矛盾不上交"的目标，努力做好预防化解工作，做到抓小、抓早、抓苗头、抓关键，并针对排查出来的矛盾纠纷定人包案，及时、就地化解，防止矛盾激化。围绕党委、政府关注和人民群众关心的社会热点、难点纠纷，努力把握新形势下化解矛盾纠纷的新需求，不断拓展工作领域，坚持依法规范调解，维护当事人合法权益。积极做好医疗、交通事故、劳动争议、涉诉等领域的矛盾纠纷调解工作。

（三）加强人民调解方法机制创新。在法律框架内大力推进人民调解工作创新，增强人民调解工作的生机与活力。在坚持人民调解本质属性和基本原则的基础上，根据纠纷实际情况采用灵活的方式化解矛盾纠纷。整合法律服务资源，发挥律师、法律服务工作者、法律援助工作者的专业优势，积极参与解决疑难复杂矛盾纠纷。充分发挥镇乡（街道）社会服务管理中心作用，积极参与镇乡（街道）大调解工作平台建设。建立和完善人民调解组织与人民法院、市政府法制办、人力社保局、总工会、共青团、妇联等单位的联动机制，组织社会力量和专业力量参与人民调解工作，引导其参与调处专业性、法律性、政策性较强的矛盾纠纷。要认真学习"网上枫桥经验"，积极构建网上调解组织,探索网上矛盾纠纷调解工作机制,化解"网上怨气",构建"网下和气"。及时总结和推广人民调解工作中行之有效的经验和做法,并用制度的形式加以固定,形成工作长效机制,不断提高人民调解工作规范化水平。

(四)积极推进大调解联动体系建设。进一步健全完善党委、政府统一领导的人民调解、司法调解、行政调解联动的大调解工作体系。政法综治部门综合协调,司法行政部门、人民法院、政府法制部门分别牵头人民调解、司法调解、行政调解,市有关部门各司其职,社会各界广泛参与。

五、切实加强领导,为人民调解提供有力保障

(一)切实加强组织领导。各级党委、政府要把人民调解工作纳入平安建设、法治建设的总体部署,要专题听取人民调解工作专题汇报,研究解决人民调解工作中的重大问题,为开展好人民调解工作进一步创造有利条件。切实关心爱护广大人民调解员,充分发挥他们的工作积极性,帮助解决实际困难,为人民调解工作的发展创造良好条件。

(二)切实加强工作指导。市司法局要加强调查研究,建立完善人民调解与司法调解、行政调解、仲裁调解的衔接机制;要加强人民调解组织、队伍、业务和制度建设等方面的指导,明确标准和要求,提高人民调解规范化水平;要加强调解工作指导中心建设,充分发挥其在化解社会矛盾纠纷中的职能作用。市人民法院要加强和改进对人民调解委员会的业务指导,积极配合市司法局加强对人民调解员的业务培训,努力提高人民调解员的整体业务素质,对申请司法确认的调解协议要及时进行审查,依法确认调解协议的效力。市调解总会要发挥总会优势,统筹协调,促进人民调解事业发展。

(三)切实加强工作保障。市财政局要按照《中华人民共和国人民调解法》和浙江省《关于进一步加强新形势下人民调解工作的意见》(浙委办〔2007〕106号)的有关规定,落实好人民调解工作指导经费、人民调解委员会补助经费和人民调解员补贴经费,重新修订"以奖代补"标准和范围,并随经济发展逐步增加。市级六大专业性调委会的经费纳入市财政保障。同时,镇乡(街道)、村(居、社区)、企(事)业单位和其他组织要为人民调解委员会解决好人民调解工作场所、办公设施等问题,提供必要的工作经费,行业主管单位和社会团体应当为其设立的行业性、专业性人民调解组织提供办公条件和必要的工作经费。人民调解员因从事调解工作致伤致残,生活发生困难的,当地人民政府应当提供必要的医疗、生活救助。

(四)切实加强工作考核。要把人民调解工作作为综治、维稳考评的重要内容,纳入综治工作考评体系。对人民调解工作中涌现出来的先进集体和先进个人予以表彰;对因组织领导不力、工作不落实、责任不到位,导致人民调解工作开展不力、纠纷突出的镇乡(街道)和部门,要通报批评,责令限期整改。

1.1.1.3 诸暨市委办、市政府办关于加强"大调解"体系建设,有效化解社会矛盾纠纷的实施意见

提要:《关于加强"大调解"体系建设 有效化解社会矛盾纠纷的实施意见》要求,深化大调解机制建设、完善大调解工作网络,健全三级综合调解平台,打造各类专业性调解平台;加强大调解队伍建设,加强专兼职人民调解员队伍、人民调解志愿者和仲裁员队伍、行政调解和司法调解队伍建设,夯实大调解工作基础;创新大调解工作方法、拓展大调解工作手段,深化人民调解工作、推进民商事仲裁工作,推进行政调解工作,强化司法调解工作,发挥信访调处作用;推动多元化调解机制,健全矛盾排查预警机制,建立矛盾纠纷甄别机制,落实依法就地化解机制,完善调解衔接配合机制,探索创新调解工作载体;加强大调解工作保障,提升大调解工作水平。

中共诸暨市委办公室　诸暨市人民政府办公室
关于加强"大调解"体系建设　有效化解社会矛盾纠纷的实施意见[1]

为深入贯彻落实党的十八届五中全会精神,全面深化改革,着力构建全覆盖多元化的社会矛盾纠纷化解体系,有效推进乡村治理现代化。根据我市实际,特提出以下意见。

一、深化大调解机制建设,完善大调解工作网络

(一)健全三级综合调解平台。由市社会矛盾纠纷"大调解"工作体系领导小组协调全市社会矛盾纠纷多元化调解工作,市司法局所属调解工作指导中心作为市级平台,具体承担矛盾纠纷的受理登记、梳理甄别、指派承办、结果反馈等日常工作。由镇乡(街道)综治委牵头协调,依托社会服务管理中心,建立健全大调解工作平台即联合调解室,调处专业性、综合性、疑难复杂矛盾纠纷,实现矛盾纠纷的统一受理、梳理甄别、分流调处、限期办结。加强镇乡(街道)人民调解委员会和村级调解组织建设,推广基层优秀经验做法,探索调解组织向自然村延伸,及时化解村级矛盾纠纷。

(二)打造各类专业性调解平台。发挥"交调""医调"等专行调解的引领作用,在健全市级九大专业性、行业性人民调解组织的基础上,拓展调解工作领域,在物业等其他矛盾纠纷多发易发的系统、行业建立人民调解组织,化解系统内、行业内的矛盾纠纷。

二、加强大调解队伍建设,夯实大调解工作基础

(一)加强专、兼职人民调解员队伍建设。通过民主推荐、公开选聘的方式,选拔一批业务精、会调解、讲公道的专职人民调解员。推行首席人民调解员制度,强化教育培训和业务指导,全面提升专职调解员队伍素质。落实人民调解回访制度,开展调解案件满意度测评。建立健全考核、奖励等各项制度。

---

[1] 诸暨市委办〔2015〕131号,2015年12月8日印发。

同时，通过民主推选或聘任，把热爱调解、公道正派的法律工作者、村（社区）干部、村民代表吸收为兼职人民调解员，并纳入人民调解"以奖代补"考核奖励范围。

（二）加强人民调解志愿者、仲裁员队伍建设。探索建立公职人员参与纠纷化解公益活动记录制度。建立心理咨询师、律师、社会工作师等专业化调解志愿者队伍；成立由"两代表一委员"、乡贤、农村老党员、老干部等组成的综合性调解志愿者队伍；成立由社区退休干部、退休教师、退休职工、大学生等组成的社区调解志愿者队伍。同时，不断加强仲裁员队伍建设，遴选品德高尚、业务精良、作风正派的社会人士担任仲裁员，充分发挥仲裁员的专业优势，努力提高办案质量和效率，最大限度地让各类纠纷得到专业化解决。

（三）加强行政调解、司法调解队伍建设。市政府法制办要加强对全市行政调解人员的业务培训，建立行政调解人员信息库；各镇乡（街道）要配强行政调解人员，履行法定行政调解职责，并协同有关部门做好涉及本镇乡（街道）区域内的行政调解工作；市级相关职能部门要根据本部门、本系统、本行业特点建立健全行政调解工作的相关制度，明确有关机构和人员承担行政调解工作，确保责任到位、规范有序。市法院要采取岗位轮训、上挂下派等措施，组建由经验丰富、业务精湛的法官担任调解员的司法调解队伍，推行上门指导、视频对话、业务培训、案例讲解等多种指导方式，不断提升业务能力。

三、创新大调解工作方法，拓展大调解工作手段

（一）深化人民调解工作。由市司法局统筹协调各级人民调解组织，规范人民调解工作，创新调解方法，严格执行纠纷管辖、纠纷受理、调解步骤、调解书制作等程序规定，进一步发挥人民调解在"大调解"中的基础和纽带作用。

（二）推进民商事仲裁工作。市政府法制办要加强指导，充分发挥绍兴仲裁委员会诸暨分会作用，鼓励其在建设工程、房地产、金融等行业更多地运用仲裁方式解决纠纷。推进仲裁工作标准化和仲裁办案管理系统信息化建设，建立完备、科学的仲裁质量保障和监督制度,保障仲裁依法独立进行,公平合理解决纠纷。

(三)推进行政调解工作。由市政府法制办统筹协调全市各级行政机关(包括具有行政管理职能的其他组织)依法调解行政争议和与行政管理有关的民事纠纷(行政争议由上一级行政机关负责调解),对不属于行政职权范围内的纠纷事项,应当及时告知当事人通过诉讼等法定渠道予以解决。

(四)强化司法调解工作。市人民法院要坚持"调解优先、调判结合",强化民商事案件调解,着力推进行政案件协调,探索刑事自诉案件调解、和解,高效便捷保障当事人合法权益。市人民检察院要健全检调对接机制,对轻微刑事案件,要进一步健全完善运用和解方式解决问题的机制,最大限度地减少社会不和谐因素。

(五)发挥信访调处作用。信访部门要对适宜调解的信访问题优先运用调解方式解决。对长期不息访的疑难信访事项,以及越级访、集体访和重复访事项,坚持信访工作与人民调解、行政调解、司法调解有机结合,由信访部门牵头,以承办单位为主,相关职能部门配合调处解决。

四、推行多元化调解机制,提升大调解工作实效

(一)健全矛盾排查预警机制。各镇乡(街道)要依托社会治理"一张网",由综治办组织落实村、组(自然村)、网格责任单元等有效开展情况排查,对排查出来的矛盾纠纷信息,要第一时间上报、预警,做到早发现、早预警、早解决。

(二)建立矛盾纠纷甄别机制。镇乡(街道)大调解工作平台应对照矛盾纠纷受理范围,认真开展源头甄别和疏导,实施综合研判、个案分流。对一时无法确定矛盾纠纷受理部门的,由镇乡(街道)大调解工作平台组织联合会审甄别后,确定责任部门移交处理,并对纠纷处置情况进行跟踪指导、督促办结,对承办结果进行适用依据、文本规范、处置效果等方面评估。

(三)落实依法就地化解机制。坚持源头预防,做到抓小、抓早、抓苗头、

抓关键,落实定人定时包案制度,运用法治思维和法治方式,及时就地化解矛盾纠纷。坚持依法规范调解,维护当事人合法权益。

(四)完善调解衔接配合机制。按照"衔接顺畅、配合有力、协调联动、优势互补"要求,加强人民调解、行政调解、司法调解的相互衔接配合的工作流程、对接程序、效力确认等制度和机制建设,切实发挥社会矛盾"大调解"工作的综合优势和整体效能。

(五)探索创新调解工作载体。设置"暨阳老娘舅"专业电视栏目,利用新媒体、互联网,通过视频、QQ、微信等新型方式,探索由面对面、点对点调解向键对键转变,化解"网上怨气",构建"网下和气",探索"网上枫桥经验"。

五、加强大调解工作保障,提升大调解工作水平

(一)加强组织领导。按照"六联"机制要求,加强矛盾化解纵横双向的信息共享和资源整合,切实提高多元化矛盾纠纷化解的工作效率。市综治委及其办公室要加强对市、镇乡(街道)大调解工作平台的协调指导,市调解工作指导中心要加强对各专调委、镇乡(街道)大调解工作平台的业务指导。

(二)加强工作保障。将大调解工作经费、"以奖代补"经费列入市、镇乡(街道)财政预算,做到专款专用,及时拨付到位。市、镇、村三级综合调解工作平台和专业调处平台,要做到人员落实、经费保障、制度健全、场所规范。充分发挥平安通平台作用,并把涉及人民调解的工作业务信息录入省司法行政基层业务管理信息平台,用信息化来推动人民调解管理科学化、规范化、制度化。

(三)加强工作考核。对调解工作成绩突出的单位和人员,纳入统一表彰奖励;对组织领导不力、调解工作不落实,导致矛盾纠纷突出的镇乡(街道)、部门,要进行通报批评并限期整改;对发生严重影响社会稳定的重大案件和事件的,要实行责任倒查,严格追究责任领导和相关人员的责任。

1.1.1.4 诸暨市委办、市政府办关于坚持发展新时代"枫桥经验",进一步加强新时代调解工作的意见

提要:《关于坚持发展新时代"枫桥经验" 进一步加强新时代调解工作的意见》要求,进一步完善市级社会矛盾纠纷化解体系,完善调解组织进驻市级矛调中心机制,矛盾纠纷调处化解流转办理机制,加快推进调解工作信息系统建设;进一步加强调解组织建设,加强镇级、村级调解组织建设,加强市级行业性专业性调解组织建设;进一步加强调解队伍建设,鼓励社会力量参与调解工作,鼓励退休政法干警等担任调解员,健全人民调解员聘任和培训机制;进一步提高调解工作系统化水平,强化人民调解的基础作用发挥,全面推广律师调解工作,推动行政调解提质增效;进一步落实调解工作保障,加强调解工作经费支出与管理,健全完善人民调解员工作绩效考核机制,完善调解工作机制。

中共诸暨市委办公室　诸暨市人民政府办公室
关于坚持发展新时代"枫桥经验"　进一步加强新时代调解工作的意见[1]

为深入贯彻落实习近平总书记考察浙江重要讲话精神、进一步坚持发展新时代"枫桥经验",对标对表重要窗口的新目标新定位,充分发挥调解在社会矛盾调处化解中的基础性作用。根据《关于加强新时代调解工作的若干意见》(浙委办发〔2020〕34号)精神,结合我市实际,现就加强新时代调解工作提出如下意见。

一、重要意义

习近平总书记一直高度重视调解工作,今年考察浙江时指出:要完善社会

---

[1] 诸暨市委办〔2021〕2号,2021年2月7日印发。

矛盾纠纷多元预防调处化解综合机制,把群众矛盾纠纷调处化解工作规范起来,让老百姓遇到问题能有地方"找个说法",这为我们做好新时代调解工作提供了根本遵循和行动指南。调解工作是中国特色社会主义制度优越性的充分体现,是我市社会矛盾纠纷调处化解中心发挥实质性作用、推进"最多跑一地"改革的重要支撑,是平安诸暨、法治诸暨建设的基础工程。

二、进一步完善市级社会矛盾纠纷化解体系

(一)完善调解组织进驻市级矛调中心机制。推进行政争议调解中心、律师调解、市级人民调解委员会和医疗事故、道路交通、劳动争议、物业管理等重点行业性、专业性调解组织进驻市级矛调中心。对于不具备入驻条件的行业性、专业性调解组织,可根据实际情况,以设置派驻调解室、联系点、窗口等形式,利用视频调解,预约调解等方式在市级矛调中心开展工作。

(二)完善矛盾纠纷调处化解流转办理机制。充分利用信息化手段,建立健全市、镇、村三级社会矛盾纠纷流转系统和办理机制,畅通矛盾纠纷的上传下派渠道。市级矛调中心要协调指导镇乡(街道)、村(社区)开展矛盾纠纷化解、公共服务、社会治理等工作,并建立常态化服务下沉机制。

(三)加快推进调解工作信息系统建设。依托浙江省社会矛盾纠纷调处化解协同应用系统,健全"大数据+调解"模式,统筹运用"在线矛盾纠纷多元化解平台"(ODR)、人民调解大数据管理平台、统一政务咨询服务等信息系统,强化线上事件流转、数据汇集、综合研判等工作,推动建立资源集聚、分层递进、智能解纷的纠纷解决模式。

三、进一步加强调解组织建设

(一)加强镇级调解组织建设。镇级矛调中心应对照各类矛盾纠纷性质,认真开展甄别和疏导,实施综合研判、个案分流、跟踪指导、督促办结、联合调处。镇级调委会必须配备2名以上驻镇专职人民调解员,负责指导村居(社区)人民调解委员会开展工作,指导、参与辖区内重大矛盾纠纷化解。同时,按照"一镇一品"的要求培育品牌调解工作室,发挥调解能手示范带动作用。

(二)加强村级调解组织建设。村(社区)人民调解委员会换届应在村(居)委会换届结束后及时进行,并根据村居(社区)矛盾纠纷发生数量,按照镇乡(街道)管理处划片统筹配备专职调解员。要充分发挥乡贤、法律顾问、网格员、平安志愿者等社会调解力量,吸收为兼职人民调解员或调解志愿者,纳入人民调解"以奖代补"考核奖励范围。

(三)加强市级行业性专业性调解组织建设。坚持"谁设立、谁负责、谁保障"的原则,落实主管部门的主体责任。矛盾纠纷相对较多领域的行业主管部门应当按照各自职责,推动和指导本领域行业性、专业性调解组织建设。健全完善现有的行业性专业性人民调解组织,尚未进驻市矛调中心的专调委须配备好必要的业务用房和办公设备等,达到规范化人民调解委员会的基本要求。各专调委须配备3名以上专职人民调解员,聘任的人民调解员应具有一定的法律知识和相关行业的专业知识,公道正派、热心人民调解工作。

四、进一步加强调解队伍建设

(一)鼓励社会力量参与调解工作。大力培育人民调解协会、相关行业协会等社会组织,积极参与承接政府购买调解服务。鼓励各类社会组织、企事业单位和个人提供调解志愿服务,鼓励心理工作者为调解工作提供心理辅导、危机干预和心理救援等服务。

(二)鼓励退休政法干警等担任调解员。由各相关单位选聘退休法官、检察官、公安干警、司法行政干警、仲裁员以及相关专调委行业主管部门退休人员担任专兼职退休调解员或特邀调解员。首次担任调解员年龄要求65周岁以下,提供健康报告,原则上年满70周岁不再担任调解员。

(三)健全人民调解员聘任和培训机制。各类专职人民调解员须由主管部门和镇乡(街道)报送司法局进行审定,市司法局资格确认后发放人民调解员证。建立分级业务培训机制,市司法局负责市级调解组织培训,司法所负责乡镇(街道)、村(社区)、企业调解组织培训。

五、进一步提高调解工作系统化水平

(一)强化人民调解的基础作用发挥。根据《浙江省人民调解工作规范》要求,加强对调解组织设立、标识标牌、队伍管理、工作制度、业务流程、基础设施、台账资料等的规范化建设。

(二)全面推广律师调解工作。完善律师调解机制,鼓励和支持律师在各类调解组织中担任调解员,对重大疑难复杂、群体性矛盾纠纷,优先导入律师调解程序。探索公益性律师调解政府购买服务工作,律所评先评优与律师参与调解工作成效挂钩,鼓励律师主动、积极、公益参与调解工作。

(三)推动行政调解提质增效。在行政裁决、行政复议中积极运用行政调解方式化解民事纠纷、解决行政争议。加强检察、法院、司法行政机关联动,将符合条件的行政复议、行政诉讼、申请检察监督案件纳入行政争议调解范围,提升行政调解工作实效。

六、进一步落实调解工作保障

(一)加强调解工作经费支出与管理。人民调解工作经费列入市镇两级财政预算,并按照经济社会发展和工作需要,适时调整。各类调解经费由市级财政部门会同司法行政机关或相关主管部门共同管理。优化调解员"以奖代补"政策,对国家机关退休工作人员、律师担任人民调解员的,建立不同档次的奖补政策。

(二)健全完善人民调解员工作绩效考核机制。按年度开展"先进调解组织""优秀调解员"等评选活动,对有突出贡献的调解员,可按照国家有关规定给予褒奖。要建立退出人民调解员队伍机制。对因组织领导不力、工作不落实、责任不到位,导致调解工作开展不力、纠纷突出的部门、镇乡(街道)进行通报,责令限期整改。

(三)完善调解工作机制。建立优化定期会商、专家咨询、分级分类、人员抽调、集中攻坚、总结提炼等工作机制,完善司法确认程序,加大调解协议执行力度,推动纠纷及时有效得到化解。

1.1.2 大调解体系建设的实施文件

1.1.2.1 诸暨市综治办、大调解办、司法局关于加强社会化调解体系建设的实施意见

提要:《关于加强社会化调解体系建设的实施意见》要求发展社会化调解组织,健全基层人民调解组织,加强社会化调解组织建设,推进仲裁组织建设;推进多元化社会化力量参与人民调解,如乡贤参与人民调解、志愿者参与人民调解、新闻媒介参与调解、仲裁员参与调解;建立社会化运作机制,建立教育培训基地,加强业务指导,市调解总会实现大调解社会化运作;加强组织领导,强化配合协调,落实工作保障。

诸暨市社会治安综合治理办公室　诸暨市社会矛盾纠纷大调解体系建设领导小组办公室　诸暨市司法局关于加强社会化调解体系建设的实施意见[1]

各镇乡党委、政府,各街道党工委、办事处,市级机关各部门:

为积极探索乡村治理新机制,广泛调动社会各方力量,有效化解各类矛盾纠纷,努力提升乡村治理能力和水平。根据《中共诸暨市委办公室　诸暨市人民政府办公室关于坚持发展"枫桥经验"　推进乡村治理现代化的实施方案》(市委办〔2015〕71号)文件精神,结合我市实际,现就加强社会化调解体系建

---

[1] 诸大调解办〔2015〕1号,2015年10月9日印发。

设制定如下实施意见。

一、指导思想和工作目标

以党的十八大和十八届三中、四中全会精神为指导,坚持和发展"枫桥经验",运用法治思维和法治方式,创新基层社会治理方式,按照"镇为领导、村为主体、党员带头、群众参与"的工作理念,引导社会组织和社会力量广泛参与,通过自我管理、自我教育和自我服务,健全完善社会化调解体系,减少和化解基层社会矛盾,切实维护乡村社会稳定,努力推进乡村治理现代化。

二、主要做法

(一)发展社会化调解组织

1. 健全基层人民调解组织。按照"网格化管理、组团式服务"的要求,进一步巩固完善村、居(社区)人民调解委员会。对人数较多、情况较复杂、工作量较大的自然村、小区,可根据实际工作需要,设立人民调解小组开展调解工作,有条件的可配备专职人民调解员,有效开展人民调解工作,就地化解矛盾纠纷。

2. 加强社会化调解组织建设。司法局要加强有关行业主管部门的协调配合,指导相关行业协会等社会团体和其他组织,设立调委会。对已设立的专业性、行业性调委会,要进一步巩固提高,规范组织名称、标牌和标识使用,健全各项制度,有效开展工作。同时,要充分发挥工会、妇联、团委等群团组织的职能,进一步推进企业调委会建设;充分发挥消保会作用,加强消费纠纷人民调解委员会建设;充分发挥总商会协会作用,加强总商会调委会建设。

3. 推进仲裁组织建设。发挥绍兴市仲裁委员会诸暨分会作用,拓宽仲裁服务领域,鼓励在建设工程、房地产、金融等行业更多地运用仲裁方式解决纠纷。制订仲裁办案标准化流程和仲裁文书标准化版本,推进仲裁工作标准化和仲裁办案管理系统信息化建设;建立完备、科学的仲裁质量保障和监督制度,保障仲裁依法独立进行,公平合理解决纠纷。

(二)推进多元化社会化力量参与人民调解

1. 乡贤参与人民调解。按照"弘扬乡贤文化 涵养社会主义核心价值观"的要求,充分发挥乡贤在维护基层和谐稳定中的作用。依托乡贤亲缘、人缘、地缘的优势和凝心聚力的独特作用参与人民调解,在条件成熟时按照人民调解员选聘条件和程序,逐步将一批热心调解工作的乡贤力量,聘任为镇乡、村(居)人民调解委员会的专、兼职人民调解员,司法所要加强对他们的业务培训和指导。

2. 志愿者参与人民调解。开展"十大百名"志愿者招聘活动,在医疗卫生、征地拆迁、劳动争议、法律服务等十个专业领域,各招募10名具有专业知识,经验丰富的人民调解志愿者。人员组成包括政府部门在职或退休干部,法律界、社会学界专业人士等,并进行建库分组,在重特大矛盾纠纷调解时分组接受指派,参与调解。

3. 新闻媒介参与调解。重点是通过设置人民调解电视专栏,组建专业调解和摄制团队,实现现代传媒与人民调解的良性互动,更好地帮助解决各类婚姻、赡养、损害赔偿、消费维权等矛盾纠纷。以案说理、以案释法,起到化解一案、教育一片的作用。

4. 仲裁员参与调解。在社会中遴选品德高尚、业务精良、作风正派,具有一定资格的社会人士担任仲裁员,推动各类矛盾纠纷能够得到专业化的解决,形成通过社会力量化解社会矛盾的社会治理模式。加强仲裁员队伍自身建设,不断提高办案效率和质量。

(三)建立社会化运作机制

1. 建立教育培训基地。借助市枫桥经验接待培训中心等平台,由市调解总会牵头举办,以调解员、志愿者等为主要对象,开展包括初任培训、提高培训、拓展培训三个层次的业务培训。组建一支涵盖医疗、法律、经济等各类专家的调解业务培训师资队伍,通过专家咨询、专家授课、现场指导等多种途径,为化解各类专业性、行业性疑难复杂纠纷、提高人民调解员队伍素质提供智力支撑。

2. 加强业务指导。开展人民调解质量提升工程,按照纠纷受理、调查、调解、协议、回访、归档等流程的规范化要求,对调解员调解的文书格式、办案流程、回访情况等各项调解制度进行统一和规范,帮助建立完整的工作台账和调解卷宗,确保调解工作规范化。适时组织履职轮训,通过集中学习、培训指导、现场观摩等多种形式,提升调解员的履职能力和调解水平。

3. 大调解社会化运作。市调解总会要积极发挥协会社会组织优势,通过政府购买服务形式,开展调解员培训、调解类社会组织孵化等工作,通过硬件支撑和软件支持相结合方式,培育、扶持、发展专业调解类社会组织,开展社会矛盾纠纷化解工作,实现大调解社会化运作。

三、工作要求

1. 加强组织领导。市镇两级要加强组织领导,做到科学谋划、统筹安排,积极动员和引导社会各界人士投身于人民调解事业,为其充分发挥作用创造条件。

2. 强化配合协调。政法综治部门做好具体牵头工作,司法行政部门要加强对具体业务工作的指导和管理,其他各职能部门要密切配合,各司其职,形成人民调解工作的强大合力。

3. 落实工作保障。市镇两级要从完善硬件设施、强化经费保障等方面入手,研究出台保障措施,扩大人民调解"以奖代补"等经费补助政策的覆盖范围。司法行政部门要及时推广社会化调解的好经验、好做法,使社会化调解工作受到社会的尊重,进一步激发广大社会人士参与人民调解的积极性。

1.1.2.2 诸暨市大调解办关于设立镇乡(街道)联合调解中心的实施意见

提要：《关于设立镇乡(街道)联合调解中心的实施意见》就设立镇乡(街道)联合调解中心提出意见,要求设立诸暨市镇乡(街道)联合调解中心,作为整合公检法司部门资源、吸收社会力量参与的平台,司法所、法庭、派出所、检察室、志愿者调解组织、品牌调解、律师调解、辖区各类专业性、行业性调解组织单位为其成员单位并对成员单位及其职责做出了明确;制定了联合调解中心的工作制度,规定了其工作程序,并对相关工作保障做出安排。

诸暨市社会矛盾纠纷大调解体系建设领导小组办公室关于设立镇乡(街道)联合调解中心的实施意见[1]

各镇乡、街道党(工)委、政府(办事处),市级有关部门:

为进一步健全多元矛盾纠纷化解机制,有效整合人民调解、行政调解、司法调解、社会组织调解资源,充分发挥公、检、法、司在矛盾纠纷多元化解工作中的积极作用。现就设立镇乡(街道)联合调解中心提出如下意见。

一、指导思想

深入贯彻党的十九大和中央政法工作会议精神,以习近平新时代中国特色社会主义思想为指导,以纪念毛泽东同志批示"枫桥经验"55周年、习近平总书记指示坚持发展"枫桥经验"15周年为契机,整合公、检、法、司部门资源,动员社会力量,通力协作,以新理念、新方式、新办法化解新时期重大疑难矛盾纠纷,推进基层自治、法治、德治"三治融合",推动调解服务"最多跑一次",营造和谐稳定的社会环境,打造新时代"枫桥经验"。

---

[1] 诸大调解办〔2018〕1号,2018年7月6日印发。

二、组织机构

诸暨市镇乡(街道)联合调解中心(以下简称"中心")是整合公检法司部门资源,吸收社会力量参与建立的联合调解平台。中心主任由镇乡(街道)政法分管领导担任,负责全面协调指导,司法所所长任常务副主任。司法所、法庭、派出所、检察室、志愿者调解组织、品牌调解、律师调解、辖区各类专业性行业性调解组织单位为成员(可根据实际情况做适当调整)。中心由各镇乡(街道)负责日常管理,与镇乡(街道)人民调解委员会合署办公,设置专职调解员2名以上。

三、中心及成员单位职责

(一)中心工作职责

1. 指导管理镇乡(街道)辖区各行政村居(社区)、企事业单位的矛盾纠纷调解工作。

2. 负责协调联动,可根据纠纷调处需要随时启动案件会商程序,召集相关成员单位参加,进行联合调解。

3. 负责调处辖区内各类矛盾纠纷,做好矛盾纠纷统一受理、梳理甄别、指派分流、结果反馈和督查回访工作。

4. 提供矛盾纠纷在线咨询、在线受理、在线调解、在线司法确认服务。

5. 承担辖区矛盾纠纷案件的统计、分析、研判工作,每半个月组织公检法司召开矛盾纠纷排查调处工作例会,必要时可邀请其他成员单位出席。

6. 制定涉法涉诉信访疑难案件、重大疑难民事案件和突发性事件应急处置预案,及时向镇乡(街道)党委政府报告重大社会矛盾和疑难纠纷情况。

(二)各成员单位职责

1. 司法所(人民调解室)

(1)负责中心的日常运营管理,参与中心社会矛盾调处工作计划、工作制度、工作考评办法的制定。

(2)指定专人负责与中心的对接联动,参与中心矛盾纠纷联合调处。

(3)参与组织协调处理辖区重特大疑难复杂矛盾纠纷,重点负责指导基层调解组织民事纠纷的调解工作。

(4)利用12348浙江法网、在线案例库等法律资源,积极为当事人提供法律服务。

(5)负责辖区内调解员培训。

2. 法庭(诉前调解室)

(1)指定专人负责与中心的对接联动,参与中心矛盾纠纷联合调处。

(2)及时处理中心下达的矛盾纠纷调处任务,并向中心通报处理结果。

(3)在中心设立诉讼服务终端,提供网上立案服务,负责调解协议司法确认。

(4)重点负责调处涉法涉诉及民事诉讼方面的矛盾纠纷。

3. 派出所(治安调解室)

(1)指定专人负责与中心的对接联动,参与中心矛盾纠纷联合调处。

(2)及时处理中心下达的矛盾纠纷调处任务,并向中心通报处理结果。

(3)重点负责调处涉法涉诉及治安方面的矛盾纠纷。

4. 检察室(刑事和解室)

(1)指定专人负责与中心的对接联动,参与中心矛盾纠纷联合调处。

(2)及时处理中心下达的矛盾纠纷调处任务,并向中心通报处理结果。

(3)重点负责调处涉法涉诉及轻微刑事案件方面的矛盾纠纷。

5. 志愿调解(社会组织)

(1)管理调解志愿者,积极发动群众就地解决矛盾纠纷。

(2)及时处理中心下达的矛盾纠纷调处任务,并向中心通报处理结果。

(3)重点负责调处农村邻里、治安及婚姻家庭等方面的矛盾纠纷。

6. 品牌调解(××调解室)

(1)及时处理中心下达的矛盾纠纷调处任务,并向中心通报处理结果。

(2)重点负责调处个性化及跨区域的疑难案件的矛盾纠纷。

7.律师调解(××工作室)

(1)及时处理中心下达的矛盾纠纷调处任务,并向中心通报处理结果。

(2)为中心提供调解过程中相关法律指导。

(3)重点负责调处涉法涉诉的矛盾纠纷。

8.辖区各类专业性、行业性调解组织

(1)及时处理中心下达的矛盾纠纷调处任务,并向中心通报处理结果。

(2)重点负责调处涉及专业性、行业性的矛盾纠纷。

四、工作程序

(一)案件受理

1.对来电来访群众要热情接待并及时受理,有书面材料的应按规定做好登记,没有书面材料的,应根据群众的反映,如实详细做好记录。

2.对镇乡(街道)"四个平台"综合信息指挥中心流转的纠纷案件做好登记、受理。

(二)明确范围

1.中心案件调处范围:辖区内各类矛盾纠纷。

2.不予受理的矛盾纠纷范围

(1)刑事案件(自诉案件除外)。

(2)法律、法规规定只能由专门机关管辖处理的,或者法律、法规禁止采用民间、行政、司法调解方式解决的纠纷。

(3)司法机关或者行政机关已经受理或者正在解决的纠纷。

(4)其他不宜由中心调处的纠纷。

(三)甄别排查

1.对辖区内的各类矛盾纠纷,开展定期排查和重要时期、敏感时期专项排查。村级调解组织每周排查一次,镇级每半月排查一次,中心负责登记、汇总。

2. 由中心常务副主任对受理的矛盾纠纷进行甄别,确定调解主体和人员后进行分流、交办。

3. 对当事人提交诉求不适合调解,但不愿意接受劝导依法处置的,由中心联合会审甄别后直接移交相关政法部门。

(四)调处方式

1. 点单调解。推行"网格化管理、组团式服务、点单式调解",组建辖区调解专家库,制成调解专家一览表并上墙,负责接待和咨询的工作人员会积极告知来访群众在调解前有选择调解员的权利,有需求的百姓可通过一览表进行点单,按照自己的意愿和信任程度,自由选择可以调解案件的调解员(须回避的除外)。

2. 在线调解。纠纷发生时,可根据当事人需要,通过"在线矛盾纠纷多元化解平台""12348法网"或者微信、QQ等不同信息化手段,引导当事人在网上进行免费的法律咨询、调解案例库比对、调解结果预判服务,也可以在线受理、在线调解、在线司法确认,使当事人足不出户,只要动动手指,就让矛盾纠纷化解于无形。

3. 指派调解。根据矛盾纠纷情况,中心将受理的矛盾纠纷分流指派给调解组织或调解员。对于突发、紧急事件引起的矛盾纠纷,中心应立即指派调解员前往调解,形成镇辖区20分钟快速调解"服务圈"。

4. 联合调解。根据纠纷调处需要随时启动案件会商程序,召集相关成员单位,指定相关专业的调解人员参与,研究制定处理方法,进行联合调解,形成合力化解各类矛盾纠纷。

(五)发送交办单

1. 统一制作调解案件交办单。中心对矛盾纠纷进行分类梳理后,以镇乡(街道)联合调解中心的名义统一制作交办单。内容包括矛盾纠纷来源、矛盾纠纷性质、基本情况、调处责任单位及责任人等。

2.相关调解组织或调解员收到交办单后,应及时组织调解,并向中心反馈调处结果。

(六)调解督办

按照"小事不出村,大事不出镇"的原则,以人民调解、行政调解、司法调解、社会组织调解为主体调解,各成员单位联动配合,及时予以调解。

1.村(居)社区、企事业单位内发生的矛盾纠纷,由村(居)社区、企事业单位调解组织直接调解,驻村分中心、驻村干部应指导和协助开展调解。

2.辖区各成员单位职能范围内的矛盾纠纷,由各调解组织自行调解。

3.对各类调解组织难以调解或调解达不成协议的矛盾纠纷,可填写矛盾纠纷移交单,经审核后,由中心组织联合调处。

4.涉及土地、农业、城建、民政等镇乡(街道)政府行政职能的矛盾纠纷,先由各线办进行调处,难以调处的,移交中心共同调处。

5.中心根据下达的调处函,不定期地对成员单位的矛盾纠纷调处情况进行督促检查,及时发现和解决问题,对调处不力或久拖不调的进行整改,并抄告其主管部门。

6.各成员单位每月底向调解中心上报矛盾纠纷调处情况。

(七)结案归档

1.调解结束后,应以书面函告或口头告知形式,向当事人告知调处结果。

2.对人民调解、行政调解、司法调解、社会组织调解都不能解决的矛盾纠纷,劝导当事人通过司法途径依法维护自身权益,发放依法处置劝导书。

3.中心应定期对中心及成员单位已调处的矛盾纠纷进行跟踪回访,防止出现反弹,并对案卷进行整理归档。

五、工作保障

1.组织领导。各镇乡(街道)要高度认识设立联合调解中心的重要性,有效落实中心调解室、受理窗口等必要工作场所,并做到制度上墙,要求于今年8

月底前全部设立完成。公检法司要严格落实专人与中心的对接联动,建立对相关人员的考核评价和激励保障机制,确保联合调解深入、有效开展。

2. 经费保障。各镇乡(街道)应将联合调解中心工作必需的经费纳入财政预算,做好经费保障。司法局落实配套人民调解案件"以奖代补"激励政策,充分调动调解员的工作积极性。

3. 舆论宣传。各单位要充分利用各种媒体进行宣传,不断提高联合调解中心的社会知晓度,为联合调解工作顺利开展营造良好的社会氛围,让广大人民群众有获得感。

附件:1. 中心工作制度

2. 调解案件交办单(略)

3. 中心组织网络图(略)

诸暨市社会矛盾纠纷大调解体系建设领导小组办公室

2018年7月6日

附件1

中心工作制度

1. 值班受理制度

中心每天安排专人值班,负责接待群众的来信、来访和受理矛盾纠纷案件。值班人员应热忱接待,及时做好矛盾纠纷调解登记和分流处理工作,并提供法律政策咨询,耐心向来访人员做好宣传解释工作。

2. 重大疑难纠纷和来访报告制度

对辖区内突发的重大疑难矛盾纠纷,特别是可能引发的群体性事件、群体性上访,在及时采取稳控措施的同时,要第一时间向镇乡(街道)党委政府报告。

3. 排查调处通报制度

中心坚持每半月召开一次公检法司四部门矛盾纠纷、不稳定因素排查调处通报例会,必要时例会可扩大至各成员单位。例会由中心主任召集,并形成会议纪要,记录在案。

4. 限期调处制度

根据矛盾纠纷的疑难复杂程度限定调处完成时限,中心须在规定时限内完成调解工作,对不能按时办结的,要向镇乡(街道)党委政府报告原因。

5. 督查回访制度

中心每季度对各调解组织进行一次矛盾纠纷调处工作检查、指导,对案件进行跟踪了解,提出调处意见并通报情况。走访当事人,了解调解协议履行情况,听取群众对调处结果的意见和建议。

6. 责任追究制度

对在矛盾纠纷排查调处过程中,成绩显著的,给予通报表扬和奖励。对矛盾纠纷排查调处不力,导致矛盾激化、发生严重后果的,对相关人员视其情节轻重追究责任,给予党纪、政纪处分。

7. 档案管理制度

实行专人负责、一案一档、统一管理。档案管理人员要严格遵守保密规定,严格保守个人隐私、商业秘密和国家机密。有关单位要求查阅档案的,必须出示单位介绍信,档案管理者经请示领导同意后,方可查阅,并作好查档登记。

8. 回避制度

当调解人员有下列情形之一的,必须回避,当事人有权用口头或者书面方式申请他们回避。

(1) 是本案当事人或当事人近亲属。

(2) 与本纠纷有利害关系。

（3）与本纠纷有其他关系,可能影响对案件公正调处的。

（4）当事人提出回避申请,应当在调处前,说明正当理由,被申请回避人员,在调解中心做出是否回避的决定前,应当暂停参与本纠纷的调处。

1.1.2.3　诸暨市委政法委、司法局关于全面推进人民调解工作规范化的实施意见

提要:《关于全面推进人民调解工作规范化的实施意见》提出,为全面打造高水平的"枫桥式"人民调解,实现矛盾不上交,在全市域全方位开展人民调解工作规范化建设,并实行全流程监管。贯标内容包括组织建设规范化、队伍建设规范化、基础保障规范化、业务流程规范化;实施步骤分为宣传发动阶段、实施阶段、巩固提高阶段、考核验收阶段;工作要求为加强组织领导、督导考核、宣传推广。

中共诸暨市委政法委员会　诸暨市司法局
关于印发《关于全面推进人民调解工作规范化的实施意见》的通知[1]

为坚持和发展"枫桥经验",全面打造高水平的"枫桥式"人民调解,实现矛盾不上交,努力推动我市市域治理现代化,决定在全市开展人民调解工作规范化建设。现将《关于全面推进人民调解工作规范化的实施意见》印发给你们,请结合实际,认真贯彻实施。

中共诸暨市委政法委员会

诸暨市司法局

2020年3月10日

---

[1] 诸司发〔2020〕2号,2020年3月10日印发。

关于全面推进人民调解工作规范化的实施意见

为坚持发展新时代"枫桥经验",认真贯彻落实《浙江省人民调解工作规范》(以下简称《规范》),充分发挥人民调解在基层社会治理中的作用,全面提高人民调解工作质量和服务水平,结合我市实际,特制定本实施意见。

一、总体要求

(一)指导思想

全面贯彻落实党的十九届四中全会精神,以习近平新时代中国特色社会主义思想为指导,以坚持发展新时代"枫桥经验"为指引。主动适应社会治理新思路,适应人民群众新需求,探索人民调解新规律。不断推动人民调解工作创新和规范发展,打造高水平的"枫桥式"人民调解,实现矛盾不上交,努力为我市推进市域治理现代化做出积极贡献。

(二)总体目标

围绕国家治理体系和治理能力有效提升,全面推进市域社会治理现代化,通过完善人民调解组织建设、队伍建设、制度建设、业务建设、基础保障、职能作用发挥等内容,力争到2020年7月底,在全市范围内全面完成《规范》贯标工作,人民调解工作专业化、标准化、信息化、法治化水平有效提升,人民调解在基层治理现代化中的基础性作用显著增强。

(三)基本原则

1. 坚持全市域推进。在坚持"属地管理、分级负责"和"谁主管、谁负责"的同时,全市上下统一协调、各级各部门分类协同,构建上下联动、左右衔接、横向到边、纵向到底的规范化建设工作格局,全面推动人民调解工作规范化建设全市全覆盖。

2. 坚持全方位覆盖。坚持把规范化建设贯彻到人民调解组织、队伍、基础保障、业务流程等各方面,既突出重点,坚持问题导向,又因地制宜,精准施策,确保规范化建设的广度、深度和实效。

3.坚持全流程监管。建立贯穿规范化实施全过程的跟踪督导机制,加强示范引领、以点带面,坚持对规范的执行进度和实现程度"双监督",真正实现规范实施、人民调解服务质量提升和社会综合效益增长的有机统一。

二、贯标内容

(一)组织建设规范化

在市镇村三级人民调解组织全覆盖基础上,有序推进行业性、专业性人民调解组织、企事业单位人民调解组织、派驻人民调解工作室和个人调解工作室建设,并依法加强人民调解组织的设立、变更及撤销等工作,全面规范调解组织的名称、场所设置、人员配备和印章管理、备案统计等制度,确保形成设立规范、标识统一、制度完备、横向到边、纵向到底的人民调解组织网络体系。

(二)队伍建设规范化

严格人民调解员选任,加强专职人民调解员配备,注重提高具有专业背景的人民调解员比例,明确人民调解员职责任务,建立健全教育培训、综合考评、等级评定、解聘罢免、保护抚恤等制度规范,确保人民调解员队伍结构进一步优化,能力水平显著提高,管理工作全面规范。

(三)基础保障规范化

加强人民调解工作信息化建设,全面推广运用浙江省人民调解大数据管理平台和智能移动调解系统的应用,积极探索在线调解、视频调解等新的方式方法。加强人民调解工作经费保障,抓好六部委文件精神落实,推动地方财政足额保障人民调解工作经费、调委会补助经费、调解员补贴经费、专职人民调解员聘用经费、人民调解办案补贴和专家咨询费等,并建立动态调整机制,推动出台本地区政府购买人民调解服务实施办法。加强人民调解工作表彰奖励,有效调动工作积极性。

（四）业务流程规范化

全面规范人民调解组织和人民调解员开展纠纷排查分析研判工作内容及要求，调解服务坚持申请或移交→审核→受理→调解准备→调解实施→司法确认→回访→归档"八步走"，统一规范相关台账、文书档案格式，确保整个调解过程依法、规范、高效。

三、实施步骤

（一）宣传发动阶段（2020年3月）

在前期深入摸底调研全市人民调解工作规范管理情况基础上，出台贯彻落实《规范》实施方案，建立领导小组，召开动员部署会，统一思想，提高对人民调解规范化建设的认识，努力营造良好的工作氛围。邀请专家授课，全方位、多形式开展学习培训，牢固建立规范化服务理念。

（二）实施阶段（2020年4月—2020年5月）

各镇乡（街道）根据全市统一部署，对本地人民调解工作进行充分调查与评估，立足实际、立足需求、立足特色，细化落实具体举措，制定工作进度计划表，明确责任分工，实行项目清单化推进，确保各项工作落到实处，推动实现既定目标任务。市司法局对全市规范化建设工作进行全程跟踪督导，定期汇总工作进展情况，及时督促整改存在的问题。

（三）巩固提高阶段（2020年6月底前）

成立规范化建设专门督导小组，对各镇乡（街道）人民调解工作规范化建设情况进行全面检查评估，并结合日常检查情况，适时召开推进会，选树样板，总结经验，突出问题导向，对标对表，集中力量补齐短板弱项，确保规范化建设工作有序推进。

（四）考核验收阶段（2020年7月底前）

做好规范化建设工作考核小组及有关专家对规范实施情况的综合评价和验收等有关工作，及时总结提炼并固化好的做法，探索形成一批可复制、可借鉴、可推广的经验,发现和挖掘一批"做得好、信得过、叫得响"的人民调解组织和调解员。

四、工作要求

(一)加强组织领导。人民调解规范化建设是一项涉及组织、队伍、业务和基础保障的系统工程。镇乡(街道)党委、政府要高度重视,把人民调解规范化建设作为推进基层治理的重要抓手,摆上重要工作日程。司法行政机关要认真研究制定本地区具体实施方案,层层动员部署,切实抓好贯彻落实,同时积极争取党委、政府和有关部门的支持,帮助解决工作中存在的问题和困难。

(二)加强督导考核。司法行政机关和人民调解组织要坚持问题导向,认真对照《规范》有关标准要求,对现行的人民调解工作开展全面自查,分类梳理出不符合要求的薄弱环节和突出问题,有针对性地采取有效措施,加快推动解决落实。要加大督导力度,建立科学的考核评价机制,及时对各项工作的落实情况特别是短板弱项整改的进展情况进行督促检查,发现问题、及时反馈,确保《规范》实施落到实处,取得实效。

(三)加强宣传推广。要培育打造一批高质量的示范单位,形成一批可复制可推广的成功经验。要充分运用传统媒体和网络、微信、微博等新媒体,大力宣传规范化建设工作成效和工作中涌现的先进人物、事迹和典型案例,提高人民群众的知晓度和满意度,为规范化建设工作营造良好氛围。

1.1.2.4 诸暨市委政法委、市矛调中心关于《镇乡(街道)社会治理中心迭代升级指引(意见征求稿)》征求意见的通知

提要:《镇乡(街道)社会治理中心迭代升级指引(意见征求稿)》要求依托现有矛调中心进行升级建设,整合矛调中心、综合信息指挥室、应急指挥中心等现有平台资源,将镇乡(街道)矛调中心迭代为社会治理中

心;一类中心按照"大综合、一体化"要求,采取整体入驻的方式,实现"一室三办"全部入驻,同时,吸收X个协同力量进驻中心;二类中心按照"应入尽入"的要求,采取派员常驻方式,实现"一室三办"功能进驻社会治理中心,同时,吸收X个协同力量进驻中心;建立健全矛盾纠纷化解机制,建立分类分级、即接即办、教育疏导、会商研判、联合调处、公开监督及评价、回访等工作机制,推动访、诉、调等渠道相互衔接。

中共诸暨市委政法委员会 诸暨市社会矛盾纠纷调处化解中心关于镇乡(街道)、村(社)两级矛调"枫桥经验"应用系统使用情况的通知[1]

各镇乡党委、政府,街道党工委、办事处:

现将《镇乡(街道)社会治理中心迭代升级指引(意见征求稿)》发给你们,请研究后提出相关意见或建议,于2月28日14点前报市矛调中心,如无意见也请反馈。

联系人:×××,电话:×××××××××××

附:《镇乡(街道)社会治理中心迭代升级指引(意见征求稿)》

中共诸暨市委政法委员会

诸暨市社会矛盾纠纷调处化解中心

2022年2月24日

附

镇乡(街道)社会治理中心迭代升级指引(意见征求稿)

为坚持发展新时代"枫桥经验",全力做好"枫桥经验"60周年纪念大会筹备工作,进一步加强镇乡(街道)社会治理中心建设,根据省、绍兴有关部署,

---

[1] 2022年2月24日印发,系调研材料。

结合我市实际,现就镇级社会治理中心建设提出如下意见。

一、目标定位

高标准谋划建设镇乡(街道)社会治理中心,进一步整合矛调中心、综合信息指挥室、应急指挥中心等现有平台资源,确保在2月底前完成镇乡(街道)社会治理中心迭代升级工作。

二、建设内容

(一)完善功能。将镇乡(街道)矛调中心迭代为社会治理中心,外部统一挂"××镇乡(街道)社会治理中心",内部标识标牌按要求做好更新;中心承担信访和矛盾纠纷调处化解、社会治理事件处置、社会风险研判、风险识别管控、应急指挥协调等功能。

(二)健全机构。设置"1+3+X"的机构模式,"1"即综合信息指挥室,"3"即综合治理办、综合执法办、应急管理办,"X"即吸收纪委监察、民政、人力社保、卫健、公安、司法、城建、法庭、检察、自规、便民服务等相关职能站所,以及各类调解组织、社会力量、应急队伍等组成X个协同力量。

(三)分类建设。依托现有矛调中心进行升级建设,中心主任由党(工)委书记担任,党(工)委副书记担任常务副主任,相关班子成员担任副主任。一类中心按照"大综合、一体化"要求,采取整体入驻的方式,实现"一室三办"全部入驻,同时,吸收X个协同力量进驻中心;二类中心按照"应入尽入"的要求,采取派员常驻方式,实现"一室三办"功能进驻社会治理中心,同时,吸收X个协同力量进驻中心。

三、运行机制

(一)建立健全值班值守机制。每天24小时由镇值班组在综合信息指挥中心坐班,值班领导作为指挥长,统一指挥调度矛盾化解、事件处置、风险研判、应急联动等工作。

(二)建立健全矛盾纠纷化解机制。围绕矛盾纠纷问题第一时间化解的要求,建立分类分级、即接即办、教育疏导、会商研判、联合调处、公开监督及评价、回访等工作机制,推动访、诉、调等渠道相互衔接。

(三)建立健全社会事件处置机制。依托基层治理四平台、浙里兴村共富等系统迭代升级,实现社会治理事件全量掌握,规范流转处置流程,形成"收集—流转—交办—处置—反馈—评价"全闭环。

(四)建立健全风险识别研判机制。加强风险识别管控,建立健全会商研判机制,及时对苗头性、倾向性问题做出及时有效的处置;加强对各矛盾纠纷、风险隐患形势分析,建立工作专报机制,提高矛盾纠纷预防化解的预见性和针对性,为党委、政府决策提供参考、当好参谋。

(五)建立健全应急指挥联动机制。针对突发应急事件、等级响应等需要,建立市镇村三级应急指挥调度机制,明确责任主体,组建镇村两级应急力量,加强工作保障,完善工作机制,提升应急能力。

(六)建立健全督查指导机制。加强对入驻中心部门人员、中心运行、人员管理、体系运行、值班值守等情况督查,强化工作责任落实,提升工作成效。

镇乡(街道)社会治理中心建设分类

一类中心:暨阳街道、陶朱街道、浣东街道、大唐街道、暨南街道、店口镇、枫桥镇、牌头镇、安华镇、姚江镇。

二类中心:次坞镇、璜山镇、山下湖镇、应店街镇、浬浦镇、东白湖镇、五泄镇、赵家镇、岭北镇、陈宅镇、同山镇、马剑镇、东和乡。

1.1.3 大调解体系建设工作成效

1.1.3.1 人民调解与行政调解、司法调解有机结合得到浙江省政法委肯定[1]

提要：2008年10月，诸暨市成立联合人民调解委员会。诸暨市联合人民调解委员会设在诸暨市人民法院立案大厅，由司法局聘请专职人民调解员派驻并开展工作；其主要职责是宣传人民调解、受理诉前民事诉讼并开展调解，接受法院委托调解民事纠纷，协助法院参与调解工作。是年底，联合人民调解委员会成功调处各类纠纷46件，涉及案件标的达140多万元，取得了显著成效。这种将人民调解与行政调解、司法调解有机结合的做法取得了显著成效，获得浙江省政法委的肯定。

2008年8月，越城区以街道调解委员会为单位，聘请1至2名法官担任人民调解指导员，人民调解指导员指导调解委员会开展业务培训、交流法院民事案件审理信息，指导调解委员会联合调处重大疑难纠纷，开始构建"大调解"工作格局。10月，市司法局与市中级人民法院联合制订关于建立诉讼调解与人民调解衔接联动工作机制的若干规定，明确规定诉讼调解与人民调解的衔接联动。是月，诸暨市成立联合人民调解委员会，由诸暨人民法院在立案大厅提供场所，司法局组织专职人民调解员现场调处。至年底，该市成功调处各类纠纷46件，涉及案件标的达140多万元。2009年1月，此举得到省政法委的肯定，认为是人民调解与行政调解、司法调解有机结合的一种积极探索。[2]

---

[1] 绍兴市地方志编纂委员会办公室编：《绍兴市志（1979—2010）》（第三册），浙江古籍出版社2018年版，第1507页。

月,绍兴县司法局在齐贤镇进行矛盾纠纷"大调解"体系试点。4月,齐贤镇成立绍兴市首个联合调解室建立起以人民调解为基础,人民调解与司法调解、治安调解、仲裁调解、信访调处等既独立发挥作用又相互衔接联动的"大调解"工作模式(简称"1+X"模式)。至12月底,绍兴县建立联合调解室24个,配备调解人员102人。是年10月,市司法局与市仲裁委员会制订人民调解与仲裁对接联动机制的意见,探索创建简便、快速、有效解决商事争议的新机制。

2010年4月,全市推进社会矛盾纠纷"大调解"工作体系建设现场会在绍兴县召开。12月,市委市政府下发关于推进社会矛盾纠纷"大调解"工作体系建设的实施意见,规定推进社会矛盾纠纷"大调解"工作体系的指导思想、工作目标和基本原则。至年底,全市在各级人民法院立案大厅或人民法庭设立人民调解工作室26个,配置人民调解员38名,实现诉讼与人民调解在场所、人员管理等方面的对接。当年,法院委托、邀请人民调解员,协助调解案件1 699件,调解结案1 111件,结案率达65.4%。同期,法院对652份人民调解协议进行司法确认。

1.1.3.2 发展"枫桥经验",构建"四线组合"的大调解体系

提要:据《发展"枫桥经验" 构建"四线组合"的大调解体系》报道,诸暨市构建了基层人民调解、司法调解、社会组织调解、专业调解"四线组合"的多层次、专业化、全覆盖的枫桥式社会矛盾大调解新体系,吸纳了综治中心、政法基层单位、行业协会以及六大调解中心的力量,并建立了四项调解工作机制,使社会资源进一步得到全面整合,诉求表达渠道更加畅通、调解方法更加灵活。"四线组合"大调解体系建立后,全市858支调解组织、3 500多名调解员、3 300名矛盾纠纷信息员活跃在诸暨城乡,2010年共排查调处各类矛盾纠纷5 627起,调解成功率达96.3%,将矛盾纠纷化解在基层、解决在萌芽状态,为诸暨的社会和谐稳定保驾护航。

发展"枫桥经验" 构建"四线组合"的大调解体系[1]

浙江省诸暨市是"枫桥经验"的发源地。在坚持发展"枫桥经验"、深入开展社会管理创新综合试点工作中，诸暨市整合社会资源，构建了市、镇、村三级联动，基层人民调解、司法调解、社会组织调解、专业调解"四线组合"的多层次、专业化、全覆盖的枫桥式社会矛盾大调解新体系，将矛盾纠纷化解在基层，解决在萌芽状态。今日，本刊记者来到诸暨进行深入调研。

以综治中心为统领的基层人民调解

诸暨市建立了社会矛盾调解联合委员会，统筹全市社会矛盾的预警研判、组织协调，形成政府领导、综治牵头、司法指导、部门协同、社会参与的工作格局。27个镇乡（街道）全部建立人民调解委员会，下设一个或多个联合调解室，负责辖区具体调解事务。467个行政村和59个社区以综治工作为平台，均建立人民调解委员会，由村居"两委会"负责人牵头，抓好矛盾纠纷属地摸排和就地化解工作。

化解社会矛盾以村一级为主体，村、社区、企业和新居民小区实行网格化管理，综治网格员个个都是调解员，对一般矛盾纠纷在第一时间先行介入，就地化解，做到家庭琐事不出户，邻里纠纷不出组，小事不出村，矛盾不上交。较为复杂的纠纷以综治工作中心为平台，按照登记、分流、督办、反馈等工作流程，实行一个口子受理，一站式解决。近年来，全市86%的矛盾纠纷在村以下得到有效化解，96%的纠纷在镇范围内得到解决。目前，全市已建立各类人民调解组织839家，其中村、居调委会528家，镇乡（街道）调委会27家，企业调委会253家，区域性行业性调委会17家，其他15家；有人民调解员3 328名，纠纷信息员3 624名。次坞、应店街、马剑、安华等边界乡镇与周边外县市乡镇

---

[1] 原载《求是》（2011年12月20日），引自绍兴市"枫桥经验"50周年活动领导小组办公室编印：《5年来"枫桥经验"重点报道选编》，内部资料，2013年。

共同建立联调组织,枫桥、璜山等地还建立了由资深调解员命名的个人调解工作室,老年协会、妇女协会等民间组织也积极参与纠纷调解。

以政法基层单位为主体的涉法涉诉调解

建立法院诉前调解、交通事故纠纷、劳动争议、消费纠纷、医患纠纷和婚姻家庭纠纷等六大专业调解委员会,由司法局选派专业调解员"坐堂问诊",实现法院诉前调解、行政机关调解、社团组织调解与人民调解的有机结合。全市16个公安派出所建立了治安纠纷调解中心,由民警担任专职调解员,聘任当地有威望、会调解、公认度较高的退休老干部、老民警、老法官等为调解员,在第一时间把大量的治安纠纷化解在萌芽状态。法院和5个基层法庭建立了诉前调解中心,实行诉前劝导制,有效引导当事人先行调解,为老百姓打造一条省钱、快捷、和谐的绿色通道。检察院和4个乡镇检察室主动建立人民调解机制,促进检察环节轻微刑事案件的和解,实现检察工作与人民调解工作的有效对接。

建立健全"三调联动"的大调解运行机制,促进公调、审调、检调的有效衔接。公安在基层派出所成立治安纠纷调解中心,化解基层治安纠纷;法院在立案庭和基层法庭建立诉前联合调解分中心,对当事人实行劝调制,发放《劝导书》,引导当事人先行调解;检察院与司法局加强对和解刑事案件的对接,在镇乡检察室导入人民调解工作,实现检察工作与人民调解工作的互动互进。

以行业协会为基础的社会组织调解

在经济发展过程中,诸暨形成了独特的块状经济模式,涌现了珍珠、袜业、五金、纺织服装等支柱产业的"市场群"。为有效规范市场秩序,化解经济纠纷,诸暨在行业协会中普遍建立了调解组织,在大型市场建立调委会,聘请行业车头人、经营诚信户、老工商干部等充当行业调解员,在行业内化解经济纠纷,加强行业自律,促进市场健康发展。

以六大中心为骨干的专业调解

在矛盾纠纷易发、多发的领域探索建立专业性调解组织,有很强的专业性和针对性,效果明显。2008年8月,诸暨市在全省较早建立医患纠纷调解委员会,作为中立第三方专门化解医患纠纷。诸暨还分别建立了劳资纠纷、消费维权、法院诉前、交通事故、婚姻家庭等六大调解中心,延伸到基层站所,由政府出资、部门主管、司法部门选派优秀调解员"坐堂问诊",较好地实现了行政调解和人民调解的有机结合。

以医患纠纷调解委员会为例,诸暨市政府于08年10月以市长令形式出台了《诸暨市医疗纠纷预防与处置办法》,从成立之日起,医调会的一切工作紧紧围绕"化解医患矛盾、维护社会稳定"的目标展开;纠纷的受理范围从公立医疗机构发生的纠纷扩展到所有医疗机构发生的纠纷、从由医疗行为引起的医疗纠纷扩展到非医疗行为引起的医患纠纷调处。在花大力气调处历史遗留的医疗纠纷事件同时,职能从人民调解扩展到调解与投诉处理和信访处置相结合,集中调解与现场应急处置相结合,有效地提高了工作效率,取得了较好的效果。组建3年来,医调会共受理医患纠纷528起,调解成功514起。

在构建大调解体系过程中,诸暨积极挖掘优秀人才资源创建品牌调解室。2008年7月,枫桥以全国优秀人民警察杨光照名字命名的"老杨调解工作室"应运而生。目前,"老朱""江大姐"等一批个人品牌调解工作室相继建立,成为跨区域化解矛盾的"门诊专家"。跨市县的边界调委会、老年协会、驾驶员协会等民间组织也纷纷参与调解工作,唱响了社会矛盾化解的"合奏曲"。

哪里有矛盾,哪里就有调解组织;哪里有纠纷,哪里就有调解员。大调解新体系的建立,进一步使社会资源得到全面整合,化解领域得到有效扩张,诉求表达渠道更加畅通,调解方法更加灵活。全市858支调解组织、3 500多名调解员、3 300名矛盾纠纷信息员活跃在诸暨城乡,去年共排查调处各类矛盾纠纷5 627起,调解成功率达96.3%,成为诸暨维护社会和谐稳定的坚强基石。

构建"枫桥式"矛盾纠纷大调解新体系

近年来,诸暨按照"枫桥经验""党政动手、依靠群众"的工作要求,建立了四项调解工作机制。一是党政领导的统筹机制。成立由市领导亲自挂帅的"大调解"领导小组,统一领导全市的"大调解"工作体系建设,定期组织召开"大调解"工作成员单位会议,分析研判"大调解"工作推进过程中遇到的新情况、新问题,提出阶段性工作目标和具体举措。二是部门包干的对接机制。建立健全公调、审调、检调"三调联动"的大调解运行机制,充分发挥专业调委会的作用。三是社会参与的联动机制。以"整合资源、整体联动、便民利民"为原则,对全市各类调解组织、调处方法和调处手段进行有效整合,使人民调解、行政调解、司法调解、仲裁调解有机衔接,实行"统一受理、集中梳理、归口管理、依法处理、限期办理"。积极整合基层信访、维稳、综治、民政、司法和工会、共青团、妇联等资源。四是统一规范工作机制。推进调解场所规范化建设,做到"五有四落实"(有工作场所、有标牌、有印章、有文书、有统计台账,落实组织、制度、工作、报酬)和"三统一"(统一场所外观标识、统一指路服务标识、统一服务专线电话)。

建立健全矛盾纠纷排查研判、接待受理、分流指派、协调调处、检查督办等一系列制度,使大调解工作走上法制化、制度化、规范化的轨道。加强对人民调解员的教育培训,对人民调解员实行考试合格持证上岗制度,吸纳律师、公证员、老干部等担任兼职人民调解员,充实基层调解力量。

为进一步完善多层次、专业化、全覆盖的"枫桥式"矛盾纠纷大调解新体系,诸暨提出以下几点举措:一是整合资源。将"大调解"工作体系建设作为"十二五"时期的工作重点;深入贯彻实施《人民调解法》,加强调解工作宣传;统筹司法所、法庭、派出所、国土所、工商所等人员力量,建立统一名册,疑难案件实行调解员统配统调;发挥老年协会、妇女协会、共青团等组织的作用,引导社会力量参与调解。二是覆盖全面。在农村,以村级换届选举为契机,把调解组织建到自然村,把调解员设立到村民小组;在城区,把调解组织建到居民小区,调解员设立到楼群里弄;在企业,跟进新建企业或企业规模扩大,及时指导建立调解组织;探索在征地拆迁、涉农利益、教育文化等领域建立调解组织;鼓励各地建立各种形式的个人调解工作室。三是调解为先。建立健全联席会议制度,建立部门信息交流机制。建立健全不同区域、行业、领域调解组织之间的协作配合机制,积极推动信息联通、工作联动和矛盾纠纷的联排、联防、联调。四是制度保障。加强对各类调解人员的教育培训,建立定期培训学习制度。逐步探索实行调解人员职业化,公开向社会招考专职调解员,真正使调解工作"有场地做事、有专人干事、有经费办事"。

1.1.3.3 诸暨市司法局2016年度工作总结及2017年度工作思路

提要:据《诸暨市司法局2016年度工作总结及2017年度工作思路》总结,诸暨市司法局在2016年围绕中心发挥人民调解作用,重点开展品牌调解室创建工作,落实人民调解分级培训制度,深入开展矛盾纠纷大排查大调处活动,建立矛盾纠纷"清单"制,严格重大矛盾纠纷即时上报制度,实施定人包案、定期研判、甄别疏导等机制;健全完善大调解工作体系,加强人民调解、行政调解、司法调解的有机衔接联动,健全各专调委运行机制,并协助建立市人民调解协会以及组建"十大百名"调解志愿者队伍,完善运行机制,加快推动大调解工作的社会化运作,并提出2017年进一步完善大调解工作体系的工作思路。

诸暨市司法局2016年度工作总结及2017年度工作思路[1]

一、2016年度工作总结

2016年,我市司法行政系统突出"平安护航G20"、优化发展环境"八大行动"和开启"七五"普法等工作重点,着力夯实基础、强化管理、优化服务,切实履行司法行政工作职能。

(一)健全机制、丰富载体,画好"七五"普法起跑线

1. 强化机制保障。提交市两办下发《诸暨市2016年普法依法治理要点》,出台"谁执法谁普法"责任清单制度,将普法依法治理工作列入镇乡(街道)排位考核,明确市级机关部门、镇乡(街道)年度普法任务。出台《关于在全市公民中开展法治宣传教育的第七个五年规划(2016—2020年)》,并提交市人大做出决议。结合召开"七五"普法启动大会,总结"六五"普法工作,部署实施全市"七五"普法工作。

2. 拓展普法阵地。在诸暨日报、诸暨E网首页开通普法专栏,定期推送普法知识。自4月起,在市志愿服务中心开设"法律讲堂"9期,邀请律师每月定期开课,宣讲常用、热点法律知识。出台奖励政策推动法治文化深入基层,鼓励村(居)将法治元素有机融入文化礼堂及周边,并为全市552个村(居)征订法治宣传挂图3 312册。投资75万元的全市首个青少年法治教育基地已于9月建成并投入使用。深入开展法治创建活动,新创建完成25家诸暨市级"诚信守法企业"、5个绍兴市级和2个省级"民主法治村"的认定工作。

3. 营造普法氛围。落实人大任命人员任前法律知识考试和宪法宣誓制度,在周末学堂、网络学院、暨阳论坛等开设普法课程,实现机关公职人员法治教育轮训常态化。深化"法律进校园"活动,在中小学举办"校园法治晨会",在东白湖成立留守儿童法治之家,开展第十四个青少年法治教育宣传月活动。

---

[1] 诸暨市司法局年度工作汇报,2016年,系调研材料。

在"3·15""12·4"等重要节点开展各类法治宣传活动210场次。结合农民素质提升工程,到村(居)举办法治讲座27场次,形成普法活动"遍地开花"的良好局面。

(二)夯实基础、完善体系,筑牢人民调解防线

1. 加快推进司法所规范化建设。提交市两办出台《关于进一步加强司法所的意见》,进一步理顺司法所管理体制。加强司法所制度建设,建立业务文书档案清单,完善工作台账,加大检查督查力度,推进业务档案规范化、信息化建设。指导涅浦、王家井、江藻3家司法所开展创建省星级规范化司法所。

2. 围绕中心发挥人民调解作用。重点开展品牌调解室创建工作,新培育27个村级品牌调解室。落实人民调解员分级培训制度,全年共组织开展各类人民调解员培训65场次。围绕"平安护航G20""法治环境大提升"行动等工作,深入开展矛盾纠纷大排查大调处活动,建立矛盾纠纷"清单"制,严格重大矛盾纠纷即时上报制度,实施定人包案、定期研判、甄别疏导等机制。1—12月,共受理矛盾纠纷14 204件,成功调处13 761件,成功率96.9%。

3. 健全完善大调解工作体系。加强人民调解、行政调解、司法调解的有机衔接联动,完善大调解体系建设。按照市政府协调会议精神,健全各专调委运行机制,加强业务指导,并将人员、经费和日常管理等职能移交各行业主管部门。协助建立市人民调解协会,组建"十大百名"调解志愿者队伍,完善运行机制,加快推动大调解工作的社会化运作。

(三)规范执法、压实责任,严守社区矫正底线

1. 加强基础保障。通过购买服务的形式,按20∶1的比例配足社区矫正社会工作者,充实基层社区矫正工作力量。重点对31名社区矫正社会工作者及2015年来新招录的局编社区矫正工作人员进行责任意识教育、渎职案例警示教育以及业务专题培训,进一步提升专业素质和岗位风险意识。为全体社区矫正工作人员和社会工作者配备司法E通手机,实现对社区服刑人员的信

息化核查24小时不间断。完善司法所基础技防装备,探索引入电子手环。

2. 严格日常监管。以"平安护航G20"为重点,加大对社区服刑人员的监管执法力度。严格执行上门走访、信息化核查、重点人员排查等各项制度,开展社区服刑人员外出请假专项整治,压实监管责任。加大对社区服刑人员违规违纪违法行为打击处罚的力度,提高警示效果,1—12月,共签发警告248人次,上报治安拘留39人次,上报收监32人次。截至目前,全市在册社区服刑人员952人,无脱漏管人员,重新犯罪2起,重新犯罪率为0.1‰。

3. 落实教育帮扶。在全市社区服刑人员中开展"争做遵纪守法好公民"主题教育学习活动,在社区服刑人员家庭成员、监护人或保证人中开展"我为社会和谐作贡献"法治宣传教育活动,提升教育帮扶质量。切出2.75万元专项经费,对全市40名生活困难社区服刑人员家庭开展慰问。联合相关部门,对全市刑满释放人员基本信息数据库进行完善,加大安置帮教力度。1—12月,全市刑满释放人员帮教率和安置率分别为96%和95%,重新犯罪3起,重新犯罪率为0.09‰。

(四)加强监管、提升质效,抓深法律服务专线

1. 优化法律服务环境。加快推进公共法律服务体系建设,建成并运行市、镇、村三级公共法律服务实体平台和"诸暨市公共法律服务网"。加强与公检法、财政、人社等部门的联系,协调建立保障律师执业权利的沟通、支持和配合机制,承办绍兴律协"共享提升同行"系列活动,举办第一届律检控辩大赛,组织召开律检座谈会,每季度与市法院金融庭联合召开破产管理人工作交流座谈会。加强行业自律管理,完善管理考核制度,规范投诉查处机制,成立绍兴市律师协会诸暨分会。

2. 加强职能作用发挥。加强法律顾问工作,1—12月,政府法律顾问为行政机关提供法治培训163次,参与处置、化解矛盾纠纷41件,参与行政诉讼522件;企业法律顾问共走访企业637家,出具法律意见书、风险提示函19份,

参与处置"僵尸企业"29家;农村法律顾问为村级集体决策提供建议1321件、调解矛盾纠纷757件、办理诉讼案件122件、对村规民约进行合法性审查295次、无偿开展农村经济合同合法性审查1816件。有效落实法律服务人员参与调解、服务信访、重大敏感信息速报等制度,积极引导律师参与信访维稳工作。2016年,市公证处主动履职、服务民生,受理公证案件6077件,业务总量352.6万元,顺利完成2120户2670套拆迁安置、危旧房改造、保障性住房抽签选房的现场公证。

3. 加大法律援助力度。出台《关于进一步完善法律援助制度的实施意见》,修订《诸暨市法律援助办法》,进一步拓展法律援助服务范围。新设"市法律援助中心检察院工作站",促进律师参与化解涉法涉诉信访、未成年人法律援助等工作。坚持开展各类法律援助专项行动,针对民工、残疾人、老年人等特殊群体的不同特点继续落实绿色通道、上门服务等惠民举措。1—12月,共受理法律援助案件805件,受援人数达816人,挽回经济损失1238万元。

(五)凝心聚力、强化履职,做实干部队伍基线

1. 深化党建引领作用。扎实开展"两学一做"学习教育,制定落实"三级书记"责任清单,通过"线上线下"结合的方式组织全体党员干部、法律服务队伍党员深入学习党章党规、习近平总书记重要讲话精神等,开展领导干部上党课、全体党员讲体会、专题学习讨论、查问题补短板、重温入党誓词等活动。组建绍兴市律师协会诸暨分会党总支,开展"法律服务志愿团"党建品牌创建活动,切实加强法律服务行业党的领导。

2. 开展"五会"干部队伍建设。通过年轻干部"拜师学艺"、专题学习、警示教育等活动,提升干部队伍综合素质,全力打造"会学、会悟、会干、会写、会自律"的"五会"干部队伍。举办全市司法所干部、人民调解骨干业务培训和行风效能建设专题培训等,进一步提升干部队伍履职能力。2016年,共组织局编干部集中学习33次,累计举办各类培训班6场次,参加上级各类培训73

人次。组织局机关干部定期"返乡走亲",走村入户开展法治宣传、法律咨询、义务劳动、帮扶救困等志愿服务活动。

3. 强化督查严格问责。 修编下发《2016年度规章制度汇编》,进一步加强对局编干部、聘用人员、法律服务队伍的考核管理,提高管理考核、问责问效力度。认真落实"三书三查三报告"、党风廉政建设定期分析会、重大事项即时上报等制度,切实加强党风廉政建设。继续开展"一张网"督查、领导干部明察暗访、专项整改活动等,加大对违规违纪行为的查处力度,做到严格问责、绝不手软。

二、2017年度工作思路

2017年全市司法行政工作的总体要求是:以党的十八届六中全会精神为指导,按照"拉高标杆补齐短板,奋勇争先走在前列"的要求,充分发挥司法行政职能作用和整体优势,着力促进经济发展,维护社会稳定,服务民生保障,推进依法治理。

(一)强化基层基础,有效化解社会矛盾纠纷

1. 进一步加强司法所规范化建设。深入贯彻落实《关于进一步加强司法所建设的意见》,加大对司法所基础设施建设的投入,建立健全司法所各项工作制度,做到法律文书统一、业务统计精确,确保司法所职能作用充分发挥。继续加大司法所典型培育力度,2017年计划申报省星级规范化司法所1个。加强基层司法所队伍建设,全年开展以法治理念、法律知识、业务技能和知识更新为主要内容的集中培训不少于一次,时间不少于一周,切实提升基层司法所工作人员履职能力和工作水平。

2. 进一步完善大调解工作体系。健全市、镇、村三级综合调解平台,完善矛盾纠纷化解甄别疏导机制,加强人民调解与行政调解、司法调解、信访调解的有机联动。深化与公安、人社、卫计、教育、妇联、工商联等部门的沟通协调,进一步完善行业性专业性人民调解委员会运作机制,稳妥培育发展行业性专

业人民调解组织。健全完善调解网络,充分发挥"十大百名"调解志愿者的作用,加强换届后的村级调委会人员的业务培训,建立行业协会商会、品牌调解室等社会组织协同化解机制,不断推动社会化大调解体系建设,凝聚社会合力,增强矛盾纠纷化解能力。

3. 进一步提升矛盾纠纷化解能力。健全矛盾纠纷排查化解机制,编印《诸暨市人民调解员工作手册》,初步建立人民调解工作标准化体系,完善人民调解组织备案制度,建立健全人民调解组织信息网上公布和向同级法院通报制度,建立完善人民调解专家库,加强人民调解员分级培训、初任培训,推进人民调解组织、队伍、业务、制度规范化建设。推进人民调解信息化建设,探索构建网络调解与传统调解互通的调解新模式,依托市公共法律服务网上平台建立专业调解网站,为群众提供矛盾纠纷在线受理、在线调解、在线化解一体化服务。2017年,确保各类矛盾纠纷调处率达100%以上,调处成功率达96%以上。

(二)强化底线思维,实施特殊人群精细管理

1. 理顺社区矫正监管体系。完善市、镇、村三级社区矫正监管体系,突出执法大队主体地位,筹建市社区矫正中心,全面推广司法E通执法管理,探索引进电子手环等新型电子化监管设备。积极加强与法院、检察院、公安、监狱等有关单位沟通衔接,制定《关于进一步加强社区矫正工作衔接配合管理的操作手册》,努力推进资源互通、信息共享的社区矫正信息监管"大平台"建设。

2. 规范社区矫正监管流程。严格执行《社区矫正工作规程》,进一步规范社区矫正执法工作、严格操作流程、严肃执法纪律。严格执行社会调查、手机定位监管、请销假、集中教育、违规处罚等相关规定,加大对社区矫正工作者和社区矫正社会工作者的教育培训力度,加强对社区服刑人员的日常监管,全面落实监管责任,确保全年社区服刑人员脱漏管率控制在1.5%以内,社区服刑人员再犯罪率控制在0.5%以内,力争不发生因职能不落实、工作不到位,造成

社区矫正人员脱管、漏管而发生严重刑事犯罪案件2起(含)以上。

3. 落实刑释人员安置帮教。进一步健全完善刑满释放人员基本信息数据库,推进监地衔接机制,做好重点刑满释放人员"必接必送"等工作,加强对"三无"人员和有犯罪倾向的重点刑满释放人员的排查和帮教力度,确保刑满释放人员帮教率达到90%以上,城镇籍刑释人员安置率达到80%以上,本地籍五年内刑释人员当年重新犯罪率不超过2%。

(三)强化效果导向,创新深化法治宣传教育

1. 健全完善普法教育机制。进一步健全完善普法领导体制和工作机制,全面落实"谁执法谁普法"责任制,明确重点对象、重点领域法治宣传教育主管单位及其工作责任,实施镇街法治宣传排位考核和部门普法工作责任清单制度。深入贯彻落实我市"七五"法治宣传教育规划要求及人大做出的相关决议,进一步完善领导干部和公务员学法用法制度、领导干部任前法律知识考试和年度学法述法制度,切实增强领导干部和国家工作人员学法用法的实际效果。落实宪法宣誓制度,大力宣传宪法至上、依宪治国、依宪执政等理念,深入开展宪法法律专题知识学习和"全民学宪"活动,使宪法法治理念深入人心。

2. 深入开展法治宣传教育。深入推进"法律六进",突出抓好国家工作人员、企业家、青少年和外来务工人员的法治教育。深入开展法治宣传教育阵地建设,加快培育一批可看、可学的法治宣传阵地示范点,在市青少年法治教育基地组织开展法治宣传教育实践活动,计划年培训青少年7 000人次。不断加强普法网站和普法网络集群建设,形成微信、微博、微电影、客户端等新媒体普法载体,加强"诸暨普法"微信品牌建设,确保全年综合排位居全省同类前十。加强法治文化建设,鼓励法治文化作品创作与推广。

3. 扎实推进多领域依法治理。进一步开展行业、系统依法治理活动,完善创建内容和考评激励标准,不断推进依法行政等工作的深入开展,切实提高各项创建工作的整体水平和实际效果。深入开展"民主法治村(社区)"创建,充

分发挥好农村法律顾问和村级人民调解委员会作用,指导村、社区开展村(居)民章程、村规民约、社区公约集中修订,依法推进民主决策、民主管理。不断扩大"诚信守法示范企业"创建面,完善企业经营管理人员学法用法、企业法律顾问等制度,继续开展中小型企业防范法律风险普法活动,有效提升企业法治化管理水平和抵御风险的能力。

(四)强化责任担当,切实提升法律服务水平

1. 规范法律服务行业发展。深入贯彻落实两院三部《关于依法保障律师执业权利的规定》,依法保障律师执业权利。继续推行司法行政与行业协会"两结合"管理模式,加强对法律服务队伍的教育管理,以省"名所名品名律师"推进工程为抓手,使法律服务机构管理更加规范,法律服务人员职业道德水平和执业能力有效增强,社会美誉度明显提高,培育浙江浣纱律师事务所为全省著名律师事务所。完善律师事务所自律管理运行机制,建立科学的监管机制和激励机制。建立与公、检、法,以及财税、社会保障等政府机关的协调机制,从执业、社会保障、税收等角度加大对律师行业的保障,完善诚信执业体系,建立法律服务行风监督制度,健全投诉处理和违法违纪信息通报等制度,切实加强对法律服务行业的日常监管。推进公证执业化、标准化、信息化建设,加强内部管理,不断提升公证服务质量品质,增强公证公信力。由律协分会编印《诸暨律师》杂志,加大对律师行业的宣传力度,推进律师文化建设。

2. 促进公共法律服务均等化。健全完善公共法律服务体系,建成并运行公共法律服务实体平台和网络平台,统筹律师、公证、基层法律服务、人民调解等法律服务资源,加强市司法行政法律服务中心和法律服务工作站点建设,方便群众及时获得法律帮助。继续发挥法律援助在构建公共法律服务体系中的作用,深入贯彻落实《诸暨市法律援助办法》,完善法律援助范围和经济困难标准动态调整机制,实行律师代理申诉制,健全刑事法律援助常态化协作机制,落实降限扩面相关民生措施。加大法律援助案件质量监控力度,大力推进

法律援助信息化管理,重点抓好法律援助综合业务平台升级改造和手机APP同步推广工作,实现办案流程网上监控,推进法律援助规范化、标准化和优质化建设。大力拓展公共法律服务领域,认真做好就业、就学、就医等民生领域的法律服务工作,满足群众基本法律需求。

3. 服务经济社会转型升级。全力搭建法律服务惠企、惠农平台,引导律师以专项法律服务全力助推重点工程、重点项目建设,并对重点领域、重大案件(事件)实行组团式法律服务;充分发挥破产管理人作用,为企业重整、重组、破产保护和清算提供专业法律服务。推进法律顾问体系建设,提速构建企业法律顾问体系,加强镇乡(街道)、市政府有关部门法律顾问制度建设,充分发挥农村法律顾问和政府部门法律顾问的作用,有效落实法律服务工作者参与调解、服务信访、重大敏感信息速报等制度,引导法律服务工作者积极参与社会矛盾调解、涉法涉诉信访处理和群体性事件处置。

(五)强化履职能力,积蓄队伍建设发展后劲

1. 加强党风廉政建设。大力加强机关、律师党建工作,完善基层党组织建设,积极开展党建活动,不断激发司法行政工作人员和法律服务工作者的凝聚力和向心力。学习贯彻《中国共产党廉洁自律准则》《中国共产党纪律处分条例》等纪律规范,巩固"两学一做"活动成果,严格落实"两个主体责任",认真履行"一岗双责"。深化局编干部作风建设,查摆司法行政队伍纪律作风建设存在的"短板",贯彻落实党风廉政建设责任制。完善正风肃纪长效机制,持之以恒贯彻落实中央八项规定等要求,抓好监督检查和问题整改,严肃处理违法违纪行为。

2. 提高业务能力水平。按照"五会"干部队伍建设要求,结合基层工作需要,制定并落实局编干部教育培训计划。有针对性地开展各类业务培训;强化35周岁以下年轻干部培养锻炼,突出实践导向,加强与浙江农林大学、浙江警官职业学院、市委党校等院校合作。加强法律服务队伍专业化建设,择优筛选

若干青年律师进行重点培养,鼓励律师事务所引进、培养中高级职称律师,引进、培养精通经济、国际贸易、融资活动、证券期货等高端律师人才。加强公证业务培训力度,进一步拓宽公证人员视野,全面提升公证队伍综合素质,以适应新时期公证事业发展要求。

3. 健全考核激励机制。进一步落实班子成员"一张网"责任分工和月度督查制度,加大对司法所的工作指导,及时解决基层和干部队伍中存在的问题。推进干部多岗位交流和梯次培养,注重对年轻干部的培养教育,提高司法行政队伍的正规化、专业化、职业化水平。健全完善《诸暨市司法局局编人员绩效考核办法》《司法所工作目标责任制考核办法》,规范司法行政工作纪律,使各项司法行政工作得到有效落实并实现突破性发展。

1.2 大调解体系的工作体制和机制建设

1.2.1 领导或指导机构及平台建设

1.2.1.1 诸暨市委办、市政府办关于进一步深化完善社会矛盾纠纷"大调解"体系建设的实施意见

提要:《关于进一步深化完善社会矛盾纠纷"大调解"体系建设的实施意见》要求进一步健全工作体系,市委、市政府成立社会矛盾纠纷"大调解"体系建设领导小组,并设立领导小组办公室,具体负责日常工作和协调督促,指导管理全市大调解工作;各镇乡(街道)、相关部门(单位)成立相应组织机构,由党政一把手担任"大调解"工作的第一责任人,指导协调和包案化解重大矛盾纠纷;整合司法、公安、信访、基层法庭、国土、工商、民政及工会、共青团、妇联等资源,建立镇乡(街道)联合调解委员会,

由镇乡(街道)政法工作分管领导任调委会主任,与镇乡(街道)人民调解委员会合署办公,调处专业性、综合性、疑难复杂矛盾纠纷。村(居、企)依托社会服务管理站和人民调解委员会,建立完善矛盾纠纷排查调处工作机制,抓好矛盾纠纷属地摸排和就地化解工作。

中共诸暨市委办公室　诸暨市人民政府办公室
关于进一步深化完善社会矛盾纠纷"大调解"体系建设的实施意见[1]

各镇乡党委、政府,各街道党工委、办事处,市级机关各部门,市属企事业单位:

2010年8月以来,诸暨市作为全国35家社会管理创新综合试点单位之一,坚持先行先试、探索创新,其中对积极构建"大调解"体系进行了有效尝试,初步构筑了人民调解、司法调解、行政调解于一体的"大调解"工作格局。为进一步推进全市"大调解"工作体系建设,有效化解各类社会矛盾纠纷,根据中央、省、绍兴市关于深入推进矛盾纠纷大调解工作的意见以及《中共诸暨市委　诸暨市人民政府关于推进社会管理创新深化"平安诸暨"建设的意见》(市委〔2011〕21号)、《中共诸暨市委关于坚持发展"枫桥经验"加强和创新社会管理的决定》(市委〔2011〕37号)等文件精神,现就进一步深化完善社会矛盾纠纷"大调解"体系建设,提出如下意见。

一、指导思想

深入贯彻落实科学发展观,全面落实党的十七大、十七届五中全会和省第十三次党代会精神,牢固树立"艰苦创业、幸福民生"的理念,高举"枫桥经验"旗帜,强化社会矛盾源头治理,建立完善市、镇、村"三级联动",人民调解、行政调解、司法调解协同推进的社会矛盾纠纷"大调解"体系,深化完善以人民调解为基础,人民调解、司法调解、行政调解相互衔接配合的"枫桥式"大调解

---

[1] 诸暨市委办〔2012〕100号,2012年8月6日印发。

工作机制,切实将矛盾纠纷化解在基层、解决在萌芽,为深化"平安诸暨"建设、维护社会和谐稳定,率先基本实现现代化提供有力保障。

二、工作目标

通过深化完善社会矛盾纠纷"大调解"工作体系,全市的"大调解"机制得到不断完善和发展,"大调解"网络进一步健全,运作机制进一步规范,调解队伍素质进一步提高,有效预防和解决影响社会稳定的源头性、根本性、基础性问题的水平明显提升,"大调解"工作真正成为化解社会矛盾纠纷的有力抓手,成为"平安诸暨"建设的重要支撑。

三、主要措施

(一)进一步健全工作体系,形成上下统一、分工明确、指导有力的管理机制

1. 建立社会矛盾纠纷"大调解"体系建设领导小组。市委、市政府成立社会矛盾纠纷"大调解"体系建设领导小组,并设立领导小组办公室,具体负责日常工作和协调督促。各镇乡(街道)、相关部门(单位)成立相应组织机构,由党政一把手担任"大调解"工作的第一责任人,指导协调和包案化解重大矛盾纠纷。

2. 建立市调解总会,完善镇乡(街道)联合调解委员会。建立市调解总会,坚持调解优先、依法调解,发挥协会优势,统筹协调,以人为本,化解社会矛盾纠纷,促进社会和谐。指导管理全市大调解工作由"大调解"领导小组办公室承担。充分发挥镇乡(街道)社会服务管理工作中心的统筹协调作用,积极整合司法、公安、信访、基层法庭、国土、工商、民政及工会、共青团、妇联等资源,建立镇乡(街道)联合调解委员会,由镇乡(街道)政法工作分管领导任调委会主任,与镇乡(街道)人民调解委员会合署办公,调处专业性、综合性、疑难复杂矛盾纠纷。村(居、企)依托社会服务管理站和人民调解委员会,建立完善矛盾纠纷排查调处工作机制,抓好矛盾纠纷属地摸排和就地化解工作。

3.探索法律服务人员参与社会矛盾纠纷排查化解机制。充分发挥法律服务人员职业优势,鼓励法律服务人员参与社会矛盾纠纷排查工作,对突发事件、重大纠纷隐患,要及时向当地党委政府报告;建立律师事务所、法律服务所、公证处与基层站所结对互助机制,鼓励法律服务人员受聘担任各级人民调解组织的人民调解员,参与具体矛盾纠纷特别是重大疑难矛盾纠纷的调处工作。

(二)进一步发挥人民调解在"大调解"体系建设中的基础作用

1.加强三级人民调解组织网络建设。要充分发挥人民调解"公益性、公正性、第三方"优势,进一步完善人民调解组织网络。纵向建立健全市、镇、村三级人民调解网络,健全市人民调解工作中心,指导全市人民调解工作;建强镇乡(街道)人民调解委员会,规范完善村(居、企)人民调解委员会,人民调解委员会由3至9名委员组成,其中应当有妇女委员。发挥自然村、小区、企业车间等设立的人民调解小组作用,就地化解矛盾纠纷。横向建立健全市联合人民调解委员会、市医疗纠纷人民调解委员会、市劳动争议人民调解委员会、市婚姻家庭纠纷人民调解委员会、市消费纠纷人民调解委员会、市道路交通事故人民调解委员会等六大专业人民调解委员会。要积极组建各类专家型人民调解工作室,同时在行业协会、大型市场、跨县边界等社会组织建立健全人民调解组织。

2.加强人民调解场所规范化建设。全市各级人民调解组织和专业性人民调解工作委员会按照《人民调解法》《人民调解委员会组织条例》的要求,做到"五有",即有办公场所、有牌子、有印章、有工作台账、有工作制度;"四落实",即组织落实、制度落实、工作落实、报酬落实;"六统一",即名称统一、印章统一、场所标识统一、徽章统一、工作程序统一、文书格式统一。建立健全人民调解委员会各种制度,强化工作流程的规范。建立完善纠纷预防、排查和调解制度,重大矛盾纠纷及时上报,并做好疏导工作。

3. 加强人民调解队伍建设。一是加强专职人民调解员队伍建设。市级依托六大专业性人民调解委员会,聘请专职人民调解员化解专业性社会矛盾纠纷;暨阳街道、浣东街道、陶朱街道、店口镇、大唐镇、枫桥镇、牌头镇、次坞镇、璜山镇等镇乡(街道)要在原有基础上选聘2名以上专职人民调解员,并在12月底前到岗到位。其他镇乡根据需要选聘专职人民调解员。人民调解员要求在当地有威望,公道正派、热心人民调解工作,具有一定法律知识、政策水平和文化水平。二是加强人民调解志愿者队伍建设。探索党代表、人大代表、政协委员、法律服务人员参与调解的工作机制;吸收公道正派、热心人民调解的社会贤达、大学生村官等志愿者参与调解。三是建立各类专家库。建立医学、法律、道路交通事故、建筑等专家库,为调解工作提供咨询论证服务。四是加强对各级人民调解员的培训。采取分级培训模式,市司法局每年至少要对镇乡(街道)调委会和专业调委会人民调解员进行一次集中培训,镇乡(街道)每年至少二次对辖区内村(居、企)调委会人民调解员进行培训。

(三)进一步完善"大调解"联动机制

1. 深化人民调解与司法调解的衔接互动。按照《中共诸暨市委办公室诸暨市人民政府办公室关于建立人民调解与民事诉讼衔接联动机制的工作意见》(市委办〔2008〕113号)文件要求,进一步规范诉前受理、诉中委托、诉后协助等三项调解,完善联席会议、通报备案、联合考评、司法确认等四项制度,最大限度地把矛盾纠纷解决在诉讼前,节约司法资源。

2. 深化人民调解与行政调解的衔接互动。建立市政府法制办牵头、各职能部门为主体的行政调解工作体制,采取在大调解工作平台设立行政调解中心方式,充分运用行政优势,发挥政府部门主导作用,依法及时调处行政争议和与行政管理有关的民事纠纷。市政府法制办要与市司法局建立工作联系制度,加强行政调解与人民调解的衔接互动。同时,市政府法制办要根据不同时期矛盾纠纷的不同特点,督促市有关部门与市司法局联系沟通,及时建立相应的专业性人民调解委员会,如校园纠纷人民调解委员会、物业纠纷人民调解委员会,并落实好调解场所和专职人民调解员,要进一步完善人民调解信息通报和协调联动等工作机制,充分利用人民调解"低成本、不伤感情"的优势化解行业纠纷。加强警调对接,市公安局与市司法局要建立定期联系制度,创新道路交通事故纠纷调解机制,深化完善公安派出所与司法所调解协作机制。

3. 深化人民调解与检察工作的衔接互动。认真落实绍兴市人民检察院、绍兴市司法局联合出台的《关于规范检调对接工作的规定》,市检察院与市司法局成立检调对接人民调解室。检调对接人民调解室以检察环节轻微刑事案件和解、民事行政申诉案件和解、涉检信访息诉和解工作为主要工作内容,运用人民调解手段化解矛盾纠纷。

4. 深化人民调解与仲裁、信访工作的衔接互动。市司法局要以设立绍兴市仲裁委员会诸暨仲裁分会为契机,推动人民调解与仲裁调解衔接互动。信访部门对有可能通过人民调解解决的信访案件,且当事人愿意调处的,应及时分流移交各级人民调解委员会先行调处。对信访量大,群体性上访多,矛盾突出的信访问题,可邀请相关调委会人民调解员参与信访接待、参与信访听证。

四、工作要求

1. 加强组织领导。要从构建社会主义和谐社会、加强社会管理创新的高度,充分认识社会矛盾纠纷"大调解"体系建设的重大意义,进一步加强领导、健全机构、落实举措、推进工作。各镇乡(街道)、相关部门(单位)要按照矛盾联调、治安联防、工作联动、问题联治、事件联处、平安联创的"六联"机制要求,加强矛盾化解纵横双向的信息共享和资源整合,切实提高"大调解"的工作效率。

2. 营造调解氛围。宣传部门要大力开展社会主义法制教育,提高人民群众遵纪守法的自觉性和依法维权的意识,引导人民群众自觉把调解作为解决矛盾纠纷的首选。要及时总结、大力宣传社会矛盾纠纷"大调解"体系建设的经验和成果,推动调解文化建设,力争树品牌、显亮点,营造"人民矛盾人民调"的良好氛围。

3. 加强工作保障。市财政要按照《财政部、司法部关于进一步加强人民调解经费保障的意见》(财行〔2007〕95号)和《浙江省人民调解补助经费管理暂行办法》(浙财政字〔2008〕65号)文件精神,将"大调解"体系建设工作经费、人民调解工作经费、专业性人民调解组织日常运作经费等纳入财政预算;加大人民调解"以奖代补"力度,从2013年起市财政按常住人口(含外来人口)每人1元予以保障,镇乡(街道)财政同步配套落实以奖代补经费,并随着经济发展和财力增长而逐步增加。市平安办要把"大调解"体系建设纳入平安建设考核体系中;市社会矛盾纠纷"大调解"体系建设领导小组工作办公室要严格落实矛盾纠纷调解工作责任制,对调解工作成绩突出的单位、人员进行表彰奖励和以奖代补发放工作;对组织领导不力、调解工作不落实,导致矛盾纠纷突出的镇乡(街道)、部门(单位),进行通报批评并限期整改;对发生严重影响社会稳定的重大案件和事件的,要实行责任倒查,严格追究领导和相关人员的责任。各镇乡(街道)要落实本辖区专职人民调解员工资福利待遇和日常管理考核工作。村(居、企)级调解组织经费由所在镇乡(街道)与村(居、企)统筹解决,确保调解工作"有场地做事、有专人干事、有经费办事"。

1.2.1.2　诸暨市成立社会矛盾纠纷调处化解中心

提要:据《社会矛盾纠纷调处化解中心昨揭牌》报道,2019年12月2日,诸暨市为坚持发展新时代"枫桥经验",加强人民内部矛盾纠纷调处工作的积极探索,进一步完善"大调解"体系的组织网络,成立市社会矛盾纠纷调处化解中心;该中心吸收公安、司法、法院等单位的力量,将矛盾纠纷联合调解、非诉讼化解机制挺在前面,依法分类处理信访诉求,实现从"专科受理"向"全科受理"转变、从"单部门办理"向"多部门协同办理"转变,充分发挥调解工作在化解矛盾纠纷的"第一道防线"作用,促进矛盾纠纷源头化解、实质化解。

社会矛盾纠纷调处化解中心昨揭牌[1]

杨凌燕

昨天上午,全市社会矛盾纠纷调处化解中心揭牌仪式举行。市委副书记、政法委书记潘超英与市委常委、常务副市长钱勇军共同揭牌,诸暨市社会矛盾纠纷调处化解中心正式成立运行。

建设市社会矛盾纠纷调处化解中心,既是坚持发展新时代"枫桥经验",加强人民内部矛盾纠纷调处工作的积极探索,也是高水平推进县域治理现代化,推进平安诸暨建设的重要举措。据了解,该中心目前共有市公安、司法、卫生健康、建设、民政、法院、工商联等派驻人员132名。中心立足于社会矛盾多元化解,坚持调解为先、科学分流、诉讼断后,把矛盾纠纷联合调解、非诉讼化解机制挺在前面,依法分类处理信访诉求,将实现从"专科受理"向"全科受理"转变,从"单部门办理"向"多部门协同办理"转变。"建成后的市社会矛盾纠纷调处化解中心,将一个窗口无差别受理各类矛盾纠纷、信访诉求和投诉事项,把多元化解贯穿处理群众诉求的始终,用好律师、调解员、心理咨询师等力量,以解开心结推进矛盾问题的解决,以集成调度、一体联动实现社会治理事项可查询、可评价、可跟踪、可督查。"政法委常务副书记吴建人介绍说。

潘超英在揭牌仪式上强调,我市作为"枫桥经验"的发源地,更应该扛起责任担当,以下好先手棋、争当排头兵的姿态,在社会矛盾纠纷调处化解中心实体化运作、实效性体现上做好优化、提升文章,真正实现矛盾纠纷化解"最多跑一次"。接下去要以此为新的起点,坚持高站位谋划、一站式融合、全链条闭

---

[1] 原载《诸暨日报》(2019年12月3日),见 https://www.zjrb.cn/news/2019-12-03/576705.html。

环,在优化服务环境,提升治理质量,完善运行机制上下功夫,不断推动市社会矛盾纠纷调处化解中心发挥更大作用。

1.2.1.3 诸暨市社会矛盾纠纷调处化解中心更名为社会治理中心

提要:根据《诸暨市社会治理中心主要职责、内设机构和人员编制规定》,诸暨市社会矛盾纠纷调处化解中心更名为诸暨市社会治理中心,为市委直属的公益一类事业单位,由中共诸暨市委办公室统筹管理;主要职责有负责治理事件的一窗受理、流转交办、跟办督办、回访评价等工作,协调推动解决各类疑难社会治理事项,对全市社会治理有关信息的动态监测、风险识别和管控、数据分析、整体研判,对重大矛盾纠纷和各类风险事件做好预测预警,为市委、市政府科学决策提供工作建议和参考依据等;综合业务科负责治理事件的一窗受理、流转交办等工作,协调推动解决各类疑难社会治理事项,指导基层做好矛盾纠纷调处化解工作等。

中共诸暨市委机构编制委员会
关于印发《诸暨市社会治理中心主要职责、内设机构和人员编制规定》的通知[1]

各镇乡党委,各街道党工委,市级机关各部门、市属企事业单位党组织:

《诸暨市社会治理中心主要职责、内设机构和人员编制规定》已经市委机构编制委员会批准,现予以印发。

中共诸暨市委机构编制委员会
2022 年 9 月 21 日

---

[1] 诸编〔2022〕17 号,2022 年 9 月 21 日印发。

诸暨市社会治理中心主要职责、内设机构和人员编制规定

第一条 根据中共中央、国务院《关于加强基层治理体系和治理能力现代化建设的意见》、全省数字化改革有关精神和《中共绍兴市委机构编制委员会办公室关于同意诸暨市社会矛盾纠纷调处化解中心更名等事宜的批复》(绍市编办〔2022〕41号),制定本规定。

第二条 诸暨市社会矛盾纠纷调处化解中心更名为诸暨市社会治理中心,挂诸暨市综合信息指挥中心、诸暨市社会矛盾纠纷调处化解中心牌子,为市委直属的公益一类事业单位,机构规格为正科级,由中共诸暨市委办公室统筹管理。

第三条 诸暨市社会治理中心在履行职责过程中坚持和加强党对社会治理工作的集中统一领导。主要职责是:

(一)贯彻落实中央、省委、绍兴市委和市委关于推进县域社会治理现代化的决策部署,协助推进基层治理体系建设工作。

(二)负责中心规范化建设,负责对入驻单位、入驻人员进行日常管理、培训和考核。负责对贯通应用牵头单位履职等情况开展评价考核。

(三)负责指导镇乡(街道)社会治理中心建设、"基层治理四平台"和综合信息指挥室规范运行,协同推进网格智治,对"141"体系运行情况进行常态化评估。根据市委、市政府授权,负责流转交办各类事项的跟办督办、督查考核。

(四)协助党建统领、经济生态、平安法治、公共服务四条跑道的数据集成、信息共享,对四条跑道重要指标、核心指数运行态势及重大应用运行情况等开展实时监测、预测预警。

(五)承担基层治理"一件事"的流转办理。负责治理事件的一窗受理、流转交办、跟办督办、回访评价等工作。协调推动解决各类疑难社会治理事项。负责"基层治理四平台"信息系统建设、管理、应用。指导基层做好矛盾纠纷

调处化解工作。

（六）建立功能集成、综合研判、统一指挥、扁平高效的综合指挥体系，协助开展应急突发类等事件的联动指挥。

（七）负责对全市社会治理有关信息的动态监测、风险识别和管控、数据分析、整体研判，对重大矛盾纠纷和各类风险事件做好预测预警，为市委、市政府科学决策提供工作建议和参考依据。

（八）完成市委、市政府交办的其他任务。

第四条　诸暨市社会治理中心设3个内设机构。

（一）办公室（挂党建室牌子）。负责中心日常运转，承担文秘、信息、机要、保密、法制、资产财务、新闻宣传等工作。组织起草综合性材料、重要文件。负责人大政协建议提案、领导重要批示件办理工作。负责干部人事管理、机构编制、队伍建设、内部审计、离退休干部服务管理等工作。负责党建和群团工作，承担机关党组织日常工作。负责对外交流、外来考察接待、会务、档案、政务公开工作。负责中心内部网络及设备的维护管理、食堂管理、物业管理、车辆管理等后勤工作。

（二）综合业务科。负责治理事件的一窗受理、流转交办等工作。协调推动解决各类疑难社会治理事项。指导基层做好矛盾纠纷调处化解工作。负责接待大厅、各功能区的日常运行管理。负责具体指导镇乡（街道）社会治理中心建设、"基层治理四平台"和综合信息指挥室规范运行，协同推进网格智治，对"141"体系运行情况进行常态化评估。负责流转交办各类事项的跟办督办、回访评价、督查考核工作。负责受理、核查服务对象的投诉、举报，并跟踪整改落实。对中心入驻单位和人员开展日常管理、培训和考核。负责对贯通应用牵头单位履职等情况开展评价考核。协助司法部门对各镇乡（街道）、村（社区）调解人员开展教育培训工作。

（三）指挥研判科。承担基层治理"一件事"的流转办理。负责"基层治理四平台"信息系统建设、管理、应用。建立功能集成、综合研判、统一指挥、扁平高效的综合指挥体系,协助开展应急突发类事件的联动指挥。发生重大突发性事件或启动Ⅱ级及以上级别响应时,为相关应急处置领导小组、牵头部门进驻中心开展指挥调度提供支撑保障。协助党建统领、经济生态、平安法治、公共服务四条跑道的数据集成、信息共享,对四条跑道重要指标、核心指数运行态势及重大应用运行情况等开展实时监测。协助开展重点应用和事项贯通,为相关部门系统接入提供保障。负责全市社会治理有关信息的动态监测,负责风险识别和管控,对重大矛盾纠纷和各类风险事件做好预测预警。负责社会治理相关信息的数据分析和整体研判,提供工作建议和参考依据。

第五条 诸暨市社会治理中心设事业编制12名。设主任1名,副主任2名;内设机构中层领导职数6名(其中正职不超过3名)。

第六条 诸暨市社会治理中心经费形式为财政全额拨款。

第七条 诸暨市社会治理中心党组织要以党的政治建设为统领,全面提高事业单位党的建设质量,充分发挥党组织核心作用和党员先锋模范作用,坚持围绕中心、建设队伍、服务群众,推动单位党建和业务工作深度融合,促进事业发展。

第八条 诸暨市社会治理中心不得承担行政职能,不得从事生产经营活动。

第九条 本规定由中共诸暨市委机构编制委员会负责解释,其调整由中共诸暨市委机构编制委员会办公室按规定程序办理。

第十条 本规定自2022年9月22日起施行。

1.2.2 衔接联动或对接机制建设

1.2.2.1 诸暨市委办、市政府办关于建立人民调解与民事诉讼衔接联动机制的工作意见

提要：诸暨市委办、市政府办《关于建立人民调解与民事诉讼衔接联动机制的工作意见》要求建立与民事诉讼衔接的人民调解机构，在市人民法院及基层法庭设立与民事诉讼衔接的人民调解委员会作为衔接沟通平台，人民调解机构可采取诉前劝导、受理调解、委托调解以及协助调解的方式开展工作；建立人民调解指导员制度，市人民法院、市司法局选派经验丰富、业务水平高的同志担任联合人民调解委员会及镇乡（街道）人民调解委员会的业务指导员；建立联席会议制度、通报备案制度、联合考评制度，完善运行机制，充分发挥人民调解和民事诉讼的各自优势，维护社会的和谐与稳定。

中共诸暨市委办公室　诸暨市人民政府办公室
关于建立人民调解与民事诉讼衔接联动机制的工作意见[1]

各镇乡党委、政府，各街道党工委、办事处，市级机关各部门：

为及时有效化解民间纠纷，创设人民调解与民事诉讼优势互补的工作平台。根据《中华人民共和国民事诉讼法》、《人民调解委员会组织条例》（国务院令第39号）、最高人民法院《关于审理涉及人民调解协议的民事案件的若干规定》及司法部《人民调解工作若干规定》、《财政部　司法部关于进一步加强

---

[1] 诸暨市委办〔2008〕113号，2008年10月13日印发。

人民调解工作经费保障的意见》等有关规定,结合我市实际,现就建立人民调解与民事诉讼衔接联动机制提出如下工作意见。

一、目的意义

人民调解是一项具有中国特色的社会主义法律制度,是预防和化解矛盾,促进经济发展,维护社会稳定的"第一道防线"。目前,随着改革开放的进一步深入,各种利益格局不断调整,民间纠纷呈现主体多元化、情况复杂化且数量上升的趋势。建立人民调解与民事诉讼衔接联动机制,有利于充分发挥人民调解和民事诉讼的各自优势,切实减少诉讼,节约司法资源和降低当事人的诉讼成本,及时有效地把民间纠纷解决在基层,维护人民群众正常的生产、生活秩序,维护社会的和谐与稳定。

二、组织机构和主要职能

一是建立与民事诉讼衔接的人民调解机构。在市人民法院及基层法庭设立相应的人民调解委员会,作为民事诉讼与人民调解工作衔接沟通的平台。在市人民法院设立联合人民调解委员会,由司法局聘请专职人民调解员开展工作,各基层法庭与相应的镇乡(街道)调委会相衔接。上述调委会的主要职责是:宣传人民调解;受理诉前民事纠纷并开展调解;接受法院(庭)委托调解民事纠纷;协助人民法院(庭)参与调解工作。

二是建立人民调解指导员制度。市人民法院、市司法局选派经验丰富、业务水平高的同志担任联合人民调解委员会及镇乡(街道)人民调解委员会的业务指导员。联合人民调解委员会及镇乡(街道)人民调解委员会,要有专职业务指导员。业务指导员的主要职责是:了解调解工作情况,及时沟通信息,对比较突出的法律适用问题、调解技巧、调解格式文书制作等方面进行指导。同时,选择典型案件不定期邀请人民调解员参加庭审旁听,对人民调解员所提的疑难问题及时给予解答,对调解中遇到的困难和问题,及时向领导汇报。

三、工作方式

一是诉前劝导、受理调解。凡未经人民调解委员会调解的符合《中华人民共和国民事诉讼法》适用简易程序规定的一般民事纠纷,当事人到人民法院诉讼的,人民法院的立案窗口应主动告知人民调解工作的特点、优势,建议当事人先经人民调解委员会调解。如果当事人接受建议,由当事人填写《人民调解征询意见书》,法官引导当事人向人民调解委员会申请调解,同时向纠纷另一方当事人发送《人民调解通知书》,调解成功的,制作《人民调解协议书》。另一方当事人如果不同意调解,不影响人民法院的诉讼程序。

二是委托调解。对已经立案但符合人民调解的民事案件,本着"减少讼累,降低成本,方便群众"的原则,依据《诸暨市人民法院、诸暨市司法局关于委托调解工作实施办法》,在征得当事人同意的前提下,市人民法院(庭)将案件委托人民调解委员会调解。调解成功的,可以制作《人民调解协议书》,法院依法审查后,制作《民事调解书》加以确认。

三是协助调解。市联合调委会及镇乡(街道)调委会受理或接受委托调解纠纷,在当事人不接受调解,或调解不能达成协议时,调委会应当说明和引导当事人通过诉讼途径解决纠纷,并主动向人民法院提供相关情况,协助人民法院及早调处纠纷。联合调委会调解纠纷,根据需要可邀请镇乡(街道)调解员协助调解,镇乡(街道)调委会也可邀请联合调委会调解员协助调解。

四、工作制度

一是联席会议制度。市人民法院、市司法局应每年召开联席会议,必要时经人民法院院长或司法局局长提议可随时召开;各基层法庭与相应的司法所应每季召开一次联席会议,加强法庭与司法所的日常联系。联席会议的主要任务是:出台具体的人民调解指导计划,探讨人民调解工作中出现的新情况、新问题,分流信息、剖析人民调解典型案例及矛盾纠纷的难点、疑点,提高人民调解员的业务水平。

二是通报备案制度。对于经调委会调解达成协议后又反悔,纠纷当事人一方诉至法院的各类案件,人民法院(庭)立案受理的,应通知相关的司法所和调委会;上述案件审理完毕后,调解协议被已经生效的判决变更、撤销、或者被确认无效的,人民法院(庭)应及时将结果告知或通报相关的司法所和调委会,必要时可在告知或通报的同时,依法提出司法建议。

三是联合考评制度。市人民法院、市司法局定期评阅人民调解协议等调解文书,发现问题及时落实整改,切实帮助人民调解员提高调解格式文书的制作水平,市人民法院与市司法局共同开展对各镇乡(街道)人民调解工作的考核评比。人民调解组织和人民调解员接受人民法院指派及委托,调解案件情况纳入年终考核,列入全市人民调解"以奖代补"政策范畴,市联合调委会人员工作报酬及工作经费由市财政予以解决。

1.2.2.2 诸暨市检察院、司法局关于检调对接工作的规定

提要:《诸暨市人民检察院 诸暨市司法局关于检调对接工作的规定》要求检察机关、司法行政机关联合成立检调对接工作领导小组,共同设立检调对接人民调解工作室;检察机关对受理的轻微刑事案件、民事行政申诉案件、涉检信访案件,认为通过人民调解方式有利于化解矛盾纠纷的,由检调对接办公室委托检调对接人民调解工作室依照《规定》所确定的程序开展调解工作;检察机关与司法行政机关建立联席会议制度,推动检调对接工作有序开展。

诸暨市人民检察院　诸暨市司法局
关于印发《诸暨市人民检察院　诸暨市司法局关于检调对接工作的规定》的通知[1]

市人民检察院各科室处局队、市司法局各科室所：

现将《诸暨市人民检察院　诸暨市司法局关于检调对接工作的规定》印发给你们，请结合实际遵照执行。

诸暨市人民检察院

诸暨市司法局

二〇一二年八月二十七日

诸暨市人民检察院　诸暨市司法局
关于检调对接工作的规定

为认真贯彻落实中央关于深入推进社会矛盾化解、社会管理创新、公正廉洁执法三项重点工作的重大决策部署和市委关于构建"大调解"工作体系的要求，充分运用检察职能化解社会矛盾纠纷，更好地服务经济社会发展大局，规范和推进检察机关办案与人民调解工作，根据《中华人民共和国人民调解法》和绍兴市人民检察院、绍兴市司法局《关于规范检调对接工作的规定》，结合我市实际，制定本工作规定。

第一条　检调对接工作以维护社会公平正义、保障人民群众根本利益为目标，以检察环节轻微刑事案件和解、民事行政申诉案件和解、涉检信访息诉和解工作为主要内容，依托社会"大调解"工作机制，以和谐的理念和调解的方式，及时有效化解社会矛盾，促进社会和谐稳定。

第二条　检察机关应当对人民调解组织开展调解工作予以支持和协助。司法行政机关应当对人民调解组织开展调解工作予以指导和监督。

---

[1] 诸检会〔2012〕10号，2012年8月27日印发。

第三条 检察机关、司法行政机关联合成立检调对接工作领导小组,下设检调对接工作办公室,办公室设在检察院,具体负责检调对接工作。

第四条 检察机关、司法行政机关共同设立检调对接人民调解工作室(以下简称"工作室"),地点设在市检察院办公区域内。工作室调解员由司法行政机关指派的人民调解员组成。

第五条 检察机关对受理的轻微刑事案件、民事行政申诉案件、涉检信访案件,认为通过人民调解方式有利于化解矛盾纠纷的,由检调对接办公室委托工作室进行调解。

第六条 对于需要工作室调解的检调对接案件,检调对接工作办公室应制作《委托人民调解函》,并附涉案当事人双方同意调解的申请书、相关诉讼文书等材料,移送工作室。工作室接受委托后,可在检调对接工作办公室提供的办公场所进行调解。

第七条 工作室接到《委托人民调解函》等材料后,按照方便当事人和有利于矛盾化解的原则,审查逮捕案件一般在3日内调解结束,其他检调对接案件一般在10日内调解结束。

第八条 工作室应当坚持公开、公正、公平的原则,依法、合理、合情地对检调对接案件进行调解。对涉及个人隐私、未成年人以及当事人要求不公开调解的案件,工作室应当不公开调解。

第九条 在工作室主持调解过程中,检察机关可派员参与,提供法律支持,确保调解工作的自愿性、合法性和公正性,保证矛盾调处的成功率和公信力。

第十条 检调对接案件经工作室调解,双方当事人达成一致意见的,由指派调处该案的人民调解员所在人民调解委员会出具人民调解协议书。工作室应自协议签订之日起2日内将协议书及《人民调解结案单》送达检察机关检调对接工作办公室。

第十一条　检调对接案件经工作室调解,未能达成调解协议书或者达成调解协议后拒不履行的,调解程序终止。工作室应及时以《人民调解反馈函》或《人民调解结案单》的形式书面告知检察机关检调对接工作办公室,并退回相关案件材料。

第十二条　检察机关与司法行政机关建立联席会议制度,针对不同时期社会矛盾出现的新情况、新问题,共商对策,并及时交流工作经验,推动检调对接工作有序开展。

第十三条　本规定由市人民检察院和市司法局共同负责解释,自公布之日起施行。

附件:1.《委托人民调解函》(略)

2.《人民调解反馈函》(略)

3.《人民调解结案单》(略)

1.2.2.3　诸暨市政府办关于建立健全行政调解与人民调解衔接机制的意见

提要:诸暨市人民政府办公室《关于建立健全行政调解与人民调解衔接机制的意见》要求,充分认识调解在解决行政争议中的重要作用,切实加强对行政调解工作的组织保障,深化行政调解与人民调解的衔接配合;各镇乡(街道)和市级有关部门要主动做好与人民调解组织的衔接,依法及时调处行政争议和与行政管理有关的民事纠纷;建立与人民调解组织衔接配合的工作机制,探索委托调解、邀请调解、联合调解以及指定调解等多种衔接形式;遵循接待受理、行政告知、分类调解、监督履行的衔接程序。

诸暨市人民政府办公室
关于建立健全行政调解与人民调解衔接机制的意见[1]

各镇乡人民政府,各街道办事处,市政府各部门:

为切实发挥行政调解与人民调解相互衔接、互为补充的综合调解优势,提高预防化解社会矛盾纠纷水平,全面推进"平安诸暨""法治诸暨"建设,促进全市社会和谐稳定,经市政府同意,现就建立健全行政调解与人民调解衔接机制提出如下意见。

一、工作要求

(一)充分认识调解在解决行政争议中的重要作用。建立行政调解与人民调解相互衔接配合的工作机制,有利于整合调解资源,强化调解功能,形成工作合力,及时有效地化解社会矛盾纠纷;有利于减少群众诉求,节约化解矛盾纠纷社会成本。各镇乡(街道)和市级有关部门要从维护社会稳定、构建和谐社会、实现长治久安的高度,树立"调解优先"的理念,充分认识建立行政调解与人民调解衔接机制的重要性和必要性,发挥职能优势,抓住工作重点,为维护社会和谐稳定发挥更大的作用。

(二)切实加强对行政调解工作的组织保障。各镇乡(街道)和市级有关部门要成立相应的领导机构,明确本单位行政调解的承办机构。落实熟悉相关法律法规、热心调解的专(兼)职工作人员做好纠纷调解及行政调解与人民调解的衔接工作,并提供必要的经费保障。各单位要重点调解解决企业重组改制、劳动就业保障、国有土地上房屋征收、土地承包、环境保护、医疗卫生、道路交通事故处理以及消费者权益保护、社会公共服务等领域发生的矛盾纠纷。

(三)深化行政调解与人民调解的衔接配合。各镇乡(街道)和市级有关部门要主动做好与人民调解组织的衔接,充分运用行政优势,依法及时调处行

---

[1] 诸政办发〔2015〕156号,2015年12月29日印发。

政争议和与行政管理有关的民事纠纷。与人民调解组织进行衔接配合,既可建立化解某一类纠纷的长效工作机制,也可就化解一起社会难点热点纠纷建立临时的工作机制。要积极探索委托调解、邀请调解、联合调解等多种形式,对法律关系单一、一个职能部门能够解决的矛盾纠纷,可由该职能部门负责解决,或委托人民调解组织调解;对于交通事故、环境保护、产品质量等领域纠纷的处理,相关的职能部门可运用专业知识优势进行调解;对法律关系复杂、涉及多个部门的矛盾纠纷,由最初受理的部门邀请相关部门参与协调解决,协调不成的,提请专门协调机构组织有关部门共同解决。对已建立市级专业性人民调解组织的,相关行业主管部门要加强指导,更好发挥作用。

二、衔接方式

(一)委托调解。对于可以由人民调解组织调解的行政争议或与行政管理有关的民事纠纷,各镇乡(街道)和市级有关部门可以出具委托人民调解函,委托人民调解组织进行调解。人民调解组织收到委托人民调解函后,符合受理条件的应即时受理,并根据纠纷性质,指派辖区内的人民调解员或专家成员进行调解。经调解达成协议的,出具人民调解协议书,制作人民调解反馈函,函告委托的行政机关。

(二)邀请调解。对于可以由人民调解组织参与调解的行政争议或与行政管理有关的民事纠纷,各镇乡(街道)和市级有关部门可向相关人民调解组织出具邀请函,邀请人民调解员参与行政调解活动。经调解达成协议的,出具行政调解协议书。

(三)联合调解。对于重大的行政争议或与行政管理有关、社会影响广泛的民事纠纷,各镇乡(街道)和市级有关部门认为有必要与人民调解组织联合进行调解的,可向相关人民调解组织发出邀请函,邀请人民调解组织进行联合调解。经调解达成协议的,出具行政调解协议书。

(四)指定调解。行政调解过程中,争议一方对行政机关调解有异议并要求人民调解组织调解的,相关镇乡(街道)或市级有关部门可以根据当事人意愿指定有关人民调解组织进行调解。经调解达成协议的,由人民调解组织出具人民调解协议书,并函告指定的行政机关。

衔接的具体办法,由各行政机关根据行业特点与人民调解组织协商制定。

三、衔接程序

(一)接待受理。各镇乡(街道)和市级有关部门行政调解机构要严格实行接待登记制度。对属于应受理的行政调解案件,由行政机关立案处理;对可以进入调解程序的,由行政调解机构分类组织调解。

(二)行政告知。各行政机关在纠纷案件受理后应向当事人说明调解注意事项和正确途径,使当事人明确调解的有关要求,帮助当事人正确行使自己的权利,从而有效保护当事人的权益。

(三)分类调解。行政机关在受理案件后,应当依法进行调查询问,收集证据,在查明事实的基础上,在双方自愿的前提下进行现场(当面)协商。协商达不成一致意见的,行政机关除自行调解外,对于可以由人民调解组织参与或组织调解的行政争议或与行政管理有关的民事纠纷案件,视情况可通过委托调解、邀请调解、联合调解、指定调解等方式与人民调解组织衔接配合,共同解决矛盾纠纷。

(四)监督履行。调解协议履行期满后三日内,行政机关调解机构应当了解协议履行情况。对已经履行调解协议的,应当及时结案;对未履行协议的,应当及时了解情况,查清原因。对无正当理由不履行协议的,依照相关法律、法规、规章的规定进行处理;对属于民事侵权纠纷的,告知当事人依法提起诉讼。对调解不成的矛盾纠纷,要引导当事人通过诉讼等法定途径解决。

1.2.2.4 诸暨市司法局建立"访调对接"机制

提要:《诸暨市司法局2018年法治政府建设年度报告》总结道,2018

年诸暨市司法局扎实推进"访调对接"工作,出台《诸暨市关于开展人民调解参与信访矛盾化解专项活动的通知》,在设立派驻市信访局人民调解工作室和市、镇两级联合调解中心的基础上,通过政府购买服务、整合法律服务资源等形式发展信访调解队伍;建立完善工作对接、"多调联动"、律师参与接访等信访调解机制;通过上门化解、直接化解、疏导化解、联合化解、跟踪化解、稳控化解等6种调解方式,积极参与信访矛盾化解工作。

诸暨市司法局2018年法治政府建设年度报告[1]

诸暨市人民政府:

根据《法治政府建设实施纲要(2015—2020年)》及我市法治政府建设要求,现将本单位2018年度法治政府建设工作情况报告如下。

一、2018年法治政府工作开展情况

2018年,诸暨市司法局紧紧围绕市委、市政府的中心工作,认真贯彻落实省、市司法行政工作会议精神,突出"枫桥经验"纪念活动筹备、"七五"普法中期验收、访调对接等重点工作,进一步提升人民调解、法律服务、法治宣传、社区矫正等司法行政各项工作,为我市打好"六大硬仗",打造"全面小康标杆县市"贡献力量。

(一)突出创新和发展新时代"枫桥经验",不断提升矛盾纠纷排查化解能力

1.积极参与筹备"枫桥经验"纪念活动。组建专人团队,对近年来发挥司法行政职能作用,坚持创新发展新时代"枫桥经验"工作进行调研和总结提炼,《坚持发展"枫桥经验" 不断推进人民调解服务基层社会治理创新》一文刊登在《中国司法》杂志2018年第6期,《专业调解为"枫桥经验"注入新活

---

[1] 2019年4月10日发布,见https://www.zhuji.gov.cn/art/2019/4/15/art_1370364_33255258.html。

力》一文刊登在《全国人民调解》杂志2018年第3期。与西北政法大学合作,通过2年的实地调研提炼和资料收集,编写的《人民调解的"枫桥经验"》一书,由法律出版社出版发行,对我市司法行政工作创新发展进行了剖析和推广,具有较高的实践参考价值。

2. 扎实推进"访调对接"工作。出台《诸暨市关于开展人民调解参与信访矛盾化解专项活动的通知》,在设立派驻市信访局人民调解工作室和市、镇两级联合调解中心的基础上,通过政府购买服务、整合法律服务资源等形式发展壮大信访调解队伍,扩充人民调解专家库(目前87人),建立完善工作对接、"多调联动"、律师参与接访等信访调解机制,安排律师进驻信访调解室值班。通过上门化解、直接化解、疏导化解、联合化解、跟踪化解、稳控化解6种调解方式,积极参与信访矛盾化解工作。司法局牵头承办的20件信访积案,已全部办结。截至目前,全市人民调解组织受理各类信访交办件89件,成功调处73件,其中信访积案29件,调解成功率达82%。

3. 充分发挥人民调解作用。充分发挥职能,围绕市委、市政府中心工作,深入开展矛盾纠纷排查调处工作。1—12月,共受理矛盾纠纷19 539件,调处19 539件,成功调处19 070件,成功率达97.6%。成功培育品牌调解室21家,品牌调解员31名,杨光照同志被评为全国人民调解专家,俞杭明同志获全国人民调解先进个人荣誉称号,我局被评为全国人民调解先进集体、全省指导人民调解工作先进单位。

(二)突出"七五"普法中期验收,不断提升法治宣传教育工作实效

1. 抓实普法工作基础。出台《诸暨市2018年普法依法治理工作要点》,明确23家普法重点成员单位法治宣传教育责任清单,继续将普法工作纳入镇乡(街道)、市级机关工作目标责任制考核,确保普法责任落实到位。以《中华人民共和国宪法》学习为重点,针对全市机关单位、学校、企业、村(社区)等不同类别对象,开展各类法治宣传活动157场次,制作发放宣传折页45 000余份。

围绕市委市政府中心工作,积极开展金融法律风险防范、扫黑除恶等专项法治宣传行动,制作宣传资料1万余份,宣传展板十余块到各村(社区)文化礼堂进行展示。推出"1963法润"直播平台,每周四邀请一名法律工作者开展案例解读和释法工作,司法局开展直播5期,累计在线56万余人次。

2. 全面推进"三治融合"助力乡村治理。出台《关于自治、法治、德治"三治融合"基层社会治理体系建设推广工程实施方案》,在绍兴地区率先出台"三治融合"示范村(社区)建设标准,在"民主法治村(社区)""孝德村"的基础上,充实三治内容、丰富宣传形式、强化软硬件建设,建成一批法治公园、法治长廊、法治一条街等特色法治阵地,首批诸暨市级109个建设村(社区)已通过验收,并有53个村(社区)继续申报绍兴市级三治融合示范村(社区)。

3. 开展"七五"普法中期验收。召开全市普法教育领导小组会议,全面总结"七五"普法中期实施情况,在人大常委会主任会议上进行专题汇报。成立市级验收组,对全市35个部门和27个镇乡(街道)"七五"普法工作进行专项督查。完成全市"七五"普法中期验收的"四个一"工作,即一部《法润诸暨　情泽民心》专题片、一本《美好生活　法德相伴》画册、一套台账资料以及一个法治文化示范点建设。绍兴市政协副主席、市普法教育领导小组副组长陈国阳带队督导验收我市"七五"普法教育中期工作,并对我市普法工作给予充分肯定。

(三)突出特殊人群动态管控帮扶,不断提升社区矫正工作"五化"水平

1. 从严加强特殊人群动态管控工作。严格执行社会调查、手机定位监管、请销假、违规处罚、"两个八小时"等社区服刑人员监管规定,认真落实社区矫正规定。目前全市在册社区服刑人员844人,1—12月共签发警告169人次,提请治安拘留16人次,提请收监执行27人,重新犯罪1人,无脱漏管人员。扎实开展刑释人员救助管理工作,目前我市在册刑释人员3 515名,帮教率和安置率分别为96%和92%。

2. 创新社会力量参与社区矫正工作。与诸暨市德林教育咨询有限公司合作,实施"关心桥驿站"服务项目,成立社区矫正专业讲师团,为社区服刑人员进行心理健康评估、心理干预、制定心理辅导方案等。与市心理协会合作开展分层次、个性化专题集中教育,有力提升对社区服刑人员帮教工作。与"一米食堂""一米阳光慈善超市"及"大诸暨读书吧"等平台合作,组织社区服刑人员开展各类公益活动1 000多人次,有效提升社区服刑人员的社会责任意识。

3. 推进社区矫正中心建设。深入贯彻落实省司法厅《关于进一步加强县(市、区)社区矫正中心建设的指导性意见》文件精神及绍兴市司法局对社区矫正中心建设的要求,按照"执法、教育、管理'三位一体'"建设布局,积极对接争取各方力量,制定社区矫正中心建设详细计划,目前改造提升中的社区矫正中心正在施工阶段。

(四)突出诸暨特色公共法律服务体系建设,不断提升法律服务效能

1. 完成市公共法律服务中心建设。按照"省内一流、全国领先"的目标,把诸暨公共法律服务中心打造成为"设施齐、功能全、群众便"的法律服务窗口,切实提升"法治诸暨"建设水平。中心内设市法律援助中心、市公证处、市调解工作指导中心、市调解总会、仲裁委、行政复议局、行业性专业性调解机构等,为群众提供法律援助、公证、司法鉴定、法律咨询、人民调解、法治宣传等服务,同时积极探索社会矛盾纠纷多元化解工作机制,在整合司法行政各项服务资源基础上,引入相关部门和社会组织资源,为群众提供专业化调解服务及仲裁、行政复议、网上公共法律服务平台等综合法律服务,打造以"法律服务""矛盾纠纷多元化解""网上平台"三大主线为核心,集公益性、专业性、便民性为一体的"一站式"法律服务综合平台。

2. 积极服务经济社会发展。启动"打造最佳营商环境——法律顾问专项行动",引导企业法律顾问开展企业大走访、"法律体检"等。修订《诸暨市行政村(社区)法律顾问工作考核办法》,提高村(社区)法律顾问补贴至每村每

年4 000元,积极运用微信塔群、手机APP等信息化手段加强对法律顾问工作的指导督促。有效落实法律服务工作者参与调解、服务信访、重大敏感信息速报等制度,开展律师调解试点工作,在法院诉讼服务中心、市公共法律服务中心、市律协分会和浣纱律师事务所建立4个律师调解工作室,组建由84名律师组成的调解员队伍,目前已成功调解案件130起。加强对律师办理黑社会性质组织案件辩护代理工作的指导监督,指导律师事务所建立健全律师办理黑社会性质组织案件的请示报告、集体研究和检查督导制度,截至12月底,全市各律师事务所上报了46条办理涉黑涉恶案件的相关信息,未发现律师违反规定办理涉黑涉恶的情形。充分发挥公证职能作用,主动出击、积极拓展公证服务领域,1—11月办理各类公证4 831件,业务总量319万元。

3.深入实施惠民利民工程。全面启用浙江省法律援助统一业务平台、推广使用"12348浙江法网绍兴"和浙江法律援助微信公众号。优化完善法律援助申请受理全容缺全代办制度,今年已容缺受理案件90件。充实法律援助专家库成员,调整未成年人法律援助律师团成员,全面落实刑事案件审判阶段律师辩护全覆盖,开展民工讨薪、妇女维权法援专项行动。1—12月共办理法律援助案件1 581件,其中民事案件979件、刑事案件597件,为当事人挽回经济损失或取得利益2 515万元。

(五)突出过硬司法行政队伍建设,不断提升干部队伍综合能力

1.深化党建引领作用。坚持"党建+"理念,大力加强机关、律师党建工作,积极开展"两学一做"、创先争优、志愿服务等活动。新建曦明、靖光律师事务所党支部,实现全市3名以上党员律师事务所党支部全覆盖,全面完成局直属机关党委和下属11个党支部的换届工作,按期签订"两级书记"党建责任清单,把全面从严治党落实到每个支部、每名党员。

2.提升干部队伍能力。组织各类专题学习、业务培训等32场次,着力提升局编干部队伍的综合素质和履职能力。全面开展"返乡走亲"工作,引导局

机关干部利用业余时间,积极到村(社区)开展法治宣传、法律咨询、义务劳动等志愿服务活动68人次。举办全市法律服务行业纪律作风教育和行政诉讼法业务培训会、律师办理涉黑恶案件专题培训会等,与法院金融庭联合每季度召开破产管理人工作交流座谈会,切实抓好法律服务队伍的思想政治素质,提升业务能力水平。

3. 强化督查问责力度。更新完善各项管理考核问责制度,进一步加强对局编干部、聘用人员、法律服务队伍的考核管理。依托月结月报、政务通、月度督查等载体,形成有效的反馈监督机制,提升工作效率。今年以来共开展各类督查16次,警示谈话1人次。开展律师行业半年执业检查、法律服务行业"双随机"检查,加大投诉案件调查回复和违规违法行为查处力度,对1名律师做出暂缓考核处理。

二、2019年工作思路

2019年,诸暨市司法局将继续拉高标杆、奋勇争先,充分发挥司法行政职能作用和整体优势,着力促进经济发展,维护社会稳定,服务民生保障,推进依法治理。

1. 守牢守好社会稳定防线。贯彻落实"枫桥经验"纪念活动相关精神,围绕基层社会治理实践,不断统筹社会资源,加强各类调解方式的衔接联动,提升矛盾纠纷预防化解水平和实效。健全完善矛盾纠纷多元化解体系,以市联合调解中心为核心,27家镇乡(街道)联合调解中心为抓手,整合医疗、交调、仲裁、行政调解、律师调解、品牌调解等调解资源,继续推广运用矛盾纠纷在线化解平台,探索完善判例型调解模式,形成"线上+线下"高效联动的联合调解网络,确保各类矛盾纠纷的调处成功率达96%以上。全面加强对社区服刑人员的日常监管,深入推进扫黑除恶、整治枪爆专项斗争,确保全年不发生社区服刑人员重特大暴力犯罪,重新犯罪率控制在5‰。

2. 做优做强法律服务工作。以市公共法律服务中心提档升级为契机,按照"亲民、便民、利民"目标,不断创新法律服务方式和内容,修订完善相关服务流程和工作制度,深化"开放式接待""专家坐堂""特色门诊""惠民直通车"等个性化、零距离法律服务。以枫桥、次坞为样板,加强镇、村两级公共法律服务站点规范化建设,完善覆盖城乡一体的公共法律服务体系。依托"12348"中国法网、浙江法网、网上公共法律服务等平台,不断加强智能法务建设。建立健全刑事法律援助联席会议制度,加强数据对接和信息互通,深入推进刑事法律援助工作全覆盖。继续开展省"名所名品名律师"推进工程,规范法律服务机构管理,提升法律服务人员职业道德水平和执业能力。

3. 全面推动社会依法治理。深化分业、分类、分众法治宣传教育,做好"法润诸暨"三年行动收官工作。进一步健全"谁执法谁普法"长效机制,推出系列重点普法项目,巩固"1963法润"直播品牌。探索社会化普法路径,计划引进社会组织1家,全年完成送法进文化礼堂活动100场。打造"一镇一园"法治文化阵地,进一步发挥民主法治村(社区)和诚信守法示范企业典型的带动作用,实现诸暨市级民主法治村(社区)全覆盖。健全以政府法律顾问、村(社区)法律顾问、企业法律顾问为主体的法律顾问工作体系,完善考核评价机制、创新工作平台、丰富服务内容,有效发挥律师在基层社会依法治理中的作用。

4. 持续夯实基层基础工作。高标准完成市社区矫正中心建设,规范设置功能室,争取在2019年3月底前正式投入使用。强化基层司法所规范化建设,在巩固枫桥、次坞司法所创建成果基础上,计划继续新创建"公正文明规范"和"枫桥式"司法所1家。根据上级要求,完成司法行政机构改革后,及时做好干部队伍调整配置工作。以习近平新时代中国特色社会主义思想和党的十九大精神为指引,强化干部队伍政治理论、业务技能学习,严格绩效考核和工作问责,进一步提高机关干部的政治素质和履职能力。抓好行业管理,继续加强法律服务行业党建工作,加强专业型人才培养,全面提升我市律师、基层法律服务工作者和公证员的职业道德和执业水平。

1.2.2.5 诸暨市构建调解、监察、仲裁、诉讼、执行有机衔接机制推动工资维权"一件事"改革

提要: 为深化"枫桥经验"在劳动关系治理领域的实践和发展,按照集约高效、多元化解、便民利民、智慧精准的要求,实现调解、监察、仲裁、诉讼、执行等各环节有机衔接,诸暨市人力资源和社会保障局印发《诸暨市工资维权"一件事"改革实施方案(试行)》,要求在各镇乡街道劳动争议多元调解中心开展工资维权"一件事"综合受理窗口改革,落实综合受理窗口 AB 岗制度,实行内部集中流转、统一派单、明确时限,并形成正向闭环,真正实现最多跑一地、资料交一次、一竿子到底。

诸暨市工资维权"一件事"改革实施方案(试行)[1]

为深化劳动关系领域"最多跑一次"改革,进一步巩固"无欠薪"城市创建成果,构建调解、监察、仲裁、诉讼有序衔接、多元处理的机制,实现工资维权"最多跑一地""就近跑一次",特制定实施方案。

一、总体要求

以习近平新时代中国特色社会主义思想为指导,深入学习贯彻党的十九届四中全会精神,深化"枫桥经验"在劳动关系治理领域的实践和发展,按照集约高效、多元化解、便民利民、智慧精准的要求,实现调解、监察、仲裁、诉讼、执行等各环节有机衔接,为就近、从速、高效处结劳动工资争议提供高水平、高品质的一站式全流程周期服务,实现工资争议非诉案件 100% 在镇街属地解决,努力把工资维权"一件事"改革打造成高质量的"民心工程"。2020 年,在大唐街道、店口镇、枫桥镇率先完成试点,2021 年全市推广。

---

[1] 诸人社发〔2020〕16 号,2020 年 8 月 27 日印发。

二、实施内容

(一)实行一窗受理改革

1.设立综合受理窗口。在各镇乡街道劳动争议多元调解中心开展工资维权"一件事"综合受理窗口改革,整合调解、监察、仲裁、诉讼等职能,打造工资维权案件接待、受理、分流、回访的综合调度中心,为劳动者就近维权提供便利。

2.保障岗位人员配置。由各镇乡街道落实综合受理窗口AB岗制度,各改革相关部门落实联络员AB岗制度,实现一窗收件、一站服务、一体反馈,完善"1+X"调解体系建设,加快建设以劳动用工全科网格为基础,人民调解、劳动监察、劳动仲裁"三位一体"为调解主力,改革成员单位共同参与的"1+X"全域调解体系。

(二)实行内部集中流转

1.加快流程事项整合。推进浙江省劳动纠纷治理一体化经办平台、浙江省劳动保障监察信息系统、浙江劳动人事争议调解仲裁网络平台以及移动微法院四个平台的推广融合,形成"一件事"流转平台中心。全面梳理相关部门针对工资案件的申请、审批、流转等事项清单,整合制定更为规范灵活的统一表单。同时,完成改革相关部门工资维权"一件事"办事指南编制并向社会公布。

2.加快信息共享归集。相关部门要依据工资维权"一件事"改革责任清单和办理流程图,严格按照案件办理时限,及时在平台上完成相关数据推送反馈,切实避免劳动者维权多次跑、材料重复交等问题,切实提高办案效率。

(三)实行案件派单制度

1.统一派单。所有综合受理窗口受理的工资维权案件,由窗口通过线上"一件事"流转平台,统一完成部门间流转。对符合受理条件的调解申请,中心于1个工作日内受理并派单至相关调解组织进行调处,必要时通知镇街劳动保障监察中队协助调查取证;对不符合受理条件、调解不成或拒绝调解的工资案件,中心于1个工作日内完成劳动保障监察大队、劳动人事争议仲裁委员会、人民法院的派单(代办申请)流转。并及时做好当事人告知工作。

2. 明确时限。调解案件自受理之日起7个工作日内办结,节假日、重大活动等特殊时期在5个工作日内办结,重大疑难案件不超过15个工作日办结,对存在履行风险的调解处结案件,中心通过平台落实仲裁确认工作保障调解协议的执行效力;劳动保障监察大队在收到派单之日起2个工作日内决定是否立案并送达文书,一般案件在立案之日起25个工作日内完成案件调查并处结,重大复杂案件依法从速处理;劳动人事争议仲裁委员会在收到派单之日起1个工作日内决定是否立案并送达文书,速裁案件在立案之日起15日内办结(节假日顺延),其他案件依法从速办结;人民法院立案、审判、执行各部门应开辟快速通道,在收到派单后优先办理工资案件,从速结案。

(四)实行中心正向闭环

劳动者申请的工资维权案件,不管在哪一个环节办结,均由相应的部门或单位在3个工作日内,将办理结果反馈至中心,由中心做好回访归档,形成正向闭环,真正实现最多跑一地、资料交一次、一竿子到底。

三、工作要求

(一)强化组织保障。工资维权"一件事"改革事关人民群众切身利益,关系社会和谐稳定,是实现社会公平正义的必然要求,要成立市工资维权"一件事"改革工作领导小组,进一步压紧压实责任,持续依法推进,确保政治效果、法律效果和社会效果相统一。

(二)注重协调配合。各责任单位要建立工作联络制度,健全运作机制,整合各类资源,强化业务培训,指定专人负责工资维权"一件事"改革工作,加强与市工资维权"一件事"改革工作领导小组的联系对接,形成组织严格、运转协调的工资维权"一件事"改革工作网络,确保8月顺利启动试点,2021年全市推广。

(三)严格考核问责。各责任单位要切实将工资维权"一件事"改革工作作为当前重点工作来抓,进一步加大保障力度,落实经费、装备、人员、场所等要素保障,市工资维权"一件事"改革工作领导小组将对改革推进情况进行督促检查,实行定期通报,确保各项任务在规定时间内落到实处、取得实效。

(四)加强宣传引导。加强正面宣传和舆论引导,特别是典型案件的宣传,为快速、便捷、有效处置工资争议案件营造良好的舆论氛围,促使用人单位在工资清欠问题上形成不想拖、不愿拖、拖不起的意识,全力构建和谐劳动关系。

附件:(略)

1.2.3　矛盾纠纷化解甄别疏导机制建设

1.2.3.1　浙江省公安厅、绍兴市委联合调查组、诸暨市委的调查报告

提要:《预防化解矛盾,维护农村稳定——"枫桥经验"新发展》指出,"枫桥经验"的鲜明时代特色是党政领导,依靠群众,预防纠纷,化解矛盾,维护稳定,促进发展;其中,预防化解纠纷是维护社会稳定的基础性工作和重点环节。在这方面,"枫桥经验"采取了"四前"工作法,即"组织建设走在工作前,预测工作走在预防前,预防工作走在调解前,调解工作走在激化前",初步建立了有效的预防和化解矛盾的工作机制,基本实现了小事不出村、大事不出镇、矛盾不上交。

中共诸暨市委
关于转发调查报告《预防化解矛盾，维护农村稳定
——"枫桥经验"新发展》的通知[1]

各县(市、区)委、市级各部门党委(党组、工委)：

最近，市委会同省公安厅及诸暨市委，组成联合调查组，就枫桥地区(含枫桥镇、全堂镇、东一乡)坚持"枫桥经验"基本精神，针对市场经济条件下出现的新情况、新问题，在党委政府领导下，充分发动和依靠群众，有效预防和化解矛盾，维护社会稳定，促进经济发展的经验进行了深入调查和系统总结，形成了《预防化解矛盾，维护农村稳定——"枫桥经验"新发展》的调查报告。

市委认为，"枫桥经验"是六十年代枫桥人民在党和政府的领导下，就地解决矛盾，搞好社会治安的成功典范。在新形势下，这一经验又得到了新的发展，为维护社会稳定，促进经济社会协调发展做出了新的贡献。

新形势下"枫桥经验"的成功之处在于：党委政府始终坚持党的基本路线不动摇，坚持"两手抓、两手都要硬"的方针不动摇，在致力于推进地方经济发展的同时，高度重视维护社会稳定的工作，正确处理"改革、发展、稳定"三者关系，走出了一条搞好社会治安综合治理的路子；各级组织高度重视预防工作，紧紧依靠广大群众，综合运用政治的、经济的、法律的和思想教育等多种手段，把大量的人民内部矛盾解决在基层，解决在萌芽状态，形成了有利于社会长治久安的一整套有效办法和工作机制；重视以党支部为核心的农村基层组织配套建设，加强社会主义民主法制建设和精神文明建设，密切了党群干群关系，保证了党的路线方针政策和各项法律法规在基层的贯彻和执行。这一经验，是毛泽东同志群众观点的充分体现，是邓小平发展观、稳定观的成功实践，是江泽民总书记在十五大报告中提出的"打防结合，预防为主"精神的具体落

---

[1] 诸暨市委发〔1998〕71号，1998年11月2日印发。

实,完全符合社会治安综合治理的基本原则,适应农村改革发展的新形势和新要求。这一经验对于我们认真贯彻落实党的十五届三中全会精神,更好地把握工作大局、正确处理人民内部矛盾、妥善解决深化改革和经济发展中的矛盾,确保社会政治稳定,促进经济社会协调发展具有普遍指导意义和推广价值。

市委要求,各地各部门要以党的十五届三中全会精神为指针,以纪念毛泽东同志亲笔批示"枫桥经验"35周年为契机,以学习推广新形势下的"枫桥经验"为载体,切实加强农村基层组织建设和民主法制建设,切实抓好维护社会稳定的各项工作,促进农村经济的繁荣和各项社会事业的发展。各级党委政府要切实履行保一方平安的政治责任,加强对社会治安综合治理工作的领导,落实社会治安综合治理的各项措施;各级各部门要认真落实社会治安综合治理的各项任务,切实加强基层基础工作,全面排查化解社会不安定因素,严密防范堵塞漏洞,及时解决带倾向性苗头性的问题,努力把人民内部矛盾解决在基层,解决在萌芽状态;公安政法机关要切实增强使命感、责任感,认真履行维护社会稳定的重要职责,把推广落实"枫桥经验"与各项专门工作有机结合起来,促进业务和队伍建设,为我市的改革发展稳定做出更大的贡献。

现将调查报告《预防化解矛盾,维护农村稳定——"枫桥经验"新发展》转发给你们,供学习借鉴。各地各部门学习推广"枫桥经验"的情况,由市综治委负责检查督促。

中共绍兴市委
一九九八年十一月二日

预防化解矛盾，维护农村稳定
——"枫桥经验"新发展

六十年代初，枫桥的干部群众在"社会主义教育运动"中创造了"枫桥经验"，得到了毛泽东同志的充分肯定。

改革开放以来，枫桥的干部群众在邓小平理论指引下，坚持"两手抓，两手都要硬"的方针，继承和发扬"枫桥经验"的基本精神，预防化解了一大批可能影响社会稳定的各类矛盾，出现了"矛盾少、治安好、发展快、社会文明进步"的良好局面。"枫桥经验"在实践中不断丰富和发展，形成了鲜明的时代特色：党政领导，依靠群众，预防纠纷，化解矛盾，维护稳定，促进发展，为农村的稳定与发展创造了新路子。

着眼发展壮大经济奠定稳定基础

改革开放使枫桥（包括枫桥镇、全堂镇、东一乡）的社会面貌发生了深刻的变化，但在社会转型、经济转轨过程中，由于利益格局的重新调整，产生了大量的矛盾，特别是农村实行家庭联产承包责任制后，数以万计的富余劳动力需要寻找新的出路，优胜劣汰的市场机制使一批企业出现生存危机，带来失业、劳资纠纷、债权债务等问题，影响稳定与发展。枫桥的干部群众强烈地意识到没有稳定，不可能促进经济的发展，发展中出现的问题和矛盾，必须用发展的眼光、思路和办法来解决，才能实现稳定与发展良性循环的局面。

培育块状经济，转移农业富余劳动力。邓小平南方谈话后，枫桥的干部群众解放思想，抢抓机遇，他们以市场为导向，瞄准有一定基础的衬衫、轻纺业，大力发展个体私营企业，全面活跃农村经济，使这两个行业发展成为枫桥经济的支柱产业。目前，枫桥已有上规模衬衫企业34家，年产量超过2 000万件，市场占有率已达全国3%，产品远销国外，被国家服装专业委员会命名为全国唯一的衬衫之乡。遍布千家万户的轻纺织机直接为衬衫业配套，枫桥已拥有织机1万多台,年产各类织物4亿多米。以衬衫和轻纺为特色的块状经济的崛起,加速了枫桥农村工业化进程,使枫桥综合经济实力跻身绍兴市"三十强",农民收入大幅度提高。1997年,枫桥两镇一乡实现工业产值25.6亿元,国内生产总值12.93亿元,利润总额1.6亿元,都比5年前增长10倍以上,农民人均收入已达5 120元,比5年前增长2.19倍。农村面貌日新月异,呈现出"过了一村又一村,村村像城镇"的新气象。二、三产业的发展,提供了众多的就业机会和致富门路,使枫桥4.5万余名农业富余劳动力就地转移,彻底改变了"男人呆大路,女人咬耳朵",有人无事干的现象,并吸纳了一大批外地务工经商人员,现在已有11家外地企业在枫桥落户。在枫桥人人有工做,个个想致富,家家奔小康,农民的思路和注意力已牢牢凝聚在发展经济上,富裕起来的农民更加珍惜来之不易的安定局面,人心思定,安居乐业,大量因经济利益引发的矛盾和问题迎刃而解,为社会长治久安打下了坚实基础。

运用市场手段,解决困难企业职工出路。随着改革的深入和市场竞争的加剧,枫桥也有一些企业陷入了困境,企业债权债务、职工再就业等矛盾和问题比较突出。枫桥党委、政府运用市场经济手段,妥善解决了7家困难企业的出路,及时消除经济发展过程中影响稳定的问题,至今没有发生企业职工为生计问题上访闹事。

落实稳定责任,促进社会协调发展。"要戴致富帽,先戴平安帽",枫桥的干部始终保持清醒的头脑,正确处理稳定与发展的关系,把维护稳定摆在突出位置,以高度的政治责任感和使命感,认真履行保一方平安的职责。多年来,这里的干部换了一茬又一茬,但坚持"枫桥经验",依靠群众,化解矛盾,维护稳定的传统作风没有变。镇乡党委、政府把维护稳定列入了干部岗位目标责任制,与政治荣誉、经济利益挂钩,严格考核,严格奖惩,一级抓一级,一级对一级负责,保证了综合治理各项任务落到实处。公安派出所发挥了维护稳定主力军作用,打击犯罪,严密管理和防范,指导纠纷调处,热心为民服务。据抽样调查,群众对派出所工作的满意率达99.5%。在党委、政府的统一领导和协调下,法庭、司法所、工商所、税务所等部门主动积极,各司其职,密切配合,齐抓共管,使社会治安、社会生活和经济领域出现的苗头性、倾向性问题解决在基层。十六年来,枫桥没有发生群体性上访闹事事件,没有发生凶杀案件,没有因民间纠纷调解处理不当激化为刑事案件;近五年,枫桥刑事案件发案数一直控制在万分之八左右,年捕人数没有超过万分之二,大大低于诸暨市、绍兴市、浙江省的平均水平。良好的社会治安环境,促进了经济的发展,在枫桥的外商都说,这里的治安真好。

立足预防就地化解防止矛盾激化

在现阶段,影响农村稳定的突出因素是由人民内部矛盾引发的各种纠纷。枫桥的党政领导清醒地认识到,这些矛盾是改革、发展过程中产生的,可预见、可调节、可疏导的,只要主动预防、及时化解,一般不会酿成大的事端。为此,他们把正确处理人民内部矛盾,预防化解纠纷作为维护社会稳定的基础性工作和重点环节来抓,采取"四前"工作法,即"组织建设走在工作前,预测工作走在预防前,预防工作走在调解前,调解工作走在激化前",初步建立了有效的预防和化解矛盾的工作机制。

组织建设走在工作前,保证预防化解工作有人抓、有人管。建立健全镇乡综治办机构,两镇一乡都有一名政府副职专抓综治工作。重视村(居)、企业治保调解组织建设,做到了网络健全,力量精干,解决了没有人管事的问题。枫桥有治调组织197个,治调人员574名。还建立了一支有276人组成的横向到边、纵向到底的治安信息员队伍。在加强治保调解组织建设中,一是实行兼职制。治保、调解主任一般由村党支部书记或村长兼任。经过调整充实,与1990年相比,治调干部的年龄从平均58岁下降到45岁,文化程度由小学提高到初中至高中。二是业务上加强指导。每年都要对治调干部集中进行业务培训,派出所、司法所、法庭等单位针对农村纠纷矛盾的特点,开展经常性的业务指导和法律辅导,以提高治调干部的业务素质和调解水平。制订了一整套规范的工作制度和办事程序。镇乡、司法所、村"两委"及村民小组都有明确的调解工作职责和任务分工,层层建立了调解工作责任制,避免了因推诿、拖拉导致矛盾激化。三是生活上给予关心。为提高治调干部的积极性,镇乡政府规定对连续担任治调干部10年以上的发给荣誉证书,由镇乡、村投保养老保险,解除他们的后顾之忧。每年都要表彰先进,增强治调干部的自豪感,激发他们的工作热情。

预测工作走在预防前,建立一个反应灵敏、能及时发现矛盾纠纷的预警体系。镇乡党委、政府两个月召开一次综治联席会议,通报形势,分析预测社会治安、不安定因素和矛盾纠纷的特点规律,以提高预防工作的针对性。每年开年后,组织各部门力量,开展大规模的不安定因素排查工作,搞清底数、摸清社情。重视群众来信来访,建立镇乡领导干部信访接待日,及时了解民情。公安派出所发挥工作优势,将触角延伸到每个自然村、厂矿企事业单位的车间班组、要害部位和重点人群,使大量的矛盾纠纷苗头得到了及时反馈传递。每年通过各种渠道收集的信息有200余条,为预防和化解矛盾超前做好工作提供了依据。

预防工作走在调解前,努力减少矛盾,尽可能避免纠纷。坚持抓早、抓小、抓苗头,突出抓好与农民生活生产密切相关的重点事的预防工作。织机遍布千家万户后,用电量猛增,村民对保证用电和电价问题十分关心,党委、政府和电管部门及时对农村电网建设做出规划,扩充了一批变压器容量,定期不定期对用量情况进行检查,整顿村级电工队伍,纳入镇乡统一管理,有效地减少用电纠纷。农村集镇建设和企业规模的扩大,在征用土地时做到合理使用土地与宣传教育并重,取得村民的理解。为减少宅基地和农民翻建新房过程中的矛盾,土管城建部门和各村完善了建房审批"四公开四到场"制度,即土地审批计划、审批手续、地点户名和结果四公开;审批前、地基定桩、墙体砌砖和建成后验收到场,既严格依照政策办事,又充分考虑左邻右舍的利益,防止房屋建成后产生纠纷。同时,他们还注意抓好重点季节预防纠纷工作。在枫桥农村,多年来已形成了一条不成文的规矩,"双抢"大忙来临之前,村里几套班子成员都要集体检查一遍电线、沟渠、机耕路和山塘水库,该修补的及早修补,该抢建的及早抢建,防止村民因争水、争电、争路发生矛盾和冲突。由于预防工作注意把握规律,针对性强,近几年发生的纠纷稳中有降。

调解工作走在激化前,力争把矛盾纠纷解决在萌芽状态。农村矛盾纠纷难以避免,但有事不要怕事,关键是要及时疏导,调解得法,厘清纠葛,就可以把纠纷解决在初发阶段,解决在基层。他们在开展调解工作中,突出"快",注重"细"。"快"就是一旦发生矛盾纠纷,不拖不推,立即受理,立即调处,真正做到了闻风而动,雷厉风行。"细"就是做过细的教育说服工作,理顺情绪,消除隔阂。1993年以来,枫桥两镇一乡共发生各类纠纷4 345起,调处4 232起,调处率为97.4%,其中有78%在村一级得到了及时化解,调解一事,和睦一方,没有一起矛盾激化,基本实现了小事不出村,大事不出镇,矛盾不上交。

以人为本强化教育减少消极因素

农民素质的高低直接关系农村的稳定。枫桥的党政领导始终坚持两手抓,在抓好物质文明建设的同时,突出抓好精神文明建设,以民为本,通过开展形式多样、积极向上的活动,着力提高农民觉悟和全民整体素质。因地制宜抓好农村文化设施建设,倡导健康向上的文明风尚。枫桥舍得在文化设施上投入,"多一个球场,少一个赌场",建好阅览室、活动室,有的村还为村老年人建门球场,组织村民开展健康的文体活动,充实村民的闲暇生活。广泛开展创"文明村、文明户",做"文明人"活动。工青妇及敬老协会、禁赌协会、计生协会等充分发挥自身优势,组织开展群众性活动和公益劳动,丰富了群众业余生活,增强了群众的公益意识。枫桥的许多企业针对青年职工多的实际,提出"既出产品又出人品",把企业办成学校,提高了职工素质,使他们成为8小时内是企业文明守法的职工,8小时外是社会文明守法的公民。

做好挽救人、转化人的工作,努力化消极因素为积极因素。对有轻微违法犯罪的人员和"两劳"回籍人员,善于做耐心细致的帮教,"不推一把拉一把,既帮一时又帮一世",真诚挽救,真情感化,使他们不仅没有滑向犯罪深渊,而且不少还入了团、入了党、成了家、致了富,成为经济发展的有用之才。对正在服刑的人员也满腔热情给予关心,把帮教工作做到狱内。有的村把帮教与解困结合起来,积极开展帮教谈心和帮扶连心活动,真正把帮教工作做到家。五年来,枫桥共对427名失足青年落实了帮教,其中转好率达94.5%,"两劳"回籍人员重新犯罪率仅为1.5%。

加强外来人员管理,为促进本地经济服务。对外来人员,枫桥人不歧视、不排斥,既严格管理,又保护他们的合法权益。派出所加强日常性登记、发证管理,做到来一个发证一个。有外来务工人员的村和企业都建立暂住人口管理队伍,加强对外来人员的教育和管理。同时,尽力帮助解决实际困难,逢年过节,外地人回家,用车接送,使他们增强了对枫桥的亲切感。一些企业对外来人员采取公寓式管理,实行集中住宿,不仅让他们学技术,而且要他们学文化、学法律,自觉遵纪守法。在枫桥务工经商的2 500余名外来人员中,三年来违法犯罪受处罚的只有7人。

扩大民主村务公开推进依法自治

随着民主法制建设的健全,农民要求参与经济和社会事务管理的意识大大增强,能否满足农民的民主要求,保证农民的民主权利,直接影响农村的稳定。枫桥党委、政府十分重视基层民主政治建设,以此推进依法治镇(乡)、依法治村、依法治厂。

建立健全以民主和公开为核心的规章制度。进一步完善村级民主选举制度,让村民自主选出村级班子,使民情、民意、民智真正在决策和管理中得到体现。依照国家法律、法规、政策,通过村民代表大会审议,制定上合国家大法、下合社情民意、简单明了、具体实用的村规民约、护林公约、禁赌条约等，充分依靠群众实行自我教育、自我管理、自我约束，运用道德力量调节家庭成员之间、群众之间、干群之间的纠纷和矛盾。同时，全面推行村务公开，增强工作透明度。过去干群之间的矛盾主要是由隐性操作引起的，村干部往往是好心办坏事，办了好事说不清。为此，枫桥镇政府规定每年 3 月 28 日为村财务公开日，对其他集体项目投标、宅基审批、计划生育指标、水电费收缴等村民比较关心的内容分月分季向村民公开，接受群众监督。村务公开后，"给群众一个明白，还干部一个清白"，既消除了群众疑虑，调动了群众参与村务管理的积极性，又加强了村干部廉政建设，减少了干群矛盾，密切了干群关系，对维护农村稳定，促进经济发展起到了积极作用。

努力提高农民的法律素质。近年来，枫桥从抓镇村干部入手，每年年初定期对镇村两级干部进行法律知识培训，组织法律考试，并把考试成绩纳入干部的目标考核，提高依法行政、依法办事水平，基层干部的学法责任心、自觉性明显增强，法律素质不断提高。枫桥村村有法制宣传亭，每个自然村有法制宣传栏，定期开展针对性法制宣传，群众需要什么，群众不懂什么，就重点宣传什么。大张旗鼓地开展全民普法教育。今年政府还出资购买了"三五"普法读本，每户一册，送法上门。经常运用有线电视、广播等开展法制教育，并每年组织一次大型的群众性法律知识竞赛，在群众中营造了良好的学法、知法、依法经营、守法致富氛围，群众运用法律知识解决问题的意识明显增强，从而减少了一些纠纷矛盾的产生和激化。

严格依法办事。枫桥的镇村干部在引导农民依法行使自己的民主权利的同时，严格按规章纳税、交粮交款、审批土地，把各项行政活动纳入法制化、规范化、制度化轨道。在调解纠纷过程中，始终坚持合法、合情、合理的有机统一，讲事实、讲证据、讲法律。对调处中涉及的有关法律问题，专门请教有关职能部门或司法服务部门，对照法律法规，结合双方实际，进行依法调解；对双方当事人要求到法庭调解的,在做好前期缓和工作的基础上及时移送法庭审理,不强迫压制,以保护当事人权益;对疑难复杂易激化的纠纷矛盾或跨村、跨镇乡的纠纷矛盾,村调处有困难的,由村调解组织初步调解,找出原因,提出意见,写出书面报告,及时移交政法办或派出所调处,防止激化。

率先垂范无私奉献发挥堡垒作用

在枫桥,绝大部分矛盾在基层得到化解,几十年保持社会的持续稳定,关键得益于以党支部为核心的村级基层组织配套、健全,干部队伍有强烈的事业心、责任感,善于做群众工作,在群众中享有较高的威望,具有强大的凝聚力、号召力和战斗力。

抓好班子,形成维护稳定合力。枫桥镇乡党委一直把以党支部为核心的村级班子配套建设作为农村基层政权建设的重中之重来抓,配齐配好支部成员,配强支部书记,选好农村致富的领头雁。近年来,通过大力开展整顿转化工作和实施党政、党群、干群"同心"工程,狠抓党支部规范化建设和村级组织配套建设,整顿后进支部11个,充实年富力强、群众公认的优秀中青年支部书记40名,在带领农民致富,维护农村稳定中发挥了战斗堡垒作用。同时,指导村民建立群众性组织,形成以党支部为核心,村民委员会为依托,治保调解会、共青团、妇联、民兵等组织相配套,群众自发组织"三会一队",即老年协会、禁赌协会、计生协会和护村队为基础的化解矛盾、维护稳定的整体合力。私营企业是枫桥经济的支柱,镇乡党委通过抓私营企业的党组织建设,促进企业健康发展。对达到一定规模的,同步组建党组织,对无党员企业,由镇党委派驻不拿企业工资的政治指导员。目前,枫桥在私营企业中建立党支部13个,派驻的政治指导员26名,保证了私营企业有人抓党的工作和职工的思想政治工作。

敢管善管,乐于奉献。枫桥的干部有很强的群众观念,他们以群众高兴不高兴、满意不满意、赞成不赞成作为工作的最高标准,察民情、为民安、帮民富、解民忧。他们不仅有强烈的责任心,敢于管事,而且有较高的工作水平,善于管事。群众信任他们,他们热心为群众办事,不计个人得失,在新的历史时期建立了新型的干群关系。

坚持公道,清正廉洁。枫桥的干部正是以自身正气、办事公道而获得群众的称赞。特别是在调处矛盾纠纷中做到"四个一样",即干部与村民一个样,老板与职工一个样,本地人与外地人一个样,自然人与法人一个样,同时对涉及村干部的实行回避制度,确保调解工作的公平公正。

1.2.3.2　诸暨市司法局深化发展"枫桥经验"三年规划(1999—2001年)

提要:诸暨市司法局《深化发展"枫桥经验"三年规划(1999—2001年)》将及时有效化解各类民间纠纷作为诸暨市司法行政机关在1999—2001年间深化发展"枫桥经验"的重要目标,并计划在三年内持续推行预防化解纠纷的"四前"工作法,把纠纷及时化解在基层,消除在萌芽状态;大力加强民间纠纷信息通报制度,将纠纷信息员队伍延伸到每个自然村、厂矿、企事业单位的车间班组、要害部门和重点人群,及时掌握各种纠纷信息;开展集中排查化解矛盾的专项活动,按照"抓早、抓小、抓苗头"的原则,在每年的敏感期、多发期开展全市性集中排查调处专项活动,集中调处一批疑难纠纷,维护社会稳定。

诸暨市司法局
深化发展"枫桥经验"三年规划(1999—2001年)[1]

为进一步深化发展"枫桥经验",全面落实社会治安综合治理各项措施,充分发挥司法行政的职能作用,全力维护社会稳定,促进经济发展,推进我市

1　诸司〔1999〕20号,1999年5月8日印发。

经济、社会各项事业的协调发展,特制定诸暨市司法局深化发展"枫桥经验"三年(1999—2001年)规划。

一、指导思想

高举邓小平理论伟大旗帜,以党的十五大精神为指针,围绕"抓住机遇,深化改革,扩大开放,促进发展,保持稳定"的工作大局,正确处理改革、发展、稳定三者关系,准确把握"枫桥经验"的精神实质,以加强镇乡司法所建设为载体,以面向基层,服务基层,稳定基层为基础,以人民调解工作为重点,积极维护社会稳定,为全市人民安居乐业创造一个良好的社会环境,把我市的司法行政工作推上一个新台阶。

二、目标任务

全市司法行政机关1999—2001年深化发展"枫桥经验"的总目标是:基层组织网络健全,工作机制科学合理,群众民主法制意识增强,各种纠纷得到及时化解,基层社会稳定,人民安居乐业。

具体目标是:

(一)基层组织建设进一步加强。一是加强镇乡司法所建设。在开展规范化建设的同时,搞好文明司法所的创建;二是加强人民调解组织建设,按照组织、工作、制度、报酬"四落实"要求,抓好标准化调委会和示范调委会建设;三是加强经济实体调解组织建设,增强国有、集体企业调解组织功能,并把调解组织进一步延伸到私营企业、专业市场、流动人口聚集区;四是加强联调组织建设,健全跨区域、跨行业、跨单位的联调网络,对已建的联调组织做好指导、总结、完善工作。

(二)刑释解教人员的安置工作取得明显成效。一是在全市各镇乡、村(居、企)建立三级四层次的安置帮教工作网络,形成全社会齐抓共管的工作格局;二是建章立制,实施帮教工作"七项制度",落实责任,加强督促检查,使帮教工作社会化、制度化、规范化;三是积极开展帮教活动,健全"管理到组,工作到户,教育到人"的工作机制,使刑释、解教人员改好率达到95%,重新犯罪率不超过5%,当年"两劳"回籍人员无重新犯罪。

(三)各类民间纠纷及时有效化解。一是继续推行预防化解纠纷的"四前"工作法,把纠纷及时化解在基层,消除在萌芽状态,维护社会的安定团结。全市每年有80%左右的纠纷在村(企、居)一级得到调处解决,真正做到小事不出村,大事不出镇,矛盾不上交;二是大力加强民间纠纷信息通报制度。纠纷信息员队伍延伸到每个自然村、厂矿、企事业单位的车间班组、要害部门和重点人群,及时掌握各种纠纷信息,为预防和化解民间纠纷提供重要依据;三是开展集中排查化解矛盾的专项活动。按照"抓早、抓小、抓苗头"的原则,在每年的敏感期、多发期开展全市性集中排查调处专项活动,集中调处一批疑难纠纷。

(四)人民群众的民主法制意识进一步增强。组织开展入村入户的"枫桥经验"专题宣传和全民普法教育,在新闻媒体开辟法制宣传专栏,向广大公民开展经常性普法宣传。通过讲座、展览、上法制课等形式,加强对干部、职工、青少年的法制教育,不断拓宽普法领域。每年组织形式多样的"送法下乡""送法到校"活动,引导公民学法、懂法、守法、用法,增强法律意识,在外来人口聚集镇乡建立"法律学校",加强对外来人员的法制教育,促进遵纪守法。

(五)基层民主法制建设进一步强化。一是全面推进依法治理。各镇乡要大力推进行政执法责任制和政务公开制度,把各项工作纳入法制轨道,树立一批依法治理的先进典型。二是积极推进依法治村、治居的进程。按照《村民委员会组织法》和《居民委员会组织法》的规定,加强村、居一级基层组织的"四民主"教育的落实,实行村(居)民自治。三是推进企事业单位依法治理,组织企业经营管理人员学习社会主义市场经济法律法规,规范企业的经营行为。四是推进学校的依法治理。依据《教育法》等有关法律,开展依法治校、依法治教,同时,加快青少年法制学校建设步伐,争取在2001年各校普遍建立法制学校,培育"四有"新人,提高青少年法制观念,减少青少年违法犯罪案件的发生。

(六)法律服务工作进一步优化。一是做好律师、公证、基层法律服务工作,扩大非诉讼业务,预防和减少经济纠纷的发生。二是开展法律援助活动,为法律援助对象提供法律帮助,维护他们的合法权益。三是做好"1600148"法律服务专线电话咨询工作,通过开通"1600148"专线电话,扩大社会影响和法律服务覆盖面,为公民提供高效、便捷的法律服务,依法调处群众关注的热点、疑点、难点问题,为群众排忧解难。

三、实施步骤

全市司法行政机关深化发展"枫桥经验"三年规划具体分为三个阶段实施。

第一阶段(1999年1月—12月):为初步实施阶段。主要任务是:宣传发动,统一思想,调查研究,制定规划,强化基层基础建设。年底有50%的镇乡司法所达标,有10%的所被评为文明司法所;一类调委会达到80%;全市刑释解教人员帮教率达95%,在农村的安置率达到95%,在城镇的安置率达80%;"148"法律服务专线群众满意率达90%;全市青少年法制学校建立率达75%;群众的普法教育面达到80%。

第二阶段(2000年1月—12月):为全面展开阶段。主要任务是:以司法所规范化建设、人民调解组织建设、基层依法治理、全民普法教育、刑释解教人员的安置帮教工作为重点,全面推进基层司法行政工作。基层依法治理、刑释解教人员的安置帮教工作有进展;全面完成"三五"普法任务,80%的司法所达标,有15%的所被评为文明司法所;一类调委会达到85%;全市刑释解教人员帮教率达96%,在农村的安置率达到96%,在城镇安置率达85%;"148"法律服务专线群众满意率达90%以上;全市青少年法制学校建立率达100%;群众的普法教育面达到90%。

第三阶段(2001年1月—12月):为深化提高阶段。在前两年工作的基础上,对各项制度落实情况进行全面检查,年底有90%的司法所达标;有20%的所被评为文明司法所;一类调委会达90%;全市刑释解教人员帮教率达到97%,在农村的安置率达到97%,在城镇安置率达87%,重新犯罪控制到5%以下;群众普法教育面达到95%以上。

四、工作要求

(一)落实责任,上下联动。做好"枫桥经验"的深化发展工作,是贯彻党的十五届三中全会精神,落实省委、省政府的要求,维护社会稳定的一件大事。司法行政系统所辖各部门主要领导要亲自抓,从思想上、组织上、工作上加强领导,按照本规划提出的目标任务逐一加以研究落实,做到上下联动,真抓实干,确保工作目标的实现。

(二)转变观念,勇于开拓。全体司法行政干部、职工要充分认识深化发展"枫桥经验"的重要性和必要性以及司法行政机关在深化发展"枫桥经验"中的作用和地位,特别是要加强学习、钻研业务,深入基层调查研究,了解和掌握社情、民情,积极探索在市场经济条件下基层民间纠纷的特点和规律,寻找解决的途径和方法,通过不断的实践和总结,探索出一条司法行政工作的新路子。

1.2.3.3 诸暨市委、市政府关于创新"枫桥经验",创建"平安诸暨"的实施意见

提要:诸暨市委、市政府《关于创新"枫桥经验" 创建"平安诸暨"的实施意见》将"化解矛盾有效"作为创新"枫桥经验"、创建"平安诸暨"活动的工作目标,提出要健全完善正确处理新时期人民内部矛盾疏导化解机制,具体包括开展讨论活动、完善组织网络、创新工作机制、完善群体性事件处置机制、强化信访工作;关于创新工作机制要求,完善源头治理机

制,信息预警机制,分级负责、归口调处、领导包案、督查督办等工作机制。

中共诸暨市委 诸暨市人民政府
关于创新"枫桥经验" 创建"平安诸暨"的实施意见[1]

为加速实现我市"三个提前""两个率先"目标,营造稳定和谐的社会环境,保障和促进经济社会持续、快速、协调、健康发展,经研究,决定在全市开展创新"枫桥经验"、创建"平安诸暨"活动(以下简称"双创"活动)。现对"双创"活动提出如下意见。

一、指导思想

以"三个代表"重要思想和党的十六大精神为指导,全面贯彻落实市委十三届次全会精神,紧紧围绕"三个提前""两个率先"奋斗目标,以创新发展"枫桥经验"为总抓手,以创建"枫桥式平安镇乡(街道)"为主载体,以着力打造"平安诸暨"为总目标,夯实基层基础工作,健全完善稳定工作机制,落实社会治安综合治理各项措施,努力开创具有诸暨特色的社会稳定工作新局面,为改革发展和现代化建设创造和谐稳定的社会环境和公正高效的法治环境。

二、工作目标

总体目标是:全力维护社会稳定,促进经济社会快速协调发展,使人民群众安居乐业。到年底,全市30%的镇乡、街道达到市级"枫桥式平安镇乡(街道)"标准,其中25%的镇乡、街道达到绍兴市级"枫桥式平安镇乡(街道)"标准。人民群众对社会治安工作满意率达85%以上,人民群众的安全感达90%以上。

具体目标是:

(一)社会政治稳定。全市不发生有重大影响的政治性事件和群体性事

---

[1] 诸暨市委〔2004〕18号,2004年2月17日印发。此则材料中"十三届次全会"处,系原文件如此。

件；突发事件得到及时妥善处置；"法轮功"等邪教组织的非法活动得到有效打击、控制，不发生本地"法轮功"分子进京、滋事、插播等事件；国家安全人民防线建设坚强。

（二）治安秩序良好。严重暴力犯罪和多发性犯罪得到及时有力打击，案件上升幅度低于绍兴市平均数，五类案件破案率达到85%以上，杀人、伤害致死案件破案率达到90%以上；刑事立案数控制在60起/万人以下。黄、赌、毒等社会丑恶现象得到有效控制，社会风气良好。不发生震动全市、影响全省的特大安全生产事故，减少群死群伤等重大火灾、交通事故的发生。

（三）化解矛盾有效。最大限度地就地预防和控制矛盾纠纷。集体访、越级访、重复访上升幅度得到有效遏制，"三访"案件增幅低于上年，10人以上集体访案件总量下降，实现非信访重点地区；矛盾纠纷调处率达到100%，调处成功率达到92%以上，80%以上的矛盾纠纷在村一级得到化解；有效防止和减少因民间纠纷引起的非正常死亡和民间纠纷转化的刑事案件。

（四）教育管理到位。外来人口管理体制、管理制度和组织网络进一步健全，实行综合管理。暂住人口登记发证率达到95%以上，出租房登记率达95%以上。外来人口犯罪率控制在登记总数的0.4%以下；完善归正人员回籍接管工作，安置帮教工作实行"三帮三延伸"，安置率达到95%以上，帮教率达到98%以上，重新犯罪率控制在4%以下，当年回归的无重新犯罪；轻微违法青少年的思想教育和行为矫治工作有针对性，青少年犯罪率控制在犯罪总数的35%以内，其中未成年人犯罪率低于5%。

（五）组织保障有力。进一步健全综治领导机构和办事机构，市综治办下设指导协调室，人员编制配备不少于2人。按中央综治委、中央编委文件要求，镇乡、街道由党委书记担任综治委主任，党委副书记担任综治办主任，并按绍兴市划定的甲、乙、丙类镇乡、街道分别配备8至12名、6至10名、4至6名综治办事机构人员，于今年6月底前配备到位。到年底，全市综治办规范化建设达标率达到30%以上。以基层党支部为核心的配套组织建设得到加强,群防群治组织落实、形成网络。基层政法组织进一步健全,装备、经费、办公用房等保障条件进一步改善。社区警务建设扎实推进。综治经费列入同级财政预算。

(六)法制环境优化。社会政治、经济、文化事业和社会事务的管理法治化、规范化,地方、行业和基层的依法治理全面推进。各级行政和政法机关严格执法、公正司法。普法教育进一步深化,全体公民特别是各级领导干部的法律素质不断提高。全社会的依法办事意识、行政机关的依法行政水平进一步增强,形成民主、公正、健康的社会法治环境。

(七)"枫桥经验"创新发展。全市干部群众创新"枫桥经验"的责任性自觉性增强,新时期"枫桥经验"在全市各镇乡、街道、部门、企事业单位、农村、社区、学校进一步推行运用,形成一批各具特色的典型,做到理论上有新突破,实践上有硬基石,工作上有新举措,"墙里墙外一样红"。

三、组织领导

为加强对"双创"工作的领导,市委、市政府成立"双创"工作领导小组,下设办公室。各地各部门要结合实际,建立相应的领导小组和办事机构,切实加强领导,认真制定规划,精心组织实施。

四、工作措施

开展"双创"活动是营造长期和谐稳定的社会环境,确保人民群众安居乐业,促进经济社会协调快速发展的重要举措。各镇乡、街道和部门要切实加强领导,精心组织实施,健全创建机制、落实工作措施,认真抓好"双创"工作,努力提高"双创"活动的质量和水平。

(一)健全完善正确处理新时期人民内部矛盾疏导化解机制

1.开展讨论活动。在全市上下广泛深入地开展"全国学诸暨,诸暨怎么办"大讨论活动,通过集中学习、座谈讨论、开展调研、征集意见建议、撰写研讨文章等多种形式,进一步把思想统一到中央、省委领导对创新发展"枫桥经验"的要求上来,切实增强创新发展"枫桥经验"的责任感、使命感。坚持与时俱进,注重在综合、融合、结合上下功夫,找准着力点,把握关节点,挖掘新亮点,把用足、用活、用好"枫桥经验"基本精神与本地本单位的具体实践结合起来,与研究解决当前信访和稳定工作的突出问题结合起来,积极探索新形势下具有诸暨特色的社会稳定工作新路子,不断赋予"枫桥经验"在率先全面建成小康社会、率先基本实现现代化新阶段中以新的内涵,使"枫桥经验"常抓常新,更富成效。

2. 完善组织网络。形成市、镇乡(街道)、村联动的工作网络。市建立由分管领导负责,综治委牵头,国土、劳动保障、人口计生、建设、公安、法院、检察、司法、信访、经贸、民政等部门参加的维稳联席会议制度;镇乡、街道建立由主要领导挂帅,综治办、司法所、信访办、派出所、人民法庭、国土所、城建办、民政办等参加的维稳中心;村(居)建立由联村(居)干部、两委班子主要成员、治保调解干部、村(居)民代表参加的维稳工作组。大力加强以村(居)党支部为核心的基层组织建设,充分发挥治保会、调解会在维护基层稳定中的作用。

3. 创新工作机制。全面落实"四前"工作法、"四先四早"工作机制和领导干部下访等行之有效的制度,进一步构建具有诸暨特色的预防化解矛盾纠纷工作的新机制。(1)完善源头治理机制。通过加快经济社会发展,加强道德法制教育,推进基层依法治理,认真解决土地征用、城市拆迁、企业改制、社会保障、就业再就业、涉法涉讼等涉及群众切身利益的问题,从根本上预防、减少和化解矛盾纠纷。(2)完善信息预警机制。健全信息网络,加强对信息情报的分析研究,及早掌握、及早预防、及早解决带有倾向性、苗头性问题,把握工作主动权。定期组织矛盾纠纷集中排查调处活动,及时解决影响社会稳定的突出问题。(3)完善分级负责、归口调处、领导包案、督查督办等工作机制。村级维稳工作组要及时受理、调处本村(居)范围内的各类矛盾纠纷,努力把矛盾解决在当地、化解在萌芽状态。对比较复杂的或跨区域自身无法解决的矛盾纠纷,须在3个工作日内移送镇乡(街道)维稳中心,并说明理由;镇乡(街道)维稳中心每月分析、通报稳定工作情况,受理、协调、指导、督查辖区内的各类矛盾纠纷,充分发挥镇乡、街道人民调解委员会的作用,及时依法调处各类矛盾。对自身无法化解的重大、疑难纠纷,须在7个工作日内移送市级维稳联席会议;市级维稳联席会议要坚持每月一次例会,通报当月矛盾纠纷排查调处工作情况。市综治办和信访局对镇乡、街道维稳中心移送的矛盾纠纷,要落实责任部门及时予以解决,对重大或跨区域、跨部门的矛盾纠纷,实行领导包案调处,联席会议进行通报和检查督办。(4)完善群体性事件处置机制。建立健全统一指挥、反应灵敏、协调有序、运转高效的应急机制,把处置工作纳入规范化、制度化、法制化轨道,全面提高处置群体性事件、突发事件和重大灾害事故的能力。(5)完善激励机制。全面开展"示范调委会""五星级"治调工作竞赛活动,鼓励治调组织和人员勤调多解矛盾纠纷。充分运用"四环指导法",全面提高调解的质量和效果。

4.强化信访工作。进一步完善信访工作机制,落实信访"一把手"责任,优化信访工作"五个一"制度。认真落实信访排查、约访下访、领导包案、督办督查、协调、考核等制度,积极开展创"三无"活动,畅通信息渠道,创新工作方法,变群众上访为领导下访,提高初信初访一次性处理的成功率,认真解决特殊访和老上访户问题,切实化解信访热点难点,努力减少信访总量和信访存量。政法综治部门要大力支持信访部门的工作,积极参与信访综合治理,认真对待每一件涉法涉诉来信来访,做到件件有着落。

(二)健全完善打防控一体化工作机制

1.提高"严打"实效。建立健全"严打"经常性工作机制,依法严厉打击杀人、爆炸、伤害、绑架等严重暴力犯罪,黑恶势力犯罪,暴力恐怖犯罪,盗窃、抢夺、抢劫等侵财型犯罪和毒品犯罪、流窜犯罪。依法严厉打击阻碍经济社会发展的流氓地痞。适时组织开展"打黑除恶"、打击"街面犯罪""破案追逃"等专项行动,真正做到什么犯罪突出就重点打击什么犯罪,什么打击方式有效就选择什么方式。政法部门之间要加强协调,形成合力,切实提高攻坚克难水平,提高破案率和追逃率,提高办案质量和效果,做到依法快捕、快审、快判和从重、从严、从快,有效震慑各类刑事违法犯罪活动。建立健全滚动排查、重点整治的长效工作机制,对治安重点地区实行重点整治,解决突出治安问题。加强治安管理,坚决扫除"黄赌毒"等丑恶现象,净化社会风气。依法严惩经济犯罪和职务犯罪,维护社会主义市场经济秩序,促进廉洁从政。

2. 严密防控体系。继续完善网格化巡防、电子化监控、社会化防范的治安防控工程。深入开展平安志愿者活动,充分调动人民群众参与社会治安的积极性。大力实施科技强警战略,继续推进电子防控系统建设,今年要在完成市区和牌头镇电子监控系统建设的基础上,着力抓好草塔、安华、次坞、山下湖镇等镇乡、街道的电子防控系统规划设计,力争明年建成,以不断提高科技在治安防控中的作用。积极探索警力下沉、警力整合新路子,努力构建现代警务运行机制,不断完善"三台合一""四警联动"工作机制,切实建好社区"一区三室",不断提高社区自防协防能力。进一步加强公共场所、特种行业和重点物品的治安管理,消除治安隐患,及时发现犯罪线索,预防、打击犯罪。健全国家安全人民防线建设机制。

3. 深化"创安"活动。继续按照市委〔2003〕50号、市委办〔2003〕153号文件要求,深入开展创建"枫桥式平安镇乡(街道)"活动,尤其要重点抓好经济比较发达、治安比较复杂、工作难度大的地方的创建工作,不断提高创建活动的质量和水平。把安全小区(社区)、治安安全村(居)、治安安全单位、安全文明铁道线、"安全路段"和"无毒社区"等基层"创安"系列活动和信访工作"三无"镇乡、街道创建活动纳入"枫桥式平安镇乡(街道)"创建之中,真正做到以村(居)、企业、单位的平安来保镇乡、街道的平安,以镇乡、街道的平安来确保全市的平安。

(三)健全完善基层教育管理服务机制

1.推进"四五"普法。加强以领导干部、企业经营管理者、外来人员、青少年特别是在校生为重点的全民法制教育,切实提高干部依法行政、企业依法经营、公民依法办事的素质。积极探索社会闲散青年的管理教育,形成有效的教育管理机制,预防和控制违法犯罪。深入推进"民主法治村(社区)"建设,到年底有20%以上的村(社区)达到"民主法治村(社区)"标准。全面实施"农民素质教育工程",不断提高农民素质,提高基层依法治理水平。

2.优化管理服务。坚持教育、服务、维权、管理并重,推进外来人口管理社会化、市场化、信息化、人性化,既努力使外来人员安居乐业,又严密防范、严厉打击外来流动人口中的不法分子,有效遏制流动人口犯罪的高发势头。全面推行流动人口网络化管理,逐步实现市、镇乡(街道)、村(社区)三级联网。加快推进外来人口公寓式管理,解决外来人口子女入学问题。建立健全镇级培训点,加强外来人口的思想政治教育、公民道德教育、法制教育和职业技术培训。健全困难人员救助服务机构,建立外来人口维权服务中心,保护其合法权益。坚持和完善家庭、学校、社会三位一体工作机制,整体联动,加强对青少年的教育管理。坚持和完善"三帮三延伸"帮教机制,切实做好归正人员的安置帮教工作,努力减少重新违法犯罪。积极开展社区矫正试点工作,充分运用社会力量教育改造人。

3.加强社区管理。夯实基层特别是农村民主法制基础。推行镇乡、街道干部驻村制、民警联村制、定期巡访制,切实做到警力下沉、管理前移。依托社区警务,进一步加强护村队、护厂队、物业保安队等群防群治队伍建设,有效整合社区资源,严密社区防范。推行治安信息社会化,全面实行治安情况定期预报制度。切实加强对工业园区企业安全防范工作的指导和服务,帮助企业建立内部治安保卫组织,完善治安保卫制度,落实安全保卫措施。按照市场化运作模式,逐步推行保安人员派驻制。整合各种治安力量,建立统一规范的护园队,加强园区治安防控。建立综治等部门与重点企业联系制度,加强指导,增强其自我防范能力。

4. 严格安全管理。建立健全安全生产规章制度,进一步提高安全生产管理水平。深化城市"畅通工程"和"平安大道"创建活动,进一步抓好交通安全整治和管理,加强市民交通安全知识教育,抓好工程车辆管理,切实维护交通安全,减少交通事故。集中整治火险隐患突出的公共聚集场所、娱乐服务场所、专业市场、轻纺行业、消防重点单位、家庭式作坊和"三合一"企业,消除火险隐患,防止重特大火灾事故的发生。

(四)健全完善规范化基层组织建设机制

1. 配强配好人员。按照中央综治委、中央编办有关文件要求,统筹考虑,配齐配强镇乡、街道政法综治副职和基层综治专职工作人员,确保人员到位。按重心下移,警力下沉,加强"两所一庭"(公安派出所、司法所和人民法庭)等基层政法组织建设。镇乡、街道维稳中心要按要求配齐人员,健全制度,规范运作。

2. 规范基层建设。着力抓好基层综治委、综治办(维稳中心、调委会、司法所、信访办)、公安派出所、人民法庭的规范化建设,进一步健全管理制度,规范工作程序,改善基础设施,提高整体素质,充分发挥基层政法综治组织在维护稳定中的骨干作用。

3. 抓好教育培训。加强基层政法综治组织的思想政治建设,深入开展"三个代表"重要思想教育,开展作风纪律教育、忠诚敬业教育活动,牢固树立正确的世界观、人生观和价值观,确立正确的权力观、地位观和利益观,坚定执政为民、执法为民思想。按照紧贴实际、着眼长远、讲求实效的原则,大力加强业务培训和岗位练兵,不断提高业务素质和执法、办事水平。

(五)健全完善维护社会稳定的领导责任机制

1.落实领导责任。各级党政领导干部必须树立正确的政绩观,用抓改革发展的精神来抓稳定,用抓改革发展的力度来抓稳定,切实把维护社会稳定工作作为一项突出的政治任务来抓。党政"一把手"要对本地区维护稳定工作负总责,切实承担起第一责任人的责任。把各级党政领导抓稳定工作的实绩,列入干部考核的重要内容,同晋职晋级和奖惩直接挂钩,真正从思想上行动上把"保一方平安"的工作落到实处。不断增强法治意识,支持、监督和保障政法综治信访部门依法行使职权,为政法综治信访部门公正执法、顺利工作创造良好的环境。各部门要按照"谁主管、谁负责"的原则,进一步落实工作责任,预防、化解、处置各类矛盾纠纷。

2.落实经费保障。根据中央和省委有关文件要求,政法机关及各镇乡、街道政法综治经费要列入财政预算,保证足额到位,并按财政增长比率逐年增加。综治经费由同级财政予以安排,市级按常住人口年每人0.5元核拨,镇乡、街道按甲、乙、丙类分别按常住人口年每人1元、0.8元、0.5元核拨。外来人口专项管理经费列入公安机关年度预算,按登记在册外来人口人均20元核拨。涉及农民工的治安管理、计划生育、社区管理等有关经费,纳入流入地正常的财政预算支出范围。对市区、重要集镇的电子监控设施等装备,要按照全省先进县(市)的一流标准配备,列出计划,逐步到位。增加对治安辅助力量的经费投入,提高有关工作人员的经济待遇。

3.强化工作考评。修订和完善社会治安综合治理、信访工作岗位目标管理责任制和考评细则,做到责任硬化、工作量化、考核细化,一级抓一级,层层抓落实。建立定期分析研究和评估社会治安形势制度,加大检查考核力度,指导督促各级各部门认真做好维护社会稳定各项工作。严格实行责任追究制和"一票否决制",对责任不落实、工作不力造成重大社会影响的,坚决实行"一票否决"和责任追究,确保社会治安综合治理各项措施落到实处。

4.加大督查力度。各级党委、政府要加强定期指导督查,狠抓措施落实,切实加强"双创"的组织推动工作;有关部门要切实发挥各自职能作用,积极协助党委、政府抓好相应工作;综治、政法部门要按照各自职责,认真做好对"双创"活动的督促、检查、指导和具体工作;宣传舆论部门要发挥舆论监督作用,大力宣传"双创"活动的意义和各种典型经验,深入开展政法综治工作宣传,对"双创"活动组织不力、措施不实、造成重大后果的予以曝光,努力营造良好氛围,进一步提高广大干部群众参与"双创"活动、合力维护社会稳定的自觉性。

五、方法步骤

"双创"工作总体分三个阶段进行:

(一)准备动员阶段(至3月底)。主要任务是:镇乡、街道以及有关部门,根据市委、市政府下发的关于创新"枫桥经验"、创建"平安诸暨"的实施意见,制定符合本地区本部门的实施细则或方案;成立"双创"活动领导小组和办公室,落实分管领导和专职人员;召开"双创"活动动员大会,组织发动村(居)、企事业单位和广大人民群众积极参与"双创"活动。充分运用各种宣传阵地和媒体,大造"双创"声势,营造"双创"氛围。

(二)具体实施阶段(4月初至11月底)。主要任务是:落实领导责任,加强组织领导;完善治安防控体系,提高社会治安防范水平;加大打击整治力度,遏制刑事发案;健全疏导化解机制,遏制"三访案件";加强基层基础建设,落实综合治理责任,确保"双创"各项措施、任务落实到位,确保工作目标的实现。

(三)检查考评阶段(12月)。主要任务是:检查考评,查漏补缺,整改提高,总结表彰,巩固"双创"成果。

六、考核奖惩

创新"枫桥经验"、创建"平安诸暨"活动纳入市委、市政府对镇乡(街道)党委、政府(办事处)的年度工作考核,作为衡量镇乡、街道和部门工作实绩和干部政绩的重要依据之一。综治、信访、安全生产等工作作为"双创"活动的主要内容,纳入社会发展环境考评。"枫桥式平安镇乡(街道)"创建活动,实行专项考核,镇乡、街道于12月初自查自评并提出申报,市"双创"活动领导小组办公室考核验收,市委、市政府审核命名。对"双创"活动成绩突出的镇乡、街道,市委、市政府将予以表彰奖励。对评为省级、绍兴市级、诸暨市级"枫桥式平安镇乡(街道)"的,各发奖金8万元、5万元、2万元(不重复计奖,以最高奖为准)。对列为省、绍兴市、诸暨市治安重点整治地区(单位)的镇乡、街道和部门、单位,如果不如期整改"摘帽",治安问题突出,或发生影响全市社会稳定的政治性事件和群体性事件的,实行一票否决,并责令限期整改。

附:诸暨市"枫桥式平安镇乡(街道)"创建活动考核评分标准(略)

1.2.3.4 诸暨综治办、大调解办、司法局关于建立矛盾化解甄别疏导机制的实施意见

提要:《关于建立矛盾化解甄别疏导机制的实施意见》提出,通过建立矛盾化解甄别疏导机制,达到明确人民调解范围和畅通法治渠道两大目标;对于前者,明确了人民调解纠纷的受理范围,要求及时甄别、引入心理疏导、依法劝导、定期会审、依法调解、跟踪评估的运行办法;对于后者,要求加强人民调解与行政调解、司法调解等有机衔接,严格将人民调解范围之外的矛盾纠纷疏导移交给相关行政部门、司法部门等依法处置,切实把矛盾纠纷纳入依法处理轨道。

诸暨市社会治安综合治理办公室
诸暨市社会矛盾纠纷大调解体系建设领导小组办公室　诸暨市司法局
关于建立矛盾化解甄别疏导机制的实施意见[1]

各镇乡党委、政府,各街道党工委、办事处,市级机关各部门:

为规范人民调解工作,充分运用法治方式化解矛盾纠纷,推进基层自治法治化进程,营造和谐稳定的社会环境,根据《中共诸暨市委办公室　诸暨市人民政府办公室关于坚持发展"枫桥经验"　推进乡村治理现代化的实施方案》(市委办〔2015〕71号)文件精神,结合我市实际,现就建立矛盾化解甄别疏导机制制定如下实施意见。

一、指导思想

以十八届三中、四中全会精神为指导,紧紧围绕维护社会稳定,以深入推进乡村治理现代化建设为目标,加强人民调解工作规范化、制度化、法制化建设,创新人民调解工作运行机制,切实提高依法有效化解各类矛盾纠纷的能力。

二、工作目标

通过建立矛盾化解甄别疏导机制,达到二大目标。一是明确人民调解范围。规范人民调解工作,明确纠纷受理范围,提高调解效率和调解质量,增强社会公信力和提高群众满意度。二是畅通法治渠道。加强人民调解与行政调解、司法调解等有机衔接,严格将人民调解范围之外的矛盾纠纷疏导移交给相关行政部门、司法部门等依法处置,切实把矛盾纠纷纳入依法处理轨道。

三、受理范围

根据《人民调解法》要求,在尊重当事人意愿和维护合法权益的前提下,明确以下纠纷为基层人民调解组织受理范围:

---

[1] 诸大调解办〔2015〕2号,2015年10月9日印发。

（一）各类民事纠纷：

1. 家庭纠纷：婚姻纠纷、抚养纠纷、赡养纠纷、继承纠纷等；

2. 邻里纠纷：通行、通风、采光、排水、截水等纠纷；

3. 土地纠纷：山林、土地的使用权、经营权纠纷，宅基地纠纷，责任田（山）经营纠纷，林木、果树地经营纠纷等；

4. 经济纠纷：承包纠纷、小额债务纠纷、租赁纠纷等；

5. 损害赔偿纠纷：财物损害赔偿纠纷、轻微人身伤害赔偿纠纷、精神损害赔偿纠纷等；

6. 其他涉及民事权利义务争议的纠纷。

（二）民事违法引起的纠纷，但未违反治安管理处罚法，未构成犯罪的。

（三）轻微刑事违法纠纷：侮辱、诽谤、损害名誉、虐待、干涉婚姻自由、故意伤害致人轻微伤等刑事自诉案件，但由于情节显著轻微，法律规定此类案件当事人不自诉或者自诉后撤诉的，人民调解委员会可以进行调解。

具有下列情形之一的，人民调解委员会不予受理：

1. 一方当事人不同意进行调解的纠纷；

2. 人民法院、公安机关或其他行政机关已经受理或者解决的案件；

3. 一方当事人雇凶伤害他人、结伙斗殴或者其他寻衅滋事等已构成犯罪的案件；

4. 严重违反治安管理处罚法的案件；

5. 其他不宜进行人民调解处理的。

四、运行办法

1. 及时甄别。镇乡街道综治办和社会治理"一张网"办公室根据平安通信息网及时汇总矛盾纠纷和各类诉求，做好登记，及时开展分类甄别、引导指派、依法办理，做到依法处置和调解化解有机结合，切实把矛盾化解在初始阶段。

2. 引入心理疏导。构建心理疏导机制，设立心理咨询工作室。对涉心理需求的矛盾纠纷,从人文关怀和心理疏导入手,运用心理疏导技能打开当事人的心理症结,平抑当事人的情绪,化解当事人内心的矛盾冲突,促进人们心理的健康,维护社会和谐。

3. 依法劝导。对涉法涉诉、应由司法办理的民事侵权、调解无法达成协议的矛盾纠纷,劝导当事人通过法定途径依法维护自身权益,发放告知书。

4. 定期会审。对当事人提交的诉求不适合调解又不愿意接受劝导依法处置的,由综治办牵头,派出所、检察室、法庭、司法所联合进行会审甄别,应依法处置的直接移交相关政法部门。

5. 依法调解。在双方当事人自愿的基础上,整合人民调解、行业调解、专业调解力量,发挥人民调解、行政调解、司法调解联动作用,综合开展多种形式的依法调解工作。

6. 跟踪评估。对矛盾纠纷处置情况进行跟踪服务,限期承办。对承办结果进行适用范围、适用依据、裁量尺度、文本规范、处置效果五个方面的法治评估,评估必须四项以上指标达标。

五、工作要求

1. 提高认识。正确认识推进法治建设的重大意义,运用法治思维和法治方式解决问题,化解矛盾,引导广大群众依法维护自身权益,营造良好的法治氛围。

2. 创新方法。坚持发展"枫桥经验",注重制度建设,从源头上立好规矩,守住底线。充分运用法治方式依法化解矛盾纠纷,建立符合法治方式的群众动员机制、矛盾化解机制,丰富"枫桥经验"的内涵。

3. 严格把关。各镇乡街道和站所加强法律法规的学习,掌握法治本领,对矛盾纠纷要实时排查、及时受理、准确甄别,做到依法开展调解工作,依法化解矛盾纠纷,保护当事人合法权益,维护社会公平正义。

附件:1.人民调解案件移送单
　　　2.告知书

附件1

人民调解案件移送单(存根联)

关于_____的纠纷,经调解,双方未达成一致,于____年____月____日将案件移送至镇乡(街道)调委会。

　　　　　　　　　_____村人民调解委员会　　移送人:_____
　　　　　　　　　　　　　　　　　　　　　　　年　月　日

人民调解案件移送单

镇乡(街道)调委会:

_____村关于_____的纠纷,经调解,双方未达成一致,现将案件移送至镇乡(街道)调委会,望镇乡(街道)调委会接受此案。

　　　　　　　　　移送单位:　　(盖章)　移送人:_____

附件:1.
　　　2.
　　　3.
　　　4.
　　　5.

附件 2

告知书

_____：

　　您好！您就_____问题向镇人民调解委员会的申请调解，经审核，这一申请属于以下情况：

　　1. 已超出人民调解委员会受理范围，不予受理；

　　2. 涉及违法犯罪行为；

　　3. 其他。

　　您的申请，不符合人民调解受案条件，为维护您的合法权益，建议您通过其他途径予以解决：

　　1. 向_____（相关职能部门）申请解决；

　　2. 向人民法院提起诉讼；

　　3. 仲裁委员会仲裁；

　　4. 其他。

　　特此告知。

镇人民调解委员会
年　月　日

1.2.3.5　枫桥派出所立足"老杨调解工作室"创建流动调解新模式

提要：诸暨市公安局枫桥派出所坚持发展新时代"枫桥经验"，充分发挥"老杨调解工作室"品牌效应，探索"流动式"矛盾纠纷多元化解新模式。如建立流动调解人员库，推行"四延伸、四服务、四到场"工作机制，配备专用流动调解车;派出所副所长担任总负责人,负责调解室的总体事务,杨光照具体负责调解中心的日常运作健全机制;专职调解员由平安协管员、老治保调解干部选拔产生,作为"老杨调解中心"的骨干力量,实行三级流动调解模式;建立跟进反馈机制以及司法确认机制。

立足"老杨调解工作室" 创建流动调解新模式[1]

诸暨市公安局枫桥派出所

枫桥派出所坚持发展新时代"枫桥经验",充分发挥"老杨调解中心"品牌效应,探索建立"流动式"矛盾纠纷多元化解新模式,取得良好社会效果。先后调解各类(治安)纠纷1660余起,调处率达98%以上,纠纷结案率100%,兑现各类经济损失赔偿(补偿)5300余万元,群众满意率达到100%。

一、多措并举,提升联动化解效能

一是建立流动调解人员库。广泛吸收由退休职工、村组干部、乡贤、律师以及调解志愿者组成的流动兼职调解员库。派出所民警根据处警现场情况和需要通知流动调解人员到达现场,及时介入邻里纠纷、家庭纠纷等调处,促使矛盾纠纷少产生、少转化、少激化。二是创新流动调解工作法。总结推行"四延伸、四服务、四到场"工作机制,即调解工作向社区延伸、向企业延伸、向校园延伸、向农户延伸;对老弱病残等对象、家庭问题引起的治安纠纷、未成年人及中小学生矛盾纠纷、隐私案件纠纷实行上门服务;勘查现场、征求当事人意见意向、协议(经济)兑现、回访回复当事人到场。打破以往只在派出所进行调解的传统方式,变有形调解室为无形调解室,变坐堂调解为流动调解,切实把矛盾纠纷化解在源头,解决在家门口。三是配置专用流动调解车。专门配备"老杨流动调解车"车内配置调解台、调解协议书、调解台账登记簿、笔记本电

---

[1] 绍兴市委政法委编:《新时代"枫桥经验"在绍兴资料汇编》,内部资料,2018年,第214—216页。

脑、数码设备、民警联系卡等。接到指令后,"流动调解室"第一时间赶到现场,迅速开展工作,实现调解车开到哪里,就在哪里化解矛盾纠纷。如今"老杨流动调解车"已成为一辆下村调解、上门调解、异地调解的"品牌调解车"。

二、完善规范,提升软硬件保障功能

一是规范责任分工。派出所副所长担任总负责人,负责调解室的总体事务,引导调解人员树立正确的法律意识、证据意识和程序意识,确保合法、文明、规范调解。杨光照具体负责调解中心的日常运作,包括指导调解中心制定具体调解方案、确定调解工作的步骤和方法、负责档案管理等,专职调解员与流动兼职调解员负责日常矛盾纠纷调解工作。二是规范人员配备,专职调解员由平安协管员、老治保调解干部选拔产生,作为"老杨调解中心"的骨干力量,实行驻所办公制,协助杨光照做好日常工作。流动兼职调解员,主要负责做好村级调解,在必要时候参与、配合调解室的调解工作。特邀调解员从镇人大代表、司法干部、企业家、优秀治调干部和枫桥镇知名人士中聘用,为群众提供"点菜式"调解服务,矛盾双方当事人可根据各自意愿,选择适当的人主持或参与调解。三是规范工作程序。实行三级流动调解模式,对情节轻微的矛盾纠纷和苗头性问题,调解员就地开展调解,做好法律宣传和疏导化解工作,并现场制作《调解协议书》;对疑难矛盾纠纷须多次调解的,征求矛盾纠纷当事人意见,择时、择地进行调解;对确实无法达成协议的,做好初步调查取证工作,并移交办案民警进行处理,对将一些非公安受理范围的矛盾纠纷,及时转交有关部门处理。

三、健全机制,提升调解执行力度

一方面,建立跟进反馈机制。建立重点回访、跟进反馈制度,调解工作结束后,及时对纠纷当事人进行回访,特别是对一些重大、疑难、复杂矛盾纠纷以及有经济赔偿的调解协议的当事人重点回访,对调解协议履行情况征求意见建议;对没有履行调解协议的,反馈给调解员、社区民警,以督促当事人履行约定义务,有效防止矛盾激化升级。另一方面,建立司法确认机制。延伸工作触角,与诸暨市人民法院结成联动协调单位,建立人民调解、行政调解司法确认制度,赋予调解协议强制执行的法律效力,提升调解工作效率。调解当事人不能按照约定积极履行调解协议的,必要情况下帮助权利人进入司法程序,实现调解与司法程序无缝对接,保护双方当事人的合法权益。

1.2.3.6 诸暨市司法局立足"三三制"推进矛盾纠纷"全化解"

提要: 为坚持发展新时代"枫桥经验",诸暨市司法局立足"三全""三化""三解",努力把矛盾纠纷化解在基层,消除在萌芽状态。"三全",即预防先行,纠纷受理全时空、受理范围全方位、流转预警全过程;"三化",即案结事了,调解组织多元化、调解队伍专业化、调解工作规范化;"三解",即诉调兜底,诉讼立案分解、矛盾诉前调解、纠纷诉中化解。

诸暨市司法局立足"三三制"推进矛盾纠纷"全化解"[1]

诸暨市司法局坚持发展新时代"枫桥经验",立足"三全""三化""三解",努力把矛盾纠纷化解在基层,消除在萌芽状态。今年以来,全市共调处案件7 876件,调处成功7 836件,成功率达99%以上。

一、预防先行,矛盾受理"三全"。一是纠纷受理全时空。畅通"浙里调""ODR"网上受理等服务,今年1—8月,仅"ODR"平台就受理纠纷4 610件,占全市调解受理总数的58.5%,数量居全省前列。招募基层网格员、法律顾问、乡贤等人民调解志愿者1 396人,推进社会化力量参与人民调解。二是受理范围全方位。拓展物业纠纷、金融纠纷等21个调解领域,并在学校、医院、重点企业设立调解室;成立诸暨市行政争议调解中心,制定工作细则,将"民告官"

---

1 2020年10月9日发布,见http://sft.zj.gov.cn/art/2020/10/9/art_1659556_58929295.html。

案件纳入调解范围,形成多层次、宽领域、全方位的调解网络体系。三是流转预警全过程。建立矛盾纠纷甄别疏导机制,明确案件的指派和移交规则。建立预警反馈机制,通过472个微信工作塔群,对易激化的矛盾纠纷及时开展预防工作。今年1—8月,全市村(居、社区)共调解2 128件、镇乡(街道)调解1 663件。

二、案结事了,纠纷调解"三化"。一是调解组织多元化。成立各类调解组织722家,其中村级529家,镇级23家,企事业单位调委会155家,专业性行业性调委会13家,开发区、园区调委会2家,个人品牌调解室21家,人民调解志愿者中队23支、村级分队102支。二是调解队伍专业化。全市共有金牌调解员10名,13个行业性专业性调委会有专业型调解员69名;鼓励退休政法干警及相关行业主管部门退休人员担任专职调解员,享受每月2 000元的基础调解补贴和150%的"以奖代补"奖励,现有退休调解员48名。立足律师的专业优势和实践优势,建立4个律师调解工作室,今年共调解各类矛盾纠纷341件。三是调解工作规范化。推进人民调解贯标工作,制作人民调解员证并进行等级评定。出台《关于进一步激励关爱人民调解员的意见》,明确"以奖代补"的奖励范围、标准、发放程序等。建立调解员实战轮训机制,分批指派调解员到市人民法院"ODR"专班、相关法庭进行轮岗培训。

三、诉调兜底,依法断后"三解"。一是诉讼立案分解。依托市社会矛盾纠纷调处化解中心诉讼服务窗口(ODR)和诉讼服务中心导诉台对可调纠纷按照"民事纠纷到镇街、专业纠纷专业解"的要求将纠纷分类调处,今年已分流引导矛盾纠纷4 266件。二是矛盾诉前调解。搭建诉前调解"大超市",将全市7家专调委、1家仲裁机构、1家公证机构等社会法律资源集中办公,对适宜以非诉方式解决的矛盾纠纷开展诉前调处。今年以来,共诉前调解矛盾纠纷1 122件,占全市调解总数的14%。三是纠纷诉中化解。在法院立案前通过督促程序、诉前保全等非审判化程序化解纠纷。针对已进入诉讼程序的纠纷,引导当事人进入诉中纠纷解决程序,由法官和特邀调解员进行调处,将调解贯穿至立案到结案的全过程。今年以来,通过诉中调处纠纷2 597件。

1.2.3.7 诸暨市社会治理中心化解矛盾纠纷的运行机制

提要:《诸暨市社会治理中心运行机制》是诸暨市社会治理中心的工作制度。在浙江省十大机制的基础上,诸暨市社会治理中心建立了一窗受理、调解对接、领导领办、督办指导、联动指挥、闭环执法、平战结合、分析研判、建议征集、教育培训的机制,以便优化协同、提升工作效率。

诸暨市社会治理中心运行机制[1]

市社会治理中心根据事项频率、需求和权重,采用常驻、轮驻、随驻相结合的方式,进驻工作人员采取一套班子、双重管理的工作机制,市社会治理中心负责对进驻人员、事项等内容的考核管理,业务部门负责对进驻单位的业务管理、指导。为优化协同,提升工作效率,在省十大机制的基础上,建立以下运行机制:

(一)一窗受理机制。设立无差别受理综合窗口,统一登记群众诉求并及时分流派发至各业务窗口,分类导入办事程序,各条线数据共享、业务协同、中心各大运行机制一网联动。

(二)调解对接机制。适宜调解的事项由综合窗口引导分流至各调解组织。调解不成功或当事人一方不同意继续调解的,应及时导入相应法律程序。调解达成协议的,可通过司法确认、公证等方式增强调解协议的法律效力。

(三)领导领办机制。按要求落实市级领导接访制度。一般信访事项,由中心分管领导牵头协调处置;重点信访事项,由中心主要负责人牵头协调处

---

1 诸暨市社会治理中心制定的工作制度,2023年,系调研材料。

置;复杂信访事项,明确由市级领导包案。

(四)督办指导机制。对事权单位的信访和矛盾调处工作情况实行督查指导。对中心转送、交办的有关重要信访和矛盾纠纷事项,要求事权单位限期反馈办理结果;对未及时、未按要求办理并反馈的,按照法定职责履行督查督办职能。

(五)联动指挥机制。市镇村三级形成事件受理、分流交办、上下联动、分析研判、反馈评价等联动闭环处置,实现对事件处置的统筹、指挥、协调、督办、反馈等全闭环管理。突出社会治理事件处置平台功能,协调指挥相关部门处置重大维稳安保、防汛、防台等重大事件。

(六)闭环执法机制。实现对行政执法活动的统筹、指挥、协调、督办、反馈等全闭环管理。行政违法案件线索除及时移送有关职能部门外,同时统一报送至社会治理中心,进行分析研判。

(七)平战结合机制。以平时、战时两种模式开展运行。平时定期召开周例会、月例会。遇重大活动、敏感节点或重大突发事件时,根据工作需要由中心视情指定相关部门进驻。按一级、二级、三级的响应要求,分级配置人财物,适时启动领导轮值、战时会商、值班备勤等措施。

(八)分析研判机制。落实"日碰头、周例会、月分析"工作机制,每日会商当天信访和矛盾调处情况。每周会商研判本周的信访和矛盾调处情况,重点研究突出矛盾纠纷的对策措施。每月汇总各平台数据、重点事件及领导接访情况,及时开展分析研判,形成工作专报。

(九)建议征集机制。在涉及公共利益和民生等问题的重大决策出台前,以及针对群众反映比较集中的意见建议设置议题,或开设建议征集平台(箱)开展专项征集,并向社会公布征集的内容、形式等。

(十)教育培训机制。对特殊群体和人员建立"一对一"教育疏导帮扶小组,合理配置行政、法律、心理等专业人员,开展教育疏导工作。加强进驻人员日常工作管理和教育培训,提高办事效率和服务能力。

1.2.4　矛盾纠纷多元化解数字化智能化建设

1.2.4.1　诸暨市司法局构建"人民调解+互联网"机制

提要: 据诸暨市司法局关于2017年工作的报道,司法局构建了以人民调解为基础,由政府、社会和专业力量共同参与的"人民调解+",打造了"枫桥经验"升级版。关于"人民调解+互联网",司法局实行人民调解多渠道申请,除了现场申请外,当事人还可以通过"平安通""在线法院"申请调解;依托"在线法院"平台,完成十大专调会与50名专业调解员的信息采录工作,网络调解正式上线;通过移动互联网终端,大大缩短人民调解工作的时间,让调解效率"飞起来"。

诸暨市司法局构建"人民调解+"　打造"枫桥经验"升级版[1]

我局始终坚持走群众路线,顺势而为、探索创新。构建以人民调解为基础,由政府、社会和专业力量共同参与的"人民调解+",打造"枫桥经验"升级版。

一是人民调解+专家,专业化调解"坐堂问诊"。创造性地将"坐堂问诊"制度引进到化解专业矛盾领域。建立医疗纠纷、婚姻家庭、交通事故等十大专业调解委员会。利用第三方中立者的身份,整合专业力量,高效化解专业领域的矛盾纠纷。今年以来,十大专调会共受理纠纷3 987件,调处成功3 839件,成功率达96.28%,标的1.12亿元。

---

[1] 2017年6月21日发布,http://sfj.sx.gov.cn/art/2017/6/21/art_1488839_17854631.html。

二是人民调解+品牌,品牌式调解"以点带面"。挑选具有丰富基层调解经验、群众信任的调解员,精心打造品牌调解室。璜山镇"老朱调解"从源头化解矛盾换来万家幸福的经验,被中央《党建》杂志专题刊登推广;枫桥镇品牌调解员老杨荣获"浙江十大法治人物";通过培植具有地区影响力的品牌调解员和调解室,迈出了调解"品牌化"战略的重要一步,达到以点带面,最终实现一镇一品。

三是人民调解+志愿,志愿者调解"群防群治"。探索建立"市镇村"三级调解志愿者队伍。市级建立十大百名专家志愿者队伍。镇(街)建立调解志愿者中队。知名的有枫桥调解志愿者联合会、牌头镇的乡贤帮忙团、江藻镇的"詹大姐帮忙团"。村(社区)建立由村干部、法律顾问、乡贤等组成的调解小分队。目前诸暨市已招募人民调解志愿者1 396人。今年以来,共参与调解纠纷2 607件,真正达到"群防群治"的目的。

四是人民调解+联动,多调联动"最多跑一次"。建立"多调联动"大调解运行机制,实现警调、诉调、检调有效衔接。在基层派出所指导设立人民调解室,化解基层治安纠纷;在法院立案庭和基层法庭建立诉前人民调解室,对当事人实行劝调制;在镇乡检察室导入人民调解工作,实现检察工作与人民调解工作的互动互进。通过部门协同,达到同进一个门,解决所有问题的"一站式"格局,实现"最多跑一次"。

五是人民调解+互联网,调解效率"飞起来"。为破除不同人群在时间和空间上申请调解的限制,方便群众,实行人民调解多渠道申请。除了现场申请外,当事人还可以通过"平安通""在线法院"申请调解。依托"在线法院"平台,已成功完成十大专调会与50名专业调解员的信息采录工作,网络调解正式上线。截至6月,平台向调解组织委派网上调解案件39起,调解成功27起,司法确认9起。通过移动互联网终端,大大缩短人民调解工作的时间,让调解效率"飞起来"。

1.2.4.2　诸暨市司法局人民参与和促进法治科 2019 年工作总结

提要：据诸暨市司法局人民参与和促进法治科关于 2019 年工作的总结，司法局与时俱进创新信息化调解模式，建成了由上至下、分级管理的微信塔群，提供实时化咨询服务和线下服务；使用人民调解大数据管理平台及时归集、更新调解纠纷案件信息，并依托"12348 法网"，在提供矛盾纠纷网上智能咨询的同时实时发布最新调解案例，逐步形成调解案例数据库，形成判例型调解模式；深化"在线矛盾纠纷多元化解平台"建设，对适宜人民调解的纠纷，提供一站式矛盾纠纷化解；充分利用调解平台实现矛盾纠纷在线派送调解，提高调解效率。

诸暨市司法局人民参与和促进法治科 2019 年工作总结[1]

2019 年我市人民调解组织共受理矛盾纠纷 14 202 件，调处成功 14 111 件，调处成功率 99.35%。

一、夯实基础，构建多元化调解组织

（一）整合优化调解网络。以市、镇、村三级人民调解委员会为基础，行业性、专业性调委会为骨干，社会化调解组织为补充，形成人民调解、行政调解、司法调解、仲裁调解、信访调解等多种调解相互配合、分工合作的调解网络，实现传统的单一化调解向多元化调解转变。

（二）人民调解专业化程度建设成果显著。有效加强专职人民调解员队伍建设，现每个乡镇街道已基本配备有 2 名以上专职人民调解员，市级专业人民调解组织均配备了 3 名以上专职人民调解员。开展全市性人民调解骨干培训 1 次 200 余人，指导各镇乡街道开展人民调解员培训十余次，组织开展人民

---

[1] 诸暨市司法局参与促进法治科工作总结，2019 年，系调研资料。

调解大讲堂培训 8 次。

（三）打造最佳营商环境。今年以来，在融杭产业园区新建园区人民调解委员会，并大力推进企业调委会建设。今年以来，建立企业调委会 239 家，已在全市 20% 以上的规模企业建立了人民调解组织。

（四）引导发动社会力量。在全国率先成立县市级调解总会，出台《关于加强社会化调解体系建设的实施意见》，引导社会力量广泛参与，建立市镇村三级调解志愿者队伍。目前已建立镇级人民调解志愿者中队 23 支，村级人民调解志愿者分队 102 支，招募人民调解志愿者 1 396 人，实现依靠社会力量发现矛盾、化解纠纷。

二、精准发力，培育专业化调解力量

（一）组建行业调委会。按照"管行业就要管调解"的思路，建立医疗纠纷、婚姻家庭、交通事故等十四大行业专业调委会，今年在原有基础上新建了拘留人员人民调解委员会。以医疗纠纷调委会为例，建立独立第三方专家评估机制、医疗纠纷风险保证金等制度，医患纠纷调解成功率始终保持 99% 及以上，已连续多年实现医疗纠纷"零上访"，法院医疗纠纷零立案，医闹问题得到有效解决。同时，针对新形势下矛盾变化的特点，在物业管理、建筑装修、电力运营等新兴矛盾易发领域组建行业调委会，有效提升人民调解专业化水平。

（二）建设专家调解库。成立由 87 名退休政法干警、人大代表、政协委员以及相关部门、行业领域的政策专家或业务骨干组成的市级专家库，参与调处跨部门、跨行业、跨区域的重大疑难复杂纠纷并提供专业指导。整合司法行政职能，引导鼓励法律服务人员担任各级调解组织人民调解员，建立 26 家诉调对接、警调对接、检调对接工作室，组建由 37 名骨干律师、13 名优秀基层法律工作者、1 名公证员组成的"维稳解难促和谐"法律服务专家团队。加大对重点矛盾纠纷的分析研判。对全市层面的重点矛盾纠纷进行梳理汇总，召开专家型调解员会议，邀请法官和人民调解专家对疑难纠纷进行集体讨论分析，提出解决方案,制作调解案例库,为类似的矛盾调处提供参考建议,有效提高重点矛盾纠纷的调解质量。

(三)打造品牌调解室。实施品牌调解室和品牌调解员培育计划,建立品牌调解室21家,命名品牌调解员31名。积极推广个人品牌调解室,如由35名大妈组成的江新社区江大姐调解室,主调邻里物业纠纷;由13名心理工作者组成的凤凰社区心灵调解室,主调婚姻家庭纠纷。5月启动诸暨市第一届"十大金牌人民调解员"评选活动,在全市3 393名人民调解员中按照每镇和每个专调委一个候选人及以上的规模进行民主推选,通过诸暨日报、诸暨发布等信息手段进行公开投票,根据投票和评议分数,最后确定十大金牌人民调解员。通过评选,可有效提高人民调解在社会的知晓度和影响力,也提升品牌调解员的形象和荣誉感。

三、与时俱进,创新信息化调解模式

(一)依托微信塔群,提供实时化咨询服务。建成由上至下、分级管理的微信工作群472个,对一般矛盾纠纷实时答询,即时调处;对重大疑难复杂问题,24小时内提供法律意见;对容易激化的矛盾纠纷,及时上报,积极引导当事人通过正当合法渠道解决问题,并根据需要提供线下服务,让群众随时随地享受到公共法律服务。

(二)依托大数据库,探索判例型调解模式。使用人民调解大数据管理平台,及时归集、更新调解纠纷案件信息,对调解案件开展评定。依托"12348法网",提供矛盾纠纷网上智能咨询,自助申请功能,实时发布最新调解案例,逐步形成调解案例数据库,形成判例型调解模式,有效促进矛盾纠纷自我化解。今年以来,已录入纠纷案件13 979件,录入数量位居绍兴市首位,信息录入率达98%以上,在线评定5 247件。

(三)依托在线平台,开展一站式网上调解。深化"在线矛盾纠纷多元化解平台"建设,对家事纠纷、相邻纠纷、小额债权纠纷、交通事故、追索劳动报酬等适宜人民调解的纠纷,提供一站式矛盾纠纷化解,实现网上调解、网上协议、网上司法确认、网上诉讼立案等一条龙服务。充分利用调解 ODR 平台实现矛盾纠纷在线派送调解,今年以来,在线调解 4 347 件,结案 4 242 件。

1.2.4.3 新时代"枫桥经验"线上线下齐发力,将调解大数据应用矛盾"源头治理"

> 提要:据《新时代"枫桥经验"线上线下齐发力 调解大数据应用矛盾"源头治理"》报道,诸暨市社会矛盾纠纷调处化解中心以"人力+科技"的方式,通过搭建前端感知、采集,到数据流转、分析,再整合线下矛调资源,推进矛盾的"源头治理",成效显著。如搭建组织反馈机制、研发数据采集平台、形成"数据服务"模式以及实行线下全平台宣传、多元联动参与等。

新时代"枫桥经验"线上线下齐发力 调解大数据应用矛盾"源头治理"[1]

杜萌颖等

"我们发现,10 月底店口镇一周内发生了两起亡人交通事故来调解,我们了解情况后,建议你们对诸店线店口镇路段的路灯亮化提升。"日前,诸暨市社会矛盾纠纷调处化解中心(简称"市矛调中心")工作人员何银娣打电话给市交警大队,沟通矛调过程中发现的道路交通安全隐患。近年来,以"人力+科技"的方式,通过搭建前端感知、采集,到数据流转、分析,再整合线下矛调资源等方式,服务矛盾的"源头治理",成效显著。

寻根矛盾源头开展化解

矛盾信息的采集,是分析研判的第一步。为此,市矛调中心从搭建组织反

---

[1] 原载《诸暨日报》(2020 年 11 月 26 日),见 https://www.zhuji.gov.cn/art/2020/11/30/art_1388633_59021080.html。

馈机制、研发数据采集平台等方面入手,寻踪引发矛盾的"蛛丝马迹"。

今年7月21日,牌头镇居民齐某情绪激动地来到市矛调中心,最终找到了交通事故调解中心。原来,今年6月,齐某骑着电动车与陈某驾驶的小型轿车相撞。在这起车祸中,齐某不仅人受了伤,车也撞歪了。根据当时的交警判定,这起车祸双方均为同等责任。齐某不服判定,依然要求陈某赔偿,但苦于联系不上他。接到这起矛盾纠纷后,调解员郦群英多方联系,终于联系上了陈某。调解当天,经过两个多小时沟通,双方达成协议,陈某自愿承担本车车损,同意赔偿给齐某5 000元整,赔付当场结清。

调解结束后,诸暨市矛调中心还要求一线矛调人员记录反馈调解事项,下属14个行业专调组织每月一报上报受理调解的案例,并对其中趋势性、阶段性高发的矛盾纠纷重点关注,开展沟通。

从今年起,该中心还研发了"诸事我呼"微信小程序,作为一款线上矛调平台,该程序目前已在浣东街道东盛社区进入试运行阶段。其运作逻辑,是通过为社区工作人员、网格员提供分类处置居民需求的工作便利,实时了解居民间的矛盾纠纷、各类诉求等。

"如果一段时间内,某一类矛盾线索较为密集,我们会尽快联系主职部门,敦促他们想办法处置,减少矛盾发生。"对此,市矛调中心工作人员周昂成说。

整合呈现"数据服务"模式

将"数据服务"的模式率先应用于交通事故相关的矛盾纠纷,只因其纠纷数量较大。据市矛调中心统计,1月至10月,该中心因交通事故上门要求调解的纠纷约1 760起,占到总量的14.7%。

事实上,通过整合交通事故各项数据,以及市矛调中心的相关资料,今年以来,诸暨市交警部门已着力开展农村道路平交路口"一灯一带"建设360处,排查整治了隐患472处,并围绕秋冬季面包车、摩托车以及行人交通事故防控开展专项整治。还通过"人力+科技"手段,查获酒驾醉驾1 371起。

除了通过分类矛调数据开展"源头治理"外,在市矛调中心,还有不少"人机协同"的数据服务窗口。在矛调中心的组织架构中,包括了品牌调解工作室、社会组织入驻、专业调解委员会、窗口进驻部门以及各类便民服务区等。在中心 24 小时自助服务站,设置了自助违法办理机、互联网无人律所、公共法律服务人工智能自助机、诸暨矛调心理小天使等无人自助设备,这些自助设备上的服务项目,基于相关单位部门对市民"高频需求"的精准掌握,其指导功能与服务功能,也为他们提供了切实的便利与帮助。

数据还影响到该中心运行的方方面面,如今年上半年,该中心就发现有段时间受理失土农民的法律咨询服务的次数较多,便集中对工作人员开展培训,做好讲解沟通工作;今年 10 月,中心发现涉及物业纠纷同比上升较快,立即与建设局联系,商量如何强化物业调解委员会的工作效能等。

多元协同"共享治理"

"现在我们的'网上枫桥经验'建设系统而全面,大家不论遇到什么事,都可以通过基层治理四平台、12345 和 96345 等各大平台,反馈自己遇到的矛盾纠纷、想咨询的事件,都会有人来做出解答。"11 月 6 日,诸暨市矛调中心讲解员孟柳霞在岭北镇金湾村开展新时代"枫桥经验"走进农村宣讲时,对村民们说。

诸暨作为"枫桥经验"的发源地,依靠和发动群众,永远是矛盾"源头治理"的法宝。为此,今年以来,市矛调中心通过线下宣讲、1963 法润直播线上宣讲等多种方式,不断提升市民的"矛调意识",并与其他部门结合,出台奖励机制,提升群众加入调解员队伍的热情。

同时,从今年起,市矛调中心每个月都会整合内部工作、其他单位的数据,形成一份《诸暨市社会治理工作专报》,里面涵盖了群众来信来访、政务热线、社会治安、法院诉讼等多家单位情况的数据,在此基础上进行分析研判,并针对近阶段高发的问题提出意见建议。

除了线下全平台宣传、多元联动参与外,针对数据的精准性,该中心还通过信息研判手段,开展重复信息筛查等,以数据精准化,进一步细化研判"矛盾风向"的颗粒度,搭建社会治理的"大智库"。

"下一步,我们将通过进一步完善数据反馈机制,与各专调委相关的单位部门联动,开展以数据为依据的矛盾源头治理,有针对性地疏通政府政策、政令各方面的难点堵点,实现新时代'枫桥经验''矛盾不上交'的目的。"对此,市委政法委副书记朱蕾说。

1.2.4.4 诸暨市矛调中心合作开展矛盾纠纷化解数字化与智能化项目

提要:据报道,诸暨市社会矛盾纠纷调处化解中心与华院计算技术(上海)股份有限公司正式签订了"关于推进建设数字化改革联合研究中心"的合作方案,推动矛调中心智能化建设项目、推进矛盾化解的数字化与智能化、推进数字化改革的研究和项目的落地,同时还确定了双方的合作机制,这标志着"数字智能"将正式进入诸暨市各类矛盾纠纷的化解领域。

矛调中心启动数字化改革研究[1]

何银娣等

日前,我市社会矛盾纠纷调处化解中心与华院计算技术(上海)股份有限公司,正式签订了"关于推进建设数字化改革联合研究中心"的合作方案,这标志着"数字智能"将正式进入我市各类矛盾纠纷的化解领域。

这份合作方案内容包括:落实矛调中心智能化建设项目、推进矛盾化解的

---

[1] 原载《诸暨日报》(2021年4月26日),见 https://www.zhuji.gov.cn/art/2021/4/26/art_1371583_59041414.html。

数字化与智能化、推进数字化改革的研究和项目的落地等。合作方案还确定了双方合作机制，由我市矛调中心负责给予政策体系、协调管理等方面的保障，华院计算技术（上海）股份有限公司则提供科技赋能、智能辅助等方面的技术支持。同时，双方还签订了一份《保密协议》，对用于研发的相关信息、数据或技术的保密工作做出了法律的约束。目前，合作领导小组已经设立，并将定期召开列席会议。

近年来，矛调中心已成为我市县域社会治理矛盾化解的主要阵地。自成立以来，矛调中心与"四平台一网格"积极联动，不断优化矛盾纠纷调处化解协同机制。从去年下半年起，该中心每月牵头汇总市委政法委、信访局、公安局、检察院、司法局、应急管理局等多家单位相关数据，形成一份《诸暨市社会治理工作专报》。报告中，通过整理群众来信来访、各类诉讼案件、各领域矛盾纠纷、社会治安警情等数据，列出近期社会治理工作的阶段性重点以及接下来需要突破的困点难点，并提出意见建议等。如今，这份用"数据说话"的"地方治理秘籍"，已经成为我市社会治理工作的重要参照。

"对数据进行汇总、研判，不断提升我们的'数商'，是立足新时代'枫桥经验'开展县域治理工作中，基层干部所迫切需要的一种能力。"市社会矛盾纠纷调处化解中心副主任陈挺表示，我们将通过聚焦矛盾纠纷化解的数字化改革工作，进一步推动新时代"枫桥经验"金名片的数字化、智能化、体系化，把我市矛调中心打造成为在全国有影响力的智能实践基地。

1.3 大调解体系的组织和队伍建设

1.3.1 治调组织或调解员队伍建设

1.3.1.1 浙江省公安厅、绍兴市公安局联合调查组关于枫桥区在新形势下坚持和发展"枫桥经验"的调查报告

> **提要：**《紧紧依靠群众维护社会稳定——枫桥区在新形势下坚持和发展"枫桥经验"的调查报告》指出，党的十一届三中全会以来，枫桥区坚持和发展"枫桥经验"，依靠群众就地消化大量纠纷矛盾和一般治安问题、依靠群众就地教育挽救违法人员、依靠群众加强治安防范和管理；把社会治安与加强社会主义精神文明建设紧密结合起来，把立足点放在提高群众的精神文明素质上，一手抓打击，一手抓防范，立足于把问题解决在基层和萌芽状态。

紧紧依靠群众维护社会稳定
——枫桥区在新形势下坚持和发展"枫桥经验"的调查报告[1]

（1990年5月1日）

一九六三年，诸暨县（现改为市）枫桥区在社会主义教育运动中，创造了"矛盾不上交，依靠群众力量，加强人民民主专政，把绝大多数'四类分子'改造成为新人"的"枫桥经验"，做到了"捕人少，治安好，产量高"，得到毛泽东同志的肯定。二十七年来，尤其是党的十一届三中全会以来，枫桥区的各级党政

---

[1] 浙江省诸暨市公安局编：《枫桥经验三十年》，内部资料，1993年，第30—35页。

组织根据各个时期的不同情况,坚持和发展了"枫桥经验"。他们依靠群众维护社会治安,收到了案件较少、治安稳定、经济发展的效果。近十年来,全区年均刑事案件发案数和捕人数分别占总人口的万分之二点九六和万分之一点四六,明显低于全省和绍兴市的平均比例。社会安定,经济发展。十年中,全区工农业总产值增长了十倍,其中工业产值增长了九十倍。

一、依靠群众,就地消化大量纠纷矛盾和一般治安问题

随着农村经济体制改革和人们价值观念的转变,民间纠纷特别是山林、水利、宅基、婚恋、经济等纠纷大量增多,往往引发许多治安问题,影响社会安定和经济发展,也牵制了基层党政组织的大量精力。枫桥区的党政组织和政法部门,面对这一新情况,按照新形势下社会治安综合治理的要求,坚持"枫桥经验",紧紧依靠群众,充分发挥基层治保调解组织的作用,把大量纠纷和矛盾解决在基层和萌芽状态。他们的主要做法是:(1)建立治保、调解网络。一九八四年以来,全区各级镇分别建立了由分管政法的副乡镇长为主任,公安员、司法助理员、土管员、团委书记、妇联主任参加的综合治理办公室,统一负责社会治安综合治理,指导各村调处纠纷,并直接负责必须由乡镇调处的重大治安纠纷。目前,全区已形成了一个纵向连贯、横向联系、纵横结合的治保、调解网络。(2)贯彻"以防为主、防调结合"的方针。各级党委和政府,一方面,加强对群众的法制教育,广泛开展防民间纠纷发生、防民间纠纷引起非正常死亡、防民间纠纷激化为治安问题和刑事案件的"三防"活动;一方面,加强信息工作,在纠纷矛盾较多的村,物色了一批热心治保调解工作、消息灵通的群众为治安纠纷信息员,通过他们及时掌握各种纠纷苗头,预测发展趋势,把工作做在前头。对多发的山林、水利、宅基等纠纷,采取综合措施,做好超前预防工作。如宅基、房屋纠纷,仅一九八六年就发生六百九十三起,占全部纠纷的35%。针对这一突出问题,他们采取三条综合措施:一是宅基地由乡(镇)长一支笔审批,严格把关。二是申请宅基地的报告由驻村干部统一负责审核。三

是实行"四公开""三到场""一监督"（建房指标、申请报告、村里和驻村干部审核意见、乡镇批文公开；村、乡土管人员看地基、打样、地基填平验收到场；聘请人民代表实施监督）。这样做的结果：宅基纠纷明显减少，一九八九年建房户比一九八六年增加一倍，而宅基地纠纷减少了57.8%。（3）建立治保调解责任制，明确职责，定期考核。比如，他们规定，凡经村一级组织调处无效，必须送交乡镇调处的纠纷，应具备四个条件：一是有当事人的申请报告；二是有村治保、调解会的调查材料；三是有村里的调处意见；四是有送交乡镇调处的理由。这一做法有效地调动和增加了村治保、调解干部的积极性和责任心，使大量的纠纷和一般治安问题及时解决在基层。一九八六年至一九八九年，全区发生各类纠纷和治安事件八千八百零六起，由村、乡两级调处解决的就有八千零四十六起，占91.4%。如乐山乡发生四百一十二起各类纠纷，没有一起上交，全部就地消化。

二、依靠群众，就地教育挽救违法人员

依靠群众就地教育挽救违法人员，这是维护社会治安、减少犯罪的治本之策，也是"枫桥经验"的主要内容。多年来，他们在这方面做了大量工作，使全区七百五十四名帮教对象中，有五百三十五名改邪归正。

枫桥区教育挽救违法人员，主要采取了四项措施：一是普遍建立由治保、调解干部和党员骨干、离退休老同志参加的帮教小组，定期研究违法人员的表现，因人施教。对重点帮教对象，确定专人结成帮教对子，一对一帮教；有的村还实行党员联系违法人员家庭的"联系户"制度，联系帮教。二是单位内部的违法人员，实行单位包干帮教。各单位把帮教违法人员作为自己对社会应尽的义务。三是对"两劳"回籍人员，坚持原来是哪个单位的仍回哪个单位的原则，使近几年回原籍的一百三十六名"两劳"人员得到妥善安置。这些人安置后，由于所在单位加强教育管理，表现都比较好。四是加强对外出务工、经商帮教对象的教育管理。全区七百多名帮教对象中，外出务工、经商的占20%。

对这些人员,主要采取了"抓两头、管中间"的方法,一头抓好外出前的教育,打"预防针";一头抓好回归时的教育,并进行考评。外出期间,凡是有组织或有同行人的,确定帮教人员或建立帮教小组,抓好帮教对象的教育管理。几年来,在外出务工、经商的帮教对象中,没有发现新的违法犯罪行为。

在教育挽救工作过程中,坚持以政治教育为主,帮助违法人员解决一些实际问题为辅的方针。针对每个帮教对象的表现和个性特点,进行"谈心"活动,做到热心、耐心、细心,使政治教育深入违法人员的头脑。同时对确有实际困难的违法人员,尽量帮助他们解除一些后顾之忧。赵家镇赵某才,高中毕业后到处流窜盗窃,自称到过"五大洲"。一九八一年落实帮教后,镇里一方面在政治上对他从严要求,一方面帮他解决贷款,承包了集体的拖拉机,帮他介绍对象,建立家庭,此后他一直表现较好,还积极参加维护社会治安的工作。枫桥粮管所青工钱某云,曾因旷工受过处分,后又挪用公款做生意,事情暴露后外流。所领导从努力教育挽救人、不向社会甩包袱的责任感出发,在严肃指出钱某云的错误,待本人有悔过表现后,做出开除留用察看的处分。钱从此改过自新,表现突出,还受到所里的表扬奖励。

枫桥区在做教育挽救违法人员工作时,十分注意引导他们走自食其力、勤劳致富之路,采取多种途径和方法,教育他们树立正确的人生观和道德观,抛弃以往好逸恶劳的恶习,认识自己在社会主义建设中的应有价值,较好地化消极因素为积极因素。一九八〇年以来,全区有一百一十三名帮教对象成了各类专业户,占已改好帮教对象总数的21%。

三、依靠群众,加强治安防范和管理

近年来,枫桥区各级党政组织坚持社会主义方向,坚持改革开放,促进了商品经济的发展,带来了枫桥区的繁荣,社会治安的大环境也发生了很大变化。全区现有建制镇二个、自然集镇十二个。其中枫桥、赵家两个建制镇就有市区属企事业单位二百三十二家,各类商店二百七十五家,个体摊贩三百多

家,影剧院、溜冰场等娱乐场所十多家,各种机动车二百八十八辆,每天通过公共汽车上百班次,日均流动人口二万五千多人次。经济的繁荣,社会由封闭走向开放,由静态转向动态,都对维护社会治安提出了更高的要求。

枫桥区的各级党政组织,把坚持"枫桥经验"的基本精神,依靠群众维护社会治安,作为自己的光荣传统和应尽职责。二十七年来,区、乡镇领导班子换了一届又一届,每次换届,都把这项工作列入必须"交接"的内容。为了适应和促进商品经济发展的新形势,枫桥区在实践中从三个方面加强了治安防范和管理:一是建立和完善企事业单位的治安保卫责任制。明确从乡镇领导到部门、职工各自的治安保卫职责,并纳入各自的岗位、效益考核范围,做到与生产、经营同部署、同检查、同考评、同奖惩。并把十八家骨干企业列为重点保卫单位,实行严格管理,自一九八四年建立责任制以来,全区企事业单位包括乡村企业在内,没有发生过重大盗窃案件,生产、经营秩序良好。二是对公共复杂场所实行行业化、网络化管理。枫桥、赵家两镇镇政府分别建立了公共场所综合治理领导小组,下设干实事的办公室,具体组织、协调这方面的工作。全镇组建了治安联防队和义务消防队,并在小商品市场、农贸市场设立了市管员,在停车场设立了交管员。他们还将热心于治安管理的四百多名离退休干部组织起来,有的在镇上巡逻,有的在市场、停车场、娱乐场所维护秩序,有的到群众家里调解纠纷、宣传法制等等,发挥了积极作用。同时,在调查研究的基础上,两镇分别制定了市场、车辆、娱乐场所以及爆炸物品等管理细则,使各项治安管理有章可循。三是做好社会面的控制工作。除了组织和依靠乡镇村、企事业单位党政组织,以及治保会、调解会、联防队、帮教小组等群众自治组织对社会面进行多层次公开管理外,还建立了一支治安信息员、暂住人口协管员等群众治安积极分子队伍和秘密力量。采取公开和秘密相结合的办法,加强了社会面的控制。一九八六年以来,仅通过公开、秘密力量提供的违法犯罪线索就有二百多条,抓获违法犯罪分子三十多名。全区刑事案件破获率达到85%，其中重大案件全部破获。

四、把维护社会治安与加强社会主义精神文明建设紧密结合起来，把立足点放在提高群众的精神文明素质上

几年来，枫桥区一手抓治安管理，一手抓对干部群众的思想教育。全区利用乡镇党校、成人教育中心，对五千多名党员、干部进行培训，向八万三千七百多名群众进行了法制教育，同时还举办了有九千多人参加的法律知识竞赛。一九八六年以来深入开展了"刹三风""评三户"活动。去年，全区有一百零七个行政村和单位被评为市级以上文明村（单位），84.7%的户被评为双文明户、五好家庭户和爱国守法户。同时，有六个乡镇建立了移风易俗理事会、婚丧喜事服务队和禁赌协会，各级团组织和学校广泛开展学雷锋、学赖宁、读好书、唱好歌、做好事活动，弘扬了正气。两个建制镇还加强了文化市场管理。随着精神文明建设的加强，违法犯罪可耻、维护社会治安光荣的良好风气正在形成。

枫桥区的公安派出所、人民法庭、司法特派员是维护社会稳定的骨干力量，他们坚持和发展"枫桥经验"，在党委领导下，紧紧依靠群众，以维护全区社会稳定、保障经济发展为己任，紧密配合，互相尊重，各司其职。一方面经常分析、预测治安形势，主动向党委、政府提出对策建议，并具体组织实施，当好党委、政府的参谋和助手；另一方面在加强自身思想、组织、业务建设的同时，扎扎实实抓好治保会、调解会以及各种群防群治力量的建设，充分发挥其联系群众、维护治安的作用。工作中，他们一手抓打击，一手抓防范，立足于把问题解决在基层和萌芽状态。经过长期不懈的努力，逐步建成了覆盖全区的融打、防、教、管、建于一体的社会治安综合治理网络，有效地维护了全区的社会治安，保障了经济的发展。

1.3.1.2 诸暨市委、市政府在浙江省学习推广"枫桥经验"现场会上的会议材料

提要：诸暨市委、市政府指出，新形势下"枫桥经验"的基本内容之一是有一个镇村为主、上下协调，实施综合治理的组织网络。镇乡牵头，形成以党支部为核心、村委会为依托，治保会、调解会、共青团、妇联、民兵等组织相配套，群众自发组织的"三会一队"为基础，治安信息员队伍为补充的预防化解矛盾的组织网络，有一支善于做群众工作、在群众中享有较高威望的干部队伍。这得益于坚持了着眼基层、狠抓队伍、健全群防群治组织网络的做法。

中共诸暨市委 诸暨市人民政府
坚持和发展"枫桥经验" 维护社会稳定 促进经济繁荣[1]

诸暨位于浙江中部，是越国故都、西施故里，自秦置县，历代未废，1989年撤县设市。全市区域面积2 318平方公里，辖35个镇乡，现有人口105.7万。改革开放以来，诸暨人民高举邓小平理论伟大旗帜，认真贯彻"两手抓、两手都要硬"的方针，坚持和发展"枫桥经验"不动摇，维护社会稳定，创造了国民经济持续、快速、健康发展和社会事业全面进步的良好局面，走出了一条稳定促发展、发展保稳定的实现跨世纪目标的好路子。

一、新形势下"枫桥经验"的基本内容

六十年代初，诸暨枫桥的干部群众在"社会主义教育运动"中创造了"在党的领导下，发动和依靠群众，坚持矛盾不上交，就地解决，实现捕人少、治安好"的"枫桥经验"，毛泽东同志亲笔批示"要各地仿效，经过试点，推广去做"。

---

[1] 浙江省学习推广"枫桥经验"现场会会议材料，1999年4月20日，系调研材料。

中央先后两次作了批转。"枫桥经验"成为全国政法战线的一面旗帜。

毛泽东同志批示后,诸暨人民十分重视学习、宣传、推广"枫桥经验";枫桥的干部群众更是自觉坚持运用"枫桥经验"的基本精神,进行了一系列探索和实践,不仅较好地保持了社会治安稳定,而且丰富发展了"枫桥经验":六十年代后期到七十年代初,先后创造了就地改造流窜犯、帮教失足青少年和一般违法人员的成功做法;粉碎"四人帮"后,又率先对"四类分子"评审"摘帽",为全国范围开展这项工作提供了成功经验;改革开放以来,积极探索社会治安综合治理的新办法,被中央社会治安综合治理委员会授予全国综合治理工作先进集体称号。"枫桥经验"成为社会治安综合治理的典范。

邓小平南方谈话后,我国现代化建设进入新的发展时期。在发展社会主义市场经济的新形势下,在新旧体制交替过程中,随着经济格局和利益关系的调整,新的经济和社会矛盾大量出现,各类矛盾的产生形式、对象、结果也发生了很大的变化。面对新情况,枫桥的干部群众继承和发扬"枫桥经验"的基本精神,以人为本,着眼发展,摸索出一套解决人民内部矛盾的"四前工作法",建立起维护社会稳定的防控机制,创造了"矛盾少、治安好、发展快、社会文明进步"的良好局面。十六年来,枫桥没有发生群体性上访闹事事件,没有发生凶杀案件,没有因民间纠纷调处不当激化为刑事案件;近五年,枫桥刑事案件发案率一直控制在总人口的万分之八左右,年捕人数没有超过万分之二。

"枫桥经验"随着形势的变化不断完善和发展,形成了鲜明的时代特色,成为维护稳定、加快发展的成功经验:党政动手,各负其责,依靠群众,化解矛盾,维护稳定,促进发展,做到小事不出村、大事不出镇、矛盾不上交。概括地说,新"枫桥经验"的基本内容包括五个方面:

——有一个党政动手、各负其责,确保一方平安的领导责任制。镇乡党委、政府认真履行保一方平安的职责,把维护稳定列入干部岗位目标责任制,与政治荣誉、经济利益挂钩,严格考核和奖惩;统一领导和协调基层庭、所各司其职,齐抓共管,使各种苗头性、倾向性问题解决在基层。

——有一个镇村为主、上下协调,实施综合治理的组织网络。镇乡牵头,形成以党支部为核心、村委会为依托,治保会、调解会、共青团、妇联、民兵等组织相配套,群众自发组织的"三会一队"为基础,治安信息员队伍为补充的预防化解矛盾的组织网络,有一支善于做群众工作、在群众中享有较高威望的干部队伍。目前,枫桥有治调组织197个,治调人员574名,治安信息员276名。

——有一个依靠群众、立足预防、就地化解矛盾纠纷的工作机制。组织建设走在工作前,预测工作走在预防前,预防工作走在调解前,调解工作走在激化前,不仅有人抓、有人管,而且反应灵敏、化解及时。镇乡、村及村民小组都有明确的调解工作职责,有一整套规范的工作制度和办事程序。1993年以来,枫桥两镇一乡共发生纠纷4 345起,调处4 232起,调处率为97.4%,其中有78%在村一级得到及时化解,没有一起矛盾激化。

——有一个加强教育、扩大民主,营造群众自觉守法、社会公平公正的人本观念。舍得在文化设施上投入,创文明村(户),做文明人,80%以上的村达到了文明村标准;对轻微违法犯罪和"两劳"回籍人员落实帮教,对外来人员教育、管理加强,五年来落实帮教的427名失足青年转好率达94.5%,"两劳"回籍人员重新犯罪率仅为1.5%,三年来外来人员违法犯罪的仅7人;政务公开,村务公开,群众民主法制意识和干部依法办事自觉性增强。治调干部都有一本小册子,矛盾纠纷登记在册,调处时做好笔录,调处后签好协议、建好档案;对调处有困难的说明理由,写出书面报告,及时移交政法机关,做到合法、合情、合理。

——有一个围绕中心、壮大经济,以改革、发展保稳定的治本意识。加快集体企业改革,鼓励个私经济发展,合力兴工,繁荣经济,以衬衫和轻纺为特色的块状经济迅速崛起,"枫桥衬衫"拥有30多家生产企业、100余条生产线、8 000多名从业人员,形成2 500万件生产能力,具有较强竞争力,4.5万余名农业富余劳动力就地转移,2 500多名外来人员在枫桥务工经商,形成了"人人有工做、个个想致富、家家奔小康"的新局面。

二、我市坚持和发展"枫桥经验"的主要做法

几年来,诸暨市委、市政府正确把握改革、发展、稳定三者关系,从"稳定压倒一切"的高度,把坚持和发展"枫桥经验"作为维护稳定、扩大开放、促进改革和发展的一项根本性措施,像抓经济工作那样抓好坚持和发展"枫桥经验"的工作。

一是加强领导,落实责任,形成坚持和发展"枫桥经验"、维护社会稳定的强大合力。市委、市政府把维护稳定作为"一把手"工程,摆到突出位置,明确各级党政一把手为坚持和发展"枫桥经验"、确保一方平安的第一责任人,对当地社会稳定负总责,全面担负起保一方平安的政治责任;层层签订经济工作与社会治安双向目标管理责任状,建立横向到边、纵向到底、上下衔接、左右协调的综合治理目标管理责任体系;实行社会治安综合治理一票否决制,建立重大案件查究通报制度,严格岗位目标责任制考核,做到奖罚分明。近年来,先后有一大批党政领导受到各级的表彰奖励,也有十多个单位和部门受到黄牌警告。市委每年召开两次常委会议,专题研究坚持和发展"枫桥经验"、维护社会稳定的情况,协调各套班子齐抓共管,督促有关机关、部门发挥职能作用,加强指导、检查和考核,确保领导责任制的落实。

二是着眼基层,狠抓队伍,健全群防群治的组织网络。市委、市政府十分重视建设一个预防化解矛盾的组织网络和一支具有较强凝聚力、号召力、战斗力的基层干部队伍。在镇乡,统一建立综治组织,落实分管和专抓领导,建立镇乡干部联村或包村责任制。在村级,加强以党支部为核心的配套组织建设,选配好班子成员,实行村支部书记、村主任兼任治保、调解主任的办法,强化政治业务培训,落实工资报酬和养老保险,调动治调人员的工作积极性。目前,全市已在行政村、居委会、企业、集贸市场、流动人口聚集区等建立调解组织

1 450个、治保组织2 002个,配有调解人员3 522名、治保人员5 985名;同时,经济民警队、保安队、护村(厂、校)队和老年协会、禁赌协会、计生协会等群众自治组织不断加强,全市上下形成群防群治的组织网络。狠抓政法基层组织建设,督促政法各部门把工作重心转向农村基层,全面推行警务公开、检务公开、窗口办证等一系列为民便民安民措施,以赢得群众的信任和支持。

三是立足预防,强化基础,建立依靠群众、就地化解矛盾纠纷的工作机制。全市广泛推行"四前工作法",建立覆盖全社会的民间纠纷信息员制度,落实镇乡、村、企业预防化解矛盾纠纷的责任制,健全基层化解矛盾纠纷的考核奖惩制度,构筑联片调处和毗邻地区联合协调矛盾纠纷的工作机制,实行"分级调处、归口落实",在每年的敏感期和矛盾多发期开展全市性集中排查化解矛盾专项活动,并重视轻微违法人员帮教和"两劳"回籍人员安置工作,使大量的矛盾纠纷化解在基层、消除在萌芽状态。仅去年,全市就有9 800多起矛盾纠纷得到及时调处,其中80%左右在村一级得到解决。市委、市政府督促各镇乡、部门以创建平安社区为目标,广泛深入开展以创建安全文明村、安全文明小区、治安安全单位和安全文明路段为内容的"四创建"活动,并把它引向"安全文明户"创建,提高全社会防范控制能力。

四是以人为本,扩大民主,营造群众自觉守法、社会公平公正的良好局面。"枫桥经验"的一个根本点是"教育人,改造人"。市委、市政府从增强市民素质入手,制订市民文明守则,广泛开展文明单位(村)评选、文明城镇创建、"暨阳杯"文明小区共建等活动,树立先进典型,弘扬文明新风;重视文化、教育、体育等项事业的发展,活跃群众文化生活,鼓励企业既出产品又出人品;积极有效地开展全民普法宣传教育,组织声势浩大的"送法下乡""送法进厂""送法到校"活动,引导市民学法、懂法、守法、用法,增强市民的法制意识,对外来人口实行公寓式、自我管理式、学校教育式等管理办法;加强农村基层民主政治建设,建立民主选举、民主决策、民主管理、民主监督的一整套制度,充分依靠群众实行自我教育、自我管理、自我约束。全市所有镇乡和部门实行政务公开，1 302个村全部实行以财务公开为核心的村务公开，建明白墙，记民情账，让群众明白，促干部清白，维护公平、公正。今年3月28日村务公布后，市五副班子领导用三天时间，随机抽查了300多个村的村务公开情况，营造了强大的声势，有力地促进了村务公开工作。

五是深化改革，加快发展，奠定社会稳定的坚实基础。改革开放以来，市委、市政府坚持解放思想、实事求是的思想路线，坚持"发展是硬道理"，以改革和发展确保稳定，从诸暨实际出发，以"三个有利于"为标准，集中精力发展经济，坚持以公有制为主体、多种所有制经济共同发展，建立社会主义市场经济条件下经济发展新格局。在农村，推进农业产业化进程，大力发展效益农业，鼓励发展个私经济，加快块状经济升级，落实结对帮扶、捆绑式扶贫等措施，促使农村面貌发生了巨大变化。1998年，农民人均纯收入比改革开放初的1978年增长48倍，营业收入超1亿元的村达37个，占绍兴市营业收入超亿元村总数的36.6%。在城镇，一方面加强对国有集体企业的领导和监管，扶持优势企业走大集团、大企业发展之路，鼓励和扶持有暂时困难的企业内部挖潜、技术创新；另一方面，积极稳妥地实施以产权制度改革为核心的企业改制工作，大力推进国有集体企业向股份制、股份合作制方向发展，采取多种形式为下岗职工提供更多的再就业岗位。到目前，全市98%以上的国有集体工业企业得到改制，企业活力增强，从而稳定了社会，维护了改革开放的良好局面。通过几年努力，全市经济总量迅速扩张，经济实力不断增强，经济结构日趋优化，经济素质日益提高，人民群众得到更多的实惠，人们的思想和注意力已牢牢地凝聚在发展经济上，人心思定，安居乐业，为社会长治久安打下了坚实基础。

三、我们坚持和发展"枫桥经验"的几点体会

"枫桥经验"之所以有强大的生命力，在于其基本精神符合我们党的基本

路线、符合时代发展的要求。在实践中,我们体会到,坚持和发展"枫桥经验",需要正确把握以下五个方面关系:

第一,正确把握改革、发展与稳定的关系。改革、发展与稳定三者是一种辩证的关系。改革和发展需要稳定,没有稳定就谈不上改革和发展。实践证明,运用"枫桥经验"把矛盾化解了,人民群众的凝聚力、向心力就强了,创造财富的积极性就更大,经济发展也就更快。反过来,如果改革不深化,经济不发展,稳定也就没有根本的保证。发展是硬道理,改革和发展中出现的问题、矛盾,必须用改革的思路、发展的办法来解决。枫桥的干部群众说得好,"稳定不稳定关键看发展"。"枫桥经验"带来了稳定与发展的良性互动。

第二,正确把握加强领导与齐抓共管的关系。坚持和发展"枫桥经验"是一项系统工程,需要用系统的观点来考虑,要"党政动手、各负其责"。没有党政重视,"枫桥经验"坚持不了、发展完善不了、推广不了。同时,仅有各级领导的重视还不够,还要有各部门、各单位、广大人民群众理解、支持和积极参与。因此,我们十分重视全社会的支持和配合。让全社会都认识"枫桥经验",发动大家都来支持、参与这项工作。只有把全社会都动员起来了,坚持和发展"枫桥经验"的工作才能落到实处。

第三,正确把握依靠群众与依法办事的关系。群众路线是我们党的根本工作路线,是我们党的政治优势,也是"枫桥经验"的精髓。"枫桥经验"的重点是人民群众按照国家法律,依靠自己,就地化解内部矛盾。它是依靠群众与依法办事的有机结合。坚持和发展"枫桥经验",既要求我们广泛宣传群众、发动群众、组织群众,加强群众的自我教育、自我管理,发挥群众的聪明才智,凝聚成强大的力量,做预防和化解矛盾的工作,共同维护社会稳定;又要求我们严格依法办事,公开、公平、公正地处理问题。我们说矛盾不上交,绝不是所有的矛盾不上交。不论矛盾性质、对象,都大事化小、小事化了,这不符合法制精神。对于触犯刑律的,就要依法打击;对于必须由司法机关和行政执法部门来处理的,就要依法由这些专门机关和部门来处理。

第四,正确把握治标与治本的关系。坚持和发展"枫桥经验",目的是确保社会稳定、促进经济发展。在各种矛盾交替发生、治安形势比较严峻的情况下,我们把很大部分工作和精力放在以及时化解、依法打击来确保稳定上,这虽是一种治标的措施,但十分必要,什么时候都不能放松。与此同时,我们更重视做好"治本"的工作。"枫桥经验"是治标与治本相结合的经验。什么是治本?我们认为,深化改革、加快发展是治本,提高人民群众的素质是治本,加强干部队伍建设,营造一个公平、公正的社会环境也是治本。因此,我们十分重视抓改革、发展,抓宣传、教育,抓村务公开、政务公开,抓基层民主政治建设和干部队伍整体素质的提高,在全社会形成一种正气,从源头上消除和遏制人民内部矛盾的发生。

第五,正确把握坚持与发展、继承与创新的关系。新形势下的"枫桥经验"与30多年前毛泽东同志批示的"枫桥经验"相比,基本精神是一致的,即依靠群众、就地化解矛盾,但内涵更丰富了,充分体现了新形势的新要求。这是广大干部群众根据发展变化的形势,不断探索、不断创新的结果。坚持、继承是最基本的要求,而发展、创新则是"枫桥经验"的生命力所在。在新的历史时期,我们将面临更多的新情况、新问题,我们坚持和发展"枫桥经验"的工作,也还有许多薄弱环节和不足之处。因此,我们一方面将始终坚持"枫桥经验"的基本精神不动摇,把发源于农村的"枫桥经验"进一步推广到社区和企事业单位;另一方面,更加注重创新,把"枫桥经验"的基本精神与新时期的具体实际结合起来,与发展变化了的新形势结合起来,使"枫桥经验"在实践中不断丰富发展。

当前,我市维护社会稳定的工作任务仍十分繁重,实现社会长治久安任重而道远。我们将坚持以邓小平理论为指针,认真贯彻党的十五大和十五届三中全会精神,以这次会议为动力,学习、借鉴兄弟市、县、区的经验,不断深化

"枫桥经验",促进经济的进一步快速发展,把一个经济繁荣、社会文明、人民富裕的新诸暨推向二十一世纪。

1.3.1.3 诸暨市委、市政府关于深入开展创新"枫桥经验",创建"平安诸暨"的实施意见

提要:《关于深入开展创新"枫桥经验" 创建"平安诸暨"的实施意见》要求充分发挥基层综治组织的平台作用,镇乡(街道)要以争创综治工作示范镇乡(街道)活动为载体,加强"两所一庭"和综治办的规范化建设;社区、村要加强党组织和群众自治组织建设,形成以党支部为核心,基层综治警务室为骨干、治保调解组织和群防群治队伍为基础的工作网络,要以"综治进民企"为突破口,把综治工作延伸到经济组织和社团组织等领域。

中共诸暨市委 诸暨市人民政府
关于深入开展创新"枫桥经验" 创建"平安诸暨"的实施意见[1]

为深入贯彻落实中央、省、绍兴市政法工作会议和市委十三届十次全体(扩大)会议精神,营造和谐稳定的社会环境,保障和促进经济社会的持续健康发展,经研究,决定在全市范围内进一步深入开展创新"枫桥经验"、创建"平安诸暨"活动(以下简称"双创")。现提出如下意见。

一、指导思想

以邓小平理论和"三个代表"重要思想为指导,以创新"枫桥经验"为主线,以整治影响社会稳定的突出问题为重点,以创建"平安诸暨"、构建和谐社会为目标,为我市加速实现"三个提前",全面推进"两个率先"创造和谐稳定

---

[1] 诸暨市委〔2005〕32号,2005年3月8日印发。此则材料中序号有误处,系原文件如此。

的社会环境和公正高效的法制环境。

二、目标任务

总体目标是:全力维护社会稳定,促进经济社会协调发展,确保人民群众安居乐业。到年底,全市90%的镇乡(街道)达到"平安镇乡(街道)"标准,85%的村、社区达到"平安村(社区)"标准,人民群众安全感满意率达到90%以上。力争"平安县(市、区)"创建再次成功,努力实现"全国社会治安综合治理先进集体"的目标。

具体目标是:

(一)社会政治稳定。全市不发生有重大影响的危害国家安全的事件和重大群体性事件;突发事件得到及时有效处置;"法轮功"等邪教组织的非法活动得到有效防范、控制和打击;信访制度进一步完善,集体访、越级访、重复访得到有效遏制,"上访"案件增幅低于上年;矛盾纠纷调处成功率在95%以上,不发生因调处不及时、调处不当而转化为刑事案件的事件;民主法治村(社区)建设达到省提出的标准。

(二)治安状况良好。力争刑事案件增幅同比低于全省和绍兴市的平均增幅,八类案件破案率高于全省平均水平,命案破案率达到90%以上;黄、赌、毒等社会丑恶现象得到有效遏制;外来人口管理机制进一步健全,外来作案人员占流动人口总量的比例低于全省平均比例;帮教措施落实,重新犯罪率控制在4%以下,未成年人犯罪率低于全省平均比例。

(三)经济运行稳健。各类破坏市场经济秩序的犯罪得到有力打击;不发生重特大环境污染与破坏事件;不发生重大生产、销售伪劣食品、药品案件;行政执法监督有力,依法办事、依法行政水平进一步提高,形成民主、公正、健康的法制环境。

(四)社会公共安全。各类公共突发事件应急预案完备,不发生有重大影响的重特大安全事故,各类事故死亡总人数在控制指标以内;减少群死群伤等重大火灾、交通事故的发生;财产损失低于控制指标;危险化学品安全管理到位,大型群众性活动安全有序,不发生重特大食物中毒和职业中毒事件。

(五)人民安居乐业。人民群众安全感满意率达到90%以上;完成新增就业岗位目标任务;城镇登记失业率在控制指标以内;人民群众合法权益得到有效保障;农村"五保"和城镇"三无"对象集中供养率高于全省指标,人民法院执行当年案件执结率在85%以上。

(六)组织保障有力。社会治安综合治理目标管理责任制、信访工作责任制和安全生产责任制落实;各级平安创建机构健全,按要求成立镇乡(街道)平安创建领导小组和村(社区、企业、单位)成立平安创建工作小组;平安创建经费得到有效保障,并列入同级财政预算。

三、主要措施

(一)把完善工作机制与提高应对能力相结合,切实预防和妥善处置群体性事件

1. 强化责任落实、规范信访秩序。深入贯彻第二次全国集中处理信访突出问题及群体性事件电视电话会议和省、绍兴市信访工作会议精神,以完善信访责任制为载体,进一步形成信访大格局;以解决信访突出问题为重点,进一步解决涉及群众切身利益的实际问题;以贯彻落实《信访条例》为契机,进一步畅通信访渠道和依法规范信访秩序;以最大限度地减少赴省去京上访为目标,进一步采取综合措施,依法、及时、合理、就地处理群众反映突出的问题。各级党委政府必须真正重视、真情关怀、真心爱护广大基层干部,为基层干部开展群众工作创造良好的条件和氛围。

2. 突出预防为主、健全工作机制。按照"发现得早、化解得了、控制得住、处置得好"的要求,加强调查研究、认真总结经验,着力完善预防处置群体性事件的工作机制:(1)完善预测预警机制。建立健全多层次的情报信息网络,及时掌握可能引发群体性事件的苗头问题,深化完善重大情况报告制度,牢牢把

握工作主动权。(2)完善排查调处机制。按照"属地管理"和"谁主管、谁负责"的原则,进一步规范不稳定因素定期排查调处工作,对影响较大、可能引发群体性事件的重大矛盾纠纷,要实行指令调处、包案调处、就地解决。(3)完善应急处置机制。充分发挥信访联席会议制度作用,镇乡(街道)和有关部门要健全群体性事件应急预案,建立应急处置工作小组、劝返队伍、特警队伍等三支队伍,确保一旦发生群体性事件能够及时有效进行处置。(4)完善责任追究机制。把预防处置群体性事件工作作为创建"平安诸暨"的重要内容,列入干部任期目标进行考核,并严格实行责任追究,使各级干部切实承担起保一方平安的重要职责。

3. 坚持依法办事、讲究处置原则。始终坚持以法律政策为依据,以群众合法权益是否受到保护为标准,立足于争取大多数群众,立足于缓解矛盾,立足于防止发生连锁反应,立足于迅速控制事态,及时做好问题定性、舆论引导和措施实施等工作,最大限度地减少事件对社会稳定的冲击。在处置工作中,既要慎用警力,又要善用警力;既要维护群众正当利益,又要明确指出一些行为的违法性,特别是对借上访之名破坏社会秩序或进行其他违法活动的,要坚决查处,努力形成"依法信访认真办理,不依法信访依法处置,不负责任坚决追究"的良好氛围。

(二)把打击整治与治安防范相结合,切实维护社会政治稳定

1. 突出重点整治、深化严打机制。始终保持"严打"整治斗争的经常性、连续性和长期性,建立健全严打经常性工作机制,做到什么犯罪突出就打击什么犯罪,什么地方治安混乱就整治什么地方,什么打击方式有效就采取什么方式。针对当前影响我市社会和谐稳定的突出问题,要重点组织开展六项整治工作:一是"反两抢"专项斗争。加大打击抢夺、抢劫犯罪的工作力度,城区、大唐、店口等"两抢"犯罪高发的重点地区,要及时组织开展区域性专项打击行动;对金融网点的重点部位,要加大巡逻密度,落实防范措施,坚决把犯罪分

子的嚣张气焰打下去。二是打黑除恶专项整治。坚持日常破案与集中行动相结合,对雇凶报复、寻衅滋事、聚众斗殴、敲诈勒索、强收保护费等黑恶势力犯罪,要一查到底,除恶无尽。三是毒品专项整治。严厉打击以外来人员贩毒为重点的涉毒犯罪活动,对零包贩毒案件露头就打,对重大毒品案件线索积极开展经营侦查,对新型毒品案件坚决遏制毒品来源。严厉查处涉毒场所及人员,有效控制新型毒品在娱乐场所的蔓延。扎实推进"无毒社区"创建活动,加强禁毒预防教育,遏制新吸毒人员的滋生。四是禁赌专项整治。重点打击职业性豪赌、互联网赌博、暴力护赌、追逼赌债、发放高利贷等违法犯罪活动;严厉查处党政机关、金融系统、企事业单位人员参赌活动,执法人员对赌博活动失职失察、查处不力甚至充当"保护伞";坚决取缔各类涉赌经营行为,坚决遏制赌博活动蔓延势头。五是交通秩序专项整治。着力整治事故多发地段、秩序混乱点和交通易堵点,切实解决好城市"行车难、停车难"的问题,努力减少事故隐患,确保交通事故死亡人数控制在规定的指标内。六是消防安全隐患专项整治。坚持定期与不定期检查相结合,重点整治"三合一"企业,公众聚集场所,休闲娱乐场所,大型商场、超市等消防安全重点单位,凡不符合消防安全的一律责令停业整改,凡无法进行整改的将依法停产关闭。切实把"消防安全自查、火灾隐患自除、消防责任自负"的单位消防安全责任制落到实处。通过重点专项整治,让犯罪分子闻风丧胆,让治安面貌得到改善,让社会秩序有所好转,让人民群众欢欣鼓舞。

二要加强对敌斗争、维护国家安全。把敌情信息放在更加突出的位置,确保敌对势力有动静,我们就有对策。要有效防范和依法打击敌对势力利用人民内部矛盾和社会热点问题制造事端;有效防范和依法打击"法轮功"等邪教组织的违法犯罪活动;有效防范和依法打击境内外非法宗教势力的渗透破坏。决不允许危害国家安全和社会稳定的人员在我市形成组织,决不允许危害国家安全和社会稳定的各类活动在我市形成气候。

三要完善防控网络、挤压犯罪空间。坚持以科技防范为核心,以警务体制改革为龙头,以群防群治为基础,充分发挥电子监控、专业巡防和义务巡防队伍的作用,推动治安防范的现代化、专业化和社会化。(1)推行"镇镇联防"机制。重点集镇及城乡结合部要定期不定期地集中警力,坐镇巡防;企业要推行"五个统一"的保安派驻制,健全内部治安防范体系,着力完善口袋式管理、网格化巡防、电子化监控的防控网络。(2)完善外来人口"互动式"管理机制。积极推广店口镇外来人口的"互动式"管理新经验,加强对外来人口的教育、管理、服务、维权等工作,有效遏制外来人口犯罪的高发势头。(3)拓展社区警务机制。积极依托社区警务,推进警力下沉、工作重心下移,充分发挥老民警、女民警的特殊作用,充分整合社区资源,组织发动群众共同参与平安创建活动,提高全社会的整体防范水平。

(三)把实行工作重心下移与创新发展"枫桥经验"相结合,着力推进平安创建基础工程建设

1. 充分发挥基层"平安创建"的导向作用。按照创建"平安诸暨"的要求,把"平安村""平安社区""平安企业""平安校园""平安市场""平安医院""平安矿山"和"平安路段"的"八创建"活动列入创建"枫桥式平安镇乡(街道)"内容,落实到每一个基层单位。要通过村(居、企业)、镇乡(街道)、市三级联创活动,努力以村(居、企业)的平安来确保镇乡(街道)的平安,以镇乡(街道)的平安来确保全市的平安。

2. 充分发挥基层综治组织的平台作用。政法委、综治委要发挥好领导和协调作用,努力实现政法工作的重心下移、保障下倾、警力下沉。镇乡(街道)要以争创综治工作示范镇乡(街道)活动为载体,加强"两所一庭"和综治办的规范化建设,有效整合信访等力量,完善联调、联防、联勤、联治的工作体系;社区、村要加强党组织和群众自治组织建设,形成以党支部为核心,基层综治警务室为骨干、治保调解组织和群防群治队伍为基础的工作网络;要以"综治进

民企"为突破口,逐步推行社会治安法人责任制,把综治工作延伸到经济组织和社团组织等领域,不断扩大综治工作的覆盖面。

3. 充分发挥机制创新的灵魂作用。要始终围绕创新"枫桥经验"这一灵魂,深化落实"四先四早""四环指导法""三前调解法""三帮三延伸"和市级领导下访工作、信访督查督办等一系列行之有效的工作机制。要善于把执法办案与社会管理结合起来,把行政管理与改善服务结合起来,加强归正人员安置帮教工作,认真开展社区矫正试点,认真落实以"大手牵小手"形式,实施归正青少年"导航工程"。要深入推进"四五"普法活动,加强对重点人群、特殊群体的教育与管理,切实增强群众的法制意识和法律素质。

(四)把强化社会管理与维护公共安全相结合,切实维护社会主义市场经济的法律秩序

1. 依法严厉打击各类经济犯罪活动。重点打击非法集资、生产销售伪劣商品等事关群众切身利益,严重破坏市场经济秩序的犯罪。对经济犯罪多发领域和地区,及时组织专项斗争和重点整治。切实解决好行政执法与刑事司法的有效衔接问题。建立完善部门协作配合机制,加强经济犯罪预防工作,提升防范、打击经济犯罪的整体水平。

2. 大力加强民事行政司法工作。围绕公平与效率这个主题,依法平等保护各类市场主体的合法权益,特别要审理好群体诉讼案件、涉及困难群众的案件和申诉案件。对办理涉及企业的案件,要考虑到企业的生产和发展,考虑到职工的就业和生活,考虑到社会稳定,努力追求法律效果与政治效果、经济效果、社会效果的一致性。要深化完善诉讼调解制度,对民间纠纷引起的诉讼要依法能调则调,当判则判,并尽可能多地通过调解止纷定争、多调少判,争取最好的办案效果。建立健全执行工作良性循环机制,努力解决执行难问题。

3. 切实提高法律服务和行政管理工作。不断推出服务经济社会发展的新举措。有关部门要重点加强对事故隐患的综合治理、重大危险源的监控管理,

突出道路交通、矿山作业和建筑施工的监管；突出对化学危险品、民用爆破器材以及烟花爆竹的监管；突出对中小企业的安全生产监管，以确保人民群众的生命财产安全。

（五）把责任落实与强化督查考核相结合，切实提高创建工作水平

1.强化责任落实。各级党政领导干部要充分认识创建"平安诸暨"，促进社会和谐稳定的重大现实意义，真正把思想统一到市委、市政府的重大决策和部署上来，扎实推进"平安诸暨"建设。党政"一把手"要对本地区的平安创建工作负总责，切实承担起第一责任人的责任。创建工作实绩要列入干部考核的重要内容，同晋职晋级和奖惩直接挂钩，真正从思想上、组织上、行动上把"平安诸暨"创建工作落到实处。

2.强化经费保障。根据中央有关文件要求，市综治办及各镇乡、街道的综治专项经费要列入财政预算，保证足额到位。市级按常住人口年每人0.5元由市财政核拨给市综治办，镇乡（街道）按甲、乙、丙类分别按常住人口年每人1元、0.8元、0.5元核拨。外来流动人口专项管理经费列入公安机关年度预算，按登记在册人口人均20元核拨。根据浙委〔2004〕10号文件规定，建立创建平安专项工作经费，并列入财政预算，按常住人口年每人0.3元，由市财政核拨给市平安办。

3.强化工作考评。认真修订和完善社会治安综合治理、信访工作岗位目标管理责任制和考评细则，做到责任硬化、工作量化、考核细化，一级抓一级，层层抓落实。建立平安创建工作定期分析研究和评估制度，及时通报，指导督促各级各部门认真抓好平安创建工作。严格实行责任追究制、社会治安综合治理"一票否决制"和平安创建"一票否决制"，对由于责任不落实、工作不力发生重大问题造成重大社会影响的，坚决实行"一票否决"和责任追究，确保平安创建工作和社会治安综合治理工作落到实处。

4.强化督查力度。各级党委、政府要加强对平安创建工作的指导督查，狠

抓措施落实,切实加强"双创"的组织推动工作;有关部门要切实发挥职能作用,既抓好本部门创建工作,又积极协助党委、政府抓好面上创建工作;市平安办要认真做好对平安创建活动的督促、检查和指导工作;宣传部门要充分发挥舆论宣传作用,大力宣传平安创建活动和各种典型,努力营造良好的创建氛围,进一步提高广大干部群众参与"双创"活动,合力维护社会稳定的自觉性。

五、考核奖惩

"双创"工作纳入市委、市政府对镇乡(街道)党委、政府(办事处)的年度工作考核,作为衡量镇乡(街道)、部门工作实绩和干部政绩的重要依据之一。综治、信访、安全生产等工作作为"双创"活动的主要内容,纳入社会发展环境考评。"枫桥式平安镇乡(街道)"创建活动,实行专项考核,镇乡(街道)于12月初自查自评并提出申报,市"双创"活动领导小组办公室考核验收,市委、市政府审核命名。对"双创"活动成绩突出的镇乡(街道),市委、市政府予以表彰奖励。凡被评为省级、绍兴市、诸暨市级"枫桥式平安镇乡(街道)"("平安创建工作先进集体")的,各发给奖金8万元、5万元、2万元;被评为省级综治示范镇乡(街道)、绍兴市级、诸暨市级综治工作先进集体的,各发奖金3万元、2万元、1万元(上述不重复计奖,以最高奖为准)。凡被评为全国、省、绍兴市和诸暨市级平安创建先进的镇乡(街道),按市委〔2005〕10号文件执行(不累计加分,以最高奖为准)。对列为省、绍兴市、诸暨市治安重点整治地区(单位)的镇乡(街道)和部门不如期整改"摘帽"、治安问题突出或发生影响全市社会稳定的政治性事件和群体性事件的,实行一票否决,并责令限期整改。

1.3.1.4 诸暨市综治办、文明办、司法局、财政局关于建立人民调解志愿者队伍,大力开展志愿服务活动的实施意见

提要:《关于建立人民调解志愿者队伍 大力开展志愿服务活动的实施意见》要求把开展人民调解志愿服务与建设全覆盖多元化社会矛盾纠

纷化解体系相结合,在市级层面招募各行业专业人士,在镇街层面招募德高望重的乡贤、各类"土专家"、具备一定调解技术的人民调解员,在村(社区)层面由在职或退休村干部、农村法律顾问、村级乡贤、老党员、老干部、村民代表、热心群众等组成人民调解志愿服务小分队,发挥共产党员、共青团员、各级干部、"两代表一委员"、乡贤、各类专业人才的作用,扎实开展形式多样的人民调解志愿服务活动。

诸暨市社会治安综合治理委员会办公室
诸暨市精神文明建设委员会办公室　诸暨市司法局　诸暨市财政局
关于建立人民调解志愿者队伍　大力开展志愿服务活动的实施意见[1]

各镇乡党委、政府,各街道党工委、办事处,市级机关各责任部门:

　　调解志愿者队伍建设是省综治办开展多元化矛盾纠纷化解体系建设试点项目,人民调解志愿者队伍建设是其重要组成部分,通过建立人民调解志愿者队伍,广泛动员社会力量提供公益性的纠纷化解、法治宣传等志愿服务,推进治理体系和治理能力建设现代化。现就我市建立人民调解志愿者队伍,大力开展志愿服务活动提出如下实施意见。

　　一、指导思想和工作目标

　　为贯彻落实党的十八大和十八届四中、五中全会精神,坚持创新发展"枫桥经验",做到依靠群众、发动群众、组织群众化解各类矛盾纠纷。把开展人民调解志愿服务与建设全覆盖多元化社会矛盾纠纷化解体系相结合,大力弘扬"奉献、友爱、互助、进步"的志愿精神,发挥共产党员、共青团员、各级干部、"两代表一委员"、乡贤、各类专业人才等在人民调解志愿服务活动中的作用,扎实开展形式多样的人民调解志愿服务活动。为群众提供矛盾纠纷调解、法

---

[1] 诸政办发〔2016〕12号,2016年3月21日印发。

律法规宣传、政策知识解答等志愿服务,提高我市社会矛盾纠纷的调处质效,不断推进"法治诸暨""平安诸暨"建设。

二、组织队伍建设

(一)组织建设。在市司法行政法律服务中心(市调解工作指导中心)设立市人民调解志愿服务工作办公室,具体负责人民调解志愿者队伍建设和制定完善各项制度机制。市人民调解志愿服务工作办公室,具体承担人民调解志愿者队伍联系协调、对接派单、开展公益活动、评分评优等日常管理工作,接受诸暨市志愿服务工作办公室的指导和管理。

(二)队伍建设。建立人民调解志愿者信息库,实行注册登记,统一标识。人民调解志愿者要求能拥护中华人民共和国宪法,遵守国家法律法规,遵守社会公序良俗和社会公德,具有较好的思想政治素质、较强的社会责任感和奉献精神,热心公益事业、公道正派,并自愿参与纠纷调解、法治宣传等服务工作。人民调解志愿者应具备一定专业知识和能力,从事相关行业时间两年以上,且近两年内未受过行政处罚或行业处分,五年内无违法犯罪记录。

1.市级层面。由各对口职能部门牵头,市人民调解志愿服务工作办公室协调招募各行业的专业人士,建立市级人民调解志愿服务总队,总队下设医疗卫生、道路交通、征地拆迁、婚姻家庭、劳动争议、山林土地、物业管理、消费金融、法律服务、心理咨询等领域的10支人民调解志愿服务中队,共100名志愿人员。市级人民调解志愿服务总队要求能体现专业性优势,人员在现职或退休党员干部及两新组织的专业人士中招募。主要是协助做好重大疑难纠纷的联合会商和指导化解工作。并试点探索在运行比较顺畅的袜业、珍珠、汽配、香榧等行业协会中招募人民调解志愿者,建立行业性人民调解志愿服务小分队。

2.镇街层面。重点在德高望重的乡贤、各类"土专家"、具备一定调解技能的人民调解员中招募,建立镇、乡(街道)人民调解志愿服务中队(协会),队伍、人员要求能体现其综合性和威望性优势。主要是参与联合会商、矛盾纠纷甄别化解等工作,具体由镇乡(街道)综治办牵头落实,司法所组织协调,管理运行。

3.村(社区)层面。体现群众性和广泛性,普及志愿精神,建立由在职或退休村干部、农村法律顾问、村级乡贤、老党员、老干部、村民代表、热心群众等组成的人民调解志愿服务小分队,由村人民调解委员会牵头组织协调。

三、志愿服务运行模式

(一)实体化运行。一是建立供需对接机制。建立人民调解志愿者信息库,按照人民调解志愿者登记的专业特长、服务意向、服务区域等进行分类,将信息库提供给各类调解组织,由调解组织和当事人双方根据需要"点单"或上报至市人民调解志愿服务工作办公室,由办公室"派单"。二是建立矛盾纠纷月分析会商制。各级调解组织逐级上报每月隐患苗头类问题,由市人民调解志愿服务工作办公室汇总,并定期对志愿服务需求进行调查,摸清需求重点和热点,做好案件梳理登记工作,在矛盾纠纷易发多发领域或发生重特大矛盾纠纷时,提前介入。实行派单制,指派相应专业的人民调解志愿者参与联合会商,协助制定调解方案,参与调解工作,并做好志愿服务记录。三是建立定期志愿服务日制度。对各专业人民调解志愿服务中队、小分队的志愿活动实行定期化,并做到人民调解志愿活动规范化。

(二)网上运行。一是人民调解志愿者在志愿云上进行注册,志愿服务项目在志愿云上公布,志愿服务信息网上记录。二是参与复杂敏感舆情联席会商、联动等工作,发挥人民调解志愿者的专业优势,为各镇街部门的网络发言人和网络评论员提供业务咨询,使其精准发声。三是引导人民调解志愿者成为网络评论员、发言人、联系人,在网络上解答当事人反映的一些矛盾纠纷化解的政策法律依据等,引导当事人依法依规化解矛盾纠纷。四是在人民调解志愿者与调解组织实体化对接的基础上,探索依托在诸暨在线、诸暨司法行政网等平台建立网上网下联动工作机制,人民调解志愿者通过网络交流平台收集到调解组织发布的矛盾纠纷信息,主动对接相关调解组织,参与化解矛盾纠纷。

四、建立保障机制

(一)做好服务记录和星级评定。人民调解志愿者纳入全市志愿服务体系,由市文明办组织开展星级推荐和评定工作,对优秀的志愿者个人和集体进行表彰和奖励,以激励更多的社会公众参与人民调解志愿服务。

(二)开展业务培训。在各级人民调解志愿者队伍成立后,举行人民调解志愿服务启动仪式和宣誓活动。在做好人民调解志愿者初任培训的基础上,每年定期分批进行政策法律和调解技能培训,组织人民调解志愿者与专职人民调解员定期开展经验交流会,以提高人民调解志愿者队伍的服务能力,并将人民调解志愿者的培训纳入年度工作计划。

(三)建立经费保障机制。市镇村三级领导做好人民调解志愿者服务经费保障工作,为开展调解志愿者培训和志愿活动提供必要的保障。

五、工作要求

(一)加强组织领导。市镇两级要加强组织领导,做到科学谋划、统筹安排,广泛动员和引导本部门人员及社会各界人士投身于人民调解志愿服务事业,为其充分发挥作用创造条件。

(二)强化配合协调。市综治办要做好牵头协调、督促检查工作,司法行政部门要加强对具体业务工作的指导和管理,其他职能部门要密切配合,各司其职,形成强大合力。

(三)加大工作力度。市级有关部门、各镇乡(街道)要充分认识开展调解志愿服务的重要性,采取有力措施积极推进这项工作。各市级牵头部门要在2016年3月28日前组建完成市级人民调解志愿服务中队。各镇乡街道要在2016年4月15日前组建完成人民调解志愿者中队(协会),并组建好分队。

各有关单位按要求及时将人民调解志愿者组织负责人和人员名册在4月30日前汇总上报市人民调解志愿服务办公室。(联系人:×××,电话:××××××××××,传真××××××,邮箱:××××××)

附件:1. 调解志愿服务队伍建设各责任单位任务分解表(略)

2. 调解志愿者报名登记表(略)

1.3.2 人民调解员管理和考核机制建设

1.3.2.1 诸暨市司法局组织村级调解主任参加业务培训

提要:诸暨市司法局2011年5月开始指导各镇街开展村级治保调解主任培训,组织基层科、宣教科、矫正科人员及有关律师、镇街所在法庭、派出所人员为调解主任上课,结合自身工作实际和农村矛盾纠纷特点,就《人民调解法》、人民调解的原则与技巧,以及在调解中如何对当事人进行法律教育、道德指引、心理疏导等进行系统讲解,并强调矛盾纠纷排查调处"六优先"原则,让村级人民调解主任多掌握调解方法和技巧,使矛盾少出村、不出村。

村级调解主任参加业务培训[1]

从5月初开始,市司法局指导各镇街开展村级治保调解主任培训,为全市400多名村级人民调解主任"充电"。到目前,各镇街已基本上开展了此项培训。该局负责人说:"现在村规模大了,村里的矛盾纠纷也相应多了,对村级人民调解主任进行系统培训,让他们多掌握调解方法和技巧,让矛盾少出村、不

---

[1] 2011年7月22日发布,https://www.zhuji.gov.cn/art/2011/7/22/art_1371583_10834447.html。

出村。"

市司法局组织基层科、宣教科、矫正科人员及有关律师、镇街所在法庭、派出所人员为调解主任上课,结合自身工作实际和农村矛盾纠纷特点,就《人民调解法》、人民调解的原则与技巧,以及在调解中如何对当事人进行法律教育、道德指引、心理疏导等进行系统讲解。

针对农村基层矛盾纠纷呈现多元化、复杂化的实际,我市规范矛盾纠纷排查调处"六优先",即:容易激化的纠纷优先调处,有信访苗头的纠纷优先调处,有倾向性、牵连性的纠纷优先调处,影响生活的纠纷优先调处,影响生产的经济纠纷优先调处,涉及赡养、抚养、扶养的"三养"纠纷优先调处。通过培养村人民调解员,推行人民调解"以奖代补"政策,促进人民调解员依法调解,让村民放心接受调解,让村民在家门前化解矛盾纠纷,为和谐新农村建设注入新活力和法治保障。

1.3.2.2 诸暨市司法局开展人民调解员等级评定工作

提要: 为加强人民调解员队伍专业化、职业化、规范化建设,诸暨市司法局组织开展人民调解员等级评定工作,要求评选对象是在司法行政机关备案的各类人民调解委员会中的专、兼职人民调解员,评选方式按照《浙江省人民调解员等级评定办法(试行)》(浙司〔2016〕121号)规定执行,由诸暨市司法局会同市人民调解协会组织相关专业人员负责二级和三级人民调解员的评定工作;并提出在开展人民调解员等级评定工作的过程中应当遵守的五项工作要求。

关于开展人民调解员等级评定工作的通知[1]

各司法所、市专业性调委会：

为加强人民调解员队伍专业化、职业化、规范化建设，根据浙司〔2017〕67号《关于开展人民调解员等级评定工作的通知》文件要求，结合我市实际，决定组织开展首次人民调解员等级评定工作。现将有关事项通知如下。

一、评定对象

经过司法行政机关备案的各类人民调解委员会，其正式聘任的专职人民调解员、兼职人民调解员可以申请人民调解员等级评定，特邀人民调解员不参加等级评定。

二、评选方式

人民调解员的等级评定申报，严格按照《浙江省人民调解员等级评定办法（试行）》规定执行。诸暨市司法局会同市人民调解协会组织相关专业人员成立人民调解员等级评定委员会，负责二级和三级人民调解员的评定工作；一级人民调解员由绍兴市司法局组织评定；特级人民调解员由浙江省司法厅组织评定；评定情况和评定结果向社会公开，并报上级司法行政机关备案。

三、申报材料

人民调解员申请等级评定，须提交以下材料：(1)本人二寸免冠彩色近照两张；(2)人民调解员等级评审表（一式三份，具体见附件1）；(3)文化程度证明、工作经历证明（复印件）；(4)调委会聘用证明（复印件）；(5)今年以来调解成功案件情况一览表（附件2）；(6)本人独立制作的5份规范人民调解协议书（复印件）；(7)获得县级以上表彰的，提供相应的获奖证书（复印件）。

四、相关工作要求

（一）要深刻认识开展人民调解员等级评定工作的重要性，把等级评定工

---

[1] 诸司〔2017〕37号，2017年7月17日印发。

作与人民调解工作摸底调查、人民调解员队伍建设、完善机制建设等结合起来,加强组织领导,强化工作措施,确保人民调解员等级评定顺利实施。

(二)要严格按照《浙江省人民调解员等级评定办法(试行)》规定的条件和资格进行推荐和审核,合理控制各等级人民调解员评定比例。

(三)各等级的人民调解员按照"谁评定、谁发证"的原则,由省司法厅会同省人民调解协会设计等级证书、胸牌、台签样式,评定单位统一制作。评定后,将依据人民调解员的工作业绩和等次,实行奖励或补贴制度(行政、事业单位在职工作人员除外)。

(四)各司法所要规范完善人民调解组织备案工作,于7月31日前将镇(乡、街道)人民调解委员会组织备案表(附件3-1)、镇(乡、街道)人民调解员备案表(附件3-2)、驻派出所人民调解工作室备案表(附件3-3)、企业人民调解委员会备案表(附件3-4)报基层科。

(五)为做好人民调解员等级评定工作,规范人民调解员队伍,增强人民调解员的职业归属感和荣誉感。将先期对备案在册的镇(乡、街道)人民调解委员会(包含驻派出所人民调解工作室)、市专业性调委会的人民调解员,统一制作发放诸暨市人民调解员工作证(试行),持证上岗。制作人民调解员工作证须提供调解员本人免冠彩色近照电子版一张。各级人民调解员等级评定的申报材料和诸暨市人民调解员工作证发放统计表(附件4)请于7月31日前统计完毕,并报基层科××处。

联系人:××　　联系电话:××××××　　邮箱:××××××

附件:1.人民调解员等级评审表(共3份)(略)

　　　2.2017年调解成功案件一览表(略)

　　　3.人民调解委员会备案表(共4份)(略)

　　　4.诸暨市人民调解员工作证发放统计表(略)

1.3.2.3　诸暨市司法局关于选聘退休社会人士担任专职人民调解员的试行方案

提要：《诸暨市选聘退休社会人士担任专职人民调解员实施方案（试行）》要求选聘退休社会人士担任专职人民调解员，以充分发挥退休社会人士，特别是公、检、法、司等政法单位以及行业主管部门退休人员丰富的经验优势和"传、帮、带"作用，进一步充实专业人民调解员力量，优化人民调解员队伍结构，提升人民调解工作水平；选聘要坚持公开择优、规范管理以及完善机制、注重实效的原则，并明确了选聘程序、人员待遇以及管理等。

关于印发《诸暨市选聘退休社会人士担任专职人民调解员实施方案（试行）》的通知[1]

各行业性专业性人民调解委员会：

现将《诸暨市选聘退休社会人士担任专职人民调解员实施方案（试行）》印发给你们，请结合工作实际，认真贯彻执行。

诸暨市司法局
2021 年 12 月 9 日

诸暨市选聘退休社会人士担任专职人民调解员实施方案（试行）

为坚持发展新时代"枫桥经验"，深入推进新时代人民调解工作，充分发挥人民调解在预防和化解社会矛盾纠纷中的积极作用，进一步加强人民调解员队伍建设，根据省、市《关于加强人民调解员队伍建设的实施意见》《关于进

---

[1] 诸司〔2021〕10 号，2021 年 12 月 9 日印发（已废止）。

一步激励关爱人民调解员的意见》《关于坚持发展新时代"枫桥经验" 进一步加强新时代调解工作的意见》等文件规定,现就我市退休社会人士担任专职人民调解员制定本实施方案。

一、总体目标

进一步加强人民调解员队伍建设,通过选聘退休社会人士担任专职人民调解员,充分发挥退休社会人士,特别是公、检、法、司等政法单位以及行业主管部门退休人员丰富的经验优势和"传、帮、带"作用,进一步充实专业人民调解员力量,优化人民调解员队伍结构,提升人民调解工作水平。规范退休社会人士担任专职人民调解员的选聘管理、学习培训、绩效考核、经费保障等工作,形成长效工作机制。积极组建培育一支专职化、专业化、专家化的退休选聘人民调解员队伍,为构建以人民调解为引领的多元调解格局、打造矛盾纠纷调处化解诸暨模式夯实基础。

二、选聘原则

1. 公开择优,规范管理。按照公开、公平、公正原则开展退休选聘工作,及时、充分向社会公开选聘条件、程序和待遇,规范选聘流程,加强监督管理。

2. 完善机制,注重实效。按照有利于提升人民调解工作效能、促进社会矛盾纠纷化解的原则,对退休选聘专职人民调解员实行统筹协调、统一管理,确保专职专用,注重实际效果。

三、选聘条件

1. 选聘人员为已达法定退休年龄,且已办理了正式退休手续,并与其他企事业单位无任何劳务或劳动关系的人员。积极鼓励退休法官、检察官、警察、司法行政干警和相关行业主管部门退休人员担任专职人民调解员。

2. 选聘人员须具有一定的文化、政策水平和法律知识,且公道正派、廉洁自律、热心于调解工作,乐于奉献并擅长协调沟通。被有关部门列入严重失信名单的退休人员不能担任人民调解员。

3. 首次选聘人员,年龄一般不超过 63 周岁;续聘人员最高年龄原则上不超过 68 周岁,且身体健康,能胜任调解工作。有特殊调解贡献者可适当放宽年龄限制,但最高不超过 70 周岁。

四、选聘程序

1. 用人单位申请。市级行业性专业性调委会根据需要选聘 1—3 名退休人士担任专职人民调解员;另须增加的,可根据上年度纠纷调解成功数每人不少于 120 件/年的原则适当增配,退休人士担任调解员人数原则上不超过所在调委会专职人民调解员总人数的一半。由主管部门向市司法局提出用人申请,司法局按照各部门实际统筹安排。

2. 原退休单位初审。对有意向担任专职人民调解员的退休人员,应充分了解人民调解员的工作性质及内容并确认自身健康状况可以胜任人民调解员的工作,填写《退休选聘申请表》并附一份三级医院近半年内的体检报告,经原退休所在单位初审后提交市司法局。

3. 司法局核定确认。市司法局对选聘人员资格条件及相关材料进行审查,择优核定确认拟选聘名单。

4. 签订选聘协议。由用人单位与核定的拟选聘人员签订选聘协议,协议一式三份,用人单位和受聘人员各执一份,市司法局备案一份。

5. 选聘协议期满,由市司法局对选聘人员重新进行审查,核定确认后由用人单位重新与拟选聘人员签订协议,协议一年一签。

五、选聘人员的待遇

对退休人员担任专职人民调解员的待遇标准,采取"基础调解补贴+以奖代补"相结合的方式,基础补贴标准为每月 2 000 元(含购买人身意外保险),由市财政保障,用人单位发放;"以奖代补"按件领取,由市司法局统一按规定发放。

六、选聘人员的管理

1. 退休选聘专职人民调解员应服从市司法局的工作安排,统一管理,统一调配,共享互通,积极履行岗位职责。

2. 市司法局对选聘人员进行年度考核,考核结果作为是否续聘的依据之一。

3. 在返聘期内本人自愿辞聘者,须提前一个月向用人单位和市司法局提出申请;因自身健康状况不能正常工作的,应立即书面向用人单位和市司法局提出,及时办理解聘手续。

4. 选聘期间有违反工作原则、纪律和失职行为,情节轻微的,由所在的人民调解委员会给予批评教育;情节严重的,予以解聘;涉及违法犯罪的,移交司法机关处理。

附件:退休选聘专职人民调解员申请表(略)

1.3.2.4 诸暨市司法局、人民调解协会关于诉前纠纷专职人民调解员(退休)选聘的管理办法

提要:《诸暨市诉前纠纷专职人民调解员(退休)选聘管理办法》要求,选聘已经退休、具有一定的文化水平、善于调解的人员,充分发挥公、检、法、司等政法单位以及各专调委行业主管部门退休人员丰富的经验优势和"传、帮、带"作用,规范退休专业人士担任人民调解员的选聘管理、学习培训、绩效考核、经费保障等工作,形成长效工作机制。

诸暨市司法局　诸暨市人民调解协会
关于印发《诸暨市诉前纠纷专职人民调解员（退休）选聘管理办法》的通知[1]

各市级专调委及主管部门：

　　现将《诸暨市诉前纠纷专职人民调解员（退休）选聘管理办法》印发给你们，请结合工作实际，认真贯彻执行。

诸暨市司法局

诸暨市人民调解协会

2023年5月16日

诸暨市诉前纠纷专职人民调解员（退休）选聘管理办法

　　为坚持发展新时代"枫桥经验"，深入推进新时代诉前调解工作，充分发挥人民调解在预防和化解社会矛盾纠纷中的积极作用，进一步加强人民调解员队伍建设，根据省、市《关于加强人民调解员队伍建设的实施意见》《关于坚持发展新时代"枫桥经验"　进一步加强新时代调解工作的意见》及《绍兴市诉前调解改革攻坚试点方案》等文件规定，特制定我市诉前纠纷专职人民调解员（退休）选聘管理办法。

　　一、总体目标

　　通过选聘退休专业人士担任诉前纠纷专职人民调解员，充分发挥公、检、法、司等政法单位以及各专调委行业主管部门退休人员丰富的经验优势和"传、帮、带"作用，进一步充实诉前纠纷专职退休调解员力量，优化人民调解员队伍结构，提升人民调解工作专业化水平。规范退休专业人士担任人民调解员的选聘管理、学习培训、绩效考核、经费保障等工作，形成长效工作机制。积极组建培育一支专职化、专业化、专家化的诉前纠纷专职人民调解员队伍，

---

[1] 2023年5月16日印发，系调研材料。

全力打造具有诸暨辨识度的诉前纠纷多元调解标志性成果,为"枫桥经验"60周年营造和谐稳定的环境。

二、选聘原则

1. 公开择优,规范管理。按照公开、公平、公正原则开展退休选聘工作,及时、充分向社会公开选聘条件、程序和待遇,规范流程,加强监督管理。

2. 完善机制,注重实效。按照有利于提升人民调解工作效能、促进社会矛盾纠纷化解的原则,对选聘退休人民调解员实行统筹协调、统一管理,确保专职专用,注重实际效果。

三、选聘条件

1. 选聘人员为已达法定退休年龄,且已办理了正式退休手续,并与其他企事业单位无任何劳务或劳动关系的人员。积极鼓励退休法官、检察官、警察、司法行政干警和相关行业主管部门退休人员担任诉前纠纷专职退休人民调解员。

2. 选聘人员须具有一定的文化、政策水平和法律知识,且公道正派、廉洁自律、热心于调解工作,乐于奉献并擅长协调沟通。被有关部门列入严重失信名单的退休人员不能担任人民调解员。

3. 首次选聘人员,年龄一般不超过63周岁;续邀人员最高年龄原则上不超过68周岁,且身体健康,能胜任调解工作(身体健康并获省司法厅命名为金牌调解员、金牌调解室负责人等荣誉的,年龄可适当放宽,最高不超过70周岁)。

四、选聘程序

1. 主管部门申请。市级专调委主管部门根据调解工作实际向市司法局提出用人申请并推荐拟选聘人员名单,填写《退休调解员申请表》,市司法局根据年度调解工作财政预算及专调委调解实际统筹核定名额。专调委退休人民调解员配备数量原则上不得超过所在调委会非退休专职人民调解员数,且所在专调委人均调解成功数应不少于120件/年。

2. 资格审查、体检。用人申请通过后，主管部门应对退休专业人员提交的《诸暨市退休人民调解员报名表》、1年内体检报告、个人简历、学历证书、职业资格证书、身份证明等相关材料进行初审，审核通过后统一提交市人民调解协会。

3. 面试、择优核定。市人民调解协会对提交申请的退休调解员体检报告及相关材料进行复核，复核通过后组织调解业务能力面试，按面试分数从高到低确定拟选聘人员名单报司法局核定确认，确认后由退休调解员本人签订《人民调解员志愿书》。

4. 公示、录用。经司法局核定确认的拟选聘退休调解人员名单将公示7个工作日，公示期满无异议后，提出申请的主管部门与其签订劳务协议，协议一式三份，一年一签，主管部门和退休人民调解员各执一份，报市人民调解协会备案一份。

5. 选聘协议期满。退休调解员一年聘任期满，任用关系自然解除，由市人民调解协会对当年报名的拟选聘人员重新进行审查面试，报司法局择优核定确认后，由主管部门重新与拟选聘人员签订协议。

五、退休人民调解员的待遇

对退休调解员的待遇标准，采取"基础调解补贴+调解案件计奖"相结合的方式，按照诸暨市"以奖代补"相关文件精神执行。

六、退休调解员的考核管理

1. 退休人民调解员的管理实行主管部门和市人民调解协会双重管理，市人民调解协会可根据不同调解组织当年调解案件量情况统一进行退休调解员调配使用，最大限度发挥退休调解员工作效能。

2. 退休调解员绩效考核由主管部门和市人民调解协会共同组织实施，考核结果报市司法局备案。考核内容以日常考核为基础，包括人民调解工作实绩、群众满意度、遵守工作纪律及参加学习培训等情况。

3. 年度考核结果分为优秀、称职、基本称职和不称职四个等级,考核结果作为退休调解员等级评定、先进评比、续聘、"以奖代补"奖金发放的主要依据。

4. 退休调解员本人自愿辞聘者,须提前一个月向主管部门和市人民调解协会提出申请;因自身健康状况不能正常工作的,应立即书面向主管部门和市人民调解协会提出,及时办理解聘手续。

5. 工作期间有违反工作原则、纪律和失职行为,情节轻微的,由所在的市人民调解协会给予批评教育;情节严重的,责令主管部门予以解聘,吊销人民调解员工作证;涉及违法犯罪的,移交司法机关处理。

七、其他

本办法自发文之日起施行,原《诸暨市选聘退休社会人士担任专职人民调解员实施方案(试行)》(诸司〔2021〕44号)同时废止。

附件:1.《退休调解员申请表》(略)

2.《诸暨市退休人民调解员报名表》(略)

1.3.3 人民调解"以奖代补"机制建设

1.3.3.1 诸暨市政府办关于实施人民调解以奖代补机制的意见

提要:诸暨市人民政府办公室《关于实施人民调解以奖代补机制的意见》要求对人民调解"以奖代补"实行考核制,并明确了考核范围、计奖办法、考核方式以及工作要求。考核范围为全市各镇乡(街道)及各镇乡(街道)所属村、居、企、专业市场等人民调解委员会和人民调解员;计奖办法是按人民调解委员会调处的矛盾纠纷的难易程度设置奖励金额;考核方式是由市司法局组成考评小组,采取听汇报、查台账、实地抽查、评定等方式进行全面、认真、细致的核实。

诸暨市人民政府办公室
关于实施人民调解以奖代补机制的意见[1]

各镇乡人民政府,各街道办事处,市政府各部门:

为认真贯彻落实财政部、司法部《关于进一步加强人民调解工作经费保障的意见》和省委办公厅、省政府办公厅《关于进一步加强新形势下人民调解工作的意见》等精神,结合我市实际,现就实施人民调解"以奖代补"机制提出如下意见。

一、重要意义

人民调解是一项具有中国特色的社会主义法律制度,承担着维护社会稳定的"第一道防线"作用。随着改革发展的不断深入,各种利益格局的不断调整,各类社会矛盾纠纷的不断增多并呈现多样性和复杂性,人民调解负担的任务越来越重,发挥的作用越来越大。由于人民调解委员会调解纠纷不收费,长期以来,调解员的工作报酬,根据情况由所在村(居)予以适当补贴,经费到位情况不容乐观,严重挫伤了调解员的工作积极性和自觉性,影响队伍的稳定和整体素质的提高,成为制约我市人民调解工作发展的瓶颈。实行"以奖代补"工作机制,有利于激励人民调解员的工作积极性,从而能够稳定调解员队伍、提高业务水平,促进人民调解工作健康发展。

二、实施办法

人民调解"以奖代补"实行考核制。

(一)考核范围

考核范围为全市各镇乡(街道)人民调解委员会及各镇乡(街道)所属村、居、企、专业市场等人民调解委员会,人民调解员。

---

[1] 诸政办发〔2008〕188号,2008年12月18日印发。

(二)计奖办法

按年度将本市所属调委会调处的矛盾纠纷根据难易程度分为三类。第一类,简易纠纷:经口头调解成功解决纠纷,在调委会有登记的;第二类,一般纠纷:经调委会调解成功,双方达成书面协议,并按司法部统一文书格式制作档案的;第三类,疑难纠纷:调处成功并按要求规范格式文书,做到一案一卷归档的。

(1)调委会以口头方式调解的简单的民间纠纷,调解成功,并且按照要求登记的,每件奖励20元。

(2)调委会受理调解的一般民间纠纷,调解成功并且按照要求进行登记,完成调解申请书、民间纠纷受理调解登记表、调查笔录和调解协议书等人民调解格式文书制作的,每件奖励80元。

(3)调委会受理调解的复杂、疑难纠纷(包括纠纷标的在5 000元以上的损害赔偿纠纷;一方当事人在10人以上的群体性纠纷;交通、工伤、意外伤亡事故;涉及未成年人、残疾人、老年人、经济困难者等的纠纷),调处成功并做到一案一卷归档的,每件奖励200元。

(4)其他奖励:设立调解能手。经年度考核被评为市级调解能手的,按比例予以适当奖励。以村、居、企为单位,积极开展矛盾纠纷预测、预防工作,矛盾少、调处及时,经年度考核被评为先进单位的,按比例予以适当奖励。根据考核结果,镇乡(街道)被评为调解工作优秀单位前五位的,在年度"平安创建"考核中予以适当加分。

(三)考核方式

(1)以镇乡(街道)司法所为统计单位,由各镇乡(街道)司法所于每年12月底,对所属镇乡(街道)调委会和村、居、企调委会受理调解的各类民间纠纷进行统计汇总,报送司法局基层科,其中典型疑难纠纷必须一案一卷。

(2)由市司法局组成考评小组,于每年1月上旬分组分片对各镇乡(街道)进行考核、评定、汇总。考核以各类报表或专项统计为基础,采取听汇报、查台账、实地抽查、评定等方式进行全面、认真、细致的核实,并于1月底前确定兑现上年奖励金额。

三、工作要求

(一)加强组织领导。实施人民调解"以奖代补"工作机制,是进一步加强新形势下人民调解工作的重要举措,各职能部门要提高认识,加强组织领导,认真落实各项职责。

(二)落实经费保障。"以奖代补"所需经费由市财政和镇乡两级财政各半分担,市财政负担部分列入司法局部门预算,专款专用。

(三)严格考核制度。司法行政部门要加强对人民调解工作的检查指导力度,严格按照考核办法实施奖励措施,确保把有限的经费用在刀刃上,使"以奖代补"工作机制发挥出应有的作用。

1.3.3.2 诸暨市政府办关于调整人民调解"以奖代补"政策的意见

提要: 诸暨市人民政府办公室《关于调整人民调解"以奖代补"政策的意见》要求对人民调解"以奖代补"实行考核制,并明确了考核范围、奖励标准、考核方式以及工作要求。考核范围为全市各类人民调解委员会(人民调解工作室)和在司法行政机关备案的人民调解员;实施分类考核,即镇乡(街道)与市级专业性调委会根据不同的标准给予奖励;考核方式是由市司法局组成考评小组,采取听汇报、查台账、实地抽查、评定等方法进行全面、认真、细致的核实。

诸暨市人民政府办公室
关于调整人民调解"以奖代补"政策的意见[1]

各镇乡人民政府,各街道办事处,市政府各部门:

为进一步贯彻落实《人民调解法》和《关于进一步加强新形势下人民调解工作的意见》(市委〔2014〕22号)的精神,促进人民调解工作健康发展,结合我市实际,现就调整人民调解"以奖代补"政策提出如下意见。

一、重要意义

人民调解是一项具有中国特色的社会主义法律制度,承担着维护社会稳定的"第一道防线"作用。我市自2008年实施人民调解"以奖代补"政策以来,对调动人民调解员的工作积极性,促进各类矛盾纠纷有效化解发挥了积极作用。但随着经济社会的发展,原有的"以奖代补"政策已与当前形势不相适应,一定程度上制约了人民调解事业的健康发展。适时调整人民调解"以奖代补"政策,有利于提高人民调解员的工作积极性和责任感,有利于提升人民调解的社会公信力,有利于促进人民调解工作健康发展。

二、实施办法

人民调解"以奖代补"实行考核制。

(一)考核范围

考核范围为全市各类人民调解委员会(人民调解工作室)和在司法行政机关备案的人民调解员。全市各类人民调解委员会(人民调解工作室)是指全市各专业性人民调解委员会,各镇乡(街道)人民调解委员会及其驻派出所人民调解工作室,各镇乡(街道)所属的村、居、企、专业市场等人民调解委员会(人民调解工作室)。人民调解员中现职的国家公务员、事业干部不列入考核范围。

---

[1] 诸政办发〔2015〕63号,2015年6月2日印发。

(二)分类考核

镇乡(街道)与市级专业性调委会实行分类考核。

1.镇乡(街道)所属调委会(调解室)和人民调解员的考核。镇乡(街道)所属调委会(调解室)成功调解的矛盾纠纷信息均须输入"浙江省司法行政基层管理平台"中,根据难易程度分为四类。第一类简易纠纷:经口头调解解决纠纷,并按照要求登记,每件奖励由20元提高到50元;第二类一般纠纷:经调委会调解成功,按照要求进行登记,完成调解申请书、纠纷受理调解登记表、调查笔录和调解协议书等人民调解格式文书制作,双方达成书面协议,每件奖励由80元提高到100元;第三类疑难纠纷:纠纷标的在5 000元以上的损害赔偿纠纷,或10人以上的疑难群体性纠纷,调处成功并按要求制作规范格式文书,做到一案一卷归档,每件奖励标准不变,仍为200元;第四类重特大纠纷:群死群伤的纠纷,多次或多人赴省或赴京上访的纠纷,在本市具有重大社会影响且涉及10人以上的群体性矛盾纠纷,市级以上领导交办且疑难复杂的矛盾纠纷,在本市具有重大影响的其他矛盾纠纷,调处成功并按要求制作规范格式文书,做到一案一卷归档,每件奖励1 000元。驻派出所人民调解室的专职人民调解员每年奖励最高不超过5 000元。

2.市级专调委和人民调解员的考核。市级专调委对人民调解员(含辅助人员)考核采取百分制考核奖励,根据政治纪律、工作任务、业务要求进行考核,考核标准为每分40元,根据考核得分数,计算人民调解员奖励金额(考核标准见附件)。

(三)考核方式

1.镇乡(街道)考核以司法所为统计单位,于每年6月和12月由司法所对所属调委会(调解室)调解成功的各类纠纷进行统计汇总,报送市司法局基层科,其中重特大纠纷须一案一卷。

2.市级专调委每月对每个调解员调解纠纷情况进行统计、汇总,报送市司法局基层科,于每年12月进行考核。

3.由市司法局组成考评小组,对各专调委和镇乡(街道)进行考核、评定、汇总。考核以各类报表或专项统计为基础,采取听汇报、查台账、实地抽查、评定等方式进行全面、认真、细致的核实,确定兑现奖励金额。

三、工作要求

1.提高认识。调整人民调解"以奖代补"工作机制,是进一步加强新形势下人民调解工作的重要举措。各职能部门要提高认识,加强组织领导,认真落实各项职责。

2.落实经费保障。"以奖代补"所需经费涉镇乡(街道)的由市财政和镇乡(街道)两级财政各半分担,涉市级专调委的由市财政负担。市财政负担部分列入司法局部门预算,专款专用,年底按实际下拨兑现。

3.严格考核制度。司法行政部门要加强对人民调解工作的检查指导力度,严格按照考核办法实施奖励措施,确保把有限的经费用在刀刃上,使人民调解"以奖代补"政策发挥出应有的作用。

附件:诸暨市专调委专职人民调解员(含辅助人员)考核标准

诸暨市人民政府办公室

2015年6月2日

附件

诸暨市专调委专职人民调解员（含辅助人员）考核标准[1]

序号	项目	考核内容	基本分	考核标准	自评分	考核分
1	政治纪律 25 分	坚持政治、业务学习制度，积极参加政治理论、业务知识学习。	3	发现查实一次不得分，以学习记录和会议签到为准。		
2		自觉遵守上下班工作制度，不迟到、早退，按规定履行请销假制度。	6	查实、发现、举报一次扣3分。		
3		严禁在工作期间使用电脑从事与工作无关事项。	4	查实、发现、举报一次扣2分。		
4		工作人员上班期间必须规范佩戴胸牌、调解员徽章。	2	查实、发现、举报一次扣1分。		
5		严格遵守各项纪律规定，诚实守信，全心全意为当事人服务，无投诉，无违法违纪现象。	10	出现一次有效投诉不得分。		
6	工作任务 55 分	及时完成上级交办的工作任务，及时上报2件调解案例，并做到年度有计划、年终有总结。	4	计划、总结少一项扣1分，调解案例少一件扣1分。		
7		上报各类报表、材料。	5	未上报报表，上报报表不准确的每次扣1分。		
8		每个专职调解员每月的调解案件结案基数为交调委10起，联调委7起，医调委4起，劳调委8起，消调委3起，婚调委3起，商调委3起，校调委3起，环调委3起。	40	核查案件调结数，每月由各专调委对各调解员调结案件进行统计，年末按12个月累计计算，完成得基本分，完不成按比例扣分。		
		辅助人员及时在浙江省基层信息平台输入信息。		输入纠纷信息占调解结案数在98%以上的得基本分，每降一个百分点扣2分。		
9		认真负责调解案件，做到依法、合理、公平、公正，确保当事人履行协议。	6	发生一起保险公司拒赔的或当事人反悔被法院改判的不得分。		

---

1 原文件表述有瑕疵之处，为保持原貌，未作改动。

续表

序号	项目	考核内容	基本分	考核标准	自评分	考核分
10	业务要求 20分	制作统一规范格式的调解协议书,案件卷宗有申请书、告知书、受理登记表、相关证据材料及协议书,做到调处合法规范、登记及时、证据材料齐全。	6	查看调解协议书制作情况,发现有未使用格式文书的不得分,有相关内容缺少的,发现一起扣2分。		
11		调解协议书各方当事人基本情况要素齐全,纠纷简要事实、争议事项及双方责任表述清晰。调解协议书履行的方式、地点、期限齐全,表述准确。	6	有相关内容缺少的发现一起扣2分。		
12		调解协议书制作规范,有当事人等调解参与人签名、调委会盖章等内容齐全。	6	缺少一项的发现一起扣2分。		
13		案卷装订规范、及时,保管严格,卷宗号等顺序清楚,书写笔迹清晰,使用符合档案要求的书写用笔。	2	不按规定装订、书写笔迹不清晰或未使用符合档案要求的书写用笔的不得分。		
14	附加分	超额完成调解案件的。		核查案件调结数,超出基数每成功调解1件加1分,本项加分不超过30分。		
15		成功调解重特大纠纷的。		被认定的,每件奖励4分。		
16		调解案例,被录用的按录用级别分别计分。		本市、绍兴市、省、部分别以1、2、3、4分计算。计分就高不重复。		

1.3.3.3 诸暨市政府办关于进一步激励关爱人民调解员的意见

提要:诸暨市政府办《关于进一步激励关爱人民调解员的意见》对"以奖代补"的奖励范围、奖励标准、否决事项、相关程序等提出了要求。奖励范围为全市各类人民调解委员会的专职人民调解员、在司法行政机关备案的兼职人民调解员以及参与人民调解工作的律师(法律工作者)。奖励标准为案件数量、难易程度、调解结果和规范化程度,还设立了否决事项,并明确了申报、统计汇总、考核定奖、补贴发放等程序。

诸暨市人民政府办公室
关于进一步激励关爱人民调解员的意见[1]

各镇乡人民政府,各街道办事处,市级机关有关部门:

为进一步贯彻落实《浙江省司法厅关于加强专职人民调解员队伍建设的意见》(浙司〔2018〕2号),提高人民调解工作质量,有效发挥人民调解工作在维护社会和谐稳定中"第一道防线"作用,经市政府同意,现就进一步激励关爱人民调解员提出如下意见。

一、"以奖代补"奖励范围

全市各类人民调解委员会(含人民调解工作室,以下简称"调委会")的专职人民调解员,在司法行政机关备案的村居(社区)、企业等单位的兼职人民调解员,参与人民调解工作的律师(法律工作者)为人民调解"以奖代补"的奖励对象,其中村居(社区)两委干部兼职人民调解员的,由各镇乡(街道)纳入岗位目标责任制考核,奖励标准参照本意见规定执行。

二、"以奖代补"奖励标准

奖励以案件数量、难易程度、调解结果和规范化程度为标准计算,根据调委会类别设置年度调解案件基数,未达到调解案件基数的,相关调委会的人民调解员不享受本意见规定的"以奖代补"奖励。

---

[1] 诸政办发〔2020〕32号,2020年8月10日印发。

全市各类调委会调解案件基数(件/年)

专业调委会	联调委	交调委	劳调委	医调委	商调委	物调委	婚调委
	1 500	1 200	100	80	80	50	40
	其他专业调委会调解案件基数不少于30件/年						
镇乡(街道)调委会	一组		二组		三组	四组	五组
	暨阳街道 陶朱街道 浣东街道 大唐街道 店口镇		暨南街道 枫桥镇 牌头镇 次坞镇 璜山镇		山下湖镇 应店街镇 安华镇 姚江镇	浬浦镇 赵家镇 五泄镇 东白湖镇	岭北镇 陈宅镇 同山镇 东和乡 马剑镇
	500		300		200	150	100
	基数包括镇乡(街道)辖区所属村(居、社区、企业)调委会调解的案件						

(一)全市各调委会专兼职人民调解员(市级调委会退休调解人员除外)奖励标准

1. 简易纠纷。除市级专业调委会外,调解成功并有规范的调解登记表的,每件奖励80元。

2. 一般纠纷。调解成功并按照要求进行登记,具备调解申请书、调解协议书等人民调解文书的,每件奖励150元。

3. 疑难纠纷。涉案标的在5万元以上的复杂纠纷或当事人5人以上的疑难群体性纠纷,调处成功并按要求制作规范格式文书,做到一案一卷归档的,每件奖励300元。

4. 重大纠纷。群死群伤的纠纷、在本市具有重大社会影响的纠纷、当事人10人以上的群体性纠纷、市级以上领导交办且疑难复杂的纠纷,调处成功并按要求制作规范格式文书,做到一案一卷归档的,经市司法局审核认定后,每件奖励1 500元。

5. 重特大纠纷。列入市年度信访积案化解清单的案件,一般疑难信访积案调处成功并文书规范,做到一案一卷的,经市信访局审核认定后,每件奖励

5 000元;特别疑难信访积案调处成功并文书规范,做到一案一卷的,经市信访局审核认定后,每件奖励8 000元。其他在本市具有重特大社会影响的矛盾纠纷案件,调处成功的,可根据案情进行评估,经市司法局审核认定后,实行"一案一奖"。

涉案标的在100万元以下或借款人在3人(含3人)以下的金融借款合同纠纷、小额借款合同纠纷、民间借贷纠纷;涉案标的在100万元以下的买卖合同纠纷、加工承揽合同纠纷;除涉嫌犯罪、未投保保险及重大伤亡外的机动车交通事故责任纠纷;当事人在3人(含3人)以下的追索劳动报酬纠纷;银行卡纠纷等标的额较大但案情简单的纠纷,不计入上述疑难及以上类纠纷。

系列纠纷案件5件以上的,每超出5件折算为1件(超出部分不足5件的按1件计算),一个系列纠纷案件折算后最多不超过20件。

(二)市级调委会调解辅助人员的奖励标准

1.市级专业调委会的调解辅助人员,按所在专业调委会全体专职调解员"以奖代补"年平均奖励的80%计奖;

2.市调委会的调解辅助人员,按全市专职调解员"以奖代补"年平均奖励的80%计奖。

调解辅助人员的配备须经市司法局核定确认。

(三)市级调委会退休调解人员的奖励标准

1.市级专业调委会的退休调解人员,享受每月2 000元的基础调解补贴;

2.调解成功的矛盾纠纷案件,奖励标准上浮50%。

退休调解人员的配备须经市司法局核定确认。

(四)律师(法律工作者)参与人民调解工作的奖励标准

1.一般纠纷。纠纷调解成功并制作规范案卷的,每件奖励500元。

2.疑难复杂纠纷。涉案标的在5万元以上的疑难复杂纠纷或当事人5人以上的疑难群体性纠纷,调处成功并按要求制作规范案卷的,每件奖励

800元。

律师(法律工作者)参与人民调解的纠纷,须由市人民法院或市联调中心指派,一律上ODR平台登记报结,未经ODR平台登记报结的,不予奖励。

(五)其他奖励标准

1. 人民调解案例被省级(含)以上案例库录用的,每件奖励300元;被绍兴以上案例库录用的,每件奖励200元,同一案例多次获奖的,按从高不重复原则奖励。

2. 对具有人民调解等级证书的专职人民调解员进行差异化"以奖代补"奖励,其中一级人民调解员上浮15%,二级人民调解员上浮10%。

3. 诉前调解案件按照《诸暨市诉前调解工作激励考核办法》执行(详见附件)。

三、否决事项

(一)凡弄虚作假,虚报调解成功案件的,或隐瞒案件数的,每发现一件即取消其当年参加考核奖励的资格;凡抽查到案卷或者平台录入不规范的或当事人对调解不满意的,每发生一起分别扣除全年奖金总数的5%。

(二)凡领取奖励后,所调解成功的纠纷一年内重新又发生的,下个统计周期扣除该件纠纷调解所得奖励。

(三)因民间纠纷调处不及时、工作不到位,致使矛盾纠纷激化,引发群体性事件或重大人身、财产损害的,每发生一起分别扣除该调委会全年奖金总额的20%。

四、申报、审核、发放程序

(一)申报

各调委会在每年12月1日前按要求对"以奖代补"对象受理、调处纠纷情况进行分类、统计,上报市司法局相关科室和所在镇乡(街道)司法所。统计案件以录入"浙江省人民调解大数据管理平台"为准。

（二）统计汇总

1. 各镇乡（街道）司法所负责本镇乡（街道）辖区内各调委会所调处案件的审核以及案件数量和奖励金额的统计。

2. 市司法局律管科负责律师（法律工作者）参与人民调解的案件审核以及案件数量和奖励金额的统计。

3. 市司法局人民参与和促进法治科负责市级行业性、专业性调委会调处案件的审核以及案件数量和奖励金额的统计。

4. 市人民法院立案庭负责诉前调解案件的审核以及案件数量和奖励金额的统计。

上述负责统计的镇乡（街道）司法所、相关单位须在规定的时间内向市司法局上报统计数据，由市司法局统一汇总。

（三）考核定奖

市成立人民调解"以奖代补"考评小组。考评小组通过集中检查或者个别抽查的方式，对各调委会申报的案件结合人民调解卷宗、"浙江省人民调解大数据管理平台""ODR平台"的录入情况进行核查，最终确定各调委会"以奖代补"的金额。

（四）补贴发放

"以奖代补"资金每年审核、发放一次。镇乡（街道）调委会所需"以奖代补"经费由市财政和镇乡（街道）各半承担,市财政承担资金由市司法局下拨至镇乡（街道）；市级专业调委会所需"以奖代补"经费由市财政承担,经市司法局核定奖励金额后发放。市财政承担部分资金列入市司法局部门预算经费，可根据市财政当年度经费预算和人民调解案件数量适当调整。

五、工作要求

（一）本市机关、事业单位在编在职人员从事人民调解工作的,不享受人民调解"以奖代补"。

（二）考评小组对申报奖励的调解案件进行检查复核,发现有弄虚作假行为的,一经查实,对当事调解员及调委会给予通报批评,取消其评先评优资格;情节严重的,依法追究法律责任。

（三）各调委会制作的人民调解协议书和人民调解卷宗须符合浙江省司法厅规定的人民调解文书格式要求。如行业性、专业性人民调解组织对调解文书格式有其他要求的,应与市司法局协商后明确。

六、其他

本意见自发文之日起施行,原《诸暨市人民政府办公室关于调整人民调解"以奖代补"政策的意见》（诸政办发〔2015〕63号）同时废止。2020年7月1日后受理的人民调解案件"以奖代补"按照本意见规定标准执行。

附件：诸暨市诉前调解工作激励考核办法

诸暨市人民政府办公室
2020年8月10日

附件

诸暨市诉前调解工作激励考核办法

第一条　为深入贯彻习近平总书记关于"坚持把非诉讼纠纷解决机制挺在前面,从源头上减少诉讼增量"的重要批示精神,严格落实上级有关文件要求,进一步规范与强化诉前调解工作,不断深化发展"网上枫桥经验",持续推进诉源治理工作,根据诉前调解工作实际情况,制定本办法。

第二条　本办法考核对象为驻市人民法院联合人民调解委员会、绍兴市保险行业人民调解委员会驻诸暨工作室（以下简称"联调委""保调委"）的调解人员。

第三条　纠纷调解案件一律上ODR平台登记报结,未经ODR平台登记报结的,不予奖励。鼓励当事人自行自主登陆ODR平台化解矛盾纠纷,用户自行上线的纠纷如调解成功计入承办调解员的考核数。

第四条　市人民法院立诉前调案号的纠纷（交通事故除外）由市联调会调解员按照随机分案模式实行分案，交通事故纠纷由市保调委调解员按照随机分案模式实行分案，避免调解员收案数量的不均衡。市人民法院法官可委托调解员开展调解工作，并对调解员按规定予以奖励。

第五条　纠纷案件调解成功是指在调解员的调解下，当事人因纠纷实际得以化解而申请撤诉、达成调解协议申请出具调解书或申请司法确认。奖励标准依照《关于进一步激励关爱人民调解员的意见》规定执行。

调解员促成纠纷调解案件自动履行完毕的，另行给予奖励，全部履行完毕的，按调处成功纠纷类型奖励标准的50%给予奖励；未全部履行但履行标的额超过10%的，按每超10%给予纠纷类型奖励标准的5%奖励（按整数倍比，不到10%的不予计算）。

第六条　纠纷案件虽未调解成功，但调解员已经完成事务性工作的，根据以下标准发放奖励：

（一）填写详细《诉调对接工作联络表》，引导纠纷当事人或代理人提交送达地址确认书，并完成纠纷当事人信息录入工作的，每件奖励20元；

（二）确认无争议事实并经当事人签字确认，并完成纠纷当事人信息录入工作的，每件奖励30元；

（三）调解未果，经与承办法官对接完成副本传票等文书送达的，每件奖励20元。

第七条　调解辅助人员享受的奖励按《关于进一步激励关爱人民调解员的意见》相关规定执行。

第八条　诉前调解的奖励由调解员本人填写申请表格和提交申请奖励所需的材料，经市人民法院立案庭审核后，向市司法局申报，由市司法局核定奖励金额后发放。

第九条　凡弄虚作假，虚报调解成功案件的，每发现一起倒扣调解员涉案奖金两倍的金额，并根据情节轻重对相关责任人员依法依规进行追责。

第十条　本办法自发文之日起施行，未尽事宜按照《关于进一步激励关爱人民调解员的意见》相关规定执行。

法院执行案件立案前的调解工作可参照本办法实施激励考核。

第二章
基层社会多元化解矛盾纠纷

"枫桥经验"依靠群众将矛盾纠纷化解在基层、化解在萌芽状态的史料文献数量多、年代跨度大。本章选取了诸暨市乡镇(街)、村(居)20世纪60年代以来多元化解矛盾纠纷的史料文献,先按诸暨市乡镇(街)多元化解矛盾纠纷、村(居)多元化解矛盾纠纷、基层社会多元化解矛盾纠纷典型事(案)例三大主题进行分类,各再细分为不同主题类,之后按时间顺序辑录。

诸暨市乡镇(街)多元化解矛盾纠纷的史料文献分为机构和组织建设、制度建设、经验总结三类。(1)关于机构和组织建设,收录了从1990年到2020年的史料文献,记录了从建立综合治理办公室、调解中心、人民调解委员会、品牌调解工作室、"山娘舅"微调组织、劳动争议调解中心、加强村治保调解组织建设到成立矛盾调处中心等发展变化。(2)关于制度建设,收录了从2000年到2022年的史料文献,记录了枫桥镇与政法部门协调配合五项制度,治保会、调委会若干工作制度,治保调解工作考核办法,"民主法治村"矛盾纠纷排查调处工作制度,浣东街道综治网格化管理制度,枫桥镇矛盾化解疏导机制制度以及东和乡会商研判矛盾纠纷工作机制制度。(3)关于经验总结,收录了从1993年到2015年的史料文献,记录了依靠群众、狠抓基层、就地化解矛盾的"四种形式",发挥村(厂)治调组织、各职能部门作用切实把矛盾解决在基层,党委领导、政府牵头、防调结合、镇村联动、部门互动,加强志愿者队伍建设、强化重点信访重点矛盾的解决力度,将群众信访吸附在当地化解在源头等经验。

诸暨市村(居)多元化解矛盾纠纷的史料文献分为钟瑛村深化"枫桥经验"、枫源村创新发展"枫桥经验"、调解工作室建设助力基层矛盾纠纷有效化解三类。(1)关于钟瑛村深化"枫桥经验",收录了钟瑛村从2002年到2003年的史料文献,包括治调会工作总结、工作制度、事迹材料,记录了钟瑛村治调委健全调解组织网络体系和治调信息员队伍,运用"三抓""三防""四前工作法",建立完善调解工作制度,规范调解工作流程,将矛盾纠纷解决在基层、解决在萌芽状态的做法。(2)关于枫源村创新发展"枫桥经验",收录了从2013年到2021年的史料文献,记录了枫源村"三上三下"民主决策、"五治"群众工作方法以及农村社会组织"5+X"治理在矛盾纠纷多元化解中发挥的作用。(3)关于调解工作室建设助力基层矛盾纠纷有效化解,收录了从2010年到2022年的史料文献,记录了老杨调解中心、"枫桥大妈""江大姐""安家"等品牌工作室有效化解基层矛盾纠纷的事迹经验以及江大姐调解工作室的规范化标准化建设。

诸暨市基层社会多元化解矛盾纠纷典型事(案)例史料文献分为把矛盾纠纷化解在基层、化解在萌芽状态,创新矛盾纠纷多元化解方式和方法,乡镇(街)、村(居)多元化解基层矛盾纠纷案例三类。(1)关于把矛盾纠纷化解在基层、化解在萌芽状态,收录了从1965年到2018年的史料文献,记录了牌头镇越山公社埂大大队调委会主任依靠群众化解稻草归属争议、诸暨市基层职能机构和民间组织联袂合作共同破解各类矛盾纠纷、东白湖镇关工委委员斯培力用算账方式解决纠纷的做法。(2)关于创新矛盾纠纷多元化解方式和方法,收录了从1998年到2020年的史料文献,记录了双桥镇火烧吴村治调委员会着眼工作实际不断创新矛盾纠纷化解的新方法新举措、诸暨请外地派遣正式干部常驻参与化解外来务工人员矛盾纠纷、新联合村返乡干部勤当"和事佬"化解村民之间矛盾纠纷、赵家镇榧乡调委会负责人杨尚尧创新调解方法妥善处理纠纷案件的做法。(3)关于乡镇(街)、村(居)多元化解基层矛盾纠纷案例,收录了从2003年到2021年的史料文献,记录了钟瑛村村民委员会、赵家镇榧乡与店口镇人民调解委员会调解基层社会矛盾纠纷的笔录及协议书。

2.1 乡镇(街)多元化解矛盾纠纷

2.1.1 乡镇(街)多元化解矛盾纠纷的机构和组织建设

2.1.1.1 大西区关于推广"枫桥经验",搞好社会综合治理的实施意见

提要: 大西区《关于推广"枫桥经验" 搞好社会综合治理的实施意见》将健全组织机构作为推广"枫桥经验"、搞好社会综合治理的重要内容之一,要求区、乡(镇)、村三级必须建立健全相应的组织:区建立综合治理领导小组,负责协调各部门,指导相关工作;各乡镇建立综合治理办公室,负责培训村级治保、调解队伍;村建立治保、调解委员会,并成立相应的治保、调解组织,及时调处各种治安、民间纠纷,解决就地发生的各种矛盾纠纷,使矛盾纠纷化解工作层层有人抓,级级有人管。

中共大西区委
关于推广"枫桥经验" 搞好社会综合治理的实施意见[1]

各乡(镇)党委、政府、区政法各部门:

"枫桥经验"是六十年代毛泽东同志亲自批示肯定的成功经验。它的基

---
[1] 大委〔1990〕45号,1990年5月25日印发。

本精神是：在党的领导下充分相信和依靠群众。就地解决治安问题，矛盾不上交。在新的形势下，弘扬、推广"枫桥经验"，既是稳定社会治安大局的需要，也是贯彻党的十三届六中全会精神，加强党同人民群众联系的具体内容。

为把"枫桥经验"在我区推而广之，并做到开花结果，区委、区公所对推广"枫桥经验"搞好社会综合治理，提出以下实施意见。

一、统一思想，提高认识

各乡镇党委、政府要组织党委、政府"一班人"和乡（镇）干部、站员以及村级主要干部，重新学习"枫桥经验"，重温"枫桥经验"的基本精神，分析本地的社会治安状况，统一对推广"枫桥经验"的思想，提高对推广"枫桥经验"的认识，把推广"枫桥经验"作为实现精神文明建设目标的重要任务，列入党委、政府的议事日程。

二、健全组织，明确职责

为了使推广"枫桥经验"的工作层层有人抓、级级有人管，区、乡（镇）、村三级必须建立、健全相应的组织。

区建立综合治理领导小组，由区长张炜明，派出所所长陶雪忠，宣传委员张仲透，法庭代庭长俞万军，司法特派员徐元均，信访干部孟志安六位同志组成。张炜明同志任组长，陶雪忠、张仲透俩同志任副组长。其主要职责是：协调、指导、解难。即协调政法各职能部门的相互关系；指导各乡镇的社会综合治理工作；定期或不定期地帮助各乡镇解决社会治安的疑难问题。

各乡镇建立综合治理办公室，由主管公安、司法、宣传、妇联、土管工作的同志组成，并由一名副乡镇长或党委委员任主任。办公室内设精干、踏实的工作班子若干人。其主要职责是：普法、培训、办案。即宣传、普及法律知识；培训村级治保、调解队伍；办理村级不能解决的治安、纠纷案件。

村建立治保、调解委员会。村委会或党支部应确定思想素质好，工作责任心强，办事公道的委员担任村治保、调解主任；也可以聘任那些既热心，又胜任治保、调解工作的同志任主任,并建立相应的治保、调解组织,落实工作报酬。其主要职责是:调处、帮教、消化,即及时调处各种治安、民间纠纷;帮教"两劳释放人员"(劳改、劳教)和后进青年的转化;消化就地发生的各种矛盾。

三、宣传发动、造成声势

推广"枫桥经验",必须让广大群众了解"枫桥经验"。各乡镇利用广播、黑板报、资料印发、各种会议等宣传工具和阵地,广泛宣传"枫桥经验"。使"枫桥经验"家喻户晓,深入人心。

四、落实措施,综合治理

各乡镇党委、政府以及综治办公室,在分析本地社会治安状况的基础上。要找出矛盾激化的隐患,排出疑难、遗留的积案,对症下药,采取教育的、行政的、经济的、法律的手段,各线协同作战、齐抓共管,该打击的报司法部门坚决予以打击,该调处的落实专人加以调处,力求把各种不安定因素消灭在萌芽状态。

附:大西区推广落实"枫桥经验"工作计划(略)

2.1.1.2 枫桥镇成立调解中心的实施意见

提要:《关于成立枫桥镇调解中心的实施意见》决定成立枫桥镇调解中心,负责指导、协调、组织、督促民间纠纷调处工作,通过强化基层基础工作,建立完善基层调解组织,着力建设矛盾纠纷化解的"前哨站",努力创造稳定的社会环境和良好的发展环境。该意见明确了调解中心的组织领导和工作职责,建立了工作、管理、培训、考核等制度,完善了调解工作机制,落实了相关责任,保证调解中心有效运行的同时规范了调解委员会的权利和义务。

中共枫桥镇委员会　枫桥镇人民政府
关于成立枫桥镇调解中心的实施意见[1]

各村(单位)党组织、村(居)委会：

为进一步加强调解工作,维护社会稳定,促进经济发展,经镇党委政府研究决定,成立枫桥镇调解中心,现提出如下实施意见。

一、指导思想

围绕加快枫桥经济发展,提前基本实现农业农村现代化的目标,进一步明确职责,落实责任,完善调解工作机制,紧紧依靠群众,预防化解矛盾,加大调处工作力度,齐抓共管,形成合力,着力构建起"大调解"的工作格局,进一步强化基层基础工作,切实维护社会稳定,努力创造稳定的社会环境和良好的发展环境,把枫桥真正建设成为有中国特色的新型乡镇。

二、组织领导

调解中心受镇党委政府领导,设在镇综治办,由镇领导兼任调解中心主任。司法所、信访办、派出所、法庭、交警中队、法律事务所、工商所、土管所、农经站、团委、妇联等作为调解中心成员单位,其主要负责人任调解中心成员。

三、工作职责

调解中心主要负责指导、协调、组织、督促民间纠纷调处工作,具体承担以下职责：

1. 负责指导各调解委员会开展调解工作；

2. 负责协调各成员单位按职责分工,抓好民间纠纷调处工作；

3. 负责协调处理疑难复杂的民间纠纷；

4. 负责收集纠纷信息,分析排查不安定因素,开展调查研究,掌握纠纷发生的特点规律,做好纠纷预防工作；

---

[1] 枫委〔2000〕18号,2000年3月21日印发。

5. 负责民间纠纷调处的统计月报工作;

6. 负责提出对调委会和包村干部民间纠纷调处工作的考核意见;

7. 负责总结推广调解工作的先进典型;

8. 向镇党委政府提出加强调解工作的意见;

9. 完成镇党委政府交办的其他工作。

四、工作机制

1. 建立工作例会制度。调解中心每月召开一次工作例会,主要内容是各成员单位交流工作,研究调解工作,分析排查不安定因素,协调处理疑难复杂案件。

2. 坚持纠纷分级管理制度。按照"分级负责、归口管理"和"化解矛盾自下而上"的原则,一般民间纠纷先由村、企业调解委员会组织调处。村、企业调委会按《枫桥镇民间纠纷调处若干规定》处理辖区内的民间纠纷,对经多次调处而确实无法解决的民间纠纷,按规定填写《纠纷移送联系单》,经负责人、包村干部签字后,连同档案资料一并移送主管部门调处。主管部门按镇综治委《关于各政法部门处理民间纠纷和案件的工作程序和方法》,负责处理职责范围内的民间纠纷。对未经基层调委会调处,当事人直接反映到调解中心及各主管部门的民间纠纷,一般动员当事人先向调委会反映,寻求解决。

3. 实行重大疑难纠纷联调制度。各部门遇到疑难复杂纠纷,单凭一个部门的力量比较难以解决的,可立即报告调解中心,由调解中心召集有关成员单位负责人开会,分析案情,研究拟定解决方案,重大疑难纠纷必要时抽调有关部门人员组成调处小组,联合调处,加大工作力度。

4. 实行纠纷指定管辖制度。各部门遇到管辖权有争议的纠纷,以及村企业调解委员会遇到被移送单位难以确定的纠纷,可先移送调解中心,由调解中心按有关规定指定受理部门,并开具联系单,被指定的部门应予受理。

5. 建立投诉和督查制度。每月 10 日为群众接待日,镇领导会同调解中心有关成员单位负责人接受群众对民间纠纷调处工作的投诉。调解中心对村、企业调委会及有关部门未按有关规定调处民间纠纷以及未在规定时间内调结的,向该调委会、部门发《督查通知书》,督促整改,有关调委会、部门应立即改正。

6.建立指导培训制度。加强对调委会的指导培训,实行"二四"教育培训制度,即每年举行一次调解干部总结表彰会,开展二次集中培训,举行四次分片活动,努力提高调解干部的业务素质和解决实际问题的能力。调解中心会同各成员单位,每年至少二次走访调解干部,开展调查研究,调动调解干部的工作积极性。

7.执行统计月报制度。各成员单位每月把民间纠纷发生和调处情况书面报调解中心,调解中心汇总整理后,报上级主管部门、镇党政班子成员及各成员单位,对纠纷多发及调处不力的村、企事业单位,针对性地采取措施,督促其整改。

8.实行集中排查制度。调解中心每月集中分析摸排一次不安定因素和纠纷苗头,并采取措施化解矛盾,重大纠纷苗头及时向镇领导汇报。

9.建立考核奖惩制度。调解中心按《枫桥镇治调工作考核办法》,对各调委会、包村干部民间纠纷调处情况进行考核,把考核结果递交镇党委政府实施奖惩。同时及时收集整理调解工作的先进典型,加以总结推广。

2.1.1.3 诸暨市司法局开展建立乡镇(街道)人民调解委员会试点工作

提要:《关于开展建立乡镇(街道)人民调解委员会试点工作的意见》要求在枫桥、山下湖两镇开展建立乡镇(街道)人民调解委员会试点工作。在枫桥镇和山下湖镇建立乡镇人民调解委员会机构并做好配套工作,由乡镇司法所聘任人民调解委员会委员,对乡镇人民调解委员会委员开展业务培训,于2002年12月底前完成上述工作。

关于开展建立乡镇（街道）人民调解委员会试点工作的意见[1]

为贯彻全国人民调解工作会议精神，落实中办发〔2002〕23号文件及最高人民法院法释〔2002〕29号、司法部令第75号内容，进一步加强对新时期人民调解工作的领导和指导，经与枫桥镇、山下湖镇商洽，并报经市委领导同意，决定在枫桥、山下湖两镇开展建立乡镇（街道）人民调解委员会试点工作，具体方案如下：

一、指导思想

以邓小平理论和江泽民总书记"三个代表"重要思想为指导，认真贯彻落实中办、国办转发的《意见》及相应的最高人民法院司法解释和司法部的部颁规章，进一步加强新时期人民调解工作，促进人民调解工作的改革与发展。

二、试点内容

在枫桥镇、山下湖镇建立乡镇人民调解委员会机构及做好配套工作。

三、组织领导

为加强试点工作领导，成立领导小组。

组　　长：杨鹏超

副组长：杨　明、周伟统、汤贤明、冯伟明

组　　员：郿建民、钟苗定、杨灿华、张学军、蔡友灿、宣建云、陈吉江

四、工作步骤

1. 召集会议，认真学习中办、国办转发的《意见》及相关最高院司法解释、司法部部颁规章。

2. 设立上述两乡镇人民调解委员会，由乡镇司法所聘任人民调解委员会委员。委员从下列人员中聘任：

（一）本乡镇、街道辖区内设立的村民委员会、居民委员会、企业事业单位

---

[1] 诸司〔2002〕20号，2002年3月21日印发。

的人民调解委员会主任；

（二）本乡镇、街道的司法助理员；

（三）在本乡镇、街道辖区内居住的懂法律、有专长、热心人民调解工作的社会志愿人员。

3. 设立乡镇人民调解委员会主任、副主任。

4. 制作牌子、印章，制定工作职责、工作程序等相关制度。

5. 对乡镇人民调解委员会委员开展业务培训。

五、工作时间

要求于2002年12月底前完成。

2.1.1.4　诸暨市激活民间力量创建品牌调解工作室

提要：《"枫桥经验"激活民间调解力量》报道中提到诸暨市致力于构建基层人民调解、司法调解、社会组织调解、专业调解"四线组合"的多层次、专业化、全覆盖的枫桥式社会矛盾大调解新体系，积极发挥民间组织力量，挖掘优秀人才资源创建品牌调解室，最大化地发挥社会志愿者力量，利用民间调解化解矛盾，转变单一的以政府为组织主体的化解矛盾的模式。"老杨""老朱""江大姐"等调解工作室陆续建立，成为跨区域化解矛盾的"专家"；老年协会、驾驶员协会等民间组织也纷纷参与调解工作。

"枫桥经验"激活民间调解力量[1]

李恩树

"老杨""老朱""江大姐"……在浙江省诸暨市，这些耳熟能详的称谓并不是指某个人，而是代表了一家家明星调解室。

1　原载《法制日报》(2011年12月17日，第2版)。

57岁的张霞英家住诸暨市江新社区,但大家习惯叫她"江大姐",因为她是江新社区"江大姐"调解室的一员,闲暇时间志愿调解社区纠纷矛盾。社区里像张霞英这样的志愿者调解员还有5位,人们统称她们"江大姐"。

　　江新社区干部潘伟琼说,社区有一批热心而且能说会道的妇女,经常自告奋勇充当邻里间或家庭矛盾纠纷的"和事佬"。社区把这些人组成一支队伍,腾出一间办公室专门供她们调解使用。今年4月28日,取名社区首字的"江大姐调解室"宣告成立。6位"江大姐"都是退休教师或退休干部,每天一组,去调解室"坐堂问诊",化解矛盾。"'江大姐'们不但能言善道,更有一副助人为乐、乐于奉献的好心肠,深受居民的信任和拥戴,成为居民中的一个品牌。"潘伟琼说。

　　近日,江新社区发生一起由于漏水引发的上下楼层住户纠纷,双方因赔偿款数额不能达成一致,社区调解员上门多次调解未果,最终还是靠社区的"江大姐"们成功调解。这得益于"江大姐"们平易近人的身份,潘伟琼说,她们都是来自社区的普通居民,没有社区干部的身份,容易打消纠纷双方"是否公平"的顾虑,双方能敞开心扉交流,易于矛盾纠纷的化解。

　　这正是江新社区开放式化解矛盾的方式——最大化地发挥社会志愿者力量,利用民间调解化解矛盾——转变单一的以政府为组织为主体的化解矛盾的模式,充分发动基层群众和专业人士参与到矛盾纠纷化解中来,形成社区人人参与的局面,达到开放式化解矛盾的目的。这种发挥民间组织力量、挖掘优秀人才资源创建品牌调解室的做法,是诸暨市枫桥式社会矛盾大调解体系中的一部分。

　　诸暨是"枫桥经验"的发源地,就地化解矛盾纠纷的工作理念在这里落地生根、开花结果——诸暨市运用社会化、多元化手段整合社会资源,构建了市、镇、村三级联动,基层人民调解、司法调解、社会组织调解、专业调解"四线组合"的多层次、专业化、全覆盖的枫桥式社会矛盾大调解新体系。其中,"江大姐"这样的个人品牌调解工作室陆续建立,成为跨区域化解矛盾的"专家"。

诸暨市委政法委办公室主任陈善平介绍说,除此之外,还有跨市县的边界调委会、老年协会、驾驶员协会等民间组织也纷纷参与调解工作,诸暨市参与调解的民间组织力量被完全激活。

在经济发展过程中,诸暨形成了独特的块状经济模式,涌现了珍珠、袜业、五金、纺织服装等支柱产业的"市场群"。陈善平说,为有效规范市场秩序,化解经济纠纷,诸暨在行业协会中普遍建立了调解组织,在大型市场建立调委会,聘请行业牵头人、经营诚信户、老工商干部等充当行业调解员,立足在行业内化解经济纠纷。诸暨市还尝试着在矛盾纠纷易发、多发的领域,探索建立专业性调解组织,取得了明显效果。2008年8月,诸暨市建立医患纠纷调解委员会,以其中立的第三方角色集中化解医患纠纷。

哪里有矛盾,哪里就有调解组织;哪里有纠纷,哪里就有调解员。至今,已有858支调解组织、3 500多名调解员、3 300余名矛盾纠纷信息员活跃在诸暨城乡,去年共排查调处各类矛盾纠纷5 627起,调解成功率达96.3%,成为诸暨维护社会和谐稳定的坚强基石。

2.1.1.5 赵家镇设立赵家镇人民调解委员辅助赵家派出所人民调解工作室

提要:赵家镇委、镇政府《关于驻赵家派出所人民调解工作室成员的通知》决定,设立赵家镇人民调解委员会驻赵家派出所人民调解工作室,以加强公安行政调解和人民调解相互对接联动工作,有效预防、及时化解矛盾纠纷,促进赵家镇社会和谐稳定发展。

中共赵家镇委员会　赵家镇人民政府
关于驻赵家派出所人民调解工作室成员的通知[1]

（2014年12月23日）

各村、企事业单位：

为认真贯彻省委办公厅及诸暨市委、市政府文件精神，进一步加强公安行政调解和人民调解相互对接联动工作，有效预防，及时化解矛盾纠纷，促进我镇社会和谐稳定发展。经党委政府研究决定，设立赵家镇人民调解委员会驻赵家派出所人民调解工作室，组成成员为陈小鑫和周朝龙两位同志，受理调解派出所有关矛盾纠纷。

2.1.1.6　赵家镇委成立"山娘舅"微调解组织的实施意见

提要：《关于成立"山娘舅"微调解组织的实施意见》做出成立"山娘舅"微调解组织的决定，要求开展小微矛盾纠纷调解和村内道德评判，深化"三治"融合，将村级各类矛盾纠纷化解"自转+公转"有机结合，努力做到关口前移、道德把关。

中共赵家镇委员会
关于成立"山娘舅"微调解组织的实施意见[2]

各行政村（居）、驻村指导中心、企事业单位：

为进一步坚持发展"枫桥经验"，助力"五星达标、3A争创"工作，更好地发挥社会组织在推进基层治理中的重要作用，提升人民群众获得感、幸福感和安全感，经研究，决定成立"山娘舅"微调解组织，现提出如下实施意见。

1　2014年12月23日发布，系调研资料。
2　赵委〔2018〕46号，2018年12月23日印发。

一、指导思想

深化"三治"融合,坚持自治"润物无声"、法治"定纷止争"、德治"春风化雨",注重村级各类矛盾纠纷化解"自转+公转"的有机结合,努力做到关口前移、道德把关。

二、服务内容

1. 开展小微矛盾纠纷调解。重点是协助行政村调处家庭内部矛盾、邻里纠纷以及农村琐碎杂事、口角之争引起的小微矛盾或尚处于萌芽状态的矛盾。

2. 进行行政村内道德评判。依据村规民约和社会公德,对于一些法律法规管不到、村规民约不自觉执行或村规民约不到边的社会不良现象,如子女未尽赡养义务、家庭邻里不和睦、个人诚信行为缺失、不讲仁义道德等行为,开展道德评判,形成行为制约。

三、人员组成

秉承"奉献、自愿、正义、进步"的原则,以行政村为单位,根据人口规模大小,因村制宜,人数一般由3—7人组成,尽量做到自然村全覆盖,成员应从本村老党员、老干部、老教师等三老人员中择优推荐而成。

四、工作要求

1. 组织上加强领导。镇成立由镇党委书记蔡利民为组长,镇党委委员周耿彪,镇党委委员、派出所所长楼挺任副组长,陈晓、何欣桀(派出所)、杨尚尧为成员的领导小组,领导小组下设办公室,由周耿彪兼任办公室主任,具体负责对"山娘舅"微调解组织成员开展业务培训、工作指导,每年择优选取一定数量的"山娘舅"微调解组织进行工作表彰。各行政村相应成立由村党组织书记任组长,负责调解的村两委干部任副组长的工作领导小组,具体负责"山娘舅"微调解组织的工作开展。

2. 工作上抓好落实。"山娘舅"微调解组织是针对我镇行政村规模调整幅度大,各行政村普遍存在服务管理较难的实际而成立的社会组织,应充分认识成立该组织的重要性和迫切性。各行政村要对"山娘舅"成员严格把关,切实加强村党组织的领导,使其真正发挥作用,努力做到在探索中完善,在创新中前行,走出一条符合本村实际又切实管用的善治之路。

附件:村"山娘舅"微调解组织成员表(略)

2.1.1.7 赵家镇关于成立劳动争议多元调解中心的通知

提要:根据《关于明确劳动争议多元调解中心成员及其工作职责的通知》,决定成立赵家镇劳动争议多元调解中心,吸纳司法所、派出所、工会等部门的力量化解劳动纠纷。该通知明确了劳动争议多元调解中心的人员组成,规定了各成员单位的工作职责。该做法填补了赵家镇劳动关系矛盾纠纷化解的空白,有助于推动建立规范有序、公正合理、互利共赢、和谐稳定的劳动关系。

关于明确劳动争议多元调解中心成员及其工作职责的通知[1]

各行政(村)居、各站办所、相关企业:

为深入实践发展"枫桥经验",整合各方调解资源,及时有效化解劳动关系矛盾,维护劳动关系和谐稳定,经研究,决定成立赵家镇劳动争议多元调解中心。现将有关事项通知如下。

一、赵家镇劳动争议多元调解中心成员

主　任:边立松

副主任:黄钰明　周耿彪　楼　挺

成　员:吴定亭(工会)

　　　　陈　晓(综治)

---

[1] 2019年6月13日发布,系调研材料。

邱烨顺(司法所)

何欣桀(派出所)

何新乐(人力社保所)

马苗富(城建办)

袁丽洁(农办)

毛金军(经发办)

刘　淼(驻村指导中心)

以上人员如有调动,由接任者自然替代。

案件受理登记由镇综治中心窗口统一负责,由镇联合调解中心负责案件分派流转。

二、成员单位工作职责

(一)人力社保所:负责调解中心日常工作,召集召开成员工作会议;负责劳动保障法律法规政策指导及辖区内企业调解组织调解员的法律培训工作;在协调处理突发性和群体性劳动争议案件中,做好法律法规政策的解释工作;确保案件在监察、仲裁、调解程序中的有序流转。

(二)工会:依需要参与劳动争议案件的调处;负责帮助、指导劳动者和用人单位依法订立、履行劳动合同;在协调处理突发性和群体性劳动争议案件中,做好职工的思想稳定工作,引导职工合法维权。

(三)司法所:指导人民调解参与劳动争议案件的调处,抓好协议效力的法院确认工作;对有法律援助需求的劳动者,应援尽援,及时审查并有效提供法律服务。

(四)派出所:负责依法查处欠薪逃涉嫌犯罪的行为。

(五)综治:负责化解劳动争议引发的信访问题。

(六)相关线办:负责指导线上政府性投资项目劳动用工并开展检查,负责配合政府性投资项目劳动争议案件调处。

(七)驻村指导中心:负责辖区内劳动用工网格化管理,排查欠薪隐患,协助辖区内劳动争议案件调处。

各成员在日常工作过程中发现存在违法用工、劳动纠纷苗头或有效调处劳动纠纷的应做好过程记录工作并及时反馈至窗口登记受理。

2.1.1.8 诸暨市委政法委、公安局、司法局关于加强村(社区)治保调解组织建设的意见

提要:《关于加强村(社区)治保调解组织建设的意见》要求根据"因地制宜、精干高效、交叉兼任、形成合力"的原则设立村(社)治保调解组织,村(社区)调解委员会委员根据"因村制宜,合理配置"的原则设立,村(社区)规范治保调解组织的组成人员;并明确了治保、调解组织的工作职责和要求,强调基层治保调解组织建设是预防化解矛盾纠纷、维护社会和谐稳定的重要基础,是坚持和发展新时代"枫桥经验",实现"小事不出村"的第一道防线。

**中共诸暨市委政法委员会 诸暨市公安局 诸暨市司法局
关于加强村(社区)治保调解组织建设的意见**[1]

各镇乡党委、政府,各街道党工委、办事处,市级机关有关部门:

为进一步加强村(社区)组织换届后配套组织建设工作,全面提升治保、调解组织在社会治理中的基础性作用,现就做好村(社区)治保、调解队伍建设提出如下意见。

一、组织机构

坚持"因地制宜、精干高效、交叉兼任、形成合力"的原则,分别设立村

---

[1] 诸政法〔2020〕17号,2020年12月21日印发。

(社)治保组织、调解组织。

(一)村(社区)治保组织。设主任1名,由民兵连长兼任,由9—15人组成,一般考虑居住在村的民兵和治保积极分子,也可优先考虑退役士兵、党员等;治保组织成员应具备良好的政治素养、有较强的组织意识、服从意识,要热心村(社区)事务,维护村(社区)社会治安安全稳定。

(二)村(社区)调解组织。坚持"因村制宜,合理配置"的原则,1 000人以下的村和1 500户以下的村(社区),人民调解委员会委员配备不少于3人;1 000人以上的村(社区)或1 500户以上的村(社区),每超过500人或500户,应增配1名委员;人民调解委员会委员最多不超过9人。人数较多村(社区)可在自然村(居民小组)、小区、楼院等设立人民调解小组或配备调解信息员。

村(社区)调委会设主任1名,原则上由村(社区)书记兼任,可配副主任1名,委员以两委班子成员、网格员任职为主。委员须经村(居)民会议或者村(居)民代表会议推选产生,其中必须有1名女性工作人员。调委会成员应具备一定文化水平、政策水平和法律知识,要秉持公道正派、廉洁自律,要热心人民调解工作,可优先考虑从优秀退职村干部、法治带头人、"两代表一委员""五老人员"和有关行业专业人士中选聘调解员。调委会委员选任和人民调解员选聘产生后,应及时向所在地镇乡(街道)司法所备案,由镇乡(街道)党(工)委统一发文公布。

二、工作职责

(一)村(社区)治保组织。主动配合辖区派出所工作,经常性开展巡逻守护、平安宣传、隐患排查、惠民服务等活动。每月组织开展2次以上巡逻活动,并做好台账记录;掌握前科劣迹人员,制止违法犯罪行为,及时向派出所提供违法犯罪线索。经常性开展安全防范检查,及时向派出所上报安全隐患信息,并协助做好化解工作;加强法律知识及相关技能的学习和培训,不断提升治保组织成员能力素质。

（二）村(社区)调解组织。加强宣传国家法律法规,教育村民遵纪守法、遵守社会公德;做好矛盾纠纷排查工作,掌握属地各种不稳定因素,做好教育疏导工作,防止激化,并及时汇报重大矛盾纠纷隐患;依据法律、法规、政策对属地发生的民间纠纷进行调解,及时向镇乡(街道)汇报调处情况;对调处成功的矛盾纠纷,要以完成规定的法律文书为标准,制作成调解协议书,未调处成功的矛盾纠纷要及时上报,做好稳控。

三、工作要求

治保、调解组织建设是预防化解矛盾纠纷、维护社会和谐稳定重要基础,是坚持和发展新时代"枫桥经验",实现"小事不出村"的第一道防线,各镇乡(街道)要统一思想,明确职责,将村级治保、调解组织建设作为一项重中之重的工作,切实履行指导管理职责,及时掌握工作进展情况,认真研究解决遇到的困难和问题。要加强人员配备,充实基层一线治保调解组织力量,积极聘用在群众中具有威望、基层工作经验丰富、人际社会关系熟络、解决问题方法灵活的退职村干部、网格员、义警志愿者任治保、调解组织成员,积极鼓励和发动乡贤、义警等社会力量参与基层治理,努力打造政治稳定、社会和谐、百姓安居乐业的良好局面。

2.1.1.9 大唐街道成立首家镇级矛盾调处中心

提要: 大唐街道成立首家镇级矛盾纠纷调处化解中心,推动"多中心"整合为"一中心"。中心设置了7大功能区,整合信访接待、公共法律服务、心理咨询、诉讼服务、矛盾调解等平台,竭力为群众提供多元服务;矛盾调解平台除常规调解员外,还吸收了常驻律师、"老乡"调解员和社会组织等力量进驻。

首家镇级矛盾调处中心在大唐运行[1]

孟幸宇、金晶

"我建议你们通过调解把问题解决,把省下来的诉讼费用算进赔偿里,这样双方都能省下一笔钱。"近日,在大唐街道社会矛盾纠纷调处化解中心警民联调区,金牌调解员陈雪松和常驻律师正在对一起伤人事件展开调解。

原来,在大唐办厂的楼某和贵州籍员工刘某因工作安排发生冲突,双方就赔偿款问题僵持不下。与以往的纠纷调解模式不同,这起纠纷中坐下来充当双方"老娘舅"的,除了调解员,还有专业提供法律咨询、法律援助的常驻律师。"如果打官司,光司法诉讼费可能要超过3 000元,对双方都不利。"经过律师的专业讲解,矛盾双方最终在赔偿金额上达成一致。

这是陈雪松们的日常,也是"矛调中心"的日常。在新成立的大唐街道"矛调中心",群众不用再东奔西跑,"一体化运作、一站式接待、一条龙调处、一揽子化解"是基层治理模式创新中最显著的变化。这家诸暨市首家镇街级矛盾纠纷调处化解中心,打破部门之间的空间阻隔和职责壁垒,推动"多中心"整合为"一中心",设置了综合受理、联合接待、警民联调、法律服务、特约调解、心理咨询、综合指挥7大功能区,整合信访接待、公共法律服务、心理咨询、诉讼服务、矛盾调解等平台,竭力为群众提供包括信访、诉讼、举报、控告、援助、咨询等诉求表达和救济服务。"一站式服务,只要进了这扇门,事情就能够办结。"大唐街道社会矛盾纠纷调处化解中心主任陆武军说。

除了常规调解员之外,大唐街道"矛调中心"内,还集合了不少化解矛盾的"专家门诊"。针对大唐外来人口多、外来建设者多这个特点,中心设置了"老乡"调解员,依托外来建设者中的先进党员、骨干分子参与调解化解矛盾,

---

1 原载《诸暨日报》(2020年9月13日),见 https://www.zhuji.gov.cn/art/2020/9/13/art_1371583_57461926.html。

更加有利于取得当事人信任;针对经营企业多、劳资纠纷多这个实际,吸引袜业协会、骨干企业经营者等社会组织力量进驻,"点单式"开展精细服务,更加精准解决群众的诉求与矛盾。

下阶段,大唐街道社会矛盾纠纷调处化解中心将继续完善运行机制,推动线上线下联动,打通"访调仲诉"全过程链,实现矛盾纠纷化解"最多跑一地",甚至"一地不用跑"。

2.1.2 乡镇(街)多元化解矛盾纠纷的制度建设

2.1.2.1 枫桥镇进一步加强与政法部门协调配合的五项制度

> 提要:为进一步加强与政法部门协调配合,及时消除社会不安定因素,共同维护社会和谐稳定,枫桥镇建立了与政法部门协调配合的五项制度,即综治联席会议和政法部门联席会议制度、案件移送制度、重大疑难纠纷联调制度、统计月报制度、政法部门负责人联片制度。这五项制度加强了各部门协调配合及时研究解决枫桥镇综合治理工作中的突出矛盾和问题,切实提升基层治理水平。

枫桥镇关于进一步加强与政法部门协调配合的五项制度[1]

1.综治联席会议和政法部门联席会议制度。综治联席会议由各政法部门及其他经济社会管理部门和企业代表组成,一般每年召开四次会议,主要研究综治工作和较大的倾向性的问题。政法部门联席会议由各政法部门正副职负责人组成,一般每月10日召开会议,遇特殊情况随时召开,主要职责是:(1)研

---

[1] 诸暨市社会治理综合治理委员会编:《枫桥经验工作手册》,内部资料,2000年,第100—101页。

究政法综治的具体工作;(2)通报交流各部门工作情况和打算;(3)分析治安形势,排查不安定因素;(4)解决重大疑难案件。

2. 案件移送制度。按照镇综治委《关于处理民间纠纷和案件的工作程序和方法》,各部门按第一责任单位的认定,对管辖范围内的案件,立即受理,及时解决;凡不属管辖范围的案件,必须通过书面的工作联系单(样式附后),连同有关档案资料立即移送主管部门,同时书面通知(样式附后)当事人及时同主管部门联系。主管部门应按规定受理并立即着手解决。

3. 重大疑难纠纷联调制度。各部门遇到较大疑难案件,单凭一个部门的力量比较难以解决的,可立即报告综治办,由综治办召集相关政法部门负责人会议,分析案情,研究解决方案。重大案件必要时抽调有关部门人员,组成调处小组,联合调处,增强工作力度,提高工作效率。

4. 统计月报制度。各政法部门要把枫桥镇辖区内的发案情况、纠纷情况、审理情况、交通事故情况、处理情况等综合治理工作情况及时统计整理,每月十日前用报表形式报镇综治办,综治办进行汇总分析,整理成简报,送镇党政班子成员、各政法部门负责人。对综治工作存在问题较多的村(单位),针对性地采取措施,督促其整改,以推动全镇综治工作。

5. 政法部门负责人联片制度。为加强调查研究,密切各政法部门与治调干部的关系,调动治调干部的积极性,实行联片工作制度。政法各部门负责人在做好面上工作的同时,分别联系一个办事处。其主要职责是:(1)指导办事处加强综治工作;(2)指导治调干部开展治调工作;(3)指导协助解决办事处内较大疑难案件;(4)深入调查研究。每年至少二次走访治调干部,参加治调干部分片活动。

2.1.2.2 枫桥镇治保委员会、调解委员会工作制度

提要: 为切实加强治调组织建设,进一步规范治保委员会、调解委员

会工作,完善运行机制,提高工作效率,枫桥镇制定了治保委员会、调解委员会的工作制度,规定了学习例会制度、请示报告制度、预测排查制度、纠纷调处制度、安置帮教制度、依法治理和法制宣传教育制度、安全防范制度以及突发性事件处置制度,明确了治保、调解组织的工作职责、工作范围、工作程序和主要任务。

枫桥镇治保委员会、调解委员会若干工作制度[1]

为切实加强治调组织建设,规范工作制度,完善运行机制,提高工作效率,维护社会稳定,促进经济发展,根据我镇实际,特制以下各项制度。

一、学习例会制度

1. 治保会、调委会每月分别召开一次工作例会,主要是分析治理动态,排除不安定因素,商讨疑难纠纷的调处方案,组织开展群防群治活动。

2. 治保会、调委会每二个月召开一次联席会议,主要是总结分析前期工作情况,布置下阶段的工作任务,并组织学习上级文件、政治理论、法律法规等,不断提高自身的政治业务水平。

3. 积极参加上级有关部门举办的业务培训和镇党委、政府组织的分片治调干部活动。

4. 会议内容要在《会议记录簿》上详细记录。

二、请示报告制度

1. 治保会、调委会负责人应经常向村(企)党支部、村委会、包村干部、司法员、联片民警汇报工作,争取各级领导对治调工作的支持。

2. 发生突发性事件或重大案件除妥善处置外,应及时向上级有关部门报告。

---

[1] 诸暨市社会治理综合治理委员会编:《枫桥经验工作手册》,内部资料,2000年,第105—107页。

3. 如实填报各类统计报表,按时完成上级交办的各项工作任务。

三、预测排查制度

1. 各村、企业应选配思想素质好、事业心强的治调信息员若干名,一般村民小组或自然村至少配备一名以上,企业单位每个车间班组都须配备信息员,便于纠纷预测预防的信息反馈。

2. 经常性走访信息员,每半年至少召开一次治调信息员会议,充分发挥治调信息员的作用,搞好纠纷的预测反馈工作,减少纠纷发生,防止矛盾激化。

3. 重视不安定因素的摸排工作,按农时季节和社会治安状况,至少每月集中开展一次不安定因素的排查工作,做到底子清、情况明。

4. 对排查出来的不安定因素采取强有力的措施,及时予以解决,对较大不安定因素和信访隐患,要及时向村主要领导、包村干部和司法所汇报。

四、纠纷调处制度

1. 民间纠纷的调处应按枫政〔2000〕9号文件《枫桥镇民间纠纷调处若干规定》依法公正调处,保证纠纷调处率达100%,成功率达95%以上。

2. 一般民间纠纷应在村、企业一级得到解决,并在一个月内处理完毕。确实无法解决、须向上一级部门移送的民间纠纷,应按规定填写《纠纷移送单》,经移送单位负责人、包村干部签字后连同有关档案材料一并移送,并通知当事人向有关单位联系。

3. 易激化的民间纠纷,治调干部应主动调处,防止事态扩大,并及时向有关部门报告。

4. 每起纠纷调处后应跟踪回访,并做好协议的履行兑现工作。

五、安置帮教制度

1. 认真做好"两劳"回籍人员及轻微违法人员的安置帮教工作,建立《帮教对象登记簿》,把帮教情况及时登记入册。

2. 每个帮教对象落实3人以上的帮教小组,一般由司法员、联片民警、村干部和帮教对象家属等组成,实行"捆绑式"帮教。

3. 帮教小组要经常对帮教对象开展谈话教育,每月至少谈话一次,掌握其思想动态和社会活动情况,做好书面记录。

4. 对帮教对象要妥善安置。对工作无着落、生活有困难的对象应想方设法帮助解决实际问题,使其勤劳致富。

5. 积极配合司法所每季度对帮教对象开展一次考察工作。

六、依法治理、法制宣传教育制度

1. 各村(单位)应选配好1—3名法制宣传员,配合党支部、村委会开展依法治理宣传教育,宣传教育内容要有记录。

2. 健全法制教育阵地,各村、企业都要建好法制宣传栏。规模大的企业还应建立法制学校、外来人口学校、青年职工学校等,形式多样地开展法制教育。

3. 掌握有利时机,结合本地实际,利用广播、黑板报、宣传窗等多种宣传工具,每年至少开展四期法律知识宣传教育,增强全民的法律意识。

4. 发放宣传资料,组织法律知识考试、竞赛等活动,努力完成法制宣传教育任务。

七、安全防范制度

1. 加强群防群治组织建设。以治保会、调委会干部为基础,党团员、民兵为骨干,健全护村队、义务消防队、治调信息员队伍、帮教小组等群防群治队伍,指导他们经常性地开展工作。

2. 组织教育培训。护村队、义务消防队等群防群治队伍,每季度至少召开一次培训学习会,学习法律和业务知识,制订应急预案,组织演练,确保拉得出、打得响。

3. 加强值班巡逻。组织护村队员在节假日、农事大忙季节和治安复杂阶段进行巡逻值勤,集镇所属村要努力做到常年每夜巡逻。对巡逻中发现的可疑人员和情况及时同派出所联系,并依法采取措施,防止各类案件和事故的发生。值班情况要在登记簿上详细记录。

4. 开展安全检查。经常开展消防安全、生产安全教育,开展防火防盗、民爆物品管理、基础设施和房屋安全等检查,对发现的治安和安全隐患采取措施,并向村、单位领导汇报。

5. 协助公安机关搞好外来人口管理。对本村、企业的外来人口要建立登记簿,掌握动态。

6. 妥善保管好消防器械及其他工具。

八、突发性事件处置制度

1. 坚持"调防结合、以防为主"的方针,治调干部、治调信息员应经常了解民间纠纷的动态和信息,发现苗头及时采取措施,正确疏导,把矛盾化解在萌芽状态。

2. 发生突发性事件,治调干部必须及时赶到现场,采取果断措施,妥善稳定局势,防止事态恶化,同时立即向上级有关部门汇报。

3. 遇到人民群众的生命财产受到损害时,要全力组织抢救,属刑事或治安案件的,按规定保护现场,收集、提供线索,协助公安机关尽快侦破案件。

2.1.2.3 枫桥镇治保调解工作考核办法

提要: 为切实加强治保、调解工作,增强治保、调解组织的运行效率,促进治保、调解组织的良性发展,规范考核管理,中共枫桥镇委员会制定了《枫桥镇治保调解工作考核办法》,明确了治保调解工作的考核对象、考核方式以及考核内容,并强调将考核结果作为衡量村、居委会、企业《社会治安综合治理目标管理责任书》执行情况的主要依据和衡量治保、调解委员会工作的直接依据,能够有效地激发治保、调解人员的积极性和主动性,督促治保、调解人员在工作中高效地完成任务、提高工作效率。

中共枫桥镇委员会
枫桥镇治保调解工作考核办法[1]

各村(居)、企事业单位党组织：

为切实加强治调工作,加大考核力度,规范考核管理,深化"枫桥经验",根据上级有关规定,结合本镇实际,特制定以下考核办法。

一、考核对象

主要是各村、居委会、企业治保、调解委员会。同时作为考核村、居委会、企业《社会治安综合治理目标管理责任书》执行情况的主要依据。

二、考核方式

考核由镇综治办牵头,各有关职能部门参与,分线统计,综合计分。考核方式采取平时考核与年终考核相结合,定期督查与突击性抽查相结合的方式进行,每月进行定期考核,年终进行全面考核。

三、考核内容

根据治调工作实际,为便于对治保、调解委员会分别进行考核,特制定《枫桥镇治保工作考核细则》和《枫桥镇调解工作考核细则》(附后)。治保工作、调解工作考核基本分各为100分,采用负记分,但每项扣分不超过该项标准分,基本分减去所扣分数即为所得分数。

四、奖惩办法

1.考核结果作为衡量村、居委会、企业《社会治安综合治理目标管理责任书》执行情况的主要依据。对治调工作力度大,成效显著的村、居委会、企业,由镇党委、政府予以表彰。对治保或调解工作措施不力,考核得分达不到70分的,实行评选先进一票否决,取消该村、居委会、企业评为综合类先进及综合治理类、精神文明建设类、信访类单项先进的资格,并把其列入综治工作重点

---

[1] 枫委〔2000〕13号,2000年2月25日印发。

管理村(居委会、企业),其对社会稳定工作必须进行专题研究,提出加强和改进治调工作的意见,专门向镇党委政府做出汇报,并采取切实措施做好治调工作。同时,镇党委政府将按《社会治安综合治理目标管理责任书》的有关规定追究责任。

2.考核结果作为衡量治保、调解委员会工作的直接依据。今后,凡评选治保调解工作先进集体和个人必须依照考核结果,治保工作或调解工作考核得分在90分以上的为优秀,治保调解先进集体和个人一般在优秀等次中择优确定。对考核得分在70分以下,原已授予标准化治保委员会、调解委员会称号的取消该称号,同时,要求村(居委会、企业)调整治保调解组织主要负责人,以加强治调工作。

附:1. 枫桥镇治保工作考核细则(略)

2. 枫桥镇调解工作考核细则(略)

2.1.2.4 枫桥镇"民主法治村"矛盾纠纷排查调处工作制度

提要:为了使纠纷早解决、矛盾不上交,把各类矛盾纠纷解决在基层、解决在萌芽状态,特制定枫桥镇"民主法治村"《矛盾纠纷排查调处工作制度》,明确了受理调解的矛盾纠纷的范围、调结时间、申请程序、调解方式方法以及排查工作要求,还规定了调解率和调处成功率。

矛盾纠纷排查调处工作制度[1]

一、受理调解的民间纠纷,包括发生在公民与公民之间、公民与法人和其他社会组织之间涉及民事权利义务争议的各种纠纷。调解率95%以上。

二、受理调解的纠纷,一般在一个月内调结,调处成功率到93%以上。

---

[1] 《枫桥镇"民主法治村"制度汇编》,内部资料,2005年,第29—31页。

三、调委会根据当事人的申请受理调解,当事人没有申请的,根据情况可主动调解,但当事人表示异议的除外。

四、当事人申请调解纠纷,可以书面申请,也可以口头申请。

五、受理调解纠纷,应当进行登记。

六、当事人申请调解纠纷,符合受理条件的,应当及时受理调解;不符合受理条件的,应当告知当事人按照法律、法规规定提请有关机关处理或者向人民法院起诉;随时有可能激化的,应当在采取必要的缓解疏导措施后,及时提交有关机关处理。

七、调解纠纷,应当在查明事实,分清责任的基础上,根据当事人的特点和纠纷性质、难易程度、发展变化的情况,采取灵活多样的方式方法,开展细致的说服疏导工作,促使双方当事人互谅互让,消除隔阂,引导帮助当事人达成解决纠纷的调解协议。

八、人民调解委员会调解纠纷,不得损害国家、集体或者第三人的利益;不得以合法形式掩盖非法目的;不得损害社会公共利益;不得违反法律、行政法规和强制性规定。

人民调解委员会强迫调解的,调解协议无效。

九、经人民调解委员会调解解决的纠纷,有民事权利义务内容的,或者当事人要求制作书面调解协议的,应当制作书面调解协议。

十、调解协议应当载明下列事项:

1. 双方当事人基本情况;

2. 纠纷简要事实、争议事实及双方责任;

3. 双方当事人的权利和义务;

4. 履行协议的方式、地点、期限;

5. 当事人签名,调解主持人签名,人民调解委员会印章。

调解协议中纠纷当事人各执一份,人民调解委员会留存一份。

十一、人民调解委员会应当将调解协议及有关材料装订成卷,归档保存。

十二、经人民调解委员会调解达成的,有民事权利义务内容,并由双方当事人签字或者盖章的调解协议,具有民事合同性质。当事人应当按照约定履行自己的义务,不得擅自变更或者解除。

十三、当事人不履行调解协议或者达成协议后又反悔的,人民调解委员会应当按下列情形分别处理:

1. 当事人无正当理由不履行协议的,应当做好当事人的工作,督促其履行。

2. 如当事人提出协议内容不当,或者人民调解委员会发现协议内容不当的,应当在征得双方当事人同意后,经再次调解变更原协议内容;或者撤销原协议,达成新的调解协议。

3. 对经督促仍不履行调解协议的,应当告知当事人就调解协议的履行、变更、撤销向人民法院起诉。

十四、对当事人因对方不履行调解协议或者达成协议后又反悔,起诉到人民法院的民事案件,人民调解委员会应当配合人民法院对该案件的审判工作。

十五、配合镇司法所开展对不安定因素和民间纠纷定期排查,做到底子清、情况明。

十六、对排查出来的民间纠纷及时调处或分流,防止纠纷激化、转化。

十七、对排查出来的不安定因素倾向,及时做好预防纠纷发生工作,防止群体性械斗和群体性上访事件发生。

2.1.2.5 浣东街道推进综治网格化管理

提要: 浣东街道《关于创新发展"枫桥经验" 推进综治网格化管理工作的实施意见》要求将力争在全街道全面推行综治网格化管理工作,努力确保家庭琐事不出户、邻里纠纷不出组、小事不出村、一般矛盾不出驻村分中心、大事不出街道,实现全街道农村和谐稳定作为目标,开展构建一张网络、明确二大职责、建立三项机制的"123"工程,并加强组织领导、强化评议激励、落实指导措施以及营造良好氛围。

中共诸暨市浣东街道工作委员会　诸暨市人民政府浣东街道办事处关于创新发展"枫桥经验"　推进综治网格化管理工作的实施意见[1]

各村(居)党支部、村(居)委会,企事业单位党组织:

为进一步深化发展新时期"枫桥经验",切实提升基层综治工作水平,根据市委办〔2008〕90号文件精神,决定在全街道各行政村(居)全面开展创新发展"枫桥经验"推进综治网格化管理工作。现提出如下意见。

一、指导思想和工作目标

指导思想:以邓小平理论、"三个代表"重要思想和党的十七大精神为指导,全面贯彻落实科学发展观,紧紧围绕市委"创业创新、富民惠民"工作主题,坚持"枫桥经验"依靠群众、化解矛盾基本精神不动摇,加强村级换届后配套组织建设,整合基层各类综治资源,进一步推进民主自治进程,探索行政村规模调整后社会管理的有效模式,建设"乡风文明、管理民主、邻里和睦、安定有序"的平安和谐新农村。

工作目标:力争10月20日前在全街道全面推行综治网格化管理工作,努力确保家庭琐事不出户、邻里纠纷不出组、小事不出村、一般矛盾不出驻村分中心、大事不出街道,实现全街道农村和谐稳定。具体目标是:

(一)组织更加健全。村级综治组织触角得到延伸,力量得到补充,网络得到全覆盖,基层综治工作有人抓、有人管,形成社会化联动新机制。

(二)信息更加灵通。各类矛盾纠纷能及早发现、收集和上报,主动发现、

---

[1] 浣工委〔2008〕45号,2008年8月15日印发。

获取不稳定因素的能力有效增强,不发生因信息掌握不及时而造成事态扩大。

(三)管理更加民主。村级自治范围扩大,村民参与村级经济社会各项事务的积极性得到有效保护,诉求得到合理表达,构建起基层民主畅通的反映渠道和直接的参与平台,促进村级民主决策、民主管理、民主监督机制的落实。

(四)作用更加明显。村两委会干部、党小组长、党员和村民代表维护一方平安的责任意识增强,模范带头作用和桥梁纽带作用得到充分发挥,矛盾纠纷90%以上在村一级得到疏导化解。

二、工作原则

(一)以人为本原则。始终把维护群众的切身利益作为工作的出发点和落脚点,第一时间解决群众的困难,第一时间化解群众的矛盾,着力解决群众最关心、最直接、最现实的利益问题。尊重群众意愿,增强群众参与度,促进广大群众的全面发展、和谐相处。

(二)因地制宜原则。根据各村群众基础和经济条件的不同,以及村两委会干部、村民代表自身特点和素质能力,相应确定联系对象。既要按照统一要求,又要结合村情村况,建立具有各村特色、适合各村实际的综治网格化管理模式。

(三)简便易行原则。农村综治网格化建设要坚持循序渐进、合理可行,网格要简洁、对象要明确、职责要明了,运作要方便,防止简单问题复杂化,生搬硬套固定管理模式,削弱村级自治功能。

(四)务求实效原则。坚持抓早抓小抓苗头,重在及时掌握小矛盾,力所能及化解小纠纷,妥善解决生产生活中的小事情等方面发挥作用,使村民代表成为村两委会干部的"助手",当好村民的"管家""和事佬",增强其在综治工作中的主动性和创造性,切实把矛盾纠纷化解在萌芽状态、解决在家门口。

三、工作重点

推进综治网格化管理工作,重点是开展"123"工程。

（一）构建一张网络。全街道各行政村按村民代表数划分为相应数量的网格区域，分层实施两委干部联系村民代表，村民代表联系农户制度，各村党小组长配合做好工作，综治工作站（治调委）做好协调指导，形成"两委领导、综治协调、代表为主、党员配合、群众参与"的立体型、网格式工作格局。

（二）明确二大职责。村民代表应充分运用人熟地熟、消息灵通的优势，重中之重是履行好责任网格内矛盾纠纷的信息员和"和事佬"二大职责。具体职责是：

1. 加强自身建设，认真学习党的路线方针和国家的政策法规，带头履行应尽义务，做到文明守法、清正廉洁、办事公道，提高处事能力和公信度；

2. 了解掌握责任网格内的不安定因素和矛盾纠纷情况，开展经常性的道德、法制、安全等方面的宣传教育；

3. 了解掌握责任区内农户及外来人员的计划生育、土地管理、房屋出租、安全生产、劳动用工、社会救助等情况，并及时上报相关情况；

4. 反映群众的意见建议和利益诉求，尽可能帮助联系农户解决生产、生活中的实际困难；

5. 及时上报责任网格内发生的矛盾纠纷，并积极主动参与疏导化解工作，努力把矛盾纠纷解决在萌芽状态；

6. 组织责任网格内的村民开展群防群治活动，带头参加平安志愿者活动和邻里守望行动，维护本村治安稳定；

7. 完成其他综治维稳任务。

（三）建立三项机制

1. 维稳信息排查上报机制。村两委干部、党小组长每季度至少与联系代表有一次专题谈心、走访或座谈，帮助解决一些实际问题，并在《村民代表联系簿》上做好记录。村民代表每月一次走访联系农户，对掌握的各类矛盾纠纷、治安隐患等信息，第一时间向村两委会报告，重要事件同时上报街道驻村指导分中心与综治工作中心,并做好书面记录。

2. 矛盾纠纷联调联动机制。对责任网格内发生的一般矛盾纠纷由村民代表先行受理和调处。确实解决不了的,要及时向村两委会干部或村两委会报告,并协助做好后期调处工作。对疑难复杂纠纷,要借助其他联系人、社会关系等力量开展联合调处。

3. 民情民意下询反馈机制。定期收集责任网格内村民的舆情民意,做好分析甄别工作,及时向上反映,帮助解决问题,及时向群众反馈处理结果。对无理的意见建议和一时难以解决的问题,要认真做好解释说服工作,理顺群众情绪。

四、实施步骤

全街道综治网格化管理工作要求在 10 月 20 日前基本完成。具体分为三个阶段:

(一)组织部署阶段(8 月 8 日—8 月 31 日)。街道对辖区各行政村综治工作的现状、村民代表的履职能力等进行调研,摸清底细,掌握情况,制定针对性、操作性强的实施方案。成立专门工作班子,召开班子会议、全体机关干部会议和村主职干部会议。驻村指导员要帮助所在村召开村两委会干部、党小组长、村民代表及其他有关人员会议,统一思想,明确任务,有序启动网格化管理工作。

(二)全面建设阶段(9 月 1 日—9 月 30 日)。结合各村实际,建好联系网格,制定职责制度,完善配套措施,有关职责、流程上墙公布,发放联系手册和联系卡,采取多种形式加强宣传。每个责任区内村民代表联系的农户数应保持数量适当。年龄在 70 岁以上的村民代表一般不列入网格化管理网络。

(三)巩固提高阶段(10 月 1 日—10 月 30 日)。街道举办各层面的业务培训,建立考核激励等长效机制。对辖区行政村综治网格化管理工作进行一次全面检查评估,认真总结经验,查漏补缺,完善提高。

五、工作措施和要求

（一）加强组织领导。街道各驻村指导分中心、各办公室以及各村和有关单位要充分认识综治网格化管理工作的重要意义，切实加强组织领导。街道建立由党工委书记任组长，政法副书记任副组长，相关职能办公室人员为组员的工作领导小组，以明确工作责任，强化经费保障，保证工作顺利进行。各村也要相应建立由支部书记（负责人）任组长，村主任任副组长，村两委干部及其他相关人员为组员的工作领导小组。各村领导小组名单要求于8月底前上报至街道综治工作中心。各村两委会干部联系村民代表、村民代表联系农户的表格一式二份，一份村存档，一份于9月10日前上报至街道综治工作中心。联系手册与联络卡发放、制度上墙等工作要求于9月25日前完成。

（二）强化评议激励。探索建立年度群众意见征求、问卷评议等方法，把村民代表工作好坏的评判权交给村民，并在年底进行通报，增强村民代表的责任意识，建立村民代表和农户之间良好的互动关系。广泛开展优秀村民代表等评比活动，对工作出色、实绩显著的从物质和精神上给予适当奖励，激发村民代表的工作热情。

（三）落实指导措施。街道综治工作中心要加强业务指导，分批对村民代表进行集中培训，使其掌握基本的法律知识、沟通技巧和调解方法，提高村民代表的业务素质和工作能力。要维护村民代表的合法权益，支持村民代表开展工作。村两委会要出台便民服务代理、责任网格内有关事务事先听取村民代表意见等制度，引导群众有小事先联系村民代表，从而提高村民代表的荣誉感和责任感，增强群众的认同感和信任度。

（四）营造良好氛围。要广泛宣传，使广大干部群众了解综治网格化管理工作的重要意义、基本内容和联系方法。要通过为每户农户发放工作手册和联系卡的途径，提高群众的知晓率。要及时总结、宣传、推广好成功经验和先进典型，不断扩大综治网格化管理的社会影响力。

2.1.2.6 枫桥镇委、政府建立枫桥镇矛盾化解甄别疏导机制的实施意见

提要:《关于建立枫桥镇矛盾化解甄别疏导机制的实施意见》将明确调解范围、畅通法治渠道、提升法治标准作为矛盾化解甄别疏导机制的目标任务,明确了基层人民调解组织的纠纷受理范围、运行办法和工作要求,这对于根据矛盾纠纷的特点进行依法劝导、定期会审,做到依法处置与调解化解有机结合,综合开展多种形式的依法调解工作,将人民调解工作纳入法治轨道提供了指导。

中共枫桥镇委 枫桥镇人民政府
关于建立枫桥镇矛盾化解甄别疏导机制的实施意见[1]

镇机关各办公室(中心),各行政村(社区)、驻镇站所:

为规范人民调解工作程序,充分运用法治方式化解矛盾纠纷,推进基层自治法治化进程,营造和谐稳定的社会环境,特制订矛盾化解甄别疏导机制。

一、指导思想

以十八届三中、四中全会精神为指导,紧紧围绕维护社会稳定大局,以深入推进乡村治理现代化建设为目标,全面加强人民调解工作规范化建设,创新调解机制,切实提高依法化解各类矛盾纠纷的能力。

二、目标任务

通过建立矛盾化解甄别疏导机制,达到三大目标。一是明确调解范围。人民调解要与行政调解、司法调解等有机衔接,更加规范人民调解工作,明确纠纷受理范围,提高调解效率和调解质量,增强社会公信力。二是畅通法治渠道。严格将人民调解范围之外的矛盾纠纷疏导移交给相关行政部门、司法部

---

[1] 枫委〔2015〕31号,2015年3月27日印发。

门等依法处置,切实把矛盾纠纷纳入依法处理轨道。三是提升法治标准。对矛盾纠纷处置实行法治评估,人民调解、行政调解、司法调解全面推行法治标准化,提升矛盾化解法治指数。

三、受理范围

根据《人民调解法》要求,在尊重当事人意愿和维护合法权益的前提下,明确以下纠纷受理范围:

1. 家庭纠纷:婚姻纠纷、抚养纠纷、赡养纠纷、继承纠纷等;

2. 邻里纠纷:通行、通风、采光、排水、截水等纠纷;

3. 土地纠纷:山林、土地的使用权、经营权纠纷,宅基地纠纷,责任田(山)经营纠纷,林木、果树地经营纠纷等;

4. 经济纠纷:承包合同纠纷、借贷纠纷、欠款合同纠纷等;

5. 损害赔偿纠纷:财物损害赔偿纠纷、人身伤害赔偿纠纷、精神损害赔偿纠纷等;

6. 轻微刑事违法纠纷:侮辱、诽谤、损害名誉、虐待、干涉婚姻自由、故意伤害致人轻微伤等刑事自诉案件,但由于情节显著轻微,法律规定此类案件当事人不自诉或者自诉后撤诉的,人民调解委员会可以进行调解;

7. 其他涉及民事权利义务争议的纠纷。

具有下列情形之一的,应予依法处理,人民调解委员会不予受理:

1. 雇凶伤害他人的;

2. 结伙斗殴或者其他寻衅滋事的;

3. 多次实施违反治安管理行为的;

4. 一方当事人明确表示不接受调解处理的;

5. 一方当事人在调解过程中有针对对方实施违反《治安管理处罚法》行为的;

6. 民事部分纠纷调解过程中,违法嫌疑人逃跑的;

7. 民事权益受损害或经济纠纷证据充分的；

8. 其他不宜进行人民调解处理的。

四、运行办法

(一)及时甄别。综治办和社会治理"一张网"办公室根据平安通信息网及时汇总矛盾纠纷和各类诉求，及时开展分类甄别，坚持依法处置和调解化解有机结合，切实把矛盾化解在初始阶段。

(二)依法劝导。对涉法涉诉、应由司法办理的民事侵权、调解无法达成协议的矛盾纠纷，劝导当事人通过司法途径依法维护自身权益，发放依法处置劝导书。

(三)定期会审。对当事人提交诉求不适合调解，但不愿意接受劝导依法处置的，由社会服务管理中心牵头，派出所、检察室、法庭、司法所联合进行会审甄别，应依法处置的直接移交相关政法部门。

(四)整合力量。在双方当事人自愿的基础上，整合人民调解、司法调解、行政调解和行业调解、专业调解力量，综合开展多种形式的依法调解工作。

(五)跟踪评估。对矛盾纠纷处置情况进行跟踪服务，限期承办。对承办结果进行适用范围、适用依据、裁量尺度、文本规范、处置效果五个方面的法治评估，评估必须四项以上指标达标。

五、工作要求

(一)提高认识。正确认识推进法治建设的重大意义，运用法治思维和法治方式解决问题，化解矛盾，引导广大群众依法维护自身权益，营造良好的法治氛围。

(二)创新方法。坚持发展"枫桥经验"，注重制度建设，从源头上立好规矩，守住底线。充分运用法治方式依法化解矛盾纠纷，建立符合法治方式的群众动员机制、矛盾化解机制，丰富"枫桥经验"的内涵。

(三)严格把关。镇村和站所加强法律法规的学习，掌握法治本领，对适用依法处置的矛盾纠纷不拖不推,人民调解和司法调解、行政调解必须在依法前提下,尊重双方当事人意愿,开展调解工作,不得以调代法,推进社会公平正义。

附件:1.人民调解案件移送单
   2.依法处置劝导书

中共枫桥镇委

枫桥镇人民政府

2015 年 3 月 27 日

附件1

人民调解案件移送单

_____村调委会〔20 〕第 号

  经调解,关于_____一案,双方未达成一致,现将案件移送至枫桥镇调委会,望镇调委会接受此案。

      移送单位: (盖章) 移送人:

附件:1.
   2.
   3.
   4.
   5.

附件 2

依法处置劝导书

_____：

　　您好！你就_____问题向枫桥镇人民调解委员会申请调解,经受理,这一申请属于以下情况：

　　1. 已超出人民调解委员会受理范围,不予受理；

　　2. 涉及违法犯罪行为；

　　3. 其他。

　　建议您通过其他途径予以解决：

　　1. 依法向_____（相关职能部门）申请解决；

　　2. 向人民法院提起诉讼；

　　3. 仲裁委员会仲裁；

　　4. 其他。

枫桥镇社会服务管理中心
年　　月　　日

2.1.2.7　东和乡政府会商研判矛盾纠纷工作机制

提要： 为全面掌握全乡社会矛盾纠纷规律,及时发现社会治理中存在的薄弱环节和重大风险隐患,预警矛盾纠纷,分析研判问题原因,为乡党委决策部署提供工作参考,东和乡政府决定建立会商研判机制:明确了负责单位、会商的内容和途径、工作理念,建立定期例会机制、三级会商研判机制以及矛盾纠纷预警机制,以便及时收集矛盾纠纷信息和潜在风险点,分析研判,发现矛盾纠纷提前介入,确保矛盾纠纷早发现、早行动、早预防、早化解,将问题化解在萌芽状态,实现小事不出乡、大事不出镇。

会商研判机制[1]

为全面掌握全乡社会矛盾纠纷发生、发展趋势和一般规律,及时发现社会治理中存在的薄弱环节和重大风险隐患,预警矛盾纠纷,分析研判问题原因,采取有针对性的对策措施,强化社会风险防控,努力提高社会矛盾纠纷本地化解率,提高社会治理能力,特建立会商评判制度。

第一条 中心负责对影响社会稳定的各类矛盾纠纷、案(事)件开展定期或专题的会商研判,预警风险矛盾,分析上报问题,研究提出对策措施,为乡党委决策部署提供工作参考。

第二条 会商的主要内容和途径

(一)专题会商。对中心各派驻部门受理的群众诉求情况进行分析、通报、交流,分别从定性定量和同期比较多种角度,分析一定时期社会面存在的信访案件、劳资纠纷案件、法律援助案件、诉调案件、交调案件等方面存在不稳定因素和变化规律,可能引发群体性事件的隐患、苗头,一定时期内影响社会稳定的热点、敏感问题。

(二)综合会商:从与相关单位(12345、96345政务热线、基层治理"四平台"等)获取相关数据资料进行分析研判,分析一定时期内社会稳定基本情况,包括社会矛盾纠纷、群众来信来访、群体性事件、刑事案件、安全生产事故、交通事故、火灾发生和人员伤亡、人流车流高峰拥堵、平安综治"三率"等情况。

第三条 坚持社会治理研判预警为平安建设和维护社会稳定、经济社会发展服务的理念,对重点矛盾纠纷以及有可能引发重大群体性事件的突出问题,要进行重点分析,努力提出管用实效举措,对于可能影响社会稳定的重大

---

[1] 2022年7月,系调研资料。

矛盾纠纷以及重点人员,要逐一落实对策。

针对存在的一般性问题,在正确分析和估量形势的基础上,提出解决问题的具体措施,明确处理问题的责任单位、责任人和处理时限。同时,针对社会面存在的突出问题进行全面客观分析,从标本兼治、长远建设的角度提出治理对策。

第四条　建立定期例会机制

(一)每周例会。梳理汇总一周社会治理情况,研判分析形势,预警风险矛盾,研究部署有关工作。会商以信访、市长电话收集的群众反映强烈、具有代表性的社会治理问题为突破口,梳理社会治理热点、难点、阶段性问题,相关部门进行会商研讨,形成针对性的工作机制、措施政策。

(二)每月例会。通报上月中心运行情况,查找分析薄弱环节,排摸化解重大风险,上报风险矛盾预警。建立高层次领导会商制度,对难以解决的重大疑难问题,适时召集区相关部门负责人会商研究,必要时提请乡班子会议协调处置。

第五条　建立全乡社会治理三级会商研判机制

一级会商研判机制:由党工委、办事处主要领导召集会议,发生全乡突发性、100人以上群体性、影响大的案(事)件和各类重大灾害事故,站办所主要负责人参加。

二级会商研判机制:由分管领导召集会议,发生全乡突发性、10人以上规模、一定影响的案(事)件、重大矛盾纠纷和各类灾害事故,中心和相关站办所主要负责人或分管领导参加。

三级会商研判机制:由社会治理办召集会议,特定区域发生突发性案(事)件、重大矛盾纠纷和各类灾害事故,相关站办所负责人参加。

中心做好会商研判会务,并建立工作档案,每年总结会商研判经验教训,为促乡社会治理积累先进经验。

第六条　各常驻单位、轮驻单位,要定期排查分析本系统、本辖区的社会综合治理情况,发现问题及时上报中心预警。遇有重要敏感时期、重大活动或出现带有倾向性的治安热点问题,要主动组织专题会商分析预警,及时指导基层部署防范措施。

第七条　在治安和维稳形势分析的过程中,要准确客观运用各类数据,使用的数据要及时准确,让数据多跑腿,对问题的分析要客观,不能出现分析预警失真、失实、失误的现象。

第八条　本制度自发布之日起执行。

2.1.3　乡镇(街)多元化解矛盾纠纷经验总结

2.1.3.1　枫桥镇党委、政府发展"枫桥经验",推进综合治理

提要:《发展"枫桥经验"　推进综合治理》总结了依靠群众、狠抓基层的四种形式,即开展"三防"竞赛活动,促进农村基层的稳定;加强集镇管理,确保公共场所的正常秩序;依靠和发动群众,共同维护社会治安秩序;开展群众性的帮教活动,切实做好有轻微违法青少年和"两劳"回籍人员的转化工作。

发展"枫桥经验"　推进综合治理[1]

枫桥镇党委、镇政府

去年五月撤区扩镇并乡后,我镇认真贯彻落实党的十四大精神和邓小平同志"两手抓、两手都要硬"的战略思想,在上级党委、政府和综治委、政法委、

---

[1] 1993年11月,系调研材料。

公安政法部门的指导帮助下,高举毛泽东同志三十年前亲自批示的"枫桥经验"这面红旗,始终把社会治安综合治理工作摆到重要位置,作为改革开放和发展经济保驾护航的大事来抓,取得了显著成效。据统计,今年一至七月全镇工农业总产值达到18 238元,比去年同期增长72.61%;一至九月,全镇无杀人、抢劫、投毒、纵火、重大盗窃等案件,仅发刑事案件15起,比去年同期下降3%,各类民间纠纷案件121起,比去年同期下降37%,调处率100%,成功率98%以上。全镇继续保持经济发展、社会稳定、人民群众安居乐业的良好发展势头。我们的主要做法如下:

一、健全制度,理顺关系,切实加强领导。撤扩并后,枫桥镇作为建制镇被扩大保留,原新枫、栋江、永宁三乡划入枫桥镇,全镇地域面积100平方公里,46个行政村,1个居委会,46 000多人口,镇委设在原枫桥区委所在地,因此,我们肩负坚持和发展"枫桥经验"的光荣使命。新的一届镇党委成立后,在深入学习党的十四大精神,党中央、国务院和全国人大常委会《关于加强社会治安综合治理的决定》基础上,对如何坚持和发展"枫桥经验",使之在改革开放的新形势下继续发扬光大,统一了思想,提高了认识,并重点抓了三项工作:第一,健全综合治理领导机构。镇建立了综合治理领导小组,由镇长任组长,派出所、交警队、工商、法庭等单位负责同志共同组成。镇政府下设社会治安综合治理办公室,编制6人,办公室主任由专职副镇长兼任,另5名同志是从全镇范围内抽调的懂业务、有专长、善管理、能解决问题,原分管公安、司法的乡镇干部。此外,还设有联防队、街道值勤室、义务消防队、管位人口办公室等。第二,理顺关系,明确职责。按照"属地管理"的原则,推行了区域管理,即以村自治、政府协调、职能部门抓大案的综合治理方式,上下之间关系很快理顺,职责也比较明确,齐抓共管的局面已初步形成。第三,强化基层治保组织建设。各村都建立了至少由5人组成的治保调解组织,现有治保干部共113名、调解干部124名。治保、调解主任有三分之一以上进了村党支部、村委会班子。为解除治调干部后顾之忧,给治保、调解主任每年70元的养老金保险;对治调干部的财产被人故意损坏的,镇政府予以赔偿,治调干部的工资采取实误实计加补贴、补贴加奖金和定额落实三种形式加以解决。这样,全镇上下基本形成了多层次、全方位的综合治理网络,使坚持和发展"枫桥经验",全面推进综合治理有了可靠的组织保证。

二、依靠群众,狠抓基层,就地化解矛盾。针对新形势下社会治安综合治理面临的新问题、新情况,我们根据"枫桥经验"相信和依靠群众,矛盾不上交、就地解决的传统做法,摸索了完善充实"枫桥经验"的四种形式:一是开展"三防"竞赛活动,促进农村基层的稳定。全镇通过防民间纠纷发生、防民间纠纷引起非正常死亡、防民间纠纷转化为刑事案件的"三防"竞赛活动,使全镇形成了抓预测防非正常死亡、抓苗头防扩大、抓隐患防民转刑案件发生新局面。各类民间纠纷、治安案件在村级得到了有效的控制和解决。在"三防"竞赛活动中,紫薇村坚持干部工作走在平息前、预测工作走在预防前、预防工作走在调解前、调解工作走在激化前的"四前"做法,使各类纠纷全部解决在萌芽状态。今年一至九月,由村级治调组织预测可能发生的民间纠纷64起,防止民转刑和民转非案件12起;村协调解决各类纠纷91起,镇综治办解决30起。其中7个村没有发生治安案件和民间纠纷;18个村没有上交治安案件和民间纠纷。二是加强集镇管理,确保公共场所的正常秩序。全镇每天人员流量达25 000多人次,集镇安全管理难度较大。为此,去年七月,我镇组建了以联防队为主、街道值勤室、镇容镇貌管理、市场管理四支队伍,共37人,采取分区责任制和门前"三包"等形式,加强了对主要街道和市场的管理,有效地保障了集镇的社会治安秩序。为了加强对暂住人口和流动人口的管理,还建立了暂住人口办公室和协管员网络,白天由市管员、交管员、协管员、街道值勤室和部门干部职工对流动人员进行监控;晚上由派出所、联防队组织治安巡逻,仅7月夜间治安巡逻中就抓获了偷窃人员8名,其中外地流窜作案的4人,挽回经济损失一万余元。今年一至九月,全镇没有发生一起在公共场所聚众闹事、偷窃、打架斗殴、流氓嫖娼等事件,镇容镇貌有了很大改观。三是依靠和发动群众,共同维护社会治安秩序。我镇有较好的群众基础,自觉维护社会治安已成为全镇广大人民群众的传统习惯,只要有案件,广大群众和治保干部就会立即报案,主动提供线索,积极协助公安机关调查侦破。如我镇宅士村集体山林今年7月被人偷伐,村治保干部王章纪同志深入调查研究,村民群众积极提供线索,很快就抓获了偷树者,破获了一个6人盗伐山林团伙,追回赃款18 000余元。四是开展群众性的帮教活动,切实做好有轻微违法青少年和"两劳"回籍人员的转化工作。我们对全镇63名帮教对象,建立了有党员骨干、治保干部、派出所民警和离退休同志参加的帮教小组,每季度对帮教对象进行一次帮教。到目前为止,确已改好的有47人,占75%,其中有9人已走上勤劳致富的道路。如化农村帮教对象陈某,曾被判刑五年,去年10月假释回家后,镇、村干部和派出所民警及时找他谈话,并成立了一个由民警、村党支部书记、村主任和邻居4人组成的帮教小组,在生活上给予关怀,工作上给予支持,思想上给予引导,使他很快地走上了勤劳致富的道路。今年七月底他在帮教人员赵成根的带领下,去上海打工,每月都向派出所和镇村书面汇报一次思想、工作情况。我们还针对不同帮教对象,为他们解决住房和实际生活困难,以建立感情,增强信任感,使"教育、感化、挽救"融为一体,提高帮教成效和违法人员的转化率。

三、建立制度,加强防范,推进综合治理。坚持和发展"枫桥经验"必须有一套系统规范的制度来保障。去年建镇以来,我们狠抓了综合治理的制度建设,逐步建立和完善了一套适应新形势的群防群治制度。一是层层包干负责制。我们坚持依靠基层群众,就地化解矛盾的传统做法,把社会治安综合治理分为镇、工作片、村三个层次,一级对一级负责,一级对一级管理。镇主要是对各村指导和协调,解决工作片难以解决的治安案件、民间纠纷,调处片与片、乡镇与乡镇之间的矛盾,做好部门之间的协调工作等;工作片主要是督促检查村级治调委员会的工作,解决各村难以解决的治安案件、民间纠纷,调处村与村之间的矛盾等;村主要是抓苗头、抓隐患、抓预测,解决本村的治安案件和民间纠纷等。这样各级职责明确,工作责任心加强,矛盾基本上可以在基层得以解决。二是工作规范化、正规化制度。去年五月以后,全镇治调工作建立了六项统一、规范的制度:1.登记、归档制度。发现和上报的案件,一律登记入册,并落实处理部门。案件处理结束后,及时按规范归档。2.会议学习制度。镇综治办每周学习、研讨工作一次;每半月综治办、派出所、法庭、法律事务所四家联合办公一次,研究全镇综合治理工作和协调难以处理的治安案件等;每月向镇党委、镇政府汇报综治工作一次;每年对全镇治保调解委员会成员进行业务培训二至三次。3.民间纠纷案件移送制度。对难以处理的民间纠纷案件,下级向上级移送,必须要有四个条件,即要有当事人要求解决的报告、要有调查笔录或旁证材料、要有解决不了的原因、要有解决后处理的结论。这样既提高了办案质量,又促进了各级职责的落实。4.回避回访制度。镇、工作片、村三级发现和接收案件的处理,凡当事人与案件处理者有亲戚关系的,一律回避。对处理后的案件,一个月内要走访了解一次,听取群众和当事人的反映,了解有无不同意见和反常现象。5.廉政建设制度。各执法部门、镇综治办、各村治调委员会,在调处各类纠纷和办案中,要坚持原则,秉公执法,做到不收礼物、不吃请、不偏袒、不推诿,广泛听取意见,深入调查研究,多做过细的思想工作,多分析情况,多解决双方的实际问题,以理服人,诚恳待人,热情接待,接受监督。6.总结评比制度。每年进行一次总结评比,先进集体和个人由镇党委、镇政府予以表彰和奖励;每半年进行一次经验交流,年底把先进事迹材料汇编成册归档。三是目标管理责任制。今年初,我镇提出了以创"三无"年为主要内容的目标管理责任制,即无重大治安事件、无重大民间纠纷、无大的赌博。通过签订责任书形式,进一步明确镇、村治调组织的职责、任务、解决纠纷和案件的时间、原则和方法。年终将对工作目标进行考核验收,以促进综合治理各项措施的落实,调动各级治保、调解组织的工作主动性、积极性和创造性,使"枫桥经验"在新的形势下更有生命力。时代在前进,改革在深化。"枫桥经验"也要随着社会的发展面不断深化、逐步完善。我们决心以党的十四大精神为指针,认真贯彻落实中央政治局常委会对社会治安综合治理工作的重要指示,紧紧依靠和发动全镇广大干部群众,继续坚持和发展"枫桥经验",使之发扬光大,努力把社会治安综合治理工作推上一个新台阶,为我镇发展经济创造一个良好的社会环境。

2.1.3.2 枫桥镇深化发展"枫桥经验"情况

提要:《枫桥镇深化发展"枫桥经验"情况汇报》指出,枫桥镇的社会矛盾日益复杂化、多样化、尖锐化,而村级治调组织整体功能弱化;要求健全村级治调组织网络,配齐配强治调干部,充分发挥基层治调组织的作用;加强对治调干部的业务指导和培训,提高治调干部素质;为治调干部提供工作和生活上的支持,充分激发治调干部的工作热情和积极性;建立综合治理联席会议制度,整合行政部门、相关组织和协会的力量及其资源,形成综合治理组织网络,有效地发挥各职能部门的作用,及时高效地处理各类民间纠纷案件。

中共枫桥镇党委 枫桥镇人民政府
枫桥镇深化发展"枫桥经验"情况汇报[1]

一、枫桥镇经济社会发展概况

地处诸暨市东北部的枫桥镇自古以来就是浙东一大经济文化重镇,绍大

---
[1] 1998年9月1日,系档案材料。

线、诸嵊线穿镇而过,交通便捷。镇域总面积100平方公里,其中集镇建成区2.5平方公里,辖4个办事处,46个行政村,1个居委会,总人口4.6万人。枫桥历史悠久,越国前期曾于此建都。南宋以后商业贸易十分兴旺发达,曾演绎过"箬壳草鞋尖头帽,千条扁担进枫桥"的热闹场景,素为婺越通衢大道上的一个重要贸易集散地。

枫桥钟灵毓秀,人杰地灵,教育发达,名人辈出。这里是蜚声海内外的"枫桥三贤"——王冕、陈洪绶、杨维桢之故里,是毛泽东主席亲自批示的"枫桥经验"发源地,留有周恩来总理作抗日救国政策讲演的足迹,是全国水利战线特等劳动模范,当代大禹梁焕木之故乡。

"撤扩并"以来,历届党委政府坚持以经济建设为中心,团结依靠全镇人民,正确处理好改革、发展、稳定三者关系,解放思想,抢抓机遇,自加压力,负重奋进,创强争先,推进了我镇经济社会各项事业的健康协调发展。1997年,全镇实现工农业总产值16.4亿元,财政收入1 042万元,农民人均收入5 127元,分别比五年前递增363.1%、126.4%、219.2%。五年跨出五大步,综合经济实力进入全市十强,跻身绍兴市三十强行列。

过去的五年,我们坚持发展是硬道理,始终把工业经济作为"重中之重"来抓,努力营造"合力兴工,发展经济"的良好氛围,平均每年投入技改资金6 000万元以上,大力培植衬衫这一优势产业,积极寻求新的经济增长点,通过全面加强企业家队伍建设,坚持不懈地实施规模扩张、品牌取胜两大战略,衬衫行业得到了超常规、跳跃式发展,已成为我镇支柱产业。目前,全行业已拥有步森、开尔、海魄等衬衫企业34家,流水线96条,从业人员7 071人,年产衬衫2 000万件以上,创产值8.4亿元,实现利润4 590万元,上交税费1 507万元。已组建集团公司一家,年产值1 000万元以上企业12家,全行业企业总资产2.58亿元。拥有国家级名优品牌一只,省级著名品牌一只,市级著名品牌6只,我镇人民凭着自己的勤劳智慧在市场激烈竞争形势下开拓出的"枫桥衬衫"这片新业,它如同诞生于六十年代的"枫桥经验",驰名大江南北,畅销国内外市场,成为中国的"衬衫之乡"。

如今,工业经济已形成了一个以衬衫为龙头,矿山、建材、轻纺、机械、玩具等多业并举的格局。97年,全镇实现工业产值15.8亿元,比93年净增12.68亿元,增幅403.3%。过去的五年,坚定不移地加强农业基础地位,共投入资金5600万元,加强农田水利基本建设,进一步箍牢米桶圈,确保了年粮食总产量2.3万吨任务的完成。加快了科技兴农步伐,综合开发农业方兴未艾,"一村一品"特色农业正逐步形成,广大农民尝到了以农致富的甜头。目前,全镇拥有50亩以上的蔬菜、黄花梨、食用笋、板栗、茶叶、蚕桑、西瓜、茭白、黑李、水产养殖基地60多个,总面积14 270亩。同时,加快了现代农业园区建设步伐,白米湾万亩低产茶园通过加快改造,正在全力争创国家级现代茶业示范园区。

过去的五年,依靠全社会力量,通过多形式多途径筹措资金,加大了集镇开发力度,加快了基础设施配套建设。五年中,仅由政府牵头投资兴建的重点工程就有20多项,总投资近亿元,集镇面积成倍扩大,电力、邮电通信、供水、医疗、道路交通,文化体育、学校等公用设施进一步完善。交通建设突飞猛进,继绍大线环镇段开通后,"五路一桥"工程正加快实施,一个以集镇为中心,东西南北全方位辐射的交通新框架已基本形成,千年古镇旧貌换新颜。

过去的五年,我们始终坚持"两手抓,两手都要硬"方针,努力为经济建设创造一个稳定的社会环境。围绕改革开放和经济发展在全镇广大党员干部群众中广泛开展了党的基本路线、形势任务、邓小平理论、党的十四、十五大精神及"三五"普法等方面的宣传教育;坚持优先发展教育,不断增加教育投入,进一步改善办学条件,全面提高素质教育质量,九年制义务教育率达99%,枫桥镇小学被评为省农村示范实验小学,重视文化、广电、卫生、体育等各项社会事业的发展,96年被授予浙江省东海文化明珠镇,97年被授予省体育先进镇,镇文化站被评为省特级文化站。切实抓紧抓好土地管理,计划生育工作,计划生育率达99.5%以上。社会福利事业得到新发展,成立了以面向孤、老、贫、残、幼为照顾对象的慈善会。充分发挥共青团、妇联在两个文明建设中的作用,全面推进依法治镇、依法行政、继承发展了"枫桥经验",深入开展社会治安综合治理,确保了社会长治久安。

二、新形势下坚持完善深化发展"枫桥经验"的基本指导思想

随着改革开放的日益深入,社会管理由封闭走向开放,社会形态从静态走向动态,社会现象从简单趋向复杂。纵观我镇五年来"撤扩并"后地域范围扩大,经济发展加快,人员流动增加,在这样的新形势下如何进一步抓好社会治安综合治理,面临着一些新情况新问题。

1. 人们的思想观念发生变化。一些人对加强社会治安综合治理存在着一些误区与疑虑,譬如表现在对"黄、赌、毒"等社会丑恶现象的认识上,错误地认为经济要发展这些现象就难以避免,而且从一些发达地区与落后地区对比中来反证这个问题。

2. 基层政权功能弱化。部分村级班子战斗力不强,支部战斗堡垒作用未能有效发挥,甚至有极个别班子存在着这样那样的问题,不仅缺少发展经济,致富百姓的思路,也缺少对村级治调组织开展工作的领导与引导。

3. 社会矛盾复杂化多样化。它不仅表现为邻里纠纷等一些小的矛盾,而且涉及整个经济社会的方方面面,有的矛盾还比较尖锐。

面对新形势新问题,我们在抓社会治安综合治理的指导思想上应实行三个"转"。

1. 从片面的认识转到正确认识稳定与发展的关系上来。我们在加大法制宣传教育的力度,澄清思想疑虑的同时,对经济社会环境实行依法治理,不断净化社会空气,正确处理好改革、发展、稳定三者关系。五年来,经济发展,集镇繁荣,特别是块状经济的迅速崛起,外来务工经商人员的大量增加,充分说明了经济发展快,社会治安好二者是统一的,"保平安,促发展,快发展,靠平安"。现在,我镇的企业家尽管事业有成,但是没有一个腐化堕落,吃喝嫖赌,依然保持了兢兢业业、艰苦奋斗这样一种良好的精神风貌。而且外来投资办厂也迅速增加(步森西裤、开绅、斯罗特、三琴梅岭运动衫厂等),有的企业不到城关到枫桥,良好的社会治安环境是他们考虑的一个重要因素。这些都与我们不断创建良好的社会治安环境是密不可分的。

2. 从单一抓治调组织转到抓整个基层政权建设上来。经济社会现象日趋复杂化多样化,客观上各种矛盾纠纷必然会增加,但部分矛盾纠纷的存在,甚至个别矛盾的扩大激化,我们发现其根源在于部分村级治调组织工作不力,尽管我们的治调组织相当健全,但是部分功能不强,其根源又在于这些基层组织整体功能弱化。为此,我们必须从单一抓治调组织建设转到抓整个基层组织建设上来,切实加强党组织对综治工作的领导,使它成为治调组织的坚强后盾,强化整体功能,推进综合治理。

3. 从单纯的教育感化转到打防结合上来。原来的"枫桥经验"有特定的政治环境,可以说是手上拿着帽子在开展对"四类分子"的改造工作,现在时代背景不同,法制化进程加快,对象也已不同,既有一般的矛盾纠纷,也有扰乱经济秩序,严重破坏社会安定的违法犯罪行为,所以我们开展社会治安综合治理,其立足点仍应是教育感化,把矛盾纠纷尽量解决在基层,解决在萌芽状态;同时对违法犯罪行为进行依法治理,依法打击,打防结合,以防为主,以打促防。

三、坚持完善深化发展"枫桥经验"的主要做法

(一)发挥党委的核心领导作用,加强党委政府对综治工作的有效领导,切实担负起"保一方平安"的政治责任

五年来,镇党委政府对综治工作做到思想上有位置,工作上有地位,牢牢抓住"枫桥经验"这一政法工作的独创经验,不断倾注新的内容,坚持深化和发展,尽管领导几经变动,但我们坚持"枫桥经验"的工作作风一直没有变。

今年正好是"枫桥经验"批示三十五周年,镇党委政府年初就进行专题研究,提出一个总的想法是:以纪念活动为契机,以"四创建"活动为载体,掀起一个群防群治的新高潮,进一步深化和发展"枫桥经验"。五年来,我们主要做法是:

1. 92年"撤扩并"后,机构格局的调整给政府、综治办、派出所、法庭等执法部门和其他经济社会管理部门协调开展综治工作带来了一些新问题,如民间纠纷案件的受理相互间职责不清,案件受理范围不明确,部门间协调不畅,案件移送不及时,缺少一个综合协调机构,因此,根据形势变化,党委政府及时建立了枫桥镇社会治安综合治理委员会,切实加强地方党委对综治工作的有效领导。

2. 随着块状经济的逐步形成和集镇范围日益扩大,集镇治安状况变得日益复杂,党委政府及时调整工作重心,在抓好农村综治工作的同时,加大集镇管理力度,加强企业安全保卫工作,以集镇为重点,抓集镇带农村。

3. 对重大活动、突击行动,党委政府高度重视,精心研究,周密部署,主要领导亲自参与。去年一年中就适时组织开展了"双禁"、村级财务清理、集镇卫生、交通秩序、外来人员清查、矿山安全整治、企业消防安全等七项专项整治活动,严打、外来人员清查等深夜突击行动,镇主要领导和机关干部全力参与,"四创建"活动每个领导联一个村带头创建,枫桥治安日益向社会化发展。

4. 切实关心政法干警和村、厂治调干部的工作生活。在工作上全力支持,有困难尽力帮助,各方面予以关心,充分调动和激发了治调战线同志的工作热情和积极性。镇党委政府重视不断提高治调干部素质,增强战斗力,每年调整充实,优化组织结构,加强业务指导和培训,今年2月20日开年后第一个全镇性的大会就是治调干部总结培训会。干警、治调干部因工作原因遭到打击报复时,主要领导直接过问,对退职治调干部搞好养老保险,节日进行慰问,组织外出旅游参观,困难户发放特别补贴。去年底,派出所所长被推荐提名当选为市十三届人民代表,从政治上对政法部门卓有成效的工作给予肯定。

(二)强化基层基础工作,充分发挥村、厂治调组织的作用,切实把矛盾解决在基层

五年来,我们不断强化基层基础,健全治调组织网络,配齐配强治调干部。现在村级治调组织网络有:(1)村"创安"领导小组(支书任组长,两委会成员任组员);(2)村治保委员会;(3)村调解委员会;(4)治安信息员;(5)护村队;(6)消防队;(7)"三劳"人员帮教小组。根据企业快速发展的实际,我们在抓好村级基础的同时,把企业治调工作放到突出位置,到目前已对100人以上的29个企业相应建立了上述组织,在重点企业中还切实加强了党组织建设,建立了下派政治指导员制度。为适应集镇管理日益复杂的形势,有效防止和打击外来流窜作案,镇上5个村组建了联合护镇队。下一步还将在集贸市场和交通道口设置监控装置,实现"技防"与"人防"相结合。现在全镇共有76个治调组织(企业29个,村46个,居委会1个),治调干部241人,调解信息员155人,1993—1997五年中共调处纠纷1 872起,调处成功1 799起,成功率96.1%。

在治调工作实践中,全镇涌现了一批先进典型。钟瑛村35年红旗不倒,积极开展"四创建"活动,确保社区平安;紫薇村对调解工作有新发展,切实做好"四前"工作(组织建设走在工作前,预测工作走在预防前,预防工作走在调解前,调解工作走在激化前);步森、海魄等企业重视抓人本管理、情感管理,凝聚人心,搞好企业。(海魄公司针对企业发展迅速,员工来源不一,思想不一,技术不一,汇在一起矛盾比较多,整体素质相对偏低,全面培训提高职工整体素质,设置各种类型的训练班,开展思想教育、文化教育、技术教育,经常开展各种文化技术活动,办起了阅览室、图书室,办黑板报、墙报、企业报,开联欢会、座谈会,进行技术比武现场考查,使员工在浓厚的文化氛围中受到良好熏陶。海魄公司把企业办成学校,既出产品又出人品,以高品位高素质的人员产

出高品位高档次的产品。在用人问题上，坚持私营企业不应姓"私"，做到任人唯贤，德才兼备就提拔重用，一名外来务工青年担任了车间主任。）新店湾村团支部通过修路、禁赌、公益劳动、文体活动，在青年中弘扬了正气，改善了社会风气，如团支部帮助残疾青年开辟荒山，种植果木，还自告奋勇参加现代农业园区修渠义务劳动。郭店村支书王朱龙帮教工作做到狱中，与镇联村干部一同到狱中看望劳教对象，见他没有皮带就解下自己的皮带送给他，使他深受感动。先进村村主任陈铁祥调解工作深入细致，帮助劳释人员重新成家立业，被评为省司法工作先进个人。

（三）充分发挥各职能部门的作用，建立协调、顺畅、快速、高效的运行机制，形成全社会齐抓共管的格局

为协调部门关系，明确工作职责，降低纠纷萌发，减少事故发生，控制违法犯罪，维护社会稳定，确保一方平安，促进经济发展，深化"枫桥经验"，镇党委政府通过建立综合治理联席会议制度，把政法办、派出所、法庭、交警队、法律服务所、共青团、妇联、财税、工商、供销、衬衫行业协会、教育等所有政法部门和其他涉及经济社会管理事务的部门联系起来，同镇各办事处、各村"创安"领导小组联结起来，形成了一个全镇性的综合治理组织网络，协同作业，形成合力，有效地发挥了各职能部门的作用，使得综治工作的各项措施真正落到实处。

联席会议明确综治委的工作制度：（1）"综治委"一般每二个月召开一次会议，特殊情况可以提前召开，必要时可邀请有关职能部门领导参加协调会议（一段时间内如发生计生、土管、劳动、用工等某方面引起的矛盾纠纷增加，就通知相关部门和负责人参加会议）。（2）召开会议主要是分析辖区内治安现状，研究对策，提出解决疑难案件的方法措施。（3）协调各职能部门关系，落实办案责任制，及时高效地处理各类民间纠纷案件。（4）指导全镇综合治理的各项工作。

联席会议明确各职能部门受案的时间界定及第一责任单位的认定:(1)凡接到群众报告各单位均应受理。如认为须送第一责任单位(人)的案件,必须在当天填写联系单,当日移送。(2)第一责任单位(人)案件受理后,认为调查工作有难度,必须在三日之内与相关单位联系。(3)事实查明须移送法庭判决的,必须在受理后的一个月之内向法庭联系移送。法庭应按有关法律规定给予及时受理。(4)属疑难案件的必须在一个月内提交"综治委"协调会议讨论,提出解决方案。(5)各职能单位应按照所管辖区域规定责任区,落实责任人,原则上应负全责。

联席会议对各职能部门的工作职责进行了界定,明确规定综治办、派出所、法庭的办案程序及相互联系方法。

通过联席会议制度的确立,建立了一种协调、顺畅、快速、高效的运行机制,形成了全社会齐抓共管的格局。

(四)加强外来人员管理

为加强对外来人员的有效管理,使之更好地为镇两个文明建设作贡献,我们采取了一系列行之有效的管理措施。

1. 建立完善外来人员档案。要求各用工单位配合公安机关督促外来人员及时做证,目前做证人员已达 2 350 人;同时加强对无证人员的清查工作,对检查中发现的"三无"人员责令限其补办证件。

2. 制订外来人员管理的规章制度。有关企业对外来人员实行集体住宿、统一就寝时间,并建立请销假制度,打扫卫生包干区,不断强化外来人员的自我管理意识。

3. 发挥有关职能部门的协调作用。针对个别中小企业出现的虐待、劳资、伤害等问题,我们注意发挥衬衫行业协会、劳动事务管理所的作用,督促用工单位签订劳动用工合同,明确保障条款,保障用工单位和劳动者合法权益,及时调处各类纠纷。为提高外来人员的文化素质,由镇团委牵头,并得到海魄公司的大力支持,成立了枫桥镇外来青年务工培训学校,建立了镇青年科技图书站。叠山村是外来人员聚居最多的村,针对外来人员多,经常放电影,对外来人员来去进行接送,运用情感式管理方法,与外来人员结交朋友,使他们能从情感的角度反映问题,使村及时掌握外来人员动向,做好治安工作。

(五)坚持依法教育,依法治理,依法打击

五年来,我们坚持"枫桥经验"的基本精神,立足于教育,正确处理各类矛盾纠纷,努力把问题解决在基层,解决在萌芽状态。在整个过程中,通过"依法治镇"工作的深入开展,运用丰富多彩的文体活动,抓好中小学生、广大青年的法制宣传教育,以群众性的精神文明活动为载体,大力加强法制宣传教育,增强广大干部群众学法、知法、守法的自觉性,提高全民法制意识,进一步促进社会治安的稳定。特别是对镇村两级干部强化法律知识培训,重点学习《行政诉讼法》《防洪法》《森林法》《土地管理法》《计划生育管理条例》等行政法律法规知识,组织参加执法人员资格考试,取得执法资格证书,提高依法行政水平,通过严把行政执法关,减少矛盾和纠纷的发生。对干部群众中出现的违法案件,通过抓典型,处理一个,教育一片,使大家吸取教训,接受教育。

在依法教育的同时,我们坚持依法治理、依法打击。依法教育与依法治理、依法打击是相辅相成的。矛盾不上交不是一律不上交,它的前提是依法办事,对严重违法乱纪进行教育转化无效的,必须加以打击,以打促防,为更好地运用"枫桥经验"推进综合治理创新良好条件。

2.1.3.3 次坞镇深化发展枫桥经验、全力维护社会稳定经验交流材料

提要:《深化发展枫桥经验 全力维护社会稳定》总结,2001年次坞镇根据"党委领导,政府牵头,防调结合,镇村联动,部门互动"的原则,建立了次坞镇调解中心,整合了行政部门的力量,并按照矛盾纠纷性质类别

归口落实责任部门,强化矛盾纠纷的预防化解工作;加强村级治调组织建设,发挥其社会治安综合治理的第一道防线的作用,为次坞镇的经济建设和各项事业的快速、健康发展创造了良好的社会环境;计划在2002年进一步完善治调组织网络,加强村、企业治保调解工作,强化基层政法部门、职能单位协作,维护次坞镇社会政治稳定,营造良好的治安氛围。

深化发展枫桥经验　全力维护社会稳定[1]

次坞镇人民政府

一年来,次坞镇政法综治工作在镇党委、政府的正确领导和市政法委的帮助指导下,以"深化发展枫桥经验,全力维护社会稳定"为工作目标,在集镇重点抓"五个一"管理办法的落实,构筑集镇治安防控网,增强了安全文明管理能力;在行政村、企业单位,以组建次坞镇调解中心为契机,紧紧依靠和发动群众,按照矛盾纠纷性质类别归口落实责任部门,使矛盾纠纷及时得到化解,为次坞镇的经济建设和各项事业的快速、健康发展创造了良好的社会环境。

一、实施"五个一"集镇管理办法,提高集镇治安防控和管理水平

为了进一步深化"枫桥经验",维护我镇社会政治稳定,树立中心集镇良好的治安氛围,我镇实施了集镇管理"五个一"办法。

"一支队伍"。即成立保安中队。在镇财政比较紧张的情况下,投入资金80余万元,于去年7月向社会公开招聘了3名素质较好又具有汽车驾驶、消防、城建管理等专业特长的保安队员,并落实好办公、住宿地点、使用经费,配备了车辆、警械、通信设备等,建立健全了工作职责和制度。保安中队成立后,全天候地巡逻在主要街道、停车场以及交通路口,在处置突发性事件、配合镇党委政府的中心工作、协助派出所调处各类案件以及中心消防站等工作中发

---

[1] 诸暨市政法综治信访工作会议交流材料,2001年2月,系调研材料。

挥了很大的作用。从去年8月到12月底,保安中队值班出勤共150天,参与统一行动12次,扑灭森林火险1次,抓获违法犯罪嫌疑人员48名,协助破获案件8起,处置突发性事件1起,参加大型活动保卫工作12次,查扣违章车辆6辆次,教育管理"四乱"人员11人,特别是在抓捕湖南保靖籍聚众斗殴分子时不怕困难,不怕牺牲,得到了有关领导的肯定。

"一个岗亭"。在育才路与杭金公路交界处设置了一个治安岗亭,公布派出所报警电话,镇保安中队派员昼夜值班,现场处置各种治安纠纷。岗亭所处位置在电影院前,又处在停车场边上,式口集聚,信息灵通,对违法犯罪分子起到了很好的威慑作用。

"一个停车场"。现在使用的停车场处在次坞电影院前,由于旁边设有治安岗亭,能够控制因车辆引发的治安问题,并且维持好交通秩序。但随着中心城镇的确立,镇区域的扩大,改善交通基础设施已势在必行,为此,镇政府与次坞村共同投资100余万元,自去年底开始在杭金公路与次大公路交界地段兴建停车场,以规范车辆停放秩序,预计今年上半年可正式启用。

"一条街"。即警民共建街。为了进一步深化"枫桥经验",加强警民协作,深入开展创建安全文明集镇活动,推进中心城镇规范化建设,2000年9月,由镇政府、派出所牵头,确定相关的10个部门、单位为共建成员,居委会和新庵桥村为协建单位,以育才路为创建街,层层签订共建责任书和门前三包协议,并给育才路各单位、商店和居民写出公开信76封。10月1日,警民共建街成员单位举行首次活动,冲洗街面道路、农贸市场,规范了车辆、摊位秩序,以崭新的姿态迎接国庆的到来。

"一套制度"。即外来人口管理制度。次坞镇外来人口主要分布在高速公路工地和几个规模企业中,公安派出所和大西劳动信里所采取上门登记检查、发证等主动措施,加强对外来人口的管理,同时积极开展对出租私房、施工场地以及场所特业的专项整治,取得了良好的效果。

二、组建次坞镇调解中心,强化矛盾纠纷的预防化解工作

为了进一步加强矛盾纠纷排查调处工作,我们根据"党委领导,政府牵头,防调结合,镇村联动,部门互动"的原则,建立了次坞镇调解中心。调解中心由镇机关职能办公室以及相关的七所八站组成,落实了固定的调解室,做到了工作制度、工作职责上墙。调解中心下设办公室负责日常事务工作,定期组织召开成员单位联席会议,分析研究辖区稳定形势,预测摸排各种矛盾纠纷和社会不安定因素,制定相应对策措施,按照各自职责分工,归口处理各类矛盾纠纷:对重大疑难纠纷,则实行联合调解,使调解中心真正成为一个消除矛盾纠纷、加强治安防控的战斗堡垒。在组建调解中心的同时,我们还以规范化建设为载体,加强各片办事处、村级治调组织建设,使它们真正成为社会治安综合治理的第一道防线。一年来,全镇共调处纠纷157起,其中村调处101起,调处成功95起;司法所调处23起,成功23起;调解中心调处33起,成功32起,总成功率96.18%。

三、团结奋进,开创政法综治工作新局面

在新的一年里,我们要自觉实践江总书记"三个代表"的重要思想,进一步深化发展"枫桥经验",全面落实综合治理各项措施,全力维护社会稳定,为次坞镇经济社会协调发展创造良好的社会环境。

1. 以自觉服务发展主题、全力维护社会稳定为指导原则,建好"三网":预警网、治安安全防控网、突发事件处置网,力争实现"三无",即无重大"三访"案件,无重大特大刑事案件和治安危害事故,无政治事件和群体事件。

2. 加强法制宣传,在宣传栏里开辟"法制园地",同时针对社会上不同的群体,针对性地进行普法教育。

3. 出台保安中队队员综合量化考核制度,规范综合执法行为。加强"次坞镇中心汽防站"队伍建设,保证拉得出、打得响。

4. 完善片、办政法综治工作的考核机制,理顺调解调处程序,进一步完善

充实村一级治调组织,落实好人员,进行统一培训,使之更好发挥第一道防线作用。

5. 在200名以上职工的企业单位中,成立治保调解委员会;在200名以下职工的企业中,成立治保调解小组,切实加强企业治保调解工作。

6. 加强基层政法部门、职能单位协作,进一步发挥"次坞镇调解中心"综合调解作用。

2.1.3.4 店口镇"枫桥经验"落实年活动汇报材料

提要:据《店口镇"枫桥经验"落实年活动开展情况》总结,2007年以来,店口镇着重开展了五项工作,即建设村级治保调解工作队伍和村(社区)平安志愿者队伍、建设外来建设者管理服务分中心、大力开展"五五"普法教育、强化重点信访重点矛盾的解决力度、设立见义勇为基金,要求把8月定为镇信访矛盾纠纷集中排解月,落实镇领导班子成员包案(信访)责任制。

店口镇"枫桥经验"落实年活动开展情况[1]

2007年以来,我们以创新落实"枫桥经验",努力构建和谐店口为主线,坚持"平安有序促发展,公平正义促和谐"的方针,紧紧围绕"政治社会稳定,经济发展有序,群众安居乐业"的综治目标,着力深化"平安店口"和"法治店口"工作,为加快我镇经济社会发展创造良好的社会环境和法治环境,为店口经济发展继续领跑全市,为市委市政府提出的"争进全国二十强,建设和谐新诸暨"工作目标做出了努力,发挥了作用。现将店口镇"枫桥经验"落实年活动开展情况汇报如下:

---

[1] 2007年,系调研材料。

(一)社会综合治理总体情况

1. 治安持续好转,社会总体平稳。全镇进一步强化稳定意识,充分发挥有关职能部门的作用,举全社会之力,坚持"打防结合,预防为主"原则,运用预防、控制、管理、打击、教育、疏导等多种手段,建立起反应快速、打击有力、防范严密、控制有效的全方位、立体式的社会治安综合管理体系,有效维护了社会稳定。上半年,全镇共立刑事案件308起,同比下降1.9%,破案162起,同比增加92.8%,五类刑事案件1起,已破。辖区内没有发生严重危害国家安全、严重影响社会稳定案件。劳资纠纷120起,同比下降1.6%,调解成功112起,同比上升2%。接受信访69起,调解率100%,参与调解重大纠纷6起,成功5起,1起法律援助。诸暨市两会、全国两会、绍兴市两会、党代会、防汛演练期间没有发生上访事件。

2. 平安创建继续深化,法治建设深入推进。全力打造"平安店口",积极实施12345工程,深入开展平安"八创建""八进村(居)"活动,着力推进镇、片和村(社区)企事业单位平安创建工作,特别是全镇99家500万元以上企业都建立了综治工作站和综治联络员制度,创建触角延伸到全镇每个角落,有效提高了基层创建效果。全面开展"五五"普法教育。大力推进法制宣传教育进机关、进村居、进学校、进企业活动,重点加强对领导干部、青少年、企业经营管理人员、村两委会成员和居民的法制宣传教育,做好外来建设者的法制宣传教育工作,积极实施法制宣传教育骨干培训"百千万"工程,扎实巩固民主法治建设成果,增强了广大干部群众依法办事的能力。

3. 探索综治工作新方法,实施"长治久安"工程。今年,镇党委政府切出100万专项资金,用于实施农村"长治久安"工程,四月,召开了全镇综合治理工作暨长治久安工程启动动员大会,市政法委书记阮建明等领导参加了会议。重点开展五项工作:一是建设两支队伍,即建设村级治保调解工作队伍和村(社区)平安志愿者队伍,进一步加大矛盾纠纷调处和群防群治力度,镇综治办会同派出所对全镇各村(社区)的平安志愿者队伍进行了审查,初步明确了名单,相关村(社区)已组建好队伍,购置了相应服装、装备,如江东社区、湄东社区、店口社区、侠父村等已经开展了正常的巡防活动。二是建设外来建设者管理服务分中心,创新完善"老乡干部管老乡"的管理方法,在牛皋社区、店口社区创建外来建设者管理服务分中心,从外来建设者当中物色组织能力较强、政治思想素质较好、愿意为老乡服务的同志担任分中心主任,并配备妇女主任等相应职位,外来民警协助管理,镇政府拨出相应资金,从而加强对外来人口的教育、服务、维权、管理工作。三是大力开展"五五"普法教育,在店口集镇中心建立大型法制宣传牌,不定期张贴法制宣传资料,建立社会矫正人员台账,加强对社会矫正人员的法制教育,倡导矫正人员创业、立业,已对全镇44个矫正人员完成走访工作,了解了思想动态,落实了帮教措施。四是强化重点信访重点矛盾的解决力度,完善信访调处层级制,建立信访重点村责任网络,对无群体性信访案、无重特大安全责任事故、无重大刑事案件的村、单位予以奖励,朱家站、斗门的信访经市领导牵头、镇领导协调、相关部门介入,多次协商后,相关信访人表示接受处理意见,不再信访。五是设立见义勇为基金,对因见义勇为而导致伤害、伤残、伤亡的群众和在实际工作中成绩突出的平安志愿者人员予以奖励。

4.领导包案、化解矛盾、维持稳定。店口镇党委、政府在总结全镇工作时,深切体会到社会稳定对我镇社会全面发展的牵制,主要表现在信访总量没有得到有效扼制;个别重复访、积案访化解进程不快;还有是一些涉及土地的信访已明显影响了我镇的经济加速发展。为了贯彻落实全市维稳工作形势分析暨"走进矛盾、破解难题"工作会议精神。镇党委、政府借鉴了市领导下访包案机制,充分调动镇领导班子成员的潜力和责任心,把八月定为我镇的信访矛盾纠纷集中排解月,落实了镇领导班子成员包案(信访)责任制。

(1)镇党委、政府分析我镇目前的信访形势,列出10只影响和难度较大、调处时间较长的信访作为领导包案。规定包案领导厘清案件性质,深入信访户调查研究,提出切实可行的解决办法,争取在一个月内结案。

（2）包案领导落实责任,每星期五以书面形式向综治办汇报信访调处的进展情况,由综治办整理后交镇主要领导督查。

（3）半个月召开一次包案领导及片、办负责人会议,汇报包案进展情况,分析形势,提出下一阶段的工作重点。

（4）经过领导包案,10 只案子已调处成功 4 只,有效扼制了信访量,收到很好的效果。

（5）对情况比较复杂、解决难度大的信访案件,进一步明确工作目标,强化调处力度和落实维稳措施,争取在规定时间内再化解 3 只信访,以维持社会稳定。

(二)下阶段打算

我们将以"枫桥经验"落实年活动为契机,"长治久安"工程为抓手,全面落实各项工作任务。

1. 加强对已组建的平安志愿者队伍的管理和建设。

2. 抓好"外来建设者"管理服务分中心建设。继续深入开展"共同融入当地社会,共同创造美好家园,共同享受文明成果"行动,对已筹建牛皋社区、店口社区外来建设者管理服务分中心加以完善。

3. 深入开展五五普法教育,切实抓好社会矫正工作。在店口集镇中心建立大型法制宣传牌,不定期张贴法制宣传资料,通过学法,达到守法用法。

4. 加强信访工作,加大信访解决力度。健全镇、片、村三级信访联动机制,减少信访总量,切实解决存在矛盾,终结一批无理信访。

5. 探索新形势下技防、物防新模式。进一步加强科技防控,在调查研究的基础上,完善集镇主要路段、路口电子监控系统设置,并构建全镇性的联网报警系统。

2.1.3.5 枫桥坚决把群众信访吸附在当地,化解在源头

提要: 枫桥镇党委坚决将群众信访吸附在当地,化解在源头,为此要求畅通各类信访表达渠道,加强说理释法,构建乡村遵法守法的文化体系,引导群众运用法治方式维护自身利益,源头分流信访案件;进一步探索创新预防化解矛盾纠纷机制,深化社会治理"一张网"工程,推广民主议事决策制度,强化干部队伍培训,提高综合施策能力,加强干部队伍的能力建设,增强干部依法办事的意识,推动干部主动摸排、合理解决各类矛盾纠纷,实现矛盾不上交、就地解决。

上访不上访　关键在镇上
——枫桥坚决把群众信访吸附在当地化解在源头[1]

作为"枫桥经验"的发源地,枫桥镇群众越级上访也曾一度高发,目前已得到遏制。全省"百日维稳攻坚大会战"以来,未发生群众越级上访。为巩固扩大成果,枫桥镇党委近日发出通知,在全镇开展"走村不漏户、信访不出户"专项行动。镇党委书记赵文中态度非常明确:"要坚持创新引领,综合运用改革、法治、网络、社会、党建等五种力量,坚决把群众信访吸附在当地化解在源头。"

一、信法不信访　基层要导向

人民群众对于解决矛盾纠纷途径的选择,信法还是信访,很大程度上取决于乡镇的导向。

1.渠道要畅通。治访如治水,堵不如疏。畅通各类信访表达渠道。镇机关干部全员服务人民群众,对于群众诉求实行首办责任,解决了大量问题,信

---

[1] 浙江省信访局调研枫桥后提交省委批示的典型材料,2015年11月,系调研材料。

访矛盾实现了"化解在早、解决在小"。同时我们还设立各种平台方便群众反映问题表达诉求,市长热线、镇长热线全天候在线办理,及时解决群众反映的各类问题;"古镇枫桥"微信平台无差别受理各类信息,分类解决群众诉求。每月15日,市领导都照例到镇上接待群众来访,枫桥还创造性地以远程视频连线的方式,让群众在镇里就可以享受市法律援助中心的法律咨询服务,引入人大代表、政协委员、乡贤参与矛盾化解。落实诉访分离制度。明确清晰地定位信访范围,对于群众反映的涉法涉诉问题引导走司法途径,并为确有经济困难的群众提供司法援助。配套还建立了矛盾纠纷甄别疏导机制,全面梳理人民调解受理的案件范围,对受理的各类矛盾纠纷先甄别梳理,一些较严重的刑事违法案件和当事人明确表示不愿调解的案件不予调解,今年3月实行以来,已发放依法处理劝导书52份,引导群众运用法治方式维护自身利益。

2. 道理说明白。镇里开展各项工作,都与群众密切相关,前期把法律政策讲清楚,是非常必要的,我们开展"五水共治""三改一拆"、新农村建设等工作,一开始有些群众不理解不支持,矛盾就出来了。所以我们把摆事实讲道理作为各项工作重中之重,通过集中开会、个别谈心等各种形式,争取群众的理解支持,清除工作推进过程中的各种阻碍。工作过程中严格把握法律政策规定,不偏不倚,公正合理,让群众从理解到配合,从内心支持到主动实施,我们的工作也事半功倍,水到渠成。信访矛盾产生后,我们主动上门讲法律讲政策,分析矛盾原因及化解对策,帮助当事人解决生产生活中的困难,晓之以理,动之以情。不属于信访事项的,在努力做好心理疏导、困难救助工作的同时,为其指明出路,引导其走司法途径或其他合理途径。对于已经解决的信访案件还实行定期回访制,做好情绪安抚工作,巩固工作成果,防止重新信访或被其他人游说串联。

3. 文化是力量。构建乡村文化体系,充分发挥优良文化在防范解决矛盾纠纷中的内生动力作用。全面推行村规民约、村训家规,挖掘提炼以"枫桥三贤"为核心的传统优秀文化，重塑崇德向善、敦孝勤勉、睦邻和善的文化价值。充分利用文化礼堂、法治大讲堂等载体，实现以法庭、检察室和派出所为主导，多方联动、全民参与的形式，整合农村法律顾问、网络服务平台等资源，广泛深入地宣传推广崇尚法律、遵法守法的法治文化，"春风化雨"，逐步形成办事依法、遇事找法的内心确信和行为惯性。今年10月26日，诸暨日报2版要闻和11月15日绍兴日报头版，先后刊登了《杜黄新村：从敲锣打架到依法治村》一文，杜黄新村由乱到治，说到底是枫桥镇以文化人、依法治村的一个缩影。

二、走村不漏户　乡亲要认账

枫桥镇积极开展"走村入户"活动，创新实施服务群众"五个一"机制，做到：群众问询一次性、群众办事一站式、群众民情一口清、群众诉求一条龙、群众急难一张网，全面掌握民情，及时解决困难，有效预防矛盾。全镇上下营造发展氛围，强化服务理念，以看得到的成绩，感受得到的温暖，向群众晒工作的"账本"。

1. 大事小事心中有数。枫桥镇坚持领导包村、干部驻村、村干部联系村民代表和村民代表联系农户，将走村入户、掌握民情作为机关干部，特别是驻村干部、年轻干部的重要考核指标。开展民情大比武，要求"挨家挨户走一遍、男女老少见一面、大事小事问一声、大忙小忙帮一件"，确保全镇19 000多户群众全覆盖。每年初开展一次"连心卡"发放活动，将驻村干部和连片土管员、环保所干部、综治司法干部等联系机关干部的电话号码发放到户，并进行政策宣讲、法治宣传。不定期走访群众，掌握普遍性的发展问题，了解个体"大困难"，收集个性化的"微心愿"，切切实实为群众排忧解难，拉近了干群关系，也检验了干部群众工作能力。

2. 群众的事儿归零办。以"应进尽进、能进则进"，最大化方便群众为原则，整合工商、公安、房管、环保、税务等站所窗口职能，梳理社保、医保、粮农直补等职能职责，在社会服务管理中心一楼建立了集约型、一体化的公共服务大厅,提供各类便民服务203项,月均受理量6 000多件,真正实现了一站式受理、一条龙服务。按照"延伸到村、服务到家"的要求,行政村设立社区服务中心,实现"便民服务不出村、行政审批不出镇"目标,从源头上减少了群众办事环节,提高了群众满意度。建设社会治理信息指挥中心,对网格上报、群众反映、上级交办的各类举报、投诉和意见,建设统一受理、统一交办、统一回复、统一考核。中心对事件处理实行全程跟踪、即时回访。每月平均采集各类有效信息500多条,统一流转290多条,80%以上在村级得到处理。

3. 让人人都有好梦想。结合十三五规划的谋划制定,枫桥镇上下齐心,共谋大发展、共求大突破、共推大建设,让经济社会发展有方向,人民群众心中有梦想,凝心聚力,共同将枫桥镇建设成全国一流、全省领先的中心镇、基层社会治理现代化的示范区。加快传统纺织、服装、汽配产业的转型升级,培育发展新兴产业、休闲文化旅游产业,提升造富能力,实现群众的"富裕梦"。拉大集镇框架,建设美丽新农村,打造一个既有历史底蕴又有现代风貌、既能留住乡愁又能点燃乡情的现代化"枫桥古镇",实现群众"都市梦"。强化立体化社会治安防控体系建设,打造"夜不闭户、路不拾遗"平安乡镇品牌,实现人民群众的"平安梦"。

三、矛盾不上交 干部要担当

强化干部担当意识,枫桥镇在预防化解矛盾纠纷方面进行了一系列机制创新和实践探索,主动摸排、靠前解决各类矛盾纠纷,实现了"矛盾不上交,就地解决"的基本目标。

1. 勤于吸附矛盾。枫桥镇深化社会治理"一张网"工程,全镇分为186个网格,整合市、镇、村三级人员力量到各个网格,收集各类信息,解决各类纠纷,办理各类事项,呈现出"干部下去多了,群众上来少了,源头解决多了,矛盾上交少了"的新风貌。积极发挥调解网络健全的优势,综合调度行政调解、司法调解、人民调解和行业调解、专业调解组织力量,确保矛盾在第一时间就近就便、归口归类调处。2015年1—10月,枫桥镇各类调解组织共调解成功各类案件668起,成功率达98.2%。坚持镇村分级调处,逐级移送,大大节约了调解成本,85%以上案件成功解决在村里。压实事权职责,实行初信初访纵向管理机制,由职能办和驻村干部按属地管理原则化解初信初访,要求责任人一次性解决群众所有合理诉求,倒逼干部积极履职、依法处事。2014年以来,192起初信初访均如期办结。实行信访积案横向管理机制,由综治线牵头协调信访积案的化解工作。2014年以来69只信访积案已经化解54件,2015年市级以上积案15件已经化解14件。

2. 善于源头防控。落实民主治村,让人民群众充分参与村务管理中来。推广枫源村"三上三下"民主议事决策制度,确保重大事项群众广泛参与,预防群众因不知情、不理解产生信访。实行农村法律顾问审备制,村级资产处理、工程发包、项目合作等重大事项做出决定前,由村法律顾问就合法性、可行性进行审核,并签字备案,预防因村级事务程序不到位、不合法而产生信访。加强干部队伍建设,提高干部依法办事的意识和做群众工作的能力。定期或不定期地开展法治培训和业务培训,以镇机关干部和村两委会干部为重点,以法治建设为核心,大力组织开展教育培训活动。组织广大村干部到检察室接受廉政警示教育,法庭经常性地组织到现场开展庭审、设立庭审活动开放日,通过现场教育、以案释法等形式,提高镇、村干部依法办事,廉洁自律的素养,提高群众有事找法,依法维权的自觉,从源头上防范各类矛盾发生。

3. 敢于综合施策。枫桥镇坚持以法治手段为矛盾化解的主线,综合运用村规民约、舆论道德、亲情友情和经济手段、行政手段等,根据信访矛盾的内容特征,分类处理,"一揽子"解决。如我镇屠家坞村陈某某信访事件,因邻里纠纷多次赴京到省信访,要求拆除邻居违章建筑。我们在查清双方均有违章事实基础上,一视同仁拆除违章,同时依靠当地乡贤陈某月上门沟通疏导,帮助安排工作解决其生活困难,多策并举,最终促使陈某某息访,对镇干部的态度也从抵制对抗到信任感激,现在经常以身说法,帮助镇干部做其他信访人的思想工作。在解决人民群众合法合理诉求的同时,对闹访、非访等严重扰乱社会秩序的行为敢于亮剑,积极收集固定证据,果断打击,逐渐扭转"大闹大解决,小闹小解决"和"花钱买平安"的态势,营造了依法解决合理诉求,文明有序反映问题诉求的信访氛围。对信访工作本身也加强规范,以《信访事项办理规范》等制度,细化了从接待、受理、交办、答复等环节流程;公开了受理告知书、回执单、不予受理、答复意见书等文书,便于群众上网查询;强化办信人员证据意识,调查过程和文书送达确保全程有纸质档案或影像资料记录。

"枫桥经验"的发展历史表明,它是随着时代变迁不断丰富发展的,在不同时期体现出不同内涵,所以历久弥新,不断焕发出新的生命力和活力。枫桥镇党委政府在"枫桥经验"的引领下,在经济发展社会治理各个领域不断创新突破,努力提升人民群众的获得感。探索推行各种机制措施,把各类矛盾纠纷控制在源头、吸附在当地、解决在基层,努力提升人民群众的满意度。

2.2 村(居)多元化解矛盾纠纷

2.2.1 钟瑛村深化"枫桥经验"[1]

2.2.1.1 钟瑛村治调会工作总结

提要:钟瑛村治调委高举"枫桥经验"旗帜、创造全面小康社会,积极发动群众就地化解矛盾纠纷,40年来在化解纠纷领域做了很多工作:健全调解组织网络和治调信息员队伍,及时掌握社会不安定因素和矛盾隐

---

1 这部分材料均来自钟瑛村党支部村委会编:《钟瑛村党支部村委会关于深化枫桥经验事迹介绍及治调工作有关材料(2002年5月—2003年12月)》,系调研材料。

患;建立村与村之间治调信息员制度,村村联动开展治调工作,运用"三抓""三防""四前工作法",将矛盾纠纷解决在基层,解决在萌芽状态;等等。

高举"枫桥经验"旗帜　创造全面小康社会

钟瑛村治调委

钟瑛村坐落在枫桥镇中心繁华地段,南濒枫桥江,北接绍大线,全村现有人口1 401人。长期以来,村民安居乐业,经济社会欣欣向荣。

钟瑛村是闻名全国的"枫桥经验"的发源地之一。在"枫桥经验"走过的四十年漫长历程中,通过历届干部和广大村民的共同努力,取得了一些好成绩。早在上个世纪六十年代,村治保会就成为全国治保战线上的一面旗帜,受到国家公安部的表彰。此后三十多年里,该村还获得了国家司法部授予的"模范人民调解委员会"的荣誉称号,以及其他从中央到地方的各种荣誉称号数十个。钟瑛村之所以受到上级的多次表彰,关键在于坚持"枫桥精神"几十年如一日,不断创新发展,与时俱进,认真做了以下几方面工作。

一、发动群众,群防群治

钟瑛村地处枫桥镇中心交通要道,公共场所和企业众多,人口流动量大。随着经济社会各方面的快速发展,社会矛盾日益增多,治安形势相对复杂。村两委会认识到,要做到辖区内社会稳定,长治久安,把不安定因素消灭在萌芽状态。为此,该村专门建立了三支素质高、战斗力强的群防群治队伍,即护村队、义务消防队、民兵应急分队。这三支队伍的建立已有18年历史,队员们常年默默无闻,任劳任怨,义务值班巡逻,战斗在抗洪抢险、救火救灾的危险时刻,为保障人民群众的安居乐业做出了牺牲和贡献。在这三支队伍的建设上,村两委又做到了以下几点:

（一）组织健全，党、团、群相结合。村两委会成员全部加入三支队伍中，还把年纪轻、素质好、责任心强的村民充实到队伍中来，共产党员、共青团员在其中起模范带头作用。

（二）制度落实，措施到位。队员每月进行一次集中学习，提高思想政治素质和业务水平；实行义务执勤巡逻制度，在国家重大活动、重要节假日期间和重大突发事件发生时，更是严格要求执行，一丝不苟。近几年钟瑛村还开展"平安志愿者活动"，号召和引导广大村民积极参与，"我为村民守一夜，村民为我守一年"的响亮口号深入人心，治安形势更加平稳，使钟瑛村成了犯罪分子不敢逾越半步的"天网""雷池"。据不完全统计，近几年来，该村护村队共发现并配合公安机关抓获犯罪嫌疑人20余名，破获刑事案件20多起，有力地震慑了违法犯罪分子。1999年8月19日，根据枫桥派出所案情通报，该村某农户出租房内住有一何姓贵州籍逃犯。得知这一重要情报后，村里迅速组织护村队昼夜布控，严密监视，终于在第二天上午8点发现了罪犯的行踪。布控的护村队员一边报告派出所和村值班室，一边追踪罪犯，在警民联手的层层围捕下，终于将该罪犯抓获。市公安机关还以此为线索，深挖出一个以何某为首的重大盗窃犯罪团伙。

二、矛盾纠纷，就地消化

钟瑛村历来重视人民调解工作，一向把调解工作放在重要的议事日程上。为了做到纠纷不出村，矛盾不上交，钟瑛村几十年来踏踏实实做到以下几点：

（一）组织网络健全。由村主职干部兼任治调主任，其他两委会人员分别兼任治调副主任、治调委员。建立治调信息员队伍，完善情报系统。如村中一旦发生纠纷就像电脑、互联网一样，信息即反馈至各村办公室。治调干部立即赶赴现场了解第一手情况，制止事态的发展。

（二）牵头建立村与村之间的治调信息员制度。钟瑛村位于枫桥镇中心，与各相邻村联系紧密，交往频繁。针对这种特殊情况，我村率先提出治调工作村村联动的新思路,得到相邻各村的积极响应。现在每季度召开一次联动大会,互通信息,群策群力,村与村之间、不同村的村民之间的矛盾得到及时化解,使各村民和睦相处,亲如一家。

(三)创造和运用"三抓""三防""四前工作法"。把矛盾纠纷解决在基层,解决在萌芽状态时"枫桥经验"的精神所在,钟瑛村几十年来一直坚持自己的事情自己管,自家的矛盾自己解决,为做到这一目标,该村制订了一套预防和化解矛盾的制度,提出了"三抓""三防"目标,即抓重点、抓苗头、抓防范;防民间纠纷发生、防民间纠纷引起非正常死亡、防民间纠纷转化为刑事案件;灵活运用"四前工作法",切实做到了组织建设走在激化前。由于制度落实,责任明确,方法有创新,加上历届治调干部的辛勤工作,钟瑛村近 10 年来没有 1 起纠纷上交,全部解决在基层。

三、创新方法,真心帮教

钟瑛村特殊的地理环境和相对复杂的治安形势,使得该村先后出现归正人员 11 人。在"枫桥经验"这面红旗的指引下,通过帮教干部和广大村民的共同努力,到目前为止,绝大部分归正人员已解除帮教,成了家,立了业,一人当上了村民代表,一位失足青年还光荣地加入中国共产党。钟瑛村之所以在帮教工作中取得了这些成绩,主要是村两委会十分重视,在依靠"枫桥经验"解决问题的同时,不忘进一步深化和发展"枫桥经验",运用"三个延伸"的新机制认真做好帮教工作。

(一)事先向监所延伸,即帮教进监所。从 2000 年起,村两委会每年会同司法所干部、派出所干警、联村干部、家属组成联合帮教小组到杭州乔司监狱、绍兴劳教所看望在押的帮教对象,签订三联保责任书。村两委会带去凝结全村父老殷切期望的生活补助费,鼓励他们树立重新做人的信心。乔司监狱领导感叹说:"像你们这样每年组织帮教到监狱帮教的,全省只有你们能做得到,别无二家。"罪犯骆某在帮教小组的教育鼓励下,思想上有了很大的转变,三年来坚持每月给村里写一封改造汇报信,从不间断。在这里摘取他来信中的几句话:"您对我的教诲就像盛夏的凉风,使我看到了新的希望,新的明天。我会把刑期当作学期,克服缺点,充实自己,树立正确的人生观。"骆某的积极改造得到了监狱领导的肯定。2001年底骆某被省监狱管理部门评为"劳动积极分子",有很大希望能减刑,提前释放。

(二)事中向家庭延伸。钟瑛村的帮教干部不仅对归正人员的生产生活予以帮助,思想上进行教育,而且也在亲属身上做工作,经常督促他们要管牢管好;对没有成家的归正人员,也非常关心。村民何某释放回家后谈了一个对象,不知什么原因关系破裂。村里知道后,当即派了两个干部到50里外的女方家,耐心细致地做思想工作,终于使他们重归于好。2003年元月两人已结婚,现在生活幸福。

(三)事后向巩固提高延伸。钟瑛村的帮教工作不仅在帮教期内尽心尽力,帮教期届满后,为了防止他们出现反弹甚至重新犯罪,也没有放松对他们的教育和帮助,而是一如既往地予以关心和支持。帮教干部仍然经常上门走访,了解生产生活情况。有困难的,继续帮助。另外,在几十年来的帮教过程中,村帮教工作者始终坚持思想改造是第一位,关心、帮助他们致富奔小康,以防止重新犯罪。为此,在帮教工作中,巩固树立了"三帮"理念,即思想上帮心、生活上帮扶、经济上帮富,并始终用以指导开展帮教工作。

四、加强外来人口管理,服务与维权并重

近几年来,随着枫桥镇社会经济等方面的迅猛发展,吸引了大量外地人员来枫桥镇务工经商,钟瑛也成了全镇外来人口、私房出租最多的村,全村约有外来人口800人,出租房300余户(间)。外来人口在促进本地经济发展的同时,也给管理带来了一定的难度。为了管好外来人口,实现发展与稳定的和谐统一,村两委会把这项工作摆在突出的位置,花大力气,动大脑筋,扎扎实实做到了以下几点:

（一）组织健全，制度落实。村两委会定期召开会议，就外来人口管理工作进行专项研究，制定计划，部署工作方案。专门成立了外来人口、出租私房登记站及领导小组，积极配合有关部门做好外来人口管理工作。

（二）措施到位，责任明确。坚持常年逐户逐人摸排登记，协助派出所为外来人口办理暂住证。对全村私房出租户发出通告，要求他们立即报告。近几年来，好几起外来人口盗窃案就是由出租房业主发现后及时报案而破获的。

（三）管理的同时不忘服务。特别是在计划生育方面，更是做到了管理不留情，服务献真情。一有管理对象入住钟瑛村，村妇女干部就和治保会干部一起上门登记，为育龄夫妇建立档案，做到情况明，底子清，并定期开展计生检查，提供计生服务。近年来，没有发生外来人口超生现象。在外来人口的合法权益受到侵害时，村干部也没有坐视不管，积极主动地为他们讨公道。针对外来人口与本地人之间的矛盾纠纷，村干部及时公平公正、合法合理地处理问题，坚决杜绝歧视和偏袒行为，取得了他们的信任和赞扬。

五、档案工作历久弥新

钟瑛村早在上个世纪五十年代就开始保存档案资料。现有从解放初期到2003年的治调档案40余卷，各类财务、文书、建房档案100多卷，每一卷都装订成册，细致保存。这些档案反映了该村50多年来的历史全貌，记录了"枫桥经验"诞生、发展的全过程，凝结着几代村干部的心血和汗水。特别是在"十年动乱"期间，更是经受了无数的严峻考验，为后人留下了一笔宝贵的财富。上级领导来钟瑛村视察，看过这些档案后，对该村提出表扬，认为保存有如此齐全的档案资料，至少在全省是出类拔萃的。

钟瑛村在几十年如一日的治调工作当中，始终高举"枫桥经验"伟大旗帜，为维护社会稳定，促进地方经济发展做出了贡献。但随着现代社会的飞速发展，新的社会矛盾层出不穷，钟瑛村继续坚持着"枫桥经验"的基本精神，进一步创新和发展着"枫桥经验"，为保一方平安，促家乡发展，早日实现全面小康社会而努力奋斗!

2.2.1.2　钟瑛村治调会工作制度

提要:钟瑛村治调委员会制定了《钟瑛村治保调解工作制度》,规定了责任制度、培训制度、治调日制度、纠纷移送制度、登记立档制度、回访制度以及总结评比制度,明确了治调干部的责任、治调工作的要求,推进了钟瑛村治调委员会工作科学化、制度化、规范化,提升了其治调工作的效率和水平,发挥了治调会在矛盾纠纷多元化解机制中的基础性作用。

钟瑛村治保调解工作制度

一、责任制度

实行治调工作承包制、要求治调干部实行"三包":包预防纠纷、防范措施的制订和落实,包职责范围内的纠纷调处,包重点户和重点人的帮教。

二、培训制度

治调干部培训在镇委统一领导下,每年进行两次培训,提高治调干部素质,增强治调工作能力。

三、学习制度、治调日制度

每月10日为村治调日,治调委员会集中研究未能调处积案,29日为镇调解日,由镇公安员、司法助理员召集,镇分管政法同志参加,主要调处村无法调处的疑难纠纷,治调日原则上有案办案,无案组织大家学习法律知识,交流经验,研究工作。

四、纠纷移送制度

村级解决有困难须移送的案件,必须具备四个条件:1.当事人有申请报告;2.治调组织有调查笔录;3.治调组织有调处意见;4.调处不成的原因。

五、登记立档制度

村级治调组织,每调处一件纠纷都要认真做好原始笔录、旁证材料、单据、协议书等凭据整理成册,立卷归档,做到事事有登记,件件可参考。

六、回访制度

凡调处的案件,要做到回访,掌握当事人的思想动态,防止纠纷激化。同时检查监督协议执行,当事人双方思想隔阂。

七、总结评比制度

每月一小结,一季一评比,年终一总评。

钟瑛村治调委员会
1997年3月

2.2.1.3 钟瑛村深化"枫桥经验"事迹

提要:钟瑛村40多年来一直重视调解工作,并采取了以下措施:健全治调组织网络,及时掌握矛盾纠纷信息;建立村村互动的治调信息员队伍和村村联动会议,联合调解跨界纠纷;建立完善治保、调解制度和档案制度,规范调解工作;采取了"三抓""三防""四前工作法"做法,依靠治调干部的"三勤""三热",实现了化解矛盾不出村。

钟瑛村深化"枫桥经验"事迹材料(三)
——"枫桥经验"主要精神:以人为本、及时调处,把纠纷矛盾化解在基层,基本做到纠纷矛盾不出村

我们钟瑛村40多年来,村党支部历来重视调解工作,并把调解工作放在主要的议事日程之上,具体如下。

一、网络组织健全,两委成员交错兼职治调委成员

我村几十年的治调组织网络健全,由村主职干部兼任治调主任、两委人员

分别兼任治调副主任、治调委员,并且以自然村建立治调信息员队伍,全村12个信息员分别由党员、村民组长担任。如村中发生任何事情就像电脑、互联网一样,信息即反馈至各村办公室,村治调组织立即赶赴现场能及时了解情况,制止事态的发展,掌握第一手资料。

二、建立村与村之间的治调信息员队伍(即村村互动)

我村最先提出村与村联动确实好,并制订规则和信息员队伍,定期开展1个季度召开一次村村联动会议,及时通报村与村之间的各种纠纷、矛盾。因我镇上五村农产各村都有,有纠纷、矛盾就互相指责,我们虽住在你们村但你管不着等现象经常发生。实行了村村联动能和对方村及时联系,也能像本村村民一样对待外村村民,及时排解、及时调处能避免多种村与村的各种历史遗留和现实问题,达到村与村之间,村民和睦相处,亲如一家的好处。

三、制订学习制度,和建立一套完善的治保、调解制度

我村规定每月召开一次治调信息员学习,培训会和情况通报会和一套治调工作制度7条。

四、建立档案制度

早在"十年动乱"的年代,我村的前任干部就考虑到了这个问题:从1975年起就建立了调解工作档案。至今28个年头,而且年年不缺少。每一件调解档案到目前共有因年代久远发生各种历史遗留纠纷十多起都是通过档案而得到解决的。

五、化解矛盾纠纷不出村就是"三抓""三防""四前工作法"

把矛盾纠纷解决在基层,解决在萌芽状态是"枫桥经验"的精神所在,我村调解委员会一直坚持自己的事情自己管,自家的矛盾自己解决,为做到这一点,我们制订和建立了预防化解矛盾的一套制度(上面已经陈述),制定了"三抓""三防"目标(三抓:抓重点、抓苗头、抓防范;三防:防民间纠纷发生、防民间纠纷引起非正常死亡、防民间纠纷转化为刑事案件)。由于制度落实、目标明确,加上村治调干部的辛勤忘我工作,做到不怕死、不怕得罪人、不怕人情关、苦口婆心,终于使我村在近10年来,调处签订生效的调解协议书163起,还不包括几十起口头达成的协议,都能得到及时调处,而没有1起上交,没有1起因调处不当、不及时而民转刑和非正常死亡的案件。下面就163起纠纷中,举几个例子。

(1)产权不明,不让停尸案

1995年5月22日,村民陈某明父亲去世,家人根据当地风俗习惯将遗体放在中堂办丧事,不料其叔陈某[1]声称中堂房产权归其所有,不让放遗体,叫了十多个亲朋好友准备将遗体抬到屋外。陈某明一家及前来奔丧的亲戚悲愤交加,准备大打一场,大有民转刑的可能。村治调委员会得到信息后,立即赶到陈家。一面设法稳定在场双方亲戚的情况,了解纠纷原委:原来是房屋产权"土改"时,对遗留的两家的产权不明。两家多次为产权上法庭而没有办法解决。原因明确后,治调委员会做工作,要求陈某权先让陈某明办好丧事,房产纠纷由村帮助解决,终于平息了一触即发的群众性斗殴事件。事后,村治调会查找有关历史资料,基本上搞清了房产权属,在此基础上,召集双方心平气和地进行协商,明确了产权关系,村治调会还帮助双方向房管部门办理了所有权证,使这一重大可能民转刑案件,得到了圆满的解决。

(2)夫妻关系破裂

村民陈某儿因生活琐事发生矛盾,发展到分居、闹离婚,治调会得知情况后,指定专人负责调解。夫妻俩闹矛盾,女方到外地打工,我们经过多方打听,才终于找到她,让夫妻俩面对面地谈谈对方的不足之处和今后的打算,听取双方的争辩后指出了各自的不足,又分析了双方对对方的意见,不少是由误会产生的,并指出离婚将给自己和儿女的生活带来严重的影响和后果,希望他们冷

---

[1] 原文疑似有误,推测应为陈某权。

静思考,重归于好,经过我们的多次而耐心、细心、苦口婆心的工作,终于使这对多年分居的夫妻并即将离婚的人重归于好。

(3)建房纠纷

98年12月,我村村民陈某祥建房和邻居,以及新跃村楼某、何某兄弟俩同时建房,发生纠纷。导致4户、十多人打群架,致使4人受伤住院治疗,共花费医院费用合计15 179.89元的案件。打架发生后,双方报了案,因该案涉及4个村,经过派出所,要求该案由枫桥镇司法办解决,司法办经过协调,但未能调处,双方各抒己见,互不相让,互相指责双方等,致使该案拖了几个月。后因我村陈某祥的催促,我村治调会正式向镇司法办请示:该案是否由我村出面解决,司法办参加?经司法办同意后,我村于99年3月5日进行协调。此前我村对该案作了很多调查工作,尤其是事先协调了建房的纠纷,因抓住了主要矛盾和地理位置有利,才终于使他们能坐下来协调伤害案。经过近一天的协调做各方工作,尤其是我方的工作,指出各种利与不利,当事人终于签字,一次性赔付了医药费用(注:赔偿陈某祥人民币4 250元),该案得以成功解决。尽管是涉及4个村多人的伤害,但你只要治调干部公平、公正、合理,动之以情,晓之以理,再疑难的复杂纠纷也能解决在基层,不上移给司法部门。

(4)死亡纠纷赔偿案

2002年2月,我村村民骆某到西安打工(由本镇石碶村村民开办的瓜子厂),因突发脑溢血,经过当地医院医治无效,来诸暨医院医治途中死亡。丧方报到我村治调会,我村当即组成3人协调组前往丧户。到骆家是哭声震天,亲戚朋友团团围住瓜子厂老板金某问骆某死亡原因。金某把骆某死亡的原因作了详细的说明并拿出当地医院的治疗病历、发票等,说骆的死亡与自己无关,是突发疾病死亡,自己已经尽了人道主义义务。我们了解情况后,又向骆某家属、兄弟同胞了解情况,得知骆某确有血压高等症状,就大力劝阻说服、平息事态,最后问题焦点集中在骆某的父亲、妻子的赡养、扶养生活费和丧葬费上。

丧主表示,丧葬费多少多少、赡养费、生活费多少多少;厂方表示,骆某是自己突发疾病,他尽了人道,医院费、湖南至枫桥的车费已经近万,等等,双方各抒己见绝不相让。我村调解组给双方分析原因和各种情况,拿出劳动法及有关事故赔偿等条例条款,最终说服双方,经协商由厂方一次性支付骆某家属人民币 20 000 元(包括医院治疗费、车费、赡养费、生活费),终于使这次死亡之案得到了顺利解决,避免了处理不当引起各种意想不到的事态发生。

(5)(6)外来民工租住在我村和本村村民的纠纷矛盾,如何解决的,二个例子,在做好外来人口、出租和私房中提出,这里就不再重复。总之,各种纠纷、矛盾方方面面各个领域都有,不多举了。

六、三勤、三热

我村治调会在调解过程中,始终坚持自己的纠纷自己化解,靠集体的力量来解决,靠有一套细致有效的制度,靠公正、公平、合情合理的解决方式,靠坚持实事求是分开处理,合法平等的处理原则解决各种纠纷矛盾,靠治调干部的脚勤、手勤、口勤和三热(热心、热情、热爱),用热情而耐心细致的思想工作引导村民,以理服人、平等待人的工作作风,用我们的真心、热心、爱心去化解矛盾。

七、辛勤的工作

各级组织领导也给予我们应有的荣誉,治调会在 1999 年 5 月被司法部评为模范人民调解委员会、治保会;1978 年公安部＊＊＊[1]集体和省公安局、绍兴市、诸暨市、枫桥镇各种不同的荣誉和锦旗,还被诸暨市委、市政府命名为十强村、文明村、奔小康示范村等。

1999 年 9 月村支部书记代表村治调赴京参加公安部召开的英模大会。

---

1 原文字迹无法辨认。

2.2.2 枫源村创新发展"枫桥经验"[1]

2.2.2.1 "三上三下"民主决策

提要：村级事务无小事。因事关村民的切身利益，要畅通渠道，使村民们积极有序参与、充分讨论，并在此基础上做出科学决策，真正做到公平公正公开，既能调动村民参与村级治理的积极性，也能避免日后产生矛盾纠纷。枫源村率先推出的"三上三下"民主决策机制就是这方面的探索实践。"三上三下"民主决策机制为村民们提出利益诉求以及满足其诉求建立了有效的沟通机制、科学有序的决策程序，使村务治理畅通、和谐、有序，有效地避免了很多矛盾纠纷。

枫源村首先推出了"三上三下"民主决策机制，创建了"枫源式"行政村，为村务民主和谐做出了榜样。"三上三下"民主决策机制是：其中"一上一下"为收集议题，根据上级工作部署，结合本村实际，村两委会研究后提出议题，然后上门入户广泛征求村民意见；"二上二下"为酝酿方案，村两委会汇总分析意见建议，提出建议方案，提交党员议事会、民主恳谈会（听证会）及专业部门，对方案事项的必要性、可行性进行深入讨论、科学论证，进一步形成共识，完善方案；"三上三下"是审议决策，村两委会讨论确定方案，提交党员会议审议通过，经村民代表会议表决通过组织实施。

"三上三下"民主决策机制，为畅通村民利益诉求提供了平台，提高了村

---

[1] 本部分史料文献摘自《枫源村志》编纂委员会编：《枫源村志》，吉林文史出版社2021年版，第85—90页。

民当家作主的主人翁意识,让村民参与新农村建设的热情高涨,村民从新农村建设的"旁观者"转变为"直接参与者"。通过协商推进村级实事工程,有效避免了许多矛盾,达到了村务和谐又顺利通畅。

2.2.2.2 "五治"总结

提要:枫源村在新时期积极探索创新"枫桥经验",采取了全民来共治、村委重法治、基层重自治、矛盾源头治、无理访大家治的"五治"方法。其中蕴含了三大内涵,即坚持"四前工作法"和"四先四早"工作机制,将不稳定苗头消弭在萌芽状态;健全基层服务平台,及时反映群众各项利益诉求;改善民生,提升环境质量,满足群众多层次的精神文化需求、生活环境需求。

枫源村干部群众总结工作方法为"五治":全民来共治、村委重法治、基层重自治、矛盾源头治、无理访大家治。

"全民来共治":全体村民共同治理村务,即村民是参与社会治理的主体,而非治理对象,从而广泛调动了村民参与社会治理的积极性。"村委重法治":没有规矩不成方圆,强调法治是社会治理的保障。凡干部和村民,都不能做违法之事。"基层重自治":用村规民约和一系列道德规范,让群众自己管理自己。"矛盾源头治":此中有多重内涵。其一,平时工作"立足于早,立足于小",把不稳定苗头消弭在萌芽状态。实施"组织建设走在工作前,预测工作走在预防前,预防工作走在调解前,调解工作走在激化前"的"四前工作法",以及"预警在先,矛盾问题早消化;教育在先,重点对象早转化;控制在先,敏感时期早防范;工作在先,矛盾纠纷早处理"的"四先四早"工作机制,实现"治安联防、矛盾联调、问题联治、事件联处、平安联创"的"五联"社会治理模式。其二,做好基层党建创新、权力规范、劳资关系和谐等源头性、基础性工作,健全基层服务平台,实行"最多跑一次"便民措施改革,及时反映和协调人民群众各方面各层次利益诉求,有效防止和减少社会矛盾的发生,掌握社会治理的主动权,体现标本兼治、重在治本的治理理念。其三,大抓另一源头性工作,即大力改善民生,提升环境质量,满足群众多层次的精神文化需求、生活环境需求。实施绿化、美化、净化、亮化工程。古人说过,"仓廪实而知礼节,衣食足而知荣辱",即人们生活富足了,其道德水平和精神状态就会自然好起来,从而达到社会和谐。这是属于柔性维稳和隐性维稳的举措,是实现长治久安的治本之策。"无理访大家治",即对于无理取闹而上访者,由其家属、亲友、邻居及众多村民,齐心合力对其予以说理教育,陈述利害,造成强大的舆论氛围,让其迷途知返,回归理性。

枫源村践行"枫桥经验",体现了共同治理、多方治理的现代社会治理理念,推出了系统治理、依法治理、综合治理、源头治理,又将刚性治理与柔性治理相结合、显性维稳与隐性维稳相结合融入其中,这是一种社会治理创新,是新时期社会治理创新的一个样本,为"枫桥经验"升级打造了样板。

2.2.2.3　枫源村推动农村社区社会组织"5+X"治理新模式

提要:深入推进新时代"枫桥经验"从"社会管理"向"社会治理"嬗变,需要加强社区治理体系建设。枫源村试点推行农村社区社会组织"5+X"治理新模式:以"乡贤理事会""红枫义警分会""乡风文明理事会""580志愿服务分会"以及"邻里纠纷调解会"五大村级社会组织为核心,联合"X"个村级个性化社会组织,构建"共建共治共享"的社会治理格局,推动社区社会组织参与基层治理,满足居民需求、开展社区服务、解决社会问题,实现政府治理和社会调节、居民自治良性互动。

党的十九大报告中,习近平总书记提出要"打造共建共治共享的社会治理新格局",要加强社区治理体系建设,推动社会治理重心向基层下移,发挥社会组织作用,实现政府治理和社会调节、居民自治良性互动。

为深入推进新时代"枫桥经验"从"社会管理"向"社会治理"嬗变,枫桥镇党委政府推出农村社区社会组织"5+X"治理新模式。

枫源村作为试点村,镇干部与村两委干部多次召开座谈会,也与各个组织的会长、副会长开了碰头会,从各个组织人员配备、章程内容、工作制度、服装标识及活动开展思路进行了讨论,形成标准化体系。

2018年6月9日,枫源村召开村级社会组织"5+X"标准化体系建设会议,5个社会组织137人参加,建成全市首个村级社会组织孵化培育样本。

"5"是指"乡贤理事会""红枫义警分会""乡风文明理事会""580志愿服务分会"以及"邻里纠纷调解会"村级社会组织。

"X"是村级个性化社会组织,由村内自发形成,本次枫源村共设立4个组织,即"红十字协会""枫桥经验宣讲队""文艺宣传队""篮球队"。

乡贤参事议事会由本村在外有一定知名度的人员(乡贤、返乡干部、从商人士等)、退职老干部、村书记、村主任等人组成。工作内容:①助推村级经济发展;②参与公共事务管理;③弘扬优秀传统文化;④组织慈善公益活动;⑤推动实施村规民约。

乡贤参事议事会在党建引领下,以"村事民移、村事民治"原则,为村级经济社会建设建言献策,协助推动群众参与基层社会治理,引领良好有序的社会道德风尚,倡导"共建、共治、共享"美好幸福家园。

红枫义警分会由巡防队员、村民组长、党小组长、社区民警、协警、妇联成员、全体两委会干部组成。其工作内容:①开展日常治安巡逻,群防群治;②开展应急抢险救援,联勤联动;③开展法治宣传教育,传播平安文化;④开展安全隐患排查,上报隐患线索。

红枫义警分会旨在通过组织发动社会力量参与平安建设,致力于提高公众预防违法犯罪能力,致力于营造崇法向善的社会氛围。

乡风文明理事会由各自然村有一定威信的人、红白喜事中各项业务负责人、文艺爱好者、文书、各自然村一名两委干部组成。其工作内容:①落实执行《枫源村崇尚文明、移风易俗倡议书》内容,引导、约束村民在婚丧嫁娶等活动中破除陈规陋习和封建迷信行为;②弘扬优秀传统文化,组织开展各类文体活动。

乡风文明理事会旨在推行移风易俗,崇尚科学,破除封建迷信,弘扬优秀传统,发扬村民文艺热情,秉持"文明传习、精神加油、人文关怀"的定位,提高乡村精神文明发展,切实打造人民群众的文明精神家园。

580志愿服务分会由红枫党员志愿者、枫源大妈志愿者、村民组长、文书、有一定技能的各行人员、全体两委会干部组成。其工作内容:①为本村发展建设、扶贫帮困抢险救灾等公益事业提供各种志愿服务;②收集志愿者和服务需求者的各种信息,提供技术培训;③宣传开展公益性活动。

580志愿服务分会坚持以需求为导向,以服务社会,传播文明,奉行奉献、友爱、互助进步为准则,为关爱他人、奉献社会搭建平台。

邻里纠纷调解会由退职老干部、退休教师、原村调解队员、社区民警、协警、律师驻村干部、各自然村一名两委干部组成。其工作内容:①按照"枫桥经验"传承的"四前调解工作法"开展工作;②收集了解村情民意,及时掌握并调解矛盾纠纷;③普及相关法律知识。

邻里纠纷调解会以"化解邻里纠纷,维护社会稳定"为原则,积极预防化解矛盾纠纷,协助推动群众参与基层社会治理,倡导"自治、法治、德治"乡村治理体系。

"5+X"社会组织参与基层管理是深入挖掘新时代"枫桥经验"发展又一举措,该模式以枫桥镇枫源村为试点,将进一步扩展到枫桥镇各行政村。

2.2.3　调解工作室建设助力基层矛盾纠纷有效化解

2.2.3.1　老杨调解中心化解矛盾纠纷成效显著

提要：作为"枫桥经验"发源地的公安机关，诸暨市公安局以"服务一方百姓、守护一方平安"为目标，积极参与社会治理，丰富和发展了枫桥警务模式。诸暨警方创新社会管理措施，改善警民关系，做好社会治安工作。除社区民警兼任村干部参与基层社会治理外，退休民警杨光照发挥余热成立老杨调解中心，用"耐心韧心信心"的心法，有效化解了很多基层矛盾纠纷。

诸暨有群社区民警爱管家务事　专帮人解决邻里纠纷[1]

赵军、金晓玉、王雨

都说清官难断家务事，不过在诸暨，偏偏有这么一群人，专门帮人解决邻里纠纷。他们的身份很特殊，基本上都是社区民警，他们甚至还在村里担任"村官"。

这是诸暨警方为了化解社会矛盾，推出的创新社会管理措施。从现在的情况来看，这些"招数"效果还不错，当地的信访数下降了近四成。

诸暨枫桥楼家村

村里有家人三兄弟，大儿媳和二儿媳向来不和。不但平时见面不打招呼，有时狭路相逢还要吵上几句。

---

[1] 原载《都市快报》（2010年10月22日），见 https://zjnews.zjol.com.cn/05zjnews/system/2010/10/22/017023500.shtml。

偏偏他们分家后又是前后邻居,这情形就像是埋了颗定时炸弹,谁都不知道什么时候又会吵起来。

果不其然,住在后面的老二今年打算在院子里修个卫生间。在农村,谁家搞个基建,都会和邻居知会一声,大家和和气气好做事。

可以预料的是,住在前面的老大一听,不但没同意,还在快建好时到镇上告了一状,说是违法建筑。

镇上的拆违队来了,快建好的卫生间被推倒了。第二天,老大的玻璃窗和卫生管道遭了殃:通通都被打破。更糟糕的是,老大如果要修理这些被打破的卫生管道,还必须得经过老二的院子。

于是,曾经的矛盾再一次因为纠纷变得火药味十足。两家人都放出话来说要教训教训对方。诸暨人的性格中或多或少都含着火气,大家都明白,他们说的都不是玩笑话。

陈超在第一时间听说了这个事,该他出马了。

属虎的陈超看上去很和气。这个前陆军高炮部队的军官总是轻声地和大家说话,态度非常地谦和。

作为枫桥派出所的民警,楼家村是陈超联系的村子,为了更好地开展工作,他还担任着村里的党支部副书记。

接下来,陈超一吃过晚饭就往这两户人家跑,一开始啥都没说,就和他们天南海北地聊天,还帮着做些家务事,搞得对方很难为情。

几天后,有一家憋不住了,开口说:"你不就是为那事情来的嘛。行,我给你个面子。"

陈超还二话没说,自己联系了泥水工,掏钱帮老大家修好了水管。

这事就这样和解了。

"其实,他们就是为了要争口气。"土生土长的陈超明白这些淳朴而带着几分倔强的村民的个性。

带着好脾气和好耐心,这个年轻的警官得到了村民的信任和尊重。"有什么事情,有什么困难都会来找我。"

现在在诸暨,社区民警兼任"村官"的方式已在全市推广。

民警当村官　老杨调解中心

老杨的名气早已飞出了枫桥。

在枫桥派出所工作20多年,杨光照处理调解的各种案件和纠纷有2 000多起,获得过"全国优秀人民警察"称号。今年8月,老杨退休,不过老百姓都舍不得他走,如今他又被返聘回来主持以他名字命名的"老杨调解中心"。

对于各式各样的纠纷,做了十多年调解工作的老杨,已经研究出了几种不同的对策,这可是他的"葵花宝典"。

第一种是背靠背谈判。主要应对的是一些打架引起的伤害纠纷或商业上的合同纠纷。因为这些纠纷往往对事实各有各的说辞,因此不能一开始就把当事人叫在一起调查,而是要分别谈话,找出事实。

第二种是冷处理法。比如对一些一时冲动而闹离婚的纠纷,老杨就会先让当事人冷静一下,如果急着去调解,可能会起反作用。让当事人自己冷静下来,对问题的认识就会清醒多了。

第三种是软硬兼施法。在邻里纠纷和土地纠纷中运用比较多。一方面要尊重当事人,让其能够倾诉,但也要有硬的一面,就是让当事人认识到有可能承担的政策法律后果,造成当事人的顾忌。

第四种是分析错误法。对打架中的伤害赔偿问题,适合用这个办法。关键是分清对错。

老杨对于这些办法早已烂熟于心,老杨说了,他最关键的心法只有六个字,那就是"耐心韧心信心"。

2.2.3.2 调解工作室化解家庭邻里矛盾纠纷有优势

提要：坚持和发展新时代"枫桥经验"，要坚持依靠群众，调动社会组织等多元社会治理主体的积极性、主动性、创造性，赋予社会治理新活力。诸暨市以市级"西施娘家人"家事工作室区域品牌为中心，形成了"枫桥大妈""江大姐""安家"等品牌工作室，发挥妇女的优势，动员妇女参与家庭矛盾化解、帮扶济困等工作，使其成为基层党委政府服务基层群众、协调社会关系、化解社会矛盾、解决社会问题的有力帮手。

"她"力量融入基层治理的诸暨样本
让好家庭好家教好家风成为社会稳定器[1]

楼婷、周璟

"枫桥经验"发展到今天，走的是群众路线，靠的是人民主体，为的是百姓满意。特别是充分发动和依靠广大人民群众积极参与社会治理、参与"枫桥式"系列创建活动、参与移风易俗促进治理新活力等工作经验。

其中，妇女群众、妇联组织发挥了主力军、排头兵作用。诸暨市妇联在市委的坚强领导下，坚持将家庭、家教、家风融入基层社会治理，为擦亮"枫桥经验"金名片贡献巾帼力量。

诸暨，有以女性为主的社会组织近1 000家，如"枫桥大妈""吾欣""越民生""伊创社"等，都已经成为妇女群众信得过、靠得住、离不开的"娘家人"。

诸暨，通过发挥妇女在家庭家教家风中的优势，深入推进移风易俗活动。目前，关爱基金移风易俗捐款已有2 934例，总金额达324万元，全社会倡导的"婚事新办、丧事俭办、喜事简办"新风尚，全年可节省10亿元以上。

---

[1] 原载《诸暨日报》（2021年11月26日）。

诸暨,有"枫桥大妈""江大姐"家事调解室,荣获首批省级婚姻家庭纠纷化解品牌工作室,为基层家庭矛盾调解、基层自治提供强有力支撑。

2020年顺利完成村(社)妇联换届,选举产生执委3 591人,其中妇联主席513名,实现100%妇联主席进村两委。

698支"七彩玫瑰"巾帼志愿服务队,1.2万余名巾帼志愿者。

"西施娘家人"调解队伍凝聚婚姻家庭辅导员1 164名,力争到2022年实现村村配备3名以上婚姻家庭辅导员的目标;并建立一支23人的"西施娘家人"精英队。

有特色区域品牌调解室20家,基层调解成功率达96%以上。

全市各类示范家长学校985所,其中绍兴市级86所、省级16所。组建37人家庭教育讲师团队,启动家庭教育指导员培训计划,2021年培育村(社)家庭教育指导员150名。

近3年,66户家庭获评绍兴市级"最美家庭",9户获评省级"最美家庭"。

家庭和睦则社会安定,家庭幸福则社会祥和,家庭是基层社会治理的重要领域,家教是立德树人的重要力量,家风是基层社会治理的风向标,诸暨市妇联将继续深入做好家庭家教家风相关工作,为助力基层社会治理展现女性作为,激扬巾帼风采。

/我们的队伍有力量/以爱护家,凝聚基层自治能力

群众路线是党的生命线和根本工作路线,妇联组织就是妇女群众性组织,是社会治理的一支重要力量,必须置身于基层治理队伍。妇女在哪里,妇联组织和妇联工作就要延伸到哪里。

为深入推进基层妇联改革,激发广大妇女工作活力,推动基层社会治理,诸暨市妇联引导孵化了698支"七彩玫瑰"巾帼志愿服务队、1.2万余名巾帼志愿者。她们广泛参与到文明建设、矛盾化解、帮扶济困等工作中,成为活跃在基层的靓丽风景,妇女力量也得到了最大凝聚。

"妇女能顶半边天",随着社会生产方式的深刻变革,女性善于沟通、富有亲和力等方面的特质,使其在新的社会分工中扮演更多的角色,发挥更大的作用。

妇女维权讲座、亲子运动会、健康咨询……位于诸暨市枫桥镇枫源村的"枫桥式妇女之家",隔三差五总是人头攒动,十分热闹。这里不仅是交流的阵地,更是服务妇女的一个阵地,统筹村社妇儿维权站、家调室等功能,不仅让广大妇女在身边就能找到妇联组织、得到及时帮助,而且也成为基层党委政府服务基层群众、协调社会关系、化解社会矛盾、解决社会问题的有力帮手。目前,诸暨市村(社)妇联已全域完成"枫桥式"妇女之家建设工作,在枫源村、东盛社区等已建成6个特色"枫桥式"妇女之家示范点。2022年,诸暨各镇(街)将重点提升培育2—3家镇(街)级示范点。

"双证双百"项目,是诸暨市妇联工作的力量项目。2018年开始,诸暨市妇联每年安排村妇联主席、执委参加婚姻家庭辅导员培训,目前,已有婚姻家庭辅导员1 164名,参与婚姻指导、矛盾调解、心理疏导8 540人次,切实提高基层婚姻家庭矛盾纠纷预防化解能力,夯实基层社会治理基础。

在家庭教育工作方面,诸暨市妇联组织了一支专业强、经验足、服务好的37人家庭教育讲师团队伍。同时,以全省首个家庭教育宣传指导工作站为核心,辐射全市23个镇乡(街道),构建起覆盖城乡的家长学校阵地,目前已有各类家长学校985所。2021年,为了加强家庭教育工作,诸暨市妇联联合市人力社保局在全市范围内启动实施《家庭教育指导专项能力三年培训计划》,今年,已培育家庭教育指导员150名,力争通过三年培训,让全市500多个农村(社区)至少配备一名家庭教育指导专项能力持证人员,实现村村都有家庭教育指导员目标。

/我们的妇女有保障/以和安家,增强基层法治能力

习近平总书记指出:"做好新形势下妇联工作,一定要把工作重心放在基

层。"诸暨作为"枫桥经验"的发源地,必得积极助推妇女参与基层社会治理,运用好这股"软力量"与"暖服务"。

乡村妇女余某,从四川嫁到诸暨枫桥镇栎桥村。由于丈夫常年在外打工,她独自带两个孩子,与公婆相处也不愉快,万般无奈想离婚,于是找到"枫桥大妈"家事工作室的陈水英。

陈水英了解情况后,及时为余某疏导情绪,又上门做她丈夫、公婆的思想工作。最后,她丈夫同意回诸暨工作,公婆也开始理解与儿媳妇生活习惯上的差异。当村里组织婚姻家庭辅导员培训报名时,余某第一时间报名,因为她想当一名"枫桥大妈"志愿者,帮助那些曾经和她一样迷茫的妇女。

在诸暨市妇联的引领下,以村(社区)为单位,基层妇联组织实行"联网、入格、进户"制度,摸排梳理受侵害、残疾、困难妇女等重点关注对象,根据情况的紧急程度、可能造成影响,确定预警等级、走访频次,实施动态跟踪管理。诸暨以市级"西施娘家人"家事工作室区域品牌为中心,形成了"枫桥大妈""江大姐""安家"等品牌工作室,保障广大妇女的权益。近两年,各子品牌工作室共参与调解、辅导婚姻家庭矛盾6 500起,基层调解成功率达96%以上。

其中,"西施娘家人"工作室队伍庞大,目前全市共有子品牌工作室20家,"枫桥大妈""江大姐"家事调解室荣获首批省级婚姻家庭纠纷化解品牌工作室。

"不能只是坐着等她们来反馈问题,我们也要主动走访,发现问题,及时解决。"诸暨市安华镇的妇联主席查灵,每周深入安华袜业园、现代包装产业园区等袜企走访,了解他们的用工需求。如果有需要,她会将招工信息发到微信朋友圈以及执委工作群,为待业女性解决就业问题。

这也是今年以来,诸暨市妇联"四必访"的工作缩影,这是一场全市基层妇联执委大走访的热潮。生产经营遇到困难的创业女性必访、困难家庭必访、空巢老人及留守妇女儿童家庭必访、涉及婚姻家庭矛盾纠纷的家庭必访。在一次次的走访下,妇联干部鼓励更多妇女参与到基层治理的道路上,如今已在全诸暨发展500多个妇女来料加工点，培育出一批中高级育婴师、民宿女管家等，1万多名妇女从中受益，成为"上得厅堂、下得厨房"的独立女性，100多名妇女还因此成为了"巾帼致富带头人"。

/我们的家庭出最美/以美润家，激活基层德治能力

习近平总书记高度重视家庭家教家风。近年来，诸暨市妇联把"最美家庭"建设作为推动提升社会文明程度的重要载体，让好家庭、好家教、好家风成为社会的稳定器。

2021年9月18日，诸暨市妇联举办"最美家庭"发布活动暨好家风故事宣讲会，诸暨市人民医院药剂科工作的蒋莹分享了自己的故事。蒋莹和丈夫余焕东作为党员，从结婚开始就积极响应国家的号召，坚持喜事简办，将省下的钱买了礼物送给福利院的孩子们，将婚礼变得更有意义，以实际行动推动移风易俗，树立文明新风。

勤以修身，俭以养德，先有国，再有家。一个个"小家"，组成了团结协作的"大家"，"最美家庭"用实际行动传承良好的家风和家庭美德。

寻找这些"最美家庭"，标杆引领立德。诸暨市妇联以推进家庭家教家风工作为主抓手，深入挖掘、选树和宣传，并开展清廉家庭、绿色家庭等特色家庭创建，引导妇女和家庭在参与中自觉接受道德教育、提升文明程度。近3年，66户家庭获评绍兴市级"最美家庭"，9户获评省级"最美家庭"。

有德者，更有得。为进一步激励这些"最美家庭"弘扬真善美、传播正能量，吸引动员更多家庭积极参与，今年4月起，诸暨市妇联启动"礼遇最美家庭项目征集活动"，在社会上征集有爱心的企业，给"最美家庭"一些优待政策。公交公司专门制作"最美家庭"纪念卡，每户一张，一年内可凭卡免费乘公交；文旅集团为每户家庭提供了一份旅游通行证，一年内可凭证在诸暨五大国有景点享受10次免门票优惠……

2.2.3.3　江大姐调解工作室加强规范化标准化建设

提要：2011年,诸暨市江新社区联合6名热心调解工作的妇女,组建以调解社区矛盾纠纷为主要任务的江大姐调解室。为推进江大姐调解工作室规范化建设,2022年10月江新社区制定并发布《江大姐调解工作室管理规范》,明确了江大姐调解工作室的工作职责、管理制度、工作流程、考核与奖励等要求,优化江大姐调解工作室队伍结构;提升江大姐调解工作室的规范化、专业化水平;统筹江大姐纠纷排查化解能力,全面提升社区调解工作质量和水平,充分发挥江大姐调解工作室在化解矛盾纠纷、维护基层社会和谐稳定中的重要作用。

江大姐调解工作室管理规范[1]

1. 范围

本标准规定了江大姐调解工作室的术语与定义、职责、管理内容、考核与奖励等方面的要求。

本标准适用于江大姐调解工作室管理。

2. 术语和定义

2.1 江大姐

江大姐,是江新社区积极参加公益事业、化解矛盾纠纷、热心帮助邻里、德高望重的或有一定专长的志愿者服务队伍。

2.2 江大姐调解工作室

江大姐调解工作室,是在江新社区设立的,以"江大姐"服务品牌命名的,在江新社区党组织的领导下、居委会和人民调解委员会的指导下,开展收集排

---

[1] 诸暨市江新社区江大姐调解工作室管理规范,2022年10月制定发布并实施,系调研材料。

查矛盾源、预防调解矛盾纠纷、宣传法律法规工作的人民调解组织。

3. 组织和职责

3.1 江大姐调解工作室设主任一名和专(兼)职调解员若干名。

3.2 主任职责包括：

——负责江大姐调解工作室的全面工作；

——负责调解员的思想政治工作；

——负责江大姐调解工作室各项规章制度的建立健全与落实；

——组织调解员抓好矛盾纠纷的排查、预防和调处；

——定期向社区主任汇报辖区内矛盾纠纷排查与调解情况；

——组织调解员做好社区法治宣传工作，对可能发生的矛盾纠纷的人和事做好动态管理和基础建档工作；

——完成上级交办的其他工作任务。

3.3 调解员的职责包括：

——做好矛盾纠纷的排查、预防工作；

——做好已发生矛盾纠纷的具体调处工作；

——做好重大矛盾纠纷信息的收集、整理、上报工作；

——做好纠纷调处过程中事前、事中、事后三个环节的法治宣传工作；

——做好调解工作室的内勤和清洁卫生等工作；

——做好各种基础资料的整理、上报、存档工作。

4. 管理内容

4.1 受理范围

江大姐调解工作室受理调解的矛盾纠纷包括：

——群众主动要求调解的民事纠纷；

——江大姐和社区干部、楼群组长在居民中发现的矛盾纠纷；

——街道、居委会委托受理调解的矛盾纠纷；

——其他居民求助调解的纠纷。

4.2 调解原则

江大姐调解工作室开展调解工作应遵循以下原则：

——在当事人自愿、平等的基础上进行调解；

——不违反法律、法规和国家政策的规定；

——尊重当事人的权利，不得因调解而阻止当事人依法通过仲裁、行政、司法等途径维护自己的权利。

4.3 调解队伍

4.3.1 江大姐调解工作室调解员由热心调解矛盾纠纷、帮助邻里、德高望重或有一定专长的居民，以及退休教师、党员、律师、退休法官等专业人士担任。

4.3.2 调解员在调解过程中不得违反下列工作纪律：

——不得偏袒一方当事人；

——不得侮辱当事人；

——不得索取、收取财物或者谋取其他不正当利益；

——不得泄露当事人的个人隐私、商业秘密。

4.3.3 初任调解员应进行岗前培训，培训时间不少于5天。

4.4 工作制度

4.4.1 江大姐调解工作室建立健全运行管理和业务工作制度。

4.4.2 运行管理制度应包括但不限于：

——六小时值班备勤制度；

——学习交流例会制度；

——登记记录统计制度；

——调解文书档案管理制度；

4.4.3 业务工作制度应包括但不限于：

——矛盾纠纷排查制度；

——"五心五步"法调解制度；

——回访制度；

——重大矛盾纠纷及时上报制度。

4.4.4 具体调解工作规范参见附录A。

4.5 调解流程

4.5.1 每日安排1名值班调解员负责接待工作。值班调解员应及时接待群众来访或来电，客观、真实、详尽地登记接待情况。对不属于江大姐调解工作室受理范围内的纠纷，值班调解员应讲清原委，并告知当事人可以寻求的路径。

4.5.2 调解被受理后，确定1名调解员作为调解主持人，必要时可以组成调解团队，指定1名调解员作为首席调解员。

4.5.3 调解员受理调解后，要约见被申请人，调查了解纠纷情况，核实被申请人的调解意愿。双方当事人愿意调解的，调解员制定调解方案，明确调解工作方法，与双方当事人约定调解时间和地点。

4.5.4 调解员在开始调解前，应当告知双方的权利与义务。

4.5.5 当事人在调解过程中应当遵守调解纪律，维护调解秩序，不得喧哗吵闹，发言陈述和辩论须经调解员许可，调解结束后不得滞留江大姐调解工作室。

4.5.6 对不遵守纪律、妨碍调解工作秩序的当事人，调解员可以口头警告、训诫、勒令退出江大姐调解工作室。

4.5.7 经调解自愿达成调解协议的，调解协议书自当事人签名、盖章或者按指印，调解员签名并加盖江大姐调解工作室印章之日起生效。调解协议具有法律约束力，当事人应当按照约定履行；口头调解协议，自各方当事人达成协议之日起生效。

4.5.8 调解不成的,调解员应当告知当事人可以要求街道调委会调处,或者通过仲裁、行政、司法等途径解决矛盾纠纷。

4.5.9 已调结的矛盾纠纷,调解员在调结后一周内回访当事人,了解矛盾化解情况,督促当事人履行调解协议。在回访中发现矛盾纠纷重新激化或有重新激化可能的,调解员应采取措施予以处置。

4.5.10 调解和回访必须有详细记录并存档。调解完成后,调解员要做好调解文书审查、装订、台账登记等工作。

4.5.11 调解工作流程规范参见附录B。

4.6 考核与奖励

4.6.1 考核

4.6.1.1 社区在每年的3月、6月、9月、12月,对江大姐调解工作室进行季度考核。考核结果分为优秀、合格、不合格。

4.6.1.2 社区和社区调委会联合组成的考核小组,于每年的1月对江大姐调解工作室进行年度考核。考核结果分为优秀、合格、不合格。

4.6.2 奖励

4.6.2.1 社区每年评选5名"调解之星",对勤勤恳恳、任劳任怨、全心全意为居民服务的调解员进行鼓励和奖励。对评为"调解之星"的调解员,每人给予100元现金奖励,并颁发荣誉证书。

4.6.2.2 调解员同时符合下列条件的,可以参加"调解之星"评选:

——矛盾纠纷受理率、调解率达100%,一般性矛盾纠纷调解成功率达98%以上的;

——季度调解案件总量居个人排名前八名;

——刻苦钻研调解业务,总结调解经验,勇于开创拓展,调解方法多样,调解方式灵活,调解规范合法;

——积极走访进社区排查纠纷的。

附录 A
（资料性附录）
江大姐调解工作室调解规范

A.1 运行管理

A.1.1 六小时值班备勤

江大姐调解工作室实行六小时值班备勤制度。

A.1.2 学习交流例会

为进一步提高调解能力和水平，江大姐调解工作室每月组织调解员至少参加一次社区调委会组织召开的调解工作例会，学习有关法律法规、调解业务知识以及上级相关文件和会议精神，交流调解工作问题和经验。

A.1.3 登记记录统计

A.1.3.1 调解员接待当事人需要进行登记。登记事项包括：

——当事人的基本情况；

——具体纠纷事由；

——调解请求；

——登记人签名；

——登记日期；

——其他应当登记的事项。

A.1.3.2 调解员应当将当事人信息、案由、调解过程等记录于《江大姐调解记录簿》。

A.1.3.3 江大姐调解工作室每月对受理调处的纠纷案件进行汇总统计。统计报告一式三份，一份报乡镇司法所，一份报社区调委会，一份留底。

A.1.4 调解文书档案管理

A.1.4.1 调解员在调解完成后,应当做好调解文书审查、装订、台账登记等工作。

A.1.4.2 调解文书档案要求一事一卷,按以下顺序装订成册,放入专用档案柜:

——目录;

——调解受理登记表;

——调解申请书;

——当事人身份信息及证据材料;

——调解协议书;

——回访表;

——其他应当装订成册的相关材料。

A.1.4.3 当年的调解卷宗、台账、登记簿等材料,由江大姐调解工作室负责保管;上一年的调解卷宗、台账、登记簿等材料,由江大姐调解工作室移交司法所统一保管。

A.2 业务工作

A.2.1 矛盾纠纷排查

调解员分成若干小组,负责各组认领承包片区内的纠纷排查工作。

A.2.2 "五心五步"法调解

A.2.2.1 调解员要以法为据,对当事人动之以情、晓之以理,用"五心"即用心、公心、齐心、决心、耐心,取得群众理解和信任,成功化解矛盾纠纷。

A.2.2.2 调解员在调解过程中可以用"五步法"调解纠纷:

——对纠纷排查中发现可能引发矛盾的,为排除隐患、减少潜在矛盾,运用预防性调解方式,将问题解决在萌芽阶段;

——对纠纷类型简单易解决的矛盾,用快速调解方式,口头当场解决纠纷；

——对较难调处的矛盾纠纷,用背靠背调解方式,先找一方当事人了解实质问题后,再与另一方进行沟通；

——对家事类纠纷案件,用面对面调解方式,通过在调解室面对面沟通,化解亲情纠纷；

——对涉及领域众多、纠纷处理难度大的案件,用联合调解模式,与专职社区工作者、片警、律师一起化解矛盾纠纷。

A.2.3 回访

A.2.3.1 对已调结的矛盾纠纷,调解员应在调结后一周内及时通过电话、上门等方式定期跟踪回访当事人,督促当事人履行调解协议,并了解矛盾化解情况。

A.2.3.2 在回访中发现矛盾纠纷重新激化或有重新激化可能的,调解员应采取措施予以处置。

A.2.3.3 每次回访必须进行详细记录并存档。

A.2.4 重大矛盾纠纷及时上报

对突发性事件或重大案件发生时,除妥善处置外,调解员应及时向社区调委会等上级有关部门报告。

附录 B
（资料性附录）
江大姐调解工作室调解流程图

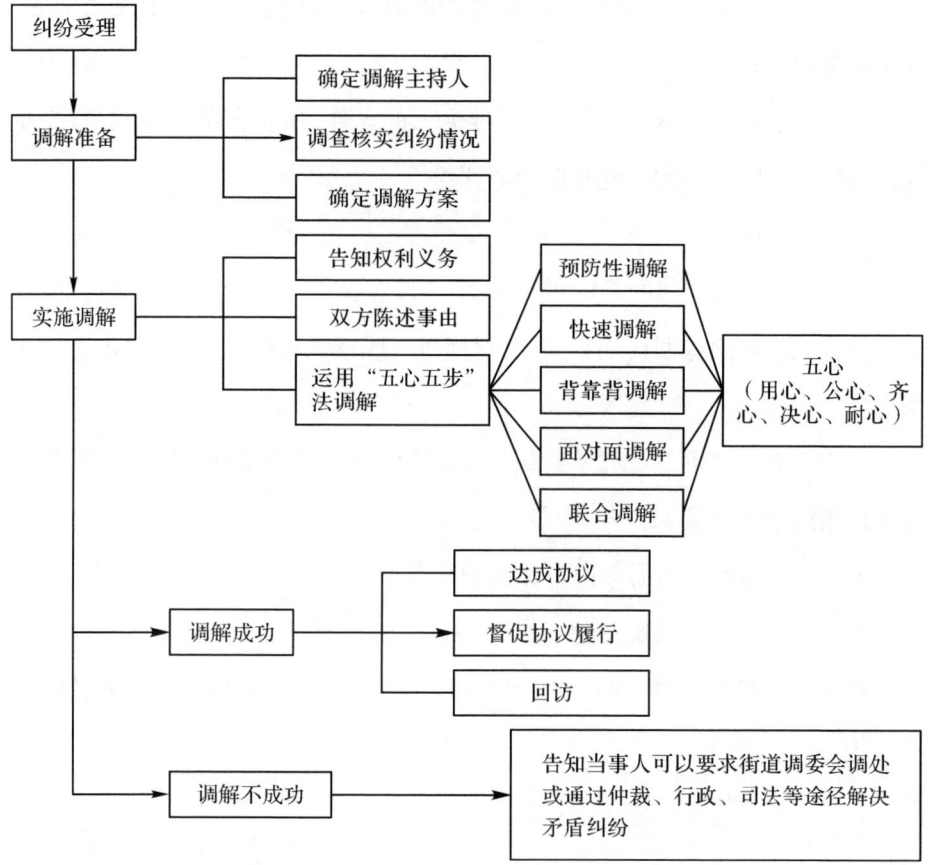

2.3 基层社会多元化解矛盾纠纷典型事(案)例

2.3.1 把矛盾纠纷化解在基层、化解在萌芽状态

2.3.1.1 依靠群众化解收稻草引起的矛盾纠纷

提要:"发动和依靠群众,坚持矛盾不上交,就地解决"是"枫桥经验"的精髓。《一场收稻草引起的风波》记述了1964年7月牌头镇越山公社埂大大队的二队与三队因无法确认稻草的归属所产生的激烈冲突。冲突发生后,大队调解主任赵仁东在了解到相关情况后,坚持依靠群众化解矛盾纠纷的做法,从群众处了解到分辨二队和三队稻草的办法,迅速查明事实,澄清了双方之间的误会,解决了两队之间的摩擦。这一事件表明,必须调查研究,紧紧依靠群众,才能将矛盾纠纷化解在基层、化解在萌芽状态。

一场收稻草引起的风波[1]

越山公社埂大大队的村庄东面,有一条横贯南北的拦洪大埂,叫万定下埂,二队和三队的水稻田分布在埂的两旁,每逢割稻季节,这条埂就成了两个队晒稻草的晒场。六四年七月二日下午,三队队长赵某华和20几个社员忙着在埂上收晒干燥了的稻草。突然,二队队长祝某均带了十几个社员匆匆赶来与三队争吵。二队说"这条埂以电线柱为界分成东西两片。西片是我队的晒场,东片才是你队的晒场。现在你队到西片来收我队的稻草,这是无可抵赖的

---

[1] 诸暨县牌头镇人民法庭工作材料,1965年6月16日,系调研材料。

偷窃行为"。三队指着堆在埂上的草蓬说:"你队已把晒在西边埂上的稻草堆成了草蓬,现在晒在西边埂上的稻草是我们三队的,说我们偷窃,这完全是含血喷人。"正当双方越争越气、越争越恼火、气势汹汹地准备大打一场的危急之际,大队调解主任赵仁东闻声赶来,他挥动双手,声色严厉地高喊:"不能打人。谁打,谁就要对造成的严重后果负责。"赵主任这么一喊,立即把打人的气氛平息下去了。

赵主任在听取了双方的陈述以后,向双方提问说:"所争的那份稻草,你们都说是自己的,那么你们能否各自提出经手晒草的人来作证呢?"话音刚落,二队的赵某华、寿某花出来作证说稻草是她俩经手晒的。三队的赵某朵、赵某妹也出来作证,说稻草是她俩经手晒的。赵主任眼看靠证人作证并不能解决问题,又想了一个办法。他在查明二队和三队已收割早稻的面积后,召集在场的五位老农(其中两个是二队的),向老农请教说:"二队一共割了二亩五分田的早稻,据二队说不仅埂上蓬着的稻草是他们的,而且西边坝上晒着的稻草也是他们的。大家看,二亩五分田的稻能不能收这样多稻草?"老农们一致分析说:"起码要割五亩田的早稻才能收这许多稻草,只割二亩五分田早稻,是肯定收不上这么多稻草的。"在场的二队队长和社员不同意老农的分析,坚持说"今年我们的早稻生长特别好,不能以老经验来估计产量"。结果还是不能解决问题。

该怎么办呢?赵主任想起了党经常教导的千难万难依靠群众就不难的这句话。他思索了一下以后就对大伙说:"大家想一想,应该用什么方法来查明真相,分清是非呢?"过了片刻,二队的祝某本开口说:"我队种的是早心红梗,稻秆带红色;三队种的是陆财号。这两种水稻虽然长短一样,但稻秆的颜色和谷子的形状不一样,只要鉴别一下稻秆和稻秆上的谷子,不就是非分明了吗?"社员们听了这一说,无不称赞祝某本出了个好点子。于是,就分头观察稻秆的颜色,寻找在稻秆上留下的谷子。大家边观察边议论,一致的结论是:蓬着的稻草是二队的，晒卷的稻草是三队的。二队不仅服服帖帖地接受这个结论，还自动检查了未经调查就盲目说三队偷窃的错误。

那么，这场冲突是怎样引起的呢？原来，二队的赵某华、寿某花和三队的赵某朵、赵某妹确实在西边埂上晒过稻草。问题是二队晒草在先，三队晒草在后。当三队晒草时，二队已把所晒的稻草堆成了草蓬。出事这天，二队堆草的社员有事外出，在场的干部和社员只知道原来晒在东边埂上的稻草已蓬了起来。不了解在蓬稻草时，刚好天要下雨，为了避免稻草被雨打湿，结果把晒在西边埂上的稻草也蓬了起来，以致当三队上西边埂上收稻草时，就发生了极大的误会。

查明了事实，澄清了误会以后，一场"风波"迅速而圆满地得到解决。大家反映说："这场冲突，要不是赵主任及时赶来调解，打起架来后果实在不堪设想。"赵仁东通过解决这件纠纷也受到了一次深刻激励，他说"我深深体会到，解决纠纷必须脚勤、口勤；做到及时主动，事实不清必须调查研究，紧紧依靠群众"。

2.3.1.2 构建点线面结合，多层次、专业化、全覆盖的矛盾纠纷大调解体系

提要： 诸暨全市整合司法调解、行政调解、仲裁调解等资源，探索形成了点线面结合，多层次、专业化、全覆盖的"枫桥式"矛盾纠纷大调解体系。面上，市镇村联动，全市27个镇乡、468个行政村和59个社区都设有人民调解委员会及联合调解室，负责辖区调解事务。线上，有医调会、诉前调委会、交通事故纠纷、劳动争议、消费维权和婚姻家庭等6个专业调解组织，在重点领域设卡建哨；另有276家行业协会的调解机构在前沿摸排化解。点上，基层法庭、派出所、司法所和老年协会、妇女协会等一批职能机构和民间组织参与的专业调解室，联袂合作，共同破解各种矛盾和纠纷，把矛盾纠纷化解在基层，解决在萌芽状态。

春风化雨润万家
——诸暨市创新社会管理纪实[1]

臧铯、周智敏、翁均飞

自留地里长出的泡桐引起权属纠纷、奶茶店里吃坏了肚子、做工时不小心弄伤了手、民工子女想到镇里小学上学、找不到钥匙的居民求助开门……最近在诸暨采访，我们印象最深的是，生活中千头万绪的琐碎事、清官难断的家务事，都有人管、有人做，而且管得及时、做得到位。

"群众工作，说到底就是为百姓办事；我们的社会管理创新，也就是要建立一套有人管事、有章理事、有钱办事的机制。"诸暨市委书记王继岗说，这套机制运行快要一年，他们的目标，是让全市百姓的一切事务，时时有人管，处处有人管，事事有人管。

急事难事烦心事　事事有人管

俗话说，在家靠父母，出门靠朋友。诸暨市的百姓能依靠的却远不止这些。

2月17日一大早，家住诸暨市体育场路××号的孟女士正准备出门上班，上小学的女儿不小心把毛巾掉进了抽水马桶，将马桶给堵死了。当天是元宵节，晚上家里还要待客，小区又没有物管，情急中，孟女士拨通了公共服务热线96345。接线人员记下了孟女士家的地址和电话，答应很快会找人来处理。"我放下电话不久，就有管道修理工打电话来确认地址，半小时后抽水马桶就修通了。"孟女士回忆说，公共服务热线介绍来的修理工技术不错，收费也合情合理，"这真叫雪中送炭"。

两年前，从事个体经营的市民郭先生陪母亲去医院看耳病，医生诊断是中耳炎，进行了手术治疗。术后，老太太的耳朵一直流血水。一年多时间里，郭

---

[1] 原载《浙江日报》（2011年2月28日，第1版）。

先生陪着老母亲上医院反复检查,心力交瘁,后来发现,原来上次手术时在他母亲耳朵里遗留了两条纱布。医院虽然愿意赔偿,但双方在赔偿数额上未能达成一致。今年1月,郭先生找到市医疗纠纷调解委员会。医调会受理后马上调查取证,认定事实后把双方约到一起进行现场调解,"不出半个月就结案了"。郭先生对调解过程和结果都很满意,我们采访的那天,他从医调会顺利地领到了4.5万元赔偿金。

暨阳街道江新社区居民徐某前不久刑满出狱,丢了工作,又离了婚。今后怎么办?就在她为日后的生活担心时,社区工作人员主动找上门去。了解到她目前的实际困难和离婚前的家庭状况,工作人员就帮她找来社区的法律志愿者,经法院受理判决,分得一份婚内财产,又帮她在社区开出一家小店。如今,徐某生活得很滋润,附近的社区居民都成了她店里的常客。"其实,这是大家在有意照顾我的生意。"徐某满怀感激地对我们说。

…………

在诸暨采访,这样的故事很多。在这里,百姓无论遇到大事小事、急事难事、纠结的事、闹心的事,真的时时有人管、处处有人管,而且一管到底,不留后遗症。

劝和调解息诉　村村都有"和事佬"

去年夏天,枫桥镇枫源村村民骆某种的两亩西瓜快要成熟,不料,一天晚上,邻居的一条狗为了追耗子,把一地西瓜踩了个稀烂。骆某非常恼火,气呼呼地找到邻居理论,你来我往,引发了纠纷。

眼看这场邻里纠纷要升级,枫源村信息监管员立刻把这一情况报告给村里的民情联系员,民情联系员第一时间找到村委会主任骆根土。初步了解情况后,骆根土即带上村治保员、调解员上门做工作,经过说服和调解,双方达成和解协议:由狗的主人赔偿部分损失。一场急剧升温的纠纷,就这样化解了。

这场纠纷的顺利化解,得益于枫源村有了严格的综治网格化管理制度。

这个村按36个村民代表数,把全村划分为36个网格,每个网格十多户农户,村民代表是其中的民情联系员,邻里间有什么事,第一时间报告相关村干部。去年,枫源村23起村民纠纷,都是通过网格信息监管员调解成功的,没有发生一起上访事件。

诸暨市枫桥镇是"枫桥经验"的发源地。随着经济社会发展和形势变化,枫桥镇的干部群众不断深化和创新社会管理机制,整合司法调解、行政调解、仲裁调解等资源,探索形成了点线面结合,多层次、专业化、全覆盖的"枫桥式"矛盾纠纷大调解体系,把矛盾纠纷化解在基层,解决在萌芽状态。

不久前,枫桥镇全堂村村民宣某和杨某为了一句传言起了口角,杨某用织棒弄伤了宣某的右脸。两人没想到,她们的这场口角会惊动那么多人:先有下派村里的枫桥派出所民警上门劝解,又有派出所"老杨工作室"调解员的调解,再有镇法庭一名副庭长的司法讲解和劝导……从两人动手的那刻起,警务室预警机制、专业调解机制、多元联调机制等一系列矛盾纠纷调解组织都启动了。

就在这一层层调解机制的作用下,两个争得非要打官司的人,终于握手言和……

如今,枫桥镇这种点、面、线结合的大调解网络和机制,已覆盖诸暨全市。面上,市镇村联动。全市27个镇乡、468个行政村和59个社区都设有人民调解委员会及联合调解室,负责辖区调解事务。线上,有医调会、诉前调委会、交通事故纠纷、劳动争议、消费维权和婚姻家庭等6个专业调解组织,在重点领域设卡建哨;另有276家行业协会的调解机构在前沿摸排化解。点上,基层法庭、派出所、司法所和老年协会、妇女协会等一批职能机构和民间组织参与的专业调解室,联袂合作,共同破解各种矛盾和纠纷。

"百姓中所有矛盾纠纷,几乎都被网进了。"当地人如此形容他们的调解网络。

据介绍,目前诸暨市记录在册的各级调解组织有 839 家、调解员 3 522 名、矛盾纠纷信息员 3 299 名。去年,全市人民调解委员会共排查调处各类纠纷 5 627 件,法院受理各类民商事纠纷 8 300 件,公安部门调解治安和交通案件 5 342 件。甚至春节期间,这些调解组织还在正常运转,排查矛盾纠纷 544 件,调解成功 521 件。

哪里有矛盾,哪里就有调解组织;哪里发生纠纷,哪里就有调解工作。正是这些覆盖城乡、无时无处不在的"和事佬",把社会上的各种矛盾和纠纷及时化解。

热线热心热面孔　真情温暖百姓

2 月 17 日,元宵节。我们来到暨阳街道江新社区采访。

走进社区服务室时,我们见到社工童素云刚刚调解完一起邻里纠纷。这是一起因住房漏水引发的邻居纠纷:楼上住户水管破裂,造成楼下居民屋子被淹。

"这种事看起来很小,但处理起来挺累人的。"童素云说,先要及时赶到现场勘查,劝阻当事人不要冲动和争吵;再找来修理师傅,查明原因,厘清责任;然后了解双方的诉求和责任;最后把双方叫到一起,进行说服和调解。"今年,我们光这种漏水纠纷就调解了 5 起,每起纠纷都要反反复复调解多次,许多当事人是看在我们跑前跑后、一副热心肠的份上,才息事宁人,愿意和解的。"

我们没有想到,一个仅有七八个管理员的居民社区,却能提供十大类 50 多项、24 小时全天候的便民服务。

江新社区只是个缩影。在诸暨,社区、部门、社会团体、市场运作等各式各样的服务组织星罗棋布,在诸暨市公共服务中心这个大平台各就各位。公共服务中心通过整合资源,构建起行政审批服务平台、110 应急联动指挥平台、96345 社会管理服务平台、行政效能监察平台和信息网络管理平台,五大平台彼此呼应,协同运行。

从 2009 年 4 月启用至今,社会管理服务平台已受理各类事项 41 439 件,平均每天约 63 件;应急指挥平台共受理各类有效案件 137 679 起。

在广东打工的冯先生最近收到家人短信。按照短信告知的用户名和密码,冯先生顺利登录村网,远在广东也能随时参与村里公共事务讨论。据介绍,由诸暨日报开发的村联网,目前正筹划与市里的 96345 社会公共服务平台对接。届时,农民也能与城市居民一样,享受到多元化的社会公共服务。

大网、小网,有形网、无形网,无论何时何地,只要老百姓需要,一个电话就能"触网",享受各种公共服务。牌头镇一名妇女,拨打 96345 热线反映镇上家具厂气味大,第二天环保部门就派员上门纠查。"自从进行了网格化管理,服务盲区没有了。"社区工作人员黄晓平说。暨阳街道两幢楼之间一段拖了 4 年没有硬化的泥土路,去年也浇上了水泥。

为做好服务,民间智慧层出不穷。枫桥镇独创"乡村 110",由熟悉乡情的老乡配合 110 队员出警,使得当地 110 的出警速度平均提速 3 分钟。暨阳街道利用辖区内的法律事务所,邀请律师进社区,帮助解决社区事务。

民心凝聚民力。2009 年 8 月,枫桥镇派出所抓赌,村里老汉冒雨报案,协助民警抓到了"漏网之鱼"。在大唐镇,外来农民工凭临时居住证就能解决子女入学问题,使得大家都乐于在当地就业。一位总想着找邻居报仇的年轻父亲,出狱后看见被民警悉心照顾的双胞胎女儿,尽释前嫌,重新扬起生活的风帆。

2.3.1.3　动之以情、晓之以理,妥善化解矛盾纠纷

提要:东白湖镇关工委委员斯培力长期从事调解工作,善于用"算账"的方式调解纠纷。在子女不赡养老人的案件中,斯培力从亲情和舆论角度向子女开展调解工作,帮其算"亲情账"和"长远账",让老人得到赡养;在打架斗殴的治安案件中,斯培力合理分析赔偿金的数额所带来的利

弊,帮当事人算"经济账"和"利益账",从而化解矛盾纠纷。斯培力表示,每个人都会权衡自身利益,通过动之以情、晓之以理的方式,使当事人厘清得失,由己及人,能促进纠纷化解。

善帮群众算账的"阿力娘舅"[1]

"当前群众间发生矛盾后,都有误解,不管起因只管结果。只有帮群众算清账、算好账,才能消除误解,调解好矛盾。"这是斯培力同志8年调解的切身体会。

今年68岁的斯培力是东白湖镇关工委委员,曾任斯宅乡副乡长,被当地群众称为"阿力乡长"。长年从事政法工作,"阿力乡长"积累了丰富的基层工作经验,2011年一退休,就被浬浦派出所聘为调解员。8年来,他经手的调解案件已超260件,调解结案率在90%以上,退休后的他被大家称为"阿力娘舅"。

斯培力认为,农村受传统影响,每个人在村里面子跌不起。为此,他善于从孝德入手,帮群众算亲情账、长远账,开展调解工作。

前些年,东白湖镇五峰村一老人年迈需人照顾,可其四儿一女无人肯承担赡养义务,村干部多次协调不见效果。得悉情况后,"阿力娘舅"参与了调解。第一次调解,老人的两个儿子到场,"阿力娘舅"一番劝说后,这两个儿子表示会赡养老人;没有到场的女儿也带信来,承诺负责五分之一的赡养费。对另两个未到场的儿子,"阿力娘舅"上门一一做工作。他从这两个儿子孝敬丈人说到呵护孩子,从当下谈到今后,从本村村民的议论聊到外村群众的评论,把做人的亲情账、长远账一一列出、细细道明,说得这两对儿子、儿媳自感羞愧,都表示承担赡养义务。经"阿力娘舅"调解,四儿一女达成共识,一起承担照顾

---

[1] 2018年10月11日发布,https://www.zhuji.gov.cn/art/2018/10/11/art_1386420_21716793.html。

老爹的义务。

"这些年,农村群众有的吃、有的穿,类似不赡养老人的案件越来越少,当前调解治安案件是我们的工作重点。"在调解治安类案件中,"阿力娘舅"更多地是从算好经济账、利益账入手,做好调解工作。

去年,东白湖镇陈某和蔡某在打牌中发生口角,在随后的打架中,陈某致蔡某妻子腿膝盖碗骨折。如此,陈某不仅要赔钱还要负刑事责任。本着大事化小免于起诉,"阿力娘舅"开展调解。几次调解,双方对赔偿金额争持不下。蔡某夫妇要求赔偿二十万元,陈某只愿出赔偿金十万元。为此,斯培力多次找双方家属做思想工作:蔡某父亲与"阿力娘舅"同事过,他上门做蔡父的工作;陈某母亲工作做不通,"阿力娘舅"找到陈某的舅舅,请舅舅出面做陈某的思想工作。在每次做工作中,"阿力娘舅"通过算经济账,帮助当事人认识赔偿金多少分别带来的不同利弊,使大家清楚地认清各自利益。算清了账,双方当事人胸中的气也缓和了,再坐下来调解,双方赔偿金的问题迎刃而解。

斯培力表示,"不管起因管结果",是双方当事人的误解,但通过为他们算账,个人的、家庭的、经济的、面子的、法律的、道德的、当前的、长远的,每人都有一杆秤,自己会权衡,调解工作自然也会水到渠成。正是如此,当地群众称退休后的斯培力为"阿力娘舅"。他笑笑说:"这个娘舅就脚头勤,多做解释工作。"

2.3.2 创新矛盾纠纷多元化解方式和方法

2.3.2.1 诸暨市双桥镇火烧吴村治调委员会工作总结

提要: 调解工作要讲究方法,把握好尺度。诸暨市双桥镇火烧吴村在健全治保调解组织的同时,着眼于工作实际,不断创造矛盾纠纷化解的新方法、新举措,如向村民宣传法制教育,以法律为依据调解矛盾纠纷;坚持"腿勤、口勤、手勤",强调多到现场、勤沟通和多记录;确保矛盾纠纷得到及时调解,赢得了做好人民调解工作的主动权,提高调处矛盾纠纷的效果,有效维护了社会的和谐稳定。

高举邓小平理论伟大旗帜,深化"枫桥经验"[1]

双桥镇火烧吴村治调委员会

毛主席亲自批阅的"枫桥经验"已经历了三十五个春秋,三十五年来,特别是改革开放以来,仍为我们党在农村的社会安定产生着深远的影响,为"综合治理"起到了指导性作用。

我们村有865户,993人,划分为五个村民小组,村民居住地域较为分散,村直径约1.5公里。特别是改革开放以来,从计划经济转为市场经济,我村和其他村一样,人口流动性大,外出打工和跑单帮的约占总人口的百分之三十,因此对社会安定、"综合治理"带来了一定的难度,但是我们村在上级党委的正确领导下和政法部门的具体帮助指导下,近几年来无恶性案件和刑事犯罪案件,二十多年来触犯刑律的只一人(在校生,不满十八岁),基本上做到矛盾不上交,民风较正,社会较为安定。

一、村建立了一支组织健全,战斗力较强的治保调解领导小组,活动有场所,工作有规范,为了确保我村的社会安定,两委会十分重视这一工作,列入重要议事日程,除治调主任具体抓这一工作外,支部书记、村主任积极配合。自一九九四年元月至今,我村共发生各种纠纷三十六起,这些民间纠纷主要是邻里、赡养、宅基地、水事纠纷;由于我们步调一致,经常对村民进行法制教育,认真细致地做好方方面面的工作,这些纠纷基本上在村里得到解决,矛盾不

---

[1] 诸暨市双桥镇火烧吴村治调委员会工作材料,1998年,系调研材料。

上交。

二、不间断地向村民进行法制教育和"以防为主"的方针。在每年春节，人口集中时，总要召开一次广播大会，提醒村民要注意防火、防盗、禁赌及有关法律知识，村里还组织护村队，夜间进行巡逻。上门做好各厂、各店主工作，叫他们提高警惕防止意外发生，在调处各种纠纷过程中，以法律为依据，根据纠纷所发生的实际情况做好各方面的工作，如吴某与吴某其系亲兄，宅基地双方发生了冲突，一方把另一方打破了头，而另一方有意毁坏了一方的栏杆挑头，我们以法律为依据，细致入微地做好双方工作，最后达成了协议，解决了纠纷。

三、农村治调工作是一项十分繁琐的工作，也是我们党促进社会安定的第一道防线，因此需要有高度的责任心，要做好这项工作，除自身懂法律知识外，在工作中必须做到三勤，即腿勤、口勤、手勤。大家晓得，到治调干部家中来的人，不是高高兴兴而来，而是哭哭啼啼、怒气冲冲而来，要么头破血流而来。因此腿勤是关键，哪里发生斗殴等民间纠纷必须立即赶赴现场。记得一九九五年大年三十下午四时半，我在烧年夜饭，突然章某某满面是血、怒气冲冲地找上门来，简单说了几句，说要用尖刀去杀吴某某，转身就走了，我随即丢下正在烧菜的勺子赶赴其家中，左说右说"你这样做是要触犯刑律的，为了几百元的债务问题去犯法还犯不着"。在左邻右舍的共同劝说下，夺下他的尖刀，避免了一场恶性案件的发生。所谓口勤，城关法庭的徐庭长给我们讲过课，他说："调解的调字是言字加个周，也就是说要用我们的嘴巴去把问题解决好。"有的民间纠纷一次二次是不行的，甚至上十次才能解决问题。今年二月我村吴某某在外村租了一片山。砍树的三个人均是我村人，在砍树过程中不小心把其中一人的脚压成了粉碎性骨折，住进了医院，当时他们想私了算了，结果私了无法解决，把案子交到了村里，经治调委认真研究，认为伤者的脚确实比较严重，看情况上半年无法下地劳动了，征得租山者和伤者同意，一次性补助

6 000元,其中砍树者(2人)负担1 500元,做决定后俩砍树者退出了会场,调解成了僵局。但为了解决问题,我们多次上门做工作,讲清应承担民事责任的法律道理,其中孙某家境确实贫寒,几次上门不加理睬,说"要钱没有,要不送我进班房"。第五次苦口婆心做工作,他总算答应下来,问题得到了圆满解决。其次是手勤,凡是民间纠纷,起因和经过都要细致作记录,在调解时要记录好各方发言,达成协议后,双方签字,调解有效,我们村不但依法及时调处案件,而且件件登记上薄、案案有调解协议,有的还有旁证材料,以便日后有据可查。

我们村虽然在治安、调解这一线做了一点工作,但是和上级对我们的要求差距还很大,也必须清醒地看到社会治安问题仍然十分严峻,我们决心以此次会议为鉴,努力提高自身的政治素质和业务能力,为做好我党在农村的社会治安第一道防线工作而努力奋斗。

2.3.2.2 外地派遣正式干部常驻参与化解外来务工人员矛盾纠纷

提要: 诸暨市大部分务工人员来自外省,许多当事人在遇到纠纷时认为自己是异乡人,加之语言不通、外地风俗习惯不同,导致对调解员信任度不高、调解效率和结果不理想,极易使矛盾纠纷激化。诸暨市店口镇党委书记徐国龙在处理一起外来人口引发的纠纷时,请民工输出地的干部前来协助化解外来人口的劳资纠纷,消除了外来务工人员的心理隔阂,有效地引导外来务工人员利用合法合理的渠道维护自身的权益。

请娘家人管婆家事[1]

顾春、孙陈超

今年初,民警邓九洲和黄光芒走访本籍务工人员,了解他们准备在外乡过年的生活情况。

一场纠纷劝解出新想法

说起外来人口管理的理念,浙江诸暨市店口镇党委书记徐国龙滔滔不绝地讲起了故事。

那是2002年初,他和镇长等人去某村考察。在一个厂的门口,看到一大帮人聚在一起争吵。一问,原来是贵州籍外来务工者和业主发生了纠纷,双方都召集了大批人对峙。

徐国龙赶紧劝架,让双方各出一名代表,打算化解事端。贵州民工们一商量,打电话请来了一名老乡。这人并非同一厂子的员工,看样子更像一名"专业谈判"。

谈判过程很艰苦。对方的贵州话很难听懂,徐国龙这边用诸暨话一交流,贵州民工们就跳了起来:"你们肯定要包庇本地人,欺负我们!"急得镇长连连解释:"怎么会?我也是外地来的!"调解一直到晚上9点才结束。

回去细细想,徐国龙感到了压力:这样的事情今后肯定还会有,怎么办?小小一个店口镇,因为经济发达,引来了4万多名外来务工人员。如果没有一套好办法,很难对他们进行有序管理,会带来不少社会问题。

深入了解后,徐国龙发现一些问题已初露端倪。比如,外来务工人员对当地人普遍有不信任感;与业主发生纠纷时,由于语言、习惯等方面的障碍,双方很难沟通;外来者组织应运而生,出现了不打工的专业"中介",专门组织外来

---

[1] 原载《华东新闻》(2005年7月22日,第1版),见 https://news.sina.com.cn/o/2005-07-22/03116496504s.shtml。

老乡并召唤人参与打架斗殴、群体性恫吓,用这种方式解决矛盾。"

究其原因,外来工与当地人感情上存在隔阂是最根本的一点。如何解决这个矛盾? 徐国龙想到了一个点子:请民工输出地的干部前来协助管理。

"当时想起来有几个好处。首先是能更多地了解民工的信息。另外,民工有事会找自己的干部,就不会走不正当途径、做出偏激举动了。"

调查结果显示:当地来自贵州遵义的民工最多,有6 000多人,其次是安徽临泉和江西永丰籍的民工。

镇党委决定,请这3个地方的干部过来。这个决定引起了诸暨市委、市政府的重视,并作了周密安排,分管的市委副书记带队去外地考察洽谈,与当地商定派遣正式干部过来,由诸暨提供办公室和工资。要求派遣的干部主要有3类:公安干警、劳动部门干部、计划生育干部。

这个举措也受到对方政府的欢迎和重视:这对他们组织有序劳力输出、实现民工维权都有帮助。当年10月,经过层层选拔,贵州2名干警来到店口,他们有4.5万元年薪,与诸暨当地干部的待遇一样,是他们原来收入的3倍;不久,江西永丰也派遣了3名干部过来,带队的是当地劳动局1名副局长。

"语言差不多,说话能管用"

"这些干部过来后,再没发生一起群体性事件。"徐国龙对此效果非常满意。

店口的一些干部这样描述变化:"原来一发生小摩擦,比如被车碰了一下,民工们会立即召人,漫天要价。现在则是一个电话,干警过来依法处理,秩序井然。"

更重要的是,之前因为当地人难以深入管理,在长期的自发处理纠纷过程中,部分外来人口中已经出现带黑势力性质的团伙。外地干部过来后,很快摸清情况,配合公安抓获了首犯,瓦解了黑势力团伙。

有了这样的成功经验,诸暨让外来人口同样居多的暨阳街道、大唐镇等采取同样办法聘请外来干部,全市形成一张外来人员管理网。

45岁的邓九洲,原来是江西永丰公安局的教导员。他清楚地记得:"2004年10月28日来这里,11月1日正式上班。"他过来是经过组织选拔、集体讨论的,期限为1年。

店口的永丰老乡有3 000多人,邓九洲下去走访,老乡见了他非常高兴,"他们早盼着有人来。"邓九洲说。半年多下来,对各方面情况都熟悉了,现在他打算扩大工作范围,把江西籍打工老乡的事儿也管起来,"一共大约有5 000多名江西老乡,语言差不多,说话能管用。"

解决矛盾,主要集中在劳资纠纷,另外还有些习惯上的摩擦、老乡之间的矛盾。以前发生矛盾,民工们有找政府的,有找朋友解决的,还有找社会闲杂人员"摆平"的。后两种情况较多。"现在不同了,99%的事儿都找我。"邓九洲说。

到店口工作后,他主动到老乡聚集多的地方看望,跟着办暂住证的民警一起认人去。一段时间后,老乡就主动来找他了。

一本厚厚的笔录本,记载着邓九洲处理每个事例的时间、经过、结果。他处理的第一个案例的当事人是上溪乡一名黎姓小伙子,因为生产的产品不合要求,老板要求赔偿1 000元损失,扣留了他800元工资。他家里母亲病重,几次要钱都未果。

去年底,小黎到邓九洲那里投诉后,邓前去调解,没调解成。这个案例就被转到诸暨市劳动监察部门。"他最后一次来是星期六,骑个单车,还放个能装10公斤左右东西的塑料桶,没讲几句就要走了。我就觉得这个小伙子不对劲。"邓九洲说。拉住他细细一问,原来小伙子准备来问问情况,没结果就去买汽油烧厂房。

"这还了得!我立刻和他一起又去了厂里,做了几小时工作,最后达成协议,800元工资不扣,产品损失赔偿300元。这样才把事情了了。"邓九洲说。

"这样的事情太多了。"贵州遵义县龙坑镇派出所的干警黄光芒说。贵州在这里共有1.5万名老乡,是个庞大的队伍。他们来之前,由于纠纷多,已经形成专门召集人的"中介",且性质恶劣:比如解决纠纷,要来1 000元,他从中取走500元。

他们过来后,先发了一份《致贵州老乡书》,"两句贵州话一讲就亲热了"。很快,老乡们有事不再找"中介",直接来他们这里。

23岁的文某是贵州贵定人,来这里已经3年。来找老乡警察的时候,是因为一个要好老乡擅自把厂里的铜块带了出来,不知会被怎样处理。在他看来,本地的警察语言不通,态度不好,而且肯定会偏袒当地人,让自己的老乡吃亏。

"这样的心理很普遍。"黄光芒说。对老乡,他们处理经常很方便,很容易被接受。"只要我们说的,他们都信得过。每月大概有十几起案件,老乡会过来找我们。"

现在,邓九洲已经办过两期法制培训班,每次课堂都挤满了人。他主要就是为外来务工人员讲解基本的法律知识,加强他们依法办事的意识,有了事,要找依据、讲道理。这样的观念,老乡慢慢在接受。

外来干部要成为"移民干部"

贵州来的陈某坐在笔者面前,说话条理清晰,有板有眼,像见过世面的人。一问,以前还当过组织者,"召人替老乡维权"。

"有一次老板不付给我们工钱,双方就吵了起来。老板找了十多个人,我们叫了100多人,还动了手。"事情后来解决了,钱拿到了,陈某事后想想,觉得还是不划算:"我们老乡也有受伤的,但对方受伤更重,老乡有的被拘留,有的被判刑,最后我们还是吃亏的。"

"老家的干部来了,我们就有了底气。"陈某说,"道理讲清楚,做事帮老乡,出了什么事情有地方说,现在觉得很有安全感。他们来了之后,我们没再打过架。"

"我把他们当成兄弟,当成自己的哥哥。看到他们有委屈,我心里会非常难受。"年轻的民警黄光芒说。

到这里之后,他们尽力地帮助老乡们调解事端,化解矛盾,让他们在异乡生活得更好。

在工作中,他们感觉需要更多的制度保障。"镇的劳动所没有处罚权,所以我们的工作还是要以调解为主。调解不成就向市有关部门申诉,这样就比较麻烦。听说市劳动局将来这里直接设机构,这样以后碰到劳资纠纷问题就好办多了。"

陈某在店口已经待了6年,对这里很熟悉。他现在建筑工地打工,月薪1 500元,除去100元房租和100元水电费,加上妻子的工资,收入不算低了。两个孩子还在老家,他准备把孩子带来,到这里上学、落户,"只要老板守信,我供得起他们上学。这里的环境比家乡好多了,我想在这里扎根"。

这个想法和徐国龙不谋而合。"店口外来人口已经超过本镇人口,如何使他们在生活、文化、观念上融入,是我们非常关注的问题。现在店口正在由镇向城转变,随着城市化的推进,越来越多的外来者会在这里定居,成为店口人。"

去年经初步调查,已经有200多户外来者在店口定居,1 000多名适龄儿童在店口上学,其中600多人进了公办学校。

徐国龙说:"求学、就医、居住,都是我们应该为他们考虑的,并要创造条件。"让外来工安心地住下,聘请外来干部的举措不但要继续,还会进一步完善:比如进社区,今后在外来工集中的社区请老乡干部来管理;比如现在的一年一聘形式,变为长期聘任,把家属都带过来,长期留在店口工作。外来干部,也将融入当地,成为新的"移民干部"。

2.3.2.3 返乡走亲干部勤当"和事佬"

提要：矛盾纠纷化解工作事关群众幸福感与获得感，也是基层经常面对的"必考题"。诸暨市组织全市机关干部开展"返乡走亲"活动，通过话乡情、察民情、办实事等活动服务群众，解民忧、暖民心，把工作做到群众心坎上。新联合村返乡干部除与农户结对，为村民提供服务外，还利用自身的人脉优势，真诚与村民沟通，积极解决村民之间矛盾纠纷；深入基层化解矛盾纠纷，在理顺民意，拉近民心，融洽干群关系的同时，也实现了"小事不出村、大事不出镇"。

新联合村返乡干部勤当"和事佬"[1]

近日，新联合村的村干部们松了一口气，牵挂许久的那桩难事终于解决了。

原来这段时间，新联合村一直在进行村容村貌整治，其中有位村民房前屋后乱堆乱放现象严重，村里下达通知让他整改，但一直不见动静。村干部三番五次上门劝导，都没有成功。民政局返乡走亲干部赵敏燕得知消息后，主动与村干部一同前往村民家中，充分发挥自己在村里良好的人脉优势，耐心倾听，真诚与村民沟通，缓解村民情绪，调解矛盾。最终，"和事佬"赵敏燕成功说服了这位村民，房前屋后的柴草被清理得干干净净。

在新联合村，返乡走亲干部除了要在走访过程中认真记好"民情口袋本"，每年还必须帮助村民解决不少于3个实际问题，常年结对不少于5户农户，其中一户必须是重点户。审计局返乡走亲干部屠鉴栋结对的重点户屠某辉是低保户，经历过数次大手术，无法进行体力劳动，生活较为困难。返乡走

1　2017年6月22日发布，https://www.zhuji.gov.cn/art/2016/6/22/art_1371583_10837651.html。

亲干部赵继君结对的重点户郭某根是困难户,因身患重病常年卧床不起,丧失基本劳动能力,只能靠低保过日子。屠鉴栋和赵继君两人都利用节假日时间看望结对户,关注他们的生活状况,鼓励他们积极面对生活。

新联合村还通过建立返乡走亲干部微信群,通过微信群,村两委第一时间将民情走访情况、重要活动预告、党务村务通报和重要民情告知返乡走亲干部,即时同步村内信息,拉进了返乡走亲干部与全村党员干部的距离,方便结合自身优势开展工作。

2.3.2.4 赵家镇榧乡调委会负责人杨尚尧创新调解方法

提要: 赵家镇榧乡调委会负责人杨尚尧20年来专职从事调解工作,认为做好调解工作首先要"做人",练久了"以诚待人,金石为开"等"四段功",不仅在调解过程中拉近了与当事人之间距离,化解当事人的不满情绪,还能挖掘矛盾的深层次原因,防止矛盾转化升级为刑事案件。他坚持摸排不稳定因素,及时对症下药、有的放矢,妥善处理每一个纠纷案件,将事态控制在源头,有效维护了辖区社会稳定,真正使人民调解发挥了"第一道防线"作用。

金牌调研员杨尚尧的"四段功"[1]

疫情有所缓解,赵家镇榧乡调委会负责人杨尚尧3月23日与双方当事人来到山上,实地踏勘山林地界,现场调解双方因种香榧树过界引发的矛盾。在事先深入群众调查,双方前期坐下来交流的基础上,在山地现场,双方很快解开了疙瘩、达成了和调。杨尚尧的搭档周朝龙说,这是杨尚尧今年调解成功的第26场矛盾纠纷。

---

1 2020年4月3日发布,https://www.zhuji.gov.cn/art/2020/4/3/art_1386420_42473083.html。

杨尚尧,中共党员,2001年担任赵家镇司法所所长,从事综治司法调解,到2017年退休后担任榧乡调委会负责人,专职从事调解工作。有20年调解经历的杨尚尧看来,做好调解工作最终还归结于"做人"两字上。

"以诚待人,金石为开"

不管是在司法所还是到榧乡调委会,从事调解工作中,杨尚尧做到不管什么人、无论什么事,都做到"一张笑脸相迎,一把椅子让座,一杯热茶暖心"。他认为,双方当事人来你这里调解,火冒三丈,当事人发完脾气了,和解就有一半的希望,你心平气和、以诚待人地交流,事情就好调解了。这些年,赵家榧乡调委会每年平均调解在一百场左右,调解成功率达95.5%以上。杨尚尧坦言,调解中每年交通事故的案子就有近十例,涉及死人的案子总是比较复杂,但他调解得总让双方满意。其中赵家新村赵某与朱塘村周某的交通事故案子,杨尚尧前后调解达69天,最后双方自愿达成赔偿协议。有人说,来往多了,人心也就近了。在杨尚尧看来,来往多也好、人心近也好,关键点还是一个字——"诚"。

"花钱买平安,永远买不来"

多年从事基层调解工作,杨尚尧认为如今村民的法治意识越来越强,相应的法律素质和能力提高也很快。在调解中,不少人抱有花钱买平安的想法,杨尚尧对此很不认可。他认为,不能抱有花钱买平安的想法,调解工作只能从政策、情感上协调,做人的工作,双方都满意了,这样才会没有后患。在别人眼中,杨尚尧做调解工作,工作扎实、经验丰富、威信高。除了作风、能力外,杨尚尧的人品让人信服。对此他总是很谦虚,说自己是土长土长,在赵家工作时间长了,人头熟的缘故。杨尚尧扎根赵家,自然被当地人所信服。周朝龙与他搭档多年,对此深有体会:杨尚尧调解的案子中没有一个民转刑事案件发生。调解不仅要调解眼前的矛盾,还要找到深层次的矛盾,杨尚尧在调解中就是找这深层次的矛盾。

"一个人是'死人',三个人是'活人'"

担任基层司法所长多年,让杨尚尧特满意的是坚持每月摸排不稳定的人、事及信访苗头,对不良倾向和行为能以事实为依据及时对症下药、有的放矢。"这就像中医,搭个脉,有苗头及早下药,便于提前解决。"杨尚尧记得很清楚,2010年,赵家镇共发生非正常死亡事件6起,因处置及时有效,将事态控制在源头,得到圆满地解决,没有演变成群体性事件。让各村治保调解主任定时坐下来谈谈,从群众中来到群众中去,杨尚尧的调解工作生动地诠释了新时代"枫桥经验"。对此,他很直白地说:"一个人是'死人',三个人是'活人'!"

"发挥余热,在服务中体现价值"

谈到自己退休后继续从事调解工作,杨尚尧表示,一方面是镇党委领导重视,希望自己继续在调解上发挥余热,作为党员理所当然要为党分忧、为民解难。另一方面自己愿意为赵家人民继续服务。除担任榧乡调委会工作外,他还担任赵家镇关工委副主任,未成年人法治教育、未成年人刑事案件陪审、失足未成年人结对关爱等工作,他都积极参与。"虽然退休了,但能服务社会、服务他人,帮得上别人总是好的。助人者自助,在服务他人中体现自我价值。"杨尚尧说。

20年调解工作中,杨尚尧多次被评为绍兴市人民调解工作先进个人、诸暨市优秀人民调解员,连续4年被评为市级优秀调解员,2019年还被评为诸暨市首届金牌调解员。问起调解经验,杨尚尧总是笑笑。功夫在事外,杨尚尧的调解或许就在他的"四段功"之外。

2.3.3 乡镇(街)、村(居)多元化解基层矛盾纠纷案例

2.3.3.1 倪某开与倪某焕房子维修调解协议

提要:《倪某开与倪某焕房子维修调解协议书》记载了倪某焕台门与倪某开后墙纠纷案件的调解过程以及达成的调解协议。倪某焕于2003年2月25日向钟瑛村调解委员会反映自己与倪某焕之间因台门、蚀污水管、临时棚窗透光、天沟落水管及环境、棕树等问题产生了矛盾纠纷,并向钟瑛村调解委员会提出调解申请;后村干部以及钟瑛村调解委员会人员一起前往现场,向倪某开、倪某焕两人了解情况,并多次上门调解双方的矛盾,但未果;最终在派出所、镇及村干部的联合调解下,俩人于2003年2月28日达成了调解协议。

倪某开与倪某焕房子维修调解协议书[1]

倪某开,男,汉族,现居住于钟瑛村

倪某焕,男,42岁,汉族,现居住于钟瑛村

上列当事人因倪某焕台门与倪某开后墙纠纷一案,于2003年2月25日向钟瑛村调解委员会提出申请,本委会于2003年2月27日受理。经调解,双方自愿达成协议如下:

甲方:倪某开

乙方:倪某焕

一、乙方现紧靠甲方的台门在2003年3月20日前,无条件给予拆除。

---

[1] 系调研材料;其中标识"＊＊"的,系无法辨认的手写字,另原文所附图略。

二、甲方自己屋后南面,乙方应剩30—40公分,作为甲方的清水沟(具体见图)。

三、乙方自己的污水要在自己的金柱脚旁做好管接出到路。

四、乙方在甲方屋前的棕树和杂竹地,由倪某开自己的自留地交换给倪某焕种植,交换日期为2003年6月30日以前。

五、甲方屋后与乙方金柱旁的空地作为共享地,双方不得堆杂。

六、甲方如要粉墙、修屋,要进乙方台门,乙方无条件允许甲方进出。

七、甲方允许乙方在自己的金柱**出做台门,但乙方要离开甲方2.1米。乙方为不影响甲方正屋东面后墙窗采光,乙方台门东面砖柱与甲方后坪窗西边对直(见图一)。

八、乙方台门门顶(雨棚)间度为1.5米,门同照老门。

以上协议一式三份,双方各执一份,村调解备档一份,双方签字后生效,永无反悔。

当事人:倪某开

倪某焕

2003年2月28日

后附

(一)枫桥镇钟瑛村民委员会给倪某开的通知

通 知

倪某开:

关于你向村治安调解委员会反映的实际情况,村定于2月27日上午(明天)村两委会来实地察看解决矛盾,你在明天上午在家等候。特此通知。

枫桥镇钟瑛村民委员会

2003年2月26日

(二) 倪某开与倪某焕调解记录

2003年2月25日,倪某开与妻子及儿子等三人来到调解室。关于倪某焕台门、蚀污水管、临时棚窗透光问题、天沟落水管及环境、棕树等问题,由调解员骆楚锋记录。

2003年2月26日,村调解委员会、治保、文书、土管、骆传峰、骆楚锋、俞新林等一起踏看现场。当看现场时,有倪某开、倪某开老婆舅等好多人。为了防止意外(因倪某开,刚亡),村解释了法律精神,预防误会发生,要求到村兄弟俩一起面对面解决。

2003年2月27日,村调委、治保、文书、土管、派出所、司法所、村两委会人员(罗楚风、骆建军、骆传峰、陈伟根、施忠旺、介英、郭月平、屠建华、俞王邻、骆希年)及当事人倪某开、倪某焕解决了一些问题,说穿了一些误会,还有一些问题要和家人明天面谈协议。

2003年2月28日,村调解室,由骆建军、骆楚锋、骆传峰、陈伟根、施忠旺还有当事人倪某开、倪某焕参加。说服了倪某焕临时棚拆除(已拆除)、污蚀水管自己的屋脚存放、天沟落水管由倪某开自己去接落、门前棕树同意换掉、台门离开倪某开的墙到公分。最终于28日下午经过兄弟俩再三协商达成协议,并签字生效。

2003年3月14日,倪某开推翻协议,家人一伙,把倪某焕墙角撬掉。由村调解委骆楚锋、骆传峰、司法所屠建华等三人踏勘现场,并告知明天上午兄弟俩再来村调解,暂时不要动。

2003年3月15日,倪某开、倪某焕再次进行协商,但无法达成协议,由骆建军、骆楚锋、骆传峰负责。

(三) 协议书

倪某开、倪某焕属兄弟且前后邻居,几年来因关系欠佳,现经派出所、镇及村干部多次调解解除矛盾,增强兄弟团结,特协议如下:

甲方:倪某开

乙方:倪某焕

一、乙方现紧靠甲方的台门在3月20日前,无条件给予拆除。

二、甲方自己屋后南面,乙方因剩 30—40 公分,作为甲方的清水沟(具体见图)。

三、乙方自己的污水要在自己的金柱脚旁做好管接出到路。

四、乙方在甲方屋前的棕树和杂竹地,由倪某开自己的自留地交换给倪某焕种植,交换日期为 2003 年 6 月 30 日以前。

五、甲方屋后与乙方金柱旁的空地作为共享地,允许各方搭脚手架粉刷。

六、甲方允许乙方在自己的井柱直出 2.4 米与甲方南面边窗门北边线 2.1 米处立柱做门台,甲方不得干涉。

该协议由屠建华书写

2003 年 2 月 28 日

(四)倪某焕、倪某开纠纷案协调

当事人倪某焕、倪某开参加

协调人:派出所、郭月平、镇司法、屠建华及村两委骆建军、骆希年、骆楚锋、骆家英、施忠旺、骆传峰、陈伟根等。

一、上述人员全部到现场踏勘,对各种情况较清楚了解。

二、对双方当事人作了工作并在此基础上已达成共识。

三、决定在 2003 年 2 月 28 日上午再座谈、写协议。

骆传峰　骆楚锋　整理

2003 年 2 月 27 日上午

(五)收条

收　条

今收到倪某开搅坏墙角补偿费一百元整。

收款人:倪某焕　见证人:骆楚锋

2003 年 12 月 16 日

2.3.3.2 赵家镇榧乡人民调解委员会 2017 年调解卷宗

提要: 诸暨市赵家镇榧乡人民调解委员会 2017 年的一份调解卷宗记载了杨某育与胡某祥经济纠纷一案。杨某育与胡某祥健康权、身体权纠纷一案由〔2015〕绍诸枫民初字第 336 号民事判决书做出裁决,胡某祥须赔偿杨某育各项费用计 82 234 元;2015 年 12 月 21 日杨某育向人民法院申请执行,但因胡某祥家庭经济困难,一直未得到执行。胡某祥于 2017 年 9 月 8 日向赵家镇榧乡调解委员会提出申请调解,请求杨某育谅解减免一部分赔偿;经过调解委员会的调解,最终杨某育同意减免 22 234 元,胡某祥一次性付给杨某育人民币 6 万元整。

诸暨市赵家镇榧乡人民调解委员会
调解卷宗[1]

卷名:胡某祥与杨某凤间经济纠纷

卷号:2017——41

调解员:杨尚尧、周朝龙

调解日期:2017 年 9 月 8 日

立卷人:周朝龙

立卷日期:2017 年 9 月 8 日

保管期限:长期

---

[1] 系调研材料。

人民调解协议书

当事人姓名:胡某祥,性别:男,民族:汉,职业:农,身份证号:3306××××××××××××,联系方式:152××××××××,住址:赵家镇潘村沙田自然村;

当事人姓名:杨某凤,性别:女,民族:汉,职业:农,身份证号:3306××××××××××××,联系方式:158××××××××,住址:赵家镇新绛霞村绛霞自然村;

纠纷主要事实,争议事项:杨某育与胡某祥健康权、身体权纠纷一案已于〔2015〕绍诸枫民初字第336号民事判决书确定,胡某祥赔偿杨某育各项费用计82 234元。因胡某祥家庭经济困难,至今尚未执行。现胡某祥提出申请调解,杨某育同意调解。

经调解自愿达成协议如下:

1. 胡某祥之交通事故得到了杨某育的谅解,杨某育自愿同意减免22 234元,胡某祥一次性付给杨某育人民币6万元整,款当场付清。
2. 人民法院的诉讼费申请执行费由胡某祥去法院付清。
3. 此案到此了结,杨某育自愿放弃对胡某祥的法律追究。
4. 该协议双方签字后生效,永不反悔。

履行方式、时限:款当场付清。

本协议一式四份,当事人,人民调解委员会各持一份。

当事人(签名或指印):

调解员签名:

记录员签名:

诸暨市赵家镇榧乡人民调解委员会
2017年9月8日

收 据

今收到胡某祥交通事故赔偿款人民币陆万元整。

收款人:杨某育
2017年9月8日

执行申请书

申请人杨某育,男,1961年5月4日出生,汉族,诸暨市人,住诸暨市赵家镇绛霞村桥里六号。

被申请人胡某祥,男,1967年7月27日出生,汉族,诸暨市人,住诸暨市赵家镇潘村沙田自然村,电话152××××××××。

案由:健康权、身体权纠纷。

贵院〔2015〕绍诸枫民初字第336号民事判决书确定被申请人胡某祥应赔付申请人医疗费,误工费,精神损害抚慰金等济损失共计人民币82 234元,还应承担诉讼费934.4元,现该法律文书已发生法律效力,但被申请人胡某祥拒不履行。

为维护申请人的合法权益,特依据《中华人民共和国民事诉讼法》第二百三十六条之规定,申请贵院强制执行,并谨请按该法第二百五十三条等规定予以处理,不胜感激。

特此申请

诸暨市人民法院

申请人:杨某育

2015年12月21日

授权委托书

委托人:杨某育

受委托人:杨某凤

杨某育与胡某祥交通事故案,杨某育委托杨某凤为代理人,代理权限为:全权委托。

代为调解,和解,签收,调解协议送达回证。代领赔偿款项等。

委托人:杨某育

受委托人:杨某凤

2017年9月8日

人民调解申请书

申请人姓名:杨某凤,性别:女,民族:汉,职业:农,身份证号:33066×××××××××××××,联系方式:158××××××××,住址:赵家镇新绛霞村绛霞自然村。

被申请人姓名:胡某祥,性别:男,民族:汉,职业:农,身份证号:33066×××××××××××××,联系方式:152××××××××,住址:赵家镇潘村沙田自然村。

纠纷简要情况:杨某育与胡某祥健康权、身体权纠纷一案已于〔2015〕绍诸枫民初字第 336 号民事判决书确定,胡某祥赔偿杨某育各项费用计 82 234 元,但胡某祥至今未付杨某育分文。

申请人申请事项:1. 请求调解,协商解决。

特申请诸暨市赵家镇枫乡调解委员会予以调解。

申请人:杨某凤
2017 年 9 月 8 日

人民调解申请书

申请人姓名:胡某祥,性别:男,民族:汉,职业:农,身份证号:3306××××××××××××,联系方式:152××××××××,住址:赵家镇潘村沙田自然村。

被申请人姓名:杨某凤,性别:女,民族:汉,职业:农,身份证号:3306×××××××××××××,联系方式:158××××××××,住址:赵家镇新绛霞村绛霞自然村。

纠纷简要情况:杨某育与胡某祥健康权、身体权纠纷一案已于〔2015〕绍诸枫民初字第 336 号民事判决书确定,胡某祥赔偿杨某育各项费用计 82 234 元,但胡某祥至今未付杨某育分文。

申请人申请事项:1. 请求调解,要求杨某育谅解减免一部分。

特申请诸暨市赵家镇枫乡调解委员会予以调解。

申请人:胡某祥
2017 年 9 月 8 日

2.3.3.3 店口镇人民调解委员会2021年调解卷宗

提要: 店口镇人民调解委员会2021年的一份调解卷宗记载了罗某军与罗某艳打架斗殴案件的调解过程及其调解协议。2021年6月20日晚,罗某军与罗某艳在店口镇茂阳KTV打架斗殴,店口派出所及时出警制止了双方的行为,并将该案件移送店口镇人民调解委员会调解。调解员叶益兴对双方当事人进行了批评教育,使双方当事人都认识到自己的错误,并承诺自愿和解,不再为此事引发新的事端。两者的矛盾纠纷得到圆满化解,实现案结事了,而罗某军与罗某艳两人也对店口镇人民调解委员会的工作表示非常满意。

店口镇人民调解委员会

调解卷宗[1]

卷名:罗某军与罗某艳茂阳KTV唱歌醉酒后引发纠纷

卷号:〔2021〕诸暨市店口镇人民调解人调字第437号

调解员:叶益兴

调解日期:2021年6月21日

立卷人:叶益兴

立卷日期2022年6月21日

保管期限:长期

---

[1] 系调研材料。

申请报告

诸暨市公安局店口派出所：

　　罗某军与罗某艳于2021年6月20日发生的殴打他人一案，双方达成（人民调解）协议并履行完毕，特向公安机关报告，不要求公安机关处理。

报告人：罗某军

2021年6月21日

申请报告

诸暨市公安局店口派出所：

　　罗某军与罗某艳于2021年6月20日发生的殴打他人一案，双方达成（人民调解）协议并履行完毕，特向公安机关报告，不要求公安机关处理。

报告人：罗某艳

2021年6月21日

人民调解受理登记表

　　2021年6月21日，本人民调解委员会经当事人同意，调解罗某军、罗某艳之间的纠纷。

纠纷类型：殴打他人

案件来源：当事人申请

纠纷简要情况：2021年6月20日晚上10∶30左右，在店口镇茂阳KTV罗某军与罗某艳之间因醉酒后引发打架。

当事人（签名）：

登记人（签名）：

店口镇人民调解委员会（印章）

2021年6月21日

移送人民调解函

店口警调移〔　　〕号

店口镇人民调解委员会(驻所工作室)：

经双方当事人同意,现将罗某军与罗某艳纠纷移送你委(室)进行调解。随函转此案相关材料。

2021年6月21日

联系人(派出所):杨颖　　联系电话:×××××××××

回　执

店口警调移〔　　〕号

贵所移送的罗某军与罗某艳纠纷的材料已收悉,相关材料共1份,_____页。

收件人(签字):叶益兴

2021年6月21日

人民调解协议书

编号437号

当事人姓名:罗某军,性别:男,民族:汉,年龄:19××.××.××,职业或职务:农业单位,联系方式:136××××××××,单位或住址:贵州省六盘水市六枝特区落别乡板照村五组。

当事人姓名:罗某艳,性别:男,民族:汉,年龄:19××.××.××,职业或职务:农业单位,联系方式:132××××××××,单位或住址:贵州省六盘水市六枝特区落别乡板照村五组。

纠纷主要事实、争议事项:2021年6月20日晚上10:30左右在店口镇茂阳KTV罗某军与罗某艳引发打架,事发当日罗某军与罗某艳AA制到茂阳KTV唱歌,唱到晚上10:30左右,双方酒也喝多了开始骂人。罗某艳骂罗某军,罗某军动手打了罗某艳,罗某艳一气之下将罗某军的轮胎卸掉的经过情况。

续
2021年6月21日上午9点左右，双方当事人在店口镇人民调解委员会调解中心，经调解双方当事人自愿达成协议如下： 　　1. 在调解员叶益兴的主持调解下，对双方当事人进行了批评教育，使双方当事人都认识到自己的错误，通过认识双方当事人自愿息事宁人互不追究，和谐解决。 　　2. 该打架事件经调解自愿和解后到此为止，一次性全部了结，今后双方互不搭界，不得再为此事再次引发事端，谁引起谁将承担由此引起的一切法律责任。 　　3. 双方当事人在调解协议书上签字，按手印后当即生效。不得反悔。 调解结果：调解成功 当事人（签名盖章或按指印） 人民调解员（签名） 记录人（签名） 　　　　　　　　　　　　　　　　　　　　　　　　2021年6月21日

人民调解回访记录
当事人：罗某艳 调解协议编号：437号 回访事由：调解 回访时间：2021年6月21日 回访情况：罗某艳对今天调解满意。 回访人：叶益兴 　　　　　　　　　　　　　　　　　　　　店口镇人民调解委员会 　　　　　　　　　　　　　　　　　　　　　　2021年6月21日

人民调解回访记录

当事人:罗某军

调解协议编号:437 号

回访事由:调解

回访时间:2021 年 6 月 21 日

回访情况:罗某军对今天调解满意。

回访人:叶益兴

店口镇人民调解委员会

2021 年 6 月 21 日

第三章
行业性专业性调解化解矛盾纠纷

"枫桥经验"行业性专业性调解是随着诸暨市大调解体系建设,为化解行业性专业性领域的矛盾纠纷而发展起来的,史料文献数量有限、年代跨度较小。本章选取了诸暨市自2008年以来行业性专业性调解多元化解矛盾纠纷的史料文献,按照诸暨市行业性专业性调解组织建设、诸暨市行业性专业性调解探索实践、诸暨市行业性专业性调解创新发展三大主题进行分类,之后按时间顺序辑录。

关于诸暨市行业性专业性调解组织建设,收录了从2008年到2017年诸暨市政府关于设立或建立行业性专业性人民调解委员会的意见或通知。根据上述文件,诸暨市成立了医疗纠纷人民调解委员会、劳动争议人民调解指导委员会、道路交通事故调解中心、总商会人民调解委员会、学生伤害纠纷人民调解委员会、物业纠纷人民调解委员会、电力纠纷人民调解委员会。

关于诸暨市行业性专业性调解探索实践,收录了从2009年到2017年诸暨市在行业性专业性调解方面所进行的探索实践。2008年12月1日,诸暨市成立浙江省首家县级市医疗纠纷人民调解委员会,以预防和处置医疗纠纷,是践行"枫桥经验"的新探索;2012年7月8日,诸暨市道路交通事故调解中心投入运行,通过"五位一体"一站式调解机制优化再造道路交通事故处理流程,有效解决道路交通事故纠纷;诸暨市积极开展劳动纠纷案件预防化解,建立了市、镇、村(企)三级劳动争议调解组织以及人民调解、行政调解和仲裁调解"三调合一"的工作机制;2017年,市级各专调委以"枫桥经验"为引领,切实注重矛盾纠纷的预防、排查和化解工作,积极探索调解工作思路,大胆创新调解工作方法,为维护社会和谐稳定,促进诸暨社会经济平稳较快发展做出积极贡献。

关于诸暨市行业性专业性调解创新发展,收录了从2018年到2021年反映诸暨市在行业性专业性调解方面创新发展的资料文献。2018年,诸暨市供电局聘任供电所一线人员组成"电力老娘舅"专业队伍,在为基层群众提供电力服务的同时化解各种涉电矛盾纠纷,打造了电力版"枫桥经验";2014年8月成立的诸暨市学生伤害纠纷人民调解委员会坚持学生安全第一,健全完善三项机制,推进调解工作高效发展;诸暨市司法局以夯基固本、示范引领、制度创新为抓手,大力推进行专调解工作,不断充实调解力量,为"保一方平安、促一方发展"做出积极贡献,努力谱写新时代"枫桥经验"诸暨新篇章。

3.1 行业性专业性调解组织建设

3.1.1 关于建立诸暨市医疗纠纷人民调解委员会的工作意见

提要:随着全市医疗纠纷数量逐渐上涨,重大医疗纠纷和由此引发的群体性事件时有发生,为及时有效调处医疗纠纷,充分发挥人民调解在构建和谐社会中的重要作用,诸暨市政府决定建立诸暨市医疗纠纷人民调解委员会,并明确了市医疗纠纷人民调解委员会的组织机构、主要职能、工作方式以及工作要求。建立医疗纠纷人民调解委员会,运用人民调解手段预防和化解医患矛盾纠纷,对于构建和谐医患关系、维护社会稳定有重要意义。

诸暨市人民政府
关于建立诸暨市医疗纠纷人民调解委员会的工作意见[1]

各镇乡人民政府,各街道办事处,市政府各部门:

为及时有效调处医疗纠纷,充分发挥人民调解在构建和谐社会中的重要作用,根据《人民调解委员会组织条例》(国务院令第39号)、《人民调解工作若干规定》(司法部令第75号)、《财政部 司法部关于进一步加强人民调解工作经费保障的意见》(财行〔2007〕179号)和《诸暨市医疗纠纷预防和处置暂行办法》,结合本市实际,建立诸暨市医疗纠纷人民调解委员会,并提出如下工作意见。

一、建立医疗纠纷人民调解机制的必要性和重要性

人民调解是一项具有中国特色的社会主义法律制度,是维护社会稳定、促进地方经济发展的"第一道防线"和长效机制。目前,全市医疗纠纷数量仍呈上升趋势,重大医疗纠纷和由此引发的群体性事件时有发生。建立医疗纠纷人民调解委员会,是运用人民调解手段预防和化解医患矛盾纠纷,构建和谐医患关系,维护社会稳定的要求,也是创新发展新时期"枫桥经验"的一项工作举措。

二、医疗纠纷人民调解机制的组织机构及主要职能

市医疗纠纷人民调解委员会(以下简称"医调会")由若干名专职人民调解员、兼职人民调解员组成。主要工作职责是:调解市内医疗机构发生的各类医疗纠纷,协助调解重大疑难医疗纠纷,向有关部门反馈全市医疗纠纷情况,提出防范医疗纠纷的意见建议。

市医调会根据工作需要聘请专职调解员若干名,专职从事医疗纠纷调解工作,在各镇乡(街道)和有关部门中聘请兼职调解员若干名,根据调解需要

---

[1] 诸政发〔2008〕55号,2008年10月17日印发。

协助工作。聘请一定数量的医学、法律专家,建立医学、法律专家库,主要职责是为调解工作提供专业技术及法律咨询服务。医学专家库由市卫生局推荐相关专业医学专家组成,法律专家库由市司法局推荐资深法律人才组成。建立医疗纠纷人民调解工作指导委员会,由市司法局、卫生局和法院负责人、专家组成,负责对医调会的业务指导和工作考核。

医调会办公地点按照方便群众、便利工作的原则设置,医调会工作经费和调解员工资、专家补贴经费,按照《财政部 司法部关于进一步加强人民调解工作经费保障的意见》精神,由市财政予以保障;医调会调解员的推荐、招聘、培训、业务管理、考核、指导等由市司法局会同其他有关部门实施;医调会调解员因调解工作需要调阅档案、询问相关人员、咨询专家意见等正当权利应得到保障。

三、医疗纠纷人民调解的工作方式

(一)受理调解:医疗纠纷发生后,医患双方可以向医调会申请调解,符合受理条件的,医调会应当及时受理,需要进行医疗事故技术鉴定的,应当告知当事人申请医疗事故技术鉴定。对于疑难重大医疗纠纷,可邀请相关专业医学、法律专家咨询论证,确定调解方案并开展调解。

(二)受托调解:医调会可根据需要和相关规定,接受市卫生局、人民法院委托的医疗纠纷(案件)并开展调解。

(三)协助调解:医调会可接受市卫生局、医疗纠纷发生地镇乡(街道)调委会邀请,协助调解;医调会根据调解工作需要,可邀请兼职调解员协助调解,也可由当事人指定1名兼职调解员协助调解(兼职调解员的指定遵循回避制度)。

医调会应在纠纷受理调解之日起1个月之内调结,到期未达成协议的,视为调解不成(双方当事人同意延期的除外);调解不成的,医调会应当正确引导当事人通过诉讼渠道解决纠纷。

四、医疗纠纷人民调解的工作要求

（一）提高认识，加强领导。建立医调会是为缓解医患矛盾，构建和谐医患关系，保证社会安全稳定，创新发展新时期"枫桥经验"的一项工作举措，各相关部门要提高认识，加强组织领导，结合实际，认真落实。

（二）抓紧时间，精心准备。各相关部门要着手组建调委会，设立调解室，聘请医学、法律咨询专家，配齐相应的人员和设施设备，制订相应的工作制度和规范，明确分工，落实责任。

（三）严格选拔，抓好培训。从事医疗纠纷调解的人民调解员除原已从事医疗纠纷调解的人员外，新录用人员应当具有丰富的人民调解经验，责任心强，处事公正，身体健康，按照录用标准，面向社会招聘。内勤人员可从有医政工作经验的人员中选取。具有法律职业资格和曾获优秀人民调解员荣誉称号的可优先录用或适当放宽标准。

司法行政部门在工作实施中要认真组织好调解员的上岗培训考核工作，建立健全规范化工作台账，严格按照调解格式文书、档案的有关要求，确保调解工作的质量和效能的发挥。

（四）部门配合，齐抓共管。卫生、司法、公安、财政、法院等部门（单位）要密切配合，研究提出具体实施方案，保障医疗纠纷人民调解工作的顺利开展。同时，要积极做好医疗纠纷人民调解有关政策宣传工作，引导群众依法妥善处理医疗纠纷。

3.1.2　关于成立劳动争议人民调解指导委员会的通知

提要： 为切实维护用人单位和职工个人的合法权益，及时有效化解劳动关系矛盾，将劳动纠纷解决在基层和萌芽状态，诸暨市人民政府办公室发布《关于明确市劳动争议人民调解指导委员会成员及其工作职责的通知》,决定吸收劳动保障局、总工会、司法局、信访局、法院以及工商联等部门的力量,成立诸暨市劳动争议人民调解指导委员会,并明确了委员会组成人员和各成员单位的工作职责,这对预防化解劳动关系领域重大风险、推动依法维护职工合法权益,推动构建和谐劳动关系发挥了积极作用。

诸暨市人民政府办公室
关于明确市劳动争议人民调解指导委员会成员及其工作职责的通知[1]

各镇乡人民政府,各街道办事处,市政府有关部门:

为积极实施《劳动争议调解仲裁法》,及时有效化解劳动关系矛盾,维护劳动关系和谐稳定,统筹、协调、指导我市劳动争议调处工作,经研究,决定成立诸暨市劳动争议人民调解指导委员会。现将有关事项通知如下。

一、市劳动争议人民调解指导委员会成员

主　任:孟国锋
副主任:倪永建(市府办)　　王孔羽(劳动保障局)
　　　　陈国镇(司法局)　　　戚志军(总工会)
成　员:楼立新(劳动保障局)　周荣信(司法局)
　　　　周鹏飞(信访局)　　　张怀斌(法院)
　　　　叶淑秀(总工会)　　　张建烽(工商联)

市劳动争议人民调解指导委员会下设办公室,楼立新兼任办公室主任,办公室设在市劳动保障局。

二、成员单位工作职责

(一)市劳动保障局:负责调解指导委员会办公室的日常工作,召集召开成员单位工作会议;负责劳动保障法律法规政策指导及基层调解员的法律培

---

[1] 诸政办发〔2010〕94号,2010年5月20日印发。

训工作;在协调处理突发性和群体性劳动争议案件中,做好法律法规政策的解释工作;会同市总工会、工商联推进基层劳动争议调解组织建设,建立劳动争议调解组织调解与仲裁相互衔接的工作机制。

(二)市总工会:负责帮助、指导劳动者和用人单位依法订立、履行劳动合同;在协调处理突发性和群体性劳动争议案件中,做好职工的思想稳定工作,引导职工合法维权。

(三)市司法局:负责人民调解相关业务培训和调解业务的管理指导工作,在协调处理突发性和群体性劳动争议案件中,向相关负责人解释人民调解的工作程序。

(四)市信访局:负责协调非成员单位配合劳动争议人民调解委员会的调解工作,及时引导劳动关系矛盾双方当事人通过调解方式解决争议。

(五)市人民法院:负责对劳动争议人民调解委员会在调解中遇到的法律问题提供相关解释;建立诉讼与劳动争议调解相互衔接的工作机制,做好诉讼案件的委托调解工作。

(六)市工商联:负责指导用人单位规范用工行为,依法经营、依法用工;在协调处理突发性和群体性劳动争议案件中,做好企业方的思想工作。

3.1.3 关于建立诸暨市道路交通事故调解中心的通知

提要:为了有效解决道路交通事故引起的纠纷,诸暨市人民政府办公室发布《关于建立诸暨市道路交通事故调解中心的通知》,决定整合行政调解、司法调解、人民调解的资源和力量,建立诸暨市道路交通事故调解中心,明确了调解中心的主管机关和组成人员,要求建立完善市、镇、村三级交通事故调解网络,规定了调解中心主要功能以及工作流程,确保了调解中心及时有效化解交通事故矛盾纠纷,更好地维护社会稳定。

诸暨市人民政府办公室
关于建立诸暨市道路交通事故调解中心的通知[1]

各镇乡人民政府,各街道办事处、市级机关各部门:

为认真贯彻中央社会治安综合治理委员会等16部门《关于深入推进矛盾纠纷大调解工作的指导意见》(综治委〔2011〕10号),进一步推进社会管理创新,深化发展"枫桥经验",按照"科学、高效、惠民"原则,结合我市实际,在原有市公安局交警大队道路交通事故调解室的基础上,整合行政调解、司法调解、人民调解的资源和力量,建立诸暨市道路交通事故调解中心,及时化解道路交通事故矛盾纠纷,推进"平安诸暨"建设。

一、机构设置

成立市道路交通事故调解工作协调小组,由市人民政府分管副市长任组长,市委政法委、市公安局、人民法院、人民检察院、司法局、人民银行、发改局、财政局、法制办的分管领导及交警大队、工业新城派出所、相关保险公司等单位的主要领导为成员,协调全市道路交通事故调解工作;建立市道路交通事故调解中心,由市司法局主管,市公安局主抓,市人民法院负责业务指导;并在各交警中队设交通事故调解室。调解中心主任由市公安局选派,专职人民调解员由市司法局统一选聘派驻。

二、职责分解

建立完善市、镇、村三级交通事故调解网络,发挥"枫桥经验"优势,有效化解交通事故矛盾纠纷。

1. 市道路交通事故调解中心主要负责已立案交通事故和交警大队事故处理中队接处警范围内按简易程序调处的交通事故调解。

2. 各交警中队交通事故调解室主要负责该中队辖区发生的交通事故

---

[1] 诸政办发〔2012〕156号,2012年7月9日印发。

调解。

3.镇乡、街道负责辖区发生的重大交通事故调解。

4.村级调解委员会协助市、镇两级调解组织做好涉及本村交通事故的调解。

三、市道路交通事故调解中心的主要功能

市道路交通事故调解中心内设事故受理室、行政调解室、人民调解室、交通法庭、法律服务室、价格认证室、保险理赔大厅和警务室。

1.事故受理室。由交警大队派1名民警进驻,配1名辅助人员,主要受理交警大队移送的立案道路交通事故,并进行登记分类,根据交通事故双方当事人的选择分流进入调解渠道。

2.简易事故调解。由交警大队原简易事故调解室整体移入,与人民调解室共同负责简易事故调处。

3.行政调解室。由交警大队派2名民警进驻,主要负责当事人选择行政调解的交通事故调解,并指导人民调解员开展调解工作。

4.人民调解室。由市司法局聘请12名人民调解员,配2名辅助人员,分成若干调解组,负责当事人选择人民调解的交通事故调解。

5.交通法庭。由市人民法院派2名法官,1名书记员进驻,主要负责交通事故的诉前调解和审理判决,根据当事人的申请依法采取财产诉前保全措施和调解协议的申请执行。根据当事人请求,确认行政调解、人民调解协议,指导人民调解员开展工作。

6.法律服务室。由市司法局派3名工作人员进驻,主要负责法律咨询、提供法律援助。

7.价格认证室。由市发改局派2名工作人员进驻,主要负责受损车辆及其他物品的估价。

8.保险理赔大厅。由市各主要保险公司派员进驻,参与对在本公司投保车辆的交通事故的调解,负责对形成调解协议的交通事故赔付。配综合协调员1名,协调未进驻道路交通事故调解中心的保险公司理赔事项。

9. 警务室。由市公安局工业新城派出所1名民警负责,派驻4名保安,主要负责调解中心的安全保卫,处置治安纠纷,维护调解中心门口的交通秩序。

四、市道路交通事故调解中心的工作流程

市道路交通事故调解中心的工作流程主要是:(1)道路交通事故发生后,由公安交通管理部门办案民警进行现场勘查取证,轻微事故按简易程序调处;(2)尚不能达成协议的事故及立案交通事故,分清事故原因,明确事故责任,移送调解中心事故受理室处理;(3)事故受理室对接收的事故进行登记分类,根据当事人的选择分流到各调解室开展调解;(4)各调解室对分流的事故分别进行调解,达成协议的,形成调解协议书并经交通法庭确认,进入保险公司赔付程序;(5)经调解仍不能达成协议的事故,由当事人向交通法庭申请,由交通法庭进行诉前调解或立案审理判决;(6)对虽已达成调解协议并经司法确认,但肇事方拒不兑付的,可由受害方向交通法庭申请法院强制执行;(7)在事故调处过程中,须对车辆及其他物品进行诉讼保全的,当事人可向交通法庭申请诉前保全。

五、工作保障

1. 提高认识。近年来,由道路交通事故引起的纠纷已成为社会热点纠纷,事关人民群众的切身利益和社会稳定大局。完善道路交通事故调解机制,整合行政调解、司法调解、人民调解的综合优势,是创新社会管理、发展"枫桥经验"、促进社会和谐稳定的有效途径。各镇乡(街道)和相关部门要进一步增强政治意识、大局意识、责任意识和服务意识,提高工作的主动性、自觉性,按照职责分工,明确责任,落实措施,认真化解事故矛盾。其他部门也要根据各自职能积极主动配合镇乡(街道)和道路交通事故调解中心做好调解工作,及时有效化解事故矛盾,更好地维护社会稳定。

2. 选好人员。市司法局要根据道路交通事故调解中心所承担的任务和职能,选好配强中心的管理人员。市公安局、人民法院、发改局等单位要根据各自的职能,选配好派驻人员。专职人民调解员须有较高的思想道德水平,热心调解工作、公道正派,熟悉相关法律法规和道路交通事故处理知识,有较强的群众工作能力,会制作调解文书,经公开选聘,培训合格后持证上岗。各单位派驻的人员和公开招聘的调解员,要自觉服从道路交通事故调解中心的统一管理,遵守规章制度,勤政廉洁,热心服务,确保道路交通事故调解中心规范、高效运行。

3. 落实保障。市财政局、公安局、司法局、人民法院要密切配合,积极为道路交通事故调解中心提供必要的办公场所和办公设备。保障必需的工作条件,所需经费列入市财政预算。道路交通事故调解中心的专职调解员调解的纠纷,列入市人民调解"以奖代补"政策范围,给予必要的补贴。各保险公司要从讲政治、讲大局的高度,积极配合支持道路交通事故调解中心开展工作,完善人民调解和保险理赔工作环节的程序衔接,主动加强对调解员保险理赔业务知识和赔付原则的业务培训,按照公安部、司法部、中国保监会〔2010〕29号联合文件精神,对在道路交通事故调解中心主持下达成的调解协议,按照合同约定及时给予赔付。

4. 优化服务。道路交通事故调解中心是我市为民便民的又一重要窗口,必须牢固树立民本意识,坚持民生优先、服务为先、干实事、求实效。重点完善"五个一"工作机制,即完善受理、调解、法律服务、物品估价、保险理赔"一站式"化解;完善事故移送、实时调解、法律援助、及时赔付、配合协作"一条龙"服务;实行"一小时"理赔;对行动有困难的当事人,落实"一对一"帮助、"一事一顾问"援助,切实为群众排难解忧。

附件:诸暨市道路交通事故调解工作协调小组成员名单(略)

3.1.4　关于建立诸暨市总商会人民调解委员会的意见

提要:随着社会经济的快速发展,涉及商会会员的生产经营、劳资管理、民间借贷等矛盾纠纷也不断增多,诸暨市人民政府办公室发布了《关于建立诸暨市总商会人民调解工作机制的意见》,决定建立诸暨市总商会人民调解委员会,明确总商会人民调解委员会的组织机构、主要职能、工作模式以及工作要求,以有效调处涉及商会会员企业(各类民营企业)的民事、商事、服务、劳动争议等矛盾纠纷,充分发挥总商会人民调解委员会在预防和化解涉企纠纷中的积极作用。

诸暨市人民政府办公室
关于建立诸暨市总商会人民调解工作机制的意见[1]

各镇乡人民政府,各街道办事处,市政府各部门:

为切实落实2013年4月全国工商联、最高人民法院"商会调解与诉讼调解衔接机制试点工作部署会"要求,有效调处涉及商会会员企业(各类民营企业)的民事、商事、服务、劳动争议等矛盾纠纷,充分发挥商会在预防和化解矛盾纠纷中的积极作用,根据《中华人民共和国人民调解法》,省司法厅、省工商联《关于进一步加强商会人民调解工作的意见》(浙司〔2014〕57号),财政部、司法部《关于进一步加强人民调解工作经费保障的意见》(财行〔2007〕179号)精神,结合本市实际,现就建立诸暨市总商会人民调解工作机制提出如下意见。

---

[1] 诸政办发〔2014〕104号,2014年8月11日印发。

一、建立总商会人民调解机制的必要性和重要性

随着我市社会经济的快速发展,企业、劳动者、消费者等各个利益群体之间的关系日趋紧密,涉及商会会员的生产经营、劳资管理、民间借贷等矛盾纠纷也不断增多。加强商会人民调解工作,及时发现和处置涉及商会会员的各类矛盾纠纷,避免矛盾激化,是贯彻落实党的十八届三中全会提出的"建立畅通有序的诉求表达、心理干预、矛盾调处、权益保障机制",深化"枫桥经验",创新预防和化解社会矛盾体制,健全完善矛盾调处机制的重要举措,是人民调解工作在非公经济领域的创新、探索,是全市社会管理"一张网"工程的有益补充,对构筑和谐有序的商贸、合作和劳动关系,改善我市经济发展环境具有十分重要的意义。

二、组织机构及主要职能

诸暨市总商会人民调解委员会(以下简称"商调委")由市工商联(总商会)相关负责人、若干商会会员和专(兼)职人民调解员组成,主任由工商联(总商会)主要负责人兼任。商调委的主要职责是:调解商会会员之间,会员与第三人之间的民商事纠纷;商会会员与服务对象之间的服务纠纷;商会会员与员工之间的劳动争议纠纷,以及适合调解的其他矛盾纠纷(以下统称"涉企纠纷")。

商调委根据工作需要聘请专职调解员若干名,专职从事会员企业矛盾纠纷的化解工作;在各镇乡(街道)和有关部门中聘请兼职调解员若干名,根据调解需要协助工作;必要时,经当事人同意,可邀请总商会直属商会、镇乡基层商会会长参与调解;总商会法律顾问为商调委调解员,参与总商会的人民调解工作。

商调委办公地点设在市工商联(总商会)机关,商调委工作经费和调解员工资、专家补贴经费,按照财政部、司法部《关于进一步加强人民调解工作经费保障的意见》精神,由市总商会会费作保障,市财政给予补贴;商调委调解员的推荐、培训、业务管理、指导等由市司法局会同其他有关部门实施;商调委调解员因调解工作需要调阅档案、询问相关人员、咨询专家意见等正当权利应得到保障。

三、工作模式

（一）受理调解:涉企纠纷发生后,一方当事人可以向商调委申请调解,符合受理条件的,商调委应当及时受理;需要作技术鉴定的,应当告知当事人申请相关技术鉴定。

（二）受托调解:商调委可根据需要和相关规定,接受市工商联、人民法院委托的涉企纠纷（案件）并开展调解。

（三）协助调解:商调委可接受市工商联、涉企纠纷发生地镇乡（街道）调委会的邀请,协助调解。

商调委应在纠纷受理调解之日起 1 个月之内调结,特别复杂的经主任同意后可延迟 1 个月,到期未达成协议的,视为调解不成（双方当事人同意延期的除外）;调解不成的,商调委应当正确引导当事人依法通过仲裁、司法等途径解决纠纷。

四、工作要求

（一）提高认识,加强领导。建立商调委是贯彻落实党的十八届三中全会精神,深化"枫桥经验",预防和化解社会矛盾,维护经济稳定健康发展的一项工作举措,各相关部门要提高认识,加强组织领导,结合实际,认真落实。

（二）抓紧时间,精心准备。市工商联（总商会）要具体做好商调委的筹建工作,设立调解室,配齐相应的人员和设施设备,制订相应的工作制度和规范,明确分工,落实责任。

（三）严格选拔,抓好培训。从事总商会人民调解的调解员,应当具有丰富的人民调解经验,责任心强,处事公正,身体健康。

市司法局要认真组织好调解员的上岗培训考核工作,建立健全规范化工作台账,严格按照调解格式文书、档案的有关要求,确保调解工作的质量和效能的发挥。

(四)部门配合,齐抓共管。市司法局、人力社保局、财政局、人民法院等单位要与工商联(总商会)密切配合,加强业务指导与协作,保障总商会人民调解工作的顺利开展。同时,要积极做好总商会人民调解有关政策宣传工作,引导涉企纠纷双方依法妥善处理矛盾纠纷。

3.1.5 关于印发《诸暨市学生伤害纠纷人民调解工作实施办法》的通知

提要: 为充分发挥人民调解特有的优势和作用,积极预防和化解学生伤害纠纷,保护学生、学校的合法权益,营造平安和谐的教育环境,促进教育事业的健康发展,诸暨市司法局、教育局《诸暨市学生伤害纠纷人民调解工作实施办法》决定吸纳专业力量参与,设立学生伤害纠纷人民调解委员会,明确其主管单位、组成人员、工作原则、工作程序以及工作制度,加强调解工作规范化、制度化、法制化建设,确保调解委员会有效运行。

诸暨市司法局 诸暨市教育局
关于印发《诸暨市学生伤害纠纷人民调解工作实施办法》的通知[1]

各司法所,各直属学校(单位)、镇乡(街道)中心学校:

现将《诸暨市学生伤害纠纷人民调解工作实施办法》印发给你们,请结合实际遵照执行。

诸暨市司法局 诸暨市教育局
2014 年 8 月 18 日

---

1 诸司〔2014〕41 号,2014 年 8 月 18 日印发。

诸暨市学生伤害纠纷人民调解工作实施办法

为认真贯彻落实市委、市政府关于构建"大调解"工作体系的战略部署和浙江省司法厅、教育厅《关于进一步加强学生伤害纠纷人民调解工作的意见》(浙司〔2013〕153号)精神,充分发挥人民调解特有的优势和作用,积极预防和化解学生伤害纠纷,保护学生、学校的合法权益,营造平安和谐的教育环境,促进我市教育事业健康发展。根据《中华人民共和国人民调解法》《学生伤害事故处理办法》《浙江省中小学校学生人身安全事故预防与处理办法》等法规及有关规定,结合我市实际,制定本实施办法。

第一条 本办法所称学生伤害纠纷,是指在学校(包括托幼园所,下同)实施的教育教学活动或者学校组织的校外活动以及在学校负有管理责任的校舍、场地及其他教育教学设施、生活设施内发生的造成在校学生人身损害后果所引起的纠纷。

第二条 学生伤害纠纷的处置应当坚持预防为主、调防结合、依法处置的方针。调解学生伤害纠纷应遵循依法依规、客观公正、合理适当的原则,做到事实清楚、定性准确、责任明确、处理恰当。

第三条 市司法局、市教育局应成立市学生伤害纠纷人民调解工作领导小组。组长由市司法局、市教育局分管领导担任,相关职能科室负责人为成员。领导小组主要组织、指导、协调学生伤害纠纷人民调解工作,定期召开联席会议,研究解决人民调解学生伤害纠纷工作中出现的问题。

第四条 市设立学生伤害纠纷人民调解委员会(以下简称"校调会"),成员由市司法、教育部门的职能人员以及有相应工作经验的老调解员、老法官、老干部、老教师等担任;主要负责市直属学校学生伤害纠纷人民调解工作。

各镇乡(街道)中心学校所属学校学生伤害纠纷调解工作,在校级调解未果的情况下,一般由相应镇乡(街道)人民调解委员会予以调处。

第五条 各直属学校和镇乡(街道)中心学校的安全管理处为辖区内学生伤害纠纷预防和调处的职能部门,应制定学生伤害纠纷处置应急预案,积极配合市校调会和镇乡(街道)人民调解委员会做好学生伤害纠纷的调解工作。学生伤害纠纷调解工作应依靠当地司法所、公安派出所、村(居)委会等部门,积极主动开展调解工作。

第六条 市校调会建立专职与兼职相结合的人民调解员队伍。其中专职人民调解员2—3名,选聘具有公道正派,热心人民调解工作,并有一定法律专业知识和学生伤害纠纷调解经验,责任心强,身体健康的人员担任。

兼职人民调解员由基层司法行政人员、人民调解员、教师、律师、基层法律服务者、法制副校长等人员担任。

校调会根据工作需要,设立学生伤害纠纷人民调解工作专家库,为调解工作提供专业技术咨询服务。

相关专(兼)职人民调解员的选聘、培训、考核工作由教育局会同司法局共同商定。

第七条 根据校调会工作特点,日常管理工作由教育局负责,业务指导及培训工作由司法局负责。

校调会调解学生伤害纠纷不收取任何费用,其工作经费由当地财政予以保障。

第八条 学生伤害纠纷人民调解工作原则:

(一)平等自愿原则。在双方当事人自愿、平等的基础上进行调解。尊重当事人的权利,不得因未经调解或者调解不成而阻止当事人向人民法院起诉。

(二)依法调解原则。严格按照法律、政策的规定和要求,依据规范程序,受理、调解矛盾纠纷,确保调解工作合法、合理、合情,积极维护纠纷各方当事人的合法权益。

(三)逐级调解原则。坚持属地为主、逐级调解的原则,学生伤害纠纷发生后,镇乡(街道)中心学校和直属学校应首先组织校级调解,学校调解未成或伤害事件较大、较复杂学校难以调解的,可以提交镇乡(街道)人民调解委员会或市校调会进行调解。

(四)便民利民原则。将人民调解与法律宣传、法律服务、法律援助等工作有机结合,整合司法行政资源,做到综合服务、及时调处、高效化解。

第九条 学生伤害纠纷人民调解工作基本程序:

(一)申请。学生伤害纠纷发生后,经校级调解未达成一致的情况下,当事人可以向纠纷发生地镇乡(街道)人民调解委员会提出申请调解;市直属学校发生的学生伤害纠纷,当事人也可直接向市学生伤害纠纷人民调解委员会提出申请调解。

(二)受理。对申请调解的学生伤害纠纷,镇乡(街道)人民调解委员会和市校调会应进行审查,符合受理条件的应当受理,不符合受理条件的应做出说明,受理结果应以口头或者书面的形式告知。

(三)组织调解。在查明事实、分清责任的基础上,组织有关当事方进行调解。调解工作要根据纠纷性质、难易程度,采取灵活多样的方式方法,开展耐心、细致的说服疏导工作,促使有关当事人互谅互让,消除隔阂,达成解决纠纷的意向。

调解学生伤害纠纷案件,一般从受理之日起30日内调结。如有特殊情况不能在30日内调结的,经双方当事人同意,可以适当延长调解期限,但延长期限一般不超过30日。

调解不成功的,应当终止调解,并依据有关法律、法规的规定,告知当事人可以依法通过仲裁、行政、司法等途径维护自己的权利,防止矛盾激化。

(四)签订协议。调解学生伤害纠纷调解成功的,要签订书面调解协议。调解协议书应符合人民调解协议书规定的载明事项。调解协议书自各方当事人签名、盖章或者按指印,人民调解员签名并加盖相应调解组织印章之日起生效。调解协议书由当事人各执一份,调解组织留存一份。调解协议,具有法律约束力,当事人应当按照约定履行。

(五)归档。调解学生伤害纠纷应当进行登记,制作笔录。调解组织应当建立调解工作档案,将调解登记、调解工作记录、调解协议书等材料立卷归档。

第十条 建立健全学生伤害纠纷调解工作相关制度。

(一)工作例会制度。学生伤害纠纷人民调解委员会应定期召开工作例会,研究工作计划,交流经验做法,查找工作中的薄弱环节,分析当前矛盾特点,会诊重大疑难纠纷。

(二)工作台账制度。要制订统一格式的学生伤害纠纷《调解申请书》《调解受理通知书》《调解协议书》《调解送达回证》《调解回访录》《调解结案表》及其他有关统计报表,规范日常工作。

(三)回访制度。学生伤害纠纷人民调解组织应对已调结的纠纷,特别是较复杂的或有可能出现反复的纠纷,要进行走访、了解情况,及时掌握协议履行情况和当事人的思想状况。

(四)经费保障制度。市学生伤害纠纷人民调解委员会设立专项工作经费,纳入人民调解专项经费。

第十一条 发生学生伤害纠纷后,学校应通知校(园)方责任险的投保单位,及时介入理赔工作。

第十二条 本办法自发文之日起施行。

3.1.6 关于建立物业纠纷人民调解工作机制的意见

提要:为充分发挥调解工作在物业纠纷处理中的作用,探索人民调解、行政调解、司法调解联动的物业纠纷调解工作新模式,诸暨市委办、市府办《关于建立物业纠纷人民调解工作机制的意见》决定构建市、镇、社区三级物业纠纷调解组织,并明确物业纠纷调解组织的纠纷受理范围、工作流程以及工作要求,从而畅通业主利益诉求渠道,依法、及时、有效化解物业矛盾纠纷,有效避免矛盾纠纷的不断激化。

中共诸暨市委办公室 诸暨市人民政府办公室
关于建立物业纠纷人民调解工作机制的意见[1]

各镇乡党委、政府,各街道党工委、办事处,市级机关各部门,市属企事业单位:

为充分发挥调解工作在物业纠纷处理中的作用,探索人民调解、行政调解、司法调解联动的物业纠纷调解工作新模式,促进我市社会和谐,根据国务院《物业管理条例》和《浙江省物业管理条例》等法规规定,结合我市实际,现就建立物业纠纷人民调解工作机制提出如下意见。

一、机构设置

(一)加强统一领导。成立由市政府分管副市长任组长的市物业纠纷调解工作领导小组,领导小组下设办公室,负责物业纠纷调解工作的组织领导和整体协调;指导疑难纠纷调解和诸暨市物业纠纷人民调解委员会开展日常工作,参与重大疑难案件研究和论证;组织调解人员业务培训。

(二)构建三级网络。市建设局牵头组织,由市物业协会和房产协会联合成立诸暨市物业纠纷人民调解委员会,落实办公室、调解室等工作场所,在建设局临聘人员中调剂2—3名人员,经司法局业务培训后,担任物调委专职人民调解员,制订相关管理运行制度。市物业纠纷人民调解委员会要聘请法官、检察官、律师、优秀人民调解员及规划、建筑质监、房管、环保等熟悉物业管理领域的专业人士组建专家库,为重大疑难物业纠纷调解提供专业指导。

各镇乡(街道)要切实落实《诸暨市人民政府办公室关于加强诸暨市住宅

---

[1] 诸暨市委办〔2015〕80号,2015年12月2日印发。

小区物业管理的若干意见》（诸政办发〔2013〕84号）要求，联合有关部门，依托已有人民调解委员会，吸纳物业管理部门及专业调解力量，组建专门的物业纠纷调解组织，通过政府购买服务或在社区管理工作机构中确定专人的方式保证物业纠纷调解力量，同时，指导社区居委会开展调解工作。各镇乡（街道）要加强对物业纠纷人民调解工作的领导，各司法所要加强对物业纠纷人民调解工作的指导。

社区居委会应确定专人负责物业纠纷调解工作。要坚持预防为主原则，大力宣传物业管理政策法规，动员居民共建文明社区，从源头减少物业纠纷的发生。鼓励大型社区聘任专职物业纠纷人民调解员。大型小区可试点建立由物业公司、业主委员会、业主等代表组成的物业纠纷调解组织，接受社区人民调解委员会的指导，就地化解邻里纠纷。小区应建立以楼群组长为主的物业纠纷信息员制度，及时将物业纠纷信息反映到社区，引导信息员积极参与纠纷化解。

（三）强化部门职责。市建设局要加强对物业服务企业、协会的日常管理和指导，督促指导市物业纠纷人民调解委员会开展调解工作等。市司法局负责物业纠纷人民调解工作的业务指导，聘请律师对人民调解员进行业务培训，落实物业纠纷人民调解"以奖代补"等工作。市综治办要对加强物业纠纷调解工作的统筹协调，督导相关单位优先运用调解方式化解物业纠纷。市人民法院要指定专业法官或专业合议庭负责物业纠纷案件审理；积极支持和配合调解组织，提供法律法规咨询，指导调解工作；对有可能通过调解解决的案件可组织调解或者委托人民调解组织调解。各镇乡（街道）要加强对住宅小区的日常管理，及时化解矛盾。

二、受理范围

（一）下列情形之一的，属于物业纠纷人民调解受理范围：

1. 物业管理过程中引发的业主之间相邻权纠纷；

2. 物业管理过程中引发的业主与业主委员会纠纷；

3. 物业管理过程中引发的业主或业主委员会与物业服务企业之间纠纷；

4. 物业管理过程中引发的新老物业服务企业之间纠纷；

5. 物业管理过程中引发的业主、业主委员会与开发建设单位或其他单位、个人之间纠纷。

(二)下列情形之一的,不属于物业纠纷人民调解受理范围：

1. 一方当事人不同意进行调解的物业纠纷；

2. 法院、公安等机关已经受理或解决的物业纠纷；

3. 严重违反《治安管理处罚法》,依法应予处罚行为所产生的民事权益纠纷；

4. 已构成犯罪行为所产生的民事权益纠纷；

5. 与物业不相关的婚姻家庭纠纷、损害赔偿纠纷、经济纠纷等。

三、工作流程

(一)社区调解。物业纠纷的一方或双方向所在社区居委会提出纠纷处理申请,社区居委会指派物业纠纷调解组织或专人及时组织调解；对调解不成功的,及时向属地镇乡(街道)社区管理工作机构汇报。

(二)镇乡(街道)调解。镇乡(街道)社区管理工作机构应及时处理社区居委会上报的物业纠纷情况,须调解的要在5个工作日内组织调解,必要时可邀请物业管理主管部门和人民法院派工作人员进行现场指导和提供法律政策咨询。对影响面广、情况复杂的纠纷,镇乡(街道)要及时向市物业纠纷人民调解委员会汇报。

(三)市物业纠纷人民调解委员会调解。市物业纠纷人民调解委员会主要开展日常接待、咨询,受理法院委托和镇乡(街道)调解后不能达成协议需要市级层面协调的物业纠纷。市物业纠纷人民调解委员会受理物业纠纷后,应在5个工作日内组织调解。必要时可邀请法院、镇乡(街道)、城管部门、社区、小区业主委员会、物业服务企业等共同参与矛盾调处。

（四）引导处理。经镇乡（街道）物业纠纷调解组织或市物业纠纷人民调解委员会调解不成的，引导相关人员向人民法院提起诉讼。

各级物业调解组织在开展调解工作时应做好调解笔录和调解协议书的签订及相关资料建档工作。

四、工作要求

（一）加强领导，落实责任。各镇乡（街道）要加强组织领导，结合辖区实际，建立物业纠纷调解组织网络，制订物业纠纷处理办法，切实把物业纠纷处理工作作为维护社会稳定、促进社会和谐的重要举措。市级相关部门要密切配合，共同预防和减少物业纠纷，积极探索物业纠纷调解新模式，合力构建和谐社会。

（二）加强宣传，积极引导。各级调解组织要通过多种形式宣传物业管理政策法规和相关知识，帮助广大业主、居民提高物业管理知识水平。要主动督促物业服务企业做好物业服务工作，促进物业服务企业不断提高服务水平。

（三）建立制度，落实长效。市物业纠纷人民调解委员会要建立定期会议制度，研究部署物业纠纷处理工作。镇乡（街道）、社区居委会要定期组织召开业主委员会或业主代表、物业服务企业参加的联席会议，分析掌握小区物业管理情况及矛盾纠纷信息，针对性地开展纠纷预防和调解工作。

附件：诸暨市物业纠纷调解工作领导小组成员名单（略）

3.1.7 关于成立电力纠纷人民调解委员会的通知

提要：为及时有效调处、化解涉电力的有关矛盾问题，充分发挥人民调解在维护社会和谐稳定、营造良好电力发展环境中的积极作用。诸暨市司法局、诸暨市供电局《关于成立诸暨市电力纠纷人民调解工作领导小组和诸暨市电力纠纷人民调解委员会的通知》决定成立诸暨市电力人民调解委员会,负责涉电纠纷调解以及向供电部门反映电力矛盾纠纷调处情况,并明确了电力人民调解委员会的组成人员,确保及时化解电力企业生产服务经营过程中产生的矛盾纠纷,着力构建和谐的供用电秩序,对推进矛盾纠纷多元化解工作、夯实社会和谐稳定基础、提升社会治理水平有着重要意义。

诸暨市司法局　诸暨市供电局
关于成立诸暨市电力纠纷人民调解工作领导小组和
诸暨市电力纠纷人民调解委员会的通知[1]

各司法所,供电局各部门:

为及时有效调处化解涉及电力的有关矛盾问题,充分发挥人民调解在维护社会和谐稳定、营造良好电力发展环境中的积极作用,经研究,决定成立诸暨市电力人民调解工作领导小组和诸暨市电力人民调解委员会。

一、诸暨市电力纠纷人民调解工作领导小组

(一)机构成员

组　　长:杨建清(市司法局副局长)

　　　　杨核群(市供电局副局长)

成　　员:周永松(市司法局基层工作管理科科长)

　　　　毛年永(市供电局办公室主任)

　　　　郭劲松(市供电局发展建设部主任)

　　　　赵　能(市供电局安全监察质量部主任)

　　　　俞晓松(市供电局党群工作部)

---

[1] 诸司〔2017〕49号,2017年11月14日印发。

周　均(市供电局营销部主任)

张金鹏(市供电局运检部主任)

丁　洁(市供电局法务专职)

市电力人民调解工作领导小组下设办公室,办公室设在市供电局,赵能兼任办公室主任。

(二)工作职责

主要组织、指导、协调涉电纠纷人民调解工作,定期召开会议,研究解决人民调解电力纠纷工作中出现的问题。

二、诸暨市电力纠纷人民调解委员会

(一)机构成员

主　任:赵　能(市供电局)

副主任:祝仲勋(市供电局)

专职调解员:赵军孟(市供电局)　陈仲立(市供电局)

兼职调解员:傅振宇　黄新龙　郦铁峰　蒋柯青　俞学力
　　　　　　徐　新　祝泽明　张　斌　吕志能　赵春林

(二)工作职责

主要负责涉电纠纷调解,宣传电力相关法律法规政策,及向供电部门反映电力矛盾纠纷调处情况等。

3.2　行业性专业性调解探索实践

3.2.1　诸暨市成立浙江省首家县级市医疗纠纷人民调解组织

提要:诸暨市医疗纠纷人民调解委员会成立于2008年12月1日,是浙江省首家县级市设立的医疗纠纷人民调解组织;主要运用人民调解处理医患纠纷,是不隶属任何行政单位、独立开展医疗纠纷调解的机构;主要围绕一个目标、抓住一个重点、完善一套制度开展工作;曾被评为全国模范人民调解委员会,其主任被评为全国人民调解能手。

浙江诸暨市创新模式解医疗纠纷[1]

叶辉、孙陈超、梅芳燕

浙江省诸暨市探索化解医患纠纷新模式,将"枫桥经验"创新运用于医疗纠纷调处上,成立医疗纠纷人民调解委员会,7个月来已受理调解109起,成功调结91起,医患矛盾大大缓解。

该市卫生局局长袁岳军日前在接受记者采访时说,诸暨市有106万人口,每年发生医疗纠纷上百起。如何构建和谐的医患关系?该市尝试将"小事不出村,大事不出镇,矛盾不上交"的"枫桥经验"引入医疗纠纷的调处上,用人民调解方法,将矛盾、纠纷消弭在萌芽状态。

浙江省第一家县一级第三方医疗纠纷调处机构"医调会"于2008年12月1日正式运行。独立于医患双方的"医调会"由3名专职调解员、27名兼职调解员组成,另聘当地23名资深律师及杭州、绍兴、本地30名医学专家组成"律师库"与"专家库"。

"医调会"主任斯友全说,"医调会"坚持依法、中立、公正、无偿、效率的原则开展调解工作,在充分听取患者、医疗机构和医学专家、律师各方意见的基础上独立调处。第三方介入打消了患者和家属对纠纷调处公正性的疑虑,缓解了医患间的对立和冲突。

一患者脑部损伤,住院保守治疗10天,出院前一天跌倒,颅内出血昏迷。事后患者以医院处置不当为由提出索赔,医院则认为是患者自己跌倒所致。

---

[1] 原载《光明日报》(2009年8月1日,第1版)。

"医调会"调解认为,医院有处置不当的过错,患者自己跌倒也应承担责任,调解成功。

我国的《医疗事故处理条例》规定,只有医疗事故才能赔偿。实际许多纠纷长期无法解决都属于医疗过错,而纠纷的持续严重干扰了正常的医疗秩序。"医调会"提出医院有过错甚至双方都无错而导致的医疗纠纷也按公平原则给予调解。

一患者2004年5月头颅破裂,当地某医院用碳合金对破裂处进行修补,出院2年后碳合金破裂,患者向医院提出高额索赔。医院称碳合金产品合格,手术成功,破裂系出院后发生,医院无责任。"医调会"多方征求意见,最后提出由医院免费再做一次手术,由产品供应商免费提供碳合金,调解成功。

快捷简便赔付是解决医疗纠纷的重要环节。该市卫生局按上年医院的业务收入、职工人数和医疗纠纷发生率等额定筹集医疗风险金,并由保险公司托管代付。全市30家医疗机构2009年共筹集风险赔偿金300万元。获赔患者只要拿"医调会"出具的调解协议和支付函,到保险公司就可即时付款。

据悉,"医调会"的介入使该市医患纠纷中的对立情绪大大缓解,今年医疗纠纷数虽与往年持平,但激烈程度大为缓和,未发生一起因纠纷而群体上访或冲击医疗秩序的事件。在当地,"医调会"在医患双方中建立起公信力,赢得广泛好评,成了矛盾纠纷的"减压阀"。

截至今年6月底,"医调会"7个月共受理调解109起,成功调结91起,至今未有一起出现反复。诸暨市副市长章月燕说:"'医调会'本着中立、公正、公平的立场和原则解决医患矛盾,是我市尝试预防和处置医疗纠纷的新办法,也是坚持和发展新时期'枫桥经验'的新探索。"

3.2.2 "五位一体"齐抓共管构建道路交通事故纠纷新格局

提要:2012年7月8日,诸暨市道路交通事故调解中心投入试运行,建立"五位一体"一站式调解机制,优化再造道路交通事故处理流程,优化提升法律服务。公安、司法、法院、保险、发改等五个部门进驻交调中心,根据各自职责进行交通事故的行政调解、人民调解、司法调解、审理判决、保险理赔、车损定损、法律服务等工作,完善受理、调解、法律服务、物品估价、保险理赔"一站式"化解机制,构建"五位一体"齐抓共管新格局。

诸暨市"3450"模式铺事故调解"快车道"[1]

一、"三调联动",调解方式多。在原来由交警部门负责行政调解、法院进行司法调解的基础上,主动介入道路交通事故人民调解工作机制,建立"行政调解、人民调解、司法调解"的"三调联动"新格局,群众在处理道路交通事故过程中,可以自主选择行政调解、人民调解、司法调解中的一种或多种方式进行。形成了行政调解为先、司法调解为终、人民调解全程配合主动介入的协同配合模式。一年来共受理案件10 896件,调处10 450件,结案率为96%,涉及赔偿金额11 496.72万元。

二、"四化调解",调解效果好。细化工作流程,调解工作规范化。建立"统一受理登记,内部分组调解,按时登记销案,统一编号归档、定期跟踪回访"的内部工作流程,提高了调解效率。设立乡镇调解室,调解工作网格化。在8个中心镇乡基层交警中队建立调解室,调解辖区内按一般程序处理的道路交通事故,一年来就近就便受理道路交通事故1 813件,成功调解1 484件,

---

[1] 2013年6月27日发布,http://www.pazjw.gov.cn/sifaxingzheng/201306/t20130627_2003447.shtml。

调解成功率81.8%。倡导"情感"调解,调解工作人性化。人民调解员积极充当"和事佬",以事理为基础、以法理为准绳、以情理为桥梁,坚持晓之以理、动之以情的调解方法,不带观点、不偏袒,让当事人从情理上接受调解,引导当事人通过合法渠道解决矛盾,避免矛盾激化,2012年全市道路交通事故零上访。实施跟踪服务,调解工作全程化。对于调解成功的案子,当场签订调解协议,并督促当场兑现。对于涉及分期给付的引导双方当事人申请司法确认,并通过电话回访等形式跟踪了解协议履行情况,巩固调解成果。一年来,调结案件协议履行率100%。

三、"五位一体",调解过程快。2012年8月,公安、司法、法院、保险、发改等五部门联合进驻道路交通事故调处中心,根据各自职责进行道路交通事故行政调解、人民调解、司法调解、审理判决、保险理赔、车损定损、法律服务等各项工作,构建起"五位一体"齐抓共管新格局。对行动有困难的当事人,落实"一对一"帮助、"一事一顾问"援助,形成了"同进一个门,解决所有问题"的"一站式"服务新格局,让道路交通事故双方当事人在道路交通事故调处中心就能办结民事赔偿纠纷调解、财产保全、审理、执行等事宜,大大提高了交通事故处理效率。现在一般事故1—2小时就能解决,重大事故2—3天即可结案,有效消除了"马拉松式"诉讼给当事人带来的无尽诉累。同时由于人民调解的主动介入,大多数调解协议得到双方当事人的认可,协议履行一般比较顺利,迄今87.6%的调解协议实现了当场履行。

四、"零收费"服务,调解成本省。坚持民生优先、服务为先,便民惠民的调解原则,实行人民调解和司法确认零收费制度。一方面大大降低了当事人的诉讼成本,缓解了当事人调解道路交通事故的经济压力,解决了老百姓"怕诉讼""诉讼难"的难题;同时通过"零收费"引导当事人主动选择人民调解化解矛盾纠纷,为法院分流减压。一年来,全市交通事故类诉讼案件同比下降37.5%,法院受理的交通事故类诉讼案件大幅减少,司法资源得到有效节约。

3.2.3　预防化解劳动纠纷,助推和谐劳动关系构建

提要: 诸暨市积极开展劳动纠纷案件预防化解,建立了市、镇、村(企)三级劳动争议调解组织以及人民调解、行政调解和仲裁调解"三调合一"的工作机制;明确劳动争议调解委员会的工作职责、工作人员与劳动仲裁与劳动监察衔接工作机制,提升基层调解公信力;创新仲裁工作机制,达成"短、平、快"调解实效;以健全争议多元处理机制为牵引,切实提升争议办理质效,进一步强化劳动争议化解力度,扎实推进调解仲裁工作高质量发展,切实维护劳动者合法权益和劳动关系总体和谐稳定。

发挥多元主体作用　创新矛盾调处机制[1]

近年来,随着社会经济结构、经济管理体制和经济增长方式的巨大转变,劳动关系面临新形势和新趋势。作为"枫桥经验"的发源地,诸暨市在触及民生根本的劳动关系领域,一贯以来注重发挥群众和基层组织在纠纷预防和矛盾化解中的重要作用,打好"短、平、快"组合拳,加强风险研判,强化源头治理,努力将矛盾纠纷化解在基层、化解在萌芽状态,避免小问题拖成大问题,避免一般性问题演变成信访突出问题。

尺有所短、寸有所长,诸暨市综合分析劳动部门仲裁调解、监察调解、镇乡(街道)内设司法调解机构固有模式的优势和不足,专门为基层"量身定制"了矛盾纠纷调处新模式——设置基层劳动争议调解组织,不仅使当事人拥有多样化的选择,而且也确保了权利救济途径更为明晰,以优势的加法促成机制的乘法。

---

[1] 诸暨市劳动人事争议调解仲裁委员会工作汇报,2017年,系调研材料。

一、搭建联动调解平台,完善调解组织网络架构

自2010年5月起,诸暨市劳动争议调解组织的规范化、网络化设置进程正式开启。我市在市级层面成立了劳动争议调解指导委员会,并设置了职责明确的办事机构。在此基础上,依托原有的监察用工网格,在全市各镇乡(街道)、行政村、已建工会的规模以上企业设立专业的劳动争议调解委员会和调解组织。至此市、镇、村(企)三级专业化劳动争议调解组织体系框架基本建成。三级平台通过常态化信息报送机制实现串联,有效地防止了重复办案或互相推诿现象的出现,同时建立人民调解、行政调解和仲裁调解"三调合一"的工作机制,规定对劳动者申请仲裁但未经调解的案件,可引导当事人先行调解,仲裁委也可出具工作联系单,委托网格内调解组织进行调解,走出了一条争议处置柔性化的新途径。近三年来,我市三级调解组织累计调处劳动争议案件近11 000件,年平均调解率达到了80%以上。

二、定责、定人、协同配合三步走,提升基层调解公信力

第一步,建制定责。我市先后出台了《关于加强劳动争议调解工作的意见》《诸暨市劳动争议调解中心组织及工作规范》《镇乡、街道劳动争议调解委员会工作职责和办案程序规定》等一系列制度,明确基层劳动争议调解委员会的工作职责、受理案件的范围和调解工作流程,规范管理工作台账、调解文书和档案,做到受理有通知、处理有笔录、调解有协议、情况有反馈。第二步,增编定人。首先在市级层面大力度扩编增员。2012年我市仲裁院通过招录程序新增27名事业编制人员,分配到27个镇乡(街道)基层人力社保所从事劳动争议的调处工作。其次是各镇乡(街道)人民政府和办事处通过购买服务等途径充实镇乡(街道)调解组织人员。再次是将担任监察网格员的镇村干部全部纳入调解队伍。最后是在法律援助制度现有框架下,设置仲裁机构社会实践基地,充分利用我市农林大学专业资源,引入高校志愿服务者。第三步,协同配合,建立沟通顺畅、运行高效的劳动仲裁与劳动监察衔接工作机制,通过多种形式的培训和业务跟进,促使调解人员法律运用能力、纠纷调解能力、应急处置能力和组织协调能力大幅提升,为统一办案口径,提升基层组织调解公信力,更好地完成基层纠纷基层化解的任务提供了保证。2016年度,我市基层工资类案件调解成功率达到了95%以上。

三、创新工作机制,达成"短、平、快"调解实效

一是开辟仲裁案件"绿色通道"。对虽有纠纷但争议不大,事实清楚可当场办结的案件,在释明双方当事人权利义务的前提下,由当事人签署调解协议,当场出具仲裁调解文书。据统计,近年来通过绿色通道办理的案件逐年增加,仅2016年度就办理726件,有力确保了"优先立案、优先审理、优先结案"的工作模式,既高效、快捷地解决了劳动争议,也切实保障了当事人的合法权益。二是推行协议仲裁审查确认制度。对已在基层调解组织调解下达成和解,形成调解方案的案件,在确认协议内容合法性的基础上出具可供法院强制执行的调解文书,从而敦促协议内容的及时执行,确保调解成果。三是促使优质办案资源回归一线调处。对一些影响大、辐射广的案件,且当事人对法定程序有畏难情绪但又有急切诉求的,在保证程序合法的前提下,调解员深入群众,现场办公,一线受理、一线调处、一线指导。2015年8月,蒋某等90人与恒禾鞋业因工资拖欠问题引发纠纷,因而申请仲裁。但部分人员因学校即将开学,依照正常仲裁程序无法在9月1日前领到工资支付子女学费,情绪较为激动。包括委托代理人在内的30余人汇集到信访部门,拒绝仲裁或调解,要求当即领取工资,事态有激化趋势。在所在镇乡、监察、信访部门的共同努力下,恒禾鞋业负责人到场说明了管理出现问题、资金短缺导致工资拖欠的情况。在仲裁办案人员向双方释明各自的权利义务后,双方当事人达成了一致意见,由单位分期向劳动者支付工资款共计55万元。仲裁工作人员当即制作了调解文书,以法律文书的方式固定了调解方案,并出具了送达证明以便于移送法院强制执行,免除了劳动者的后顾之忧。四是机构下沉,关口前移,以裁促调。

我市在劳动用工密集的陶朱街道、大唐镇、店口镇三地设立仲裁派出庭,进一步落实劳动争议仲裁属地管理原则,增强基层参与处理劳动争议的力度,提高办案效率。以店口镇仲裁派出庭为例,其2016年立案受理的劳动争议案件调解率已达到98%。

四、完善企业评价机制,助推和谐劳动关系构建

一是创建劳动关系和谐企业、培育百家劳动保障诚信示范企业。对于富润、步森等可实现"有组织、有预防、有调解、有保障"要求、达成"小事不出班组,一般纠纷不出车间,矛盾不上交"目标的企业加大典型宣传,以点带面,充分发挥其示范引领作用。二是设立"双爱"活动综合试验区,在选定镇乡集中开展创建活动,以六有六要为标准,树立可看、可学、可示范的块状典型,在镇域范围内营造良好的劳动关系氛围。三是建立负面评价机制,警示教育和执法打击并行。针对劳动纠纷高发、难调,对劳动者权益保障缺位,为降低用工成本损害劳动者合法权益的企业,通过下发仲裁意见书的方式给予规范化整改意见。对于纠纷高发状况未能得到有效改善的,协同监察部门加大查处力度,将其纳入警示企业目录,在信用管理示范企业评定、诚信守法示范企业评定中给予负面评价。

3.2.4 11家专业调委会4年成功调处2万多起矛盾纠纷

提要:诸暨市司法局会同有关部门先后建立11家专业性人民调解委员会,各专调委以"枫桥经验"为引领,切实注重矛盾纠纷的预防、排查和化解工作,积极探索调解工作思路,大胆创新调解工作方法,4年成功调处2万多起矛盾纠纷,为维护社会和谐稳定,促进诸暨社会经济平稳较快发展做出积极贡献,充分发挥人民调解维护社会和谐稳定的"第一道防线"作用。

全市11家专业调委会4年成功调处2万多起矛盾纠纷[1]

杨理江、金家树

连日来,市调解总会、市人民调解协会、市司法局组织人员在会长杨胜带领下,先后对市联合人民调解委员会等十多家市级行业性专业调委会进行了一次专题调研。期间,调研组人员分别认真听取了各专调委今年以来调解工作开展情况及当前调解工作存在的一些困难和问题,并实地察看了专调委的办公条件、办案设备设施和调解资料整理归档等情况。

近年来,诸暨市司法局根据市委市政府总体部署,加强和创新社会管理,推进社会矛盾化解,会同有关部门先后建立市联合人民调解委员会、市医疗纠纷人民调解委员会、市劳动争议人民调解委员会、市婚姻家庭纠纷人民调解委员会、市消费纠纷人民调解委员会、市道路交通事故人民调解委员会、市学生伤害纠纷人民调解委员会、市总商会人民调解委员会、市环境保护人民调解委员会、市江西商会人民调解委员会、市物业纠纷人民调解委员会等十一个专业性人民调解委员会,为维护社会和谐稳定,促进诸暨社会经济平稳较快发展做出积极贡献。据统计,目前全市已有各类行业性专业调委会11家,调解人员78名。近四年来,共成功调处各类矛盾纠纷24 140起,其中交通纠纷调处17 601起,诉前调处6 246起,劳动争议纠纷调处904起,医疗事故纠纷调处494起,其他消费、婚姻等纠纷调处868起。总调处涉案金额达10.3亿元。

据了解,市级各专调委以"枫桥经验"为引领,切实注重矛盾纠纷的预防、排查和化解工作,积极探索调解工作思路,大胆创新调解工作方法。尤其是许多专调委在人员紧缺、案件较多的情况下,调解人员放弃节假日休息时间,不畏艰辛,克服困难,一心扑在调解事业上,为政府排忧,为百姓解难。

面对新的形势和当前调解工作中存在的一些困难和问题,杨胜会长提出

---

[1] 原载《诸暨日报》(2017年11月16日,第3版)。

了"树立信心迎接新挑战,强化职能再创新业绩"的新要求,并就如何做好今后专调委调解工作作了四方面强调:一要各级重视,形成共识。调解工作是依靠群众的力量实行自我教育、自我管理、自我服务并解决矛盾纠纷的一种自治活动。其程序简单,成本低廉,快速便捷等属性而深受广大人民群众的接受和喜爱。因此,各级党委和政府以及各行业主管部门思想上一定要高度重视,将本行业的调解工作列入重要议事日程,为调解工作的顺利开展创造良好的环境和条件。二要明确目标、落实任务。各专调委要根据十九大提出的新任务和新要求,结合本行业实际,厘清调解工作思路,把握调解工作重点,落实具体工作任务,充分发挥调解工作优势,永葆调解工作蓬勃生机与活力。三要注重防范,强化职能。各专调委一定要坚持"预警在先、教育在先、控制在先"的原则,抓住矛盾纠纷发生的初始阶段,切实做到"早发现、早处置"。并根据"多种手段、多方参与、互相配合、协同作战"的调解策略,根据当前矛盾纠纷的发生发展的新情况、新特点,把握规律性,掌握主动权,提升实效性。四要勇于担当,再创佳绩。调解工作起源于群众、根植于群众、服务于群众。因此,作为调解组织和调解员,一定要以更加饱满的精神状态和工作热情,要有紧迫感和责任感。不怕烦、不怕难,想当事人所想,急当事人所急。加强学习,提升素质,以实际行动迎接新挑战,做出新业绩。

3.3 行业性专业性调解创新发展

3.3.1 诸暨市"电力老娘舅"打造电力版"枫桥经验"

提要:诸暨市供电局聘任供电所一线人员组成"电力老娘舅"专业队伍,在为基层群众提供电力服务的同时化解各种涉电矛盾纠纷。电力老娘舅们根据各自的工作区域划分服务对象,通过定期上门沟通、公布联系号码等方式,深化优质服务,及时化解涉电矛盾,维护了社会稳定。为进一步丰富和发展电力践行"枫桥经验"的内涵和外延,诸暨市供电局还成立诸暨电力综治中心,并计划建设枫桥综治分中心,整合应急联动、指挥协调、信访接待、矛盾调解等功能,积极开展纠纷调解服务,妥善化解各类涉电矛盾纠纷。

浙江诸暨"电力老娘舅"打造电力版"枫桥经验"[1]

张国亮、毛年永、王烈刚

"人民电业为人民,矛盾化解在基层。"在浙江诸暨,一支由157位"电力老娘舅"组成的专业队伍为诸暨市各乡镇调解涉电问题,打造了新时代下的电力版"枫桥经验"。

日前,浙江诸暨市枫桥集镇上的老周家零线断烧,引起电压漂移,导致通电的家用电器全部烧坏。老周心里十分恼火,跑到枫桥供电所理论,要求照价赔偿。枫桥供电所运检工陈仲立来到现场协商,免费更换了烧毁的灯泡,请来专业人员上门维修家电。看到陈仲立忙里忙外,家用电器也都修好了,老周的气也消了,向陈仲立表示感谢。

陈仲立在基层从事电力工作已有30多年,经常在工作之余帮助用户接电灯、修电线,与用户建立了鱼水深情。从2013年起,他被枫桥供电所选为"电力老娘舅",负责近8 000户群众的涉电问题调解。陈仲立的记事本上,已经记录了他调解的300余起矛盾纠纷。

记者了解到,在诸暨市的各个供电所,像陈仲立这样的"电力老娘舅"现有157位,他们根据各自的工作区域,划分服务对象,通过定期上门沟通,公布联系号码,及时化解涉电矛盾,深化了优质服务,维护了社会稳定。

---

[1] 2018年6月13日发布,http://zj.cnr.cn/gedilianbo/20180613/t20180613_524268727.shtml。

据悉,为进一步丰富和发展电力践行"枫桥经验"的内涵和外延,今年,诸暨市供电局建立了诸暨电力综治中心,下设电力调解室、电力警务室、信访接待室和电力党员服务队,整合应急联动、指挥协调、信访接待、矛盾调解等功能,联合镇村综治小组力量,妥善化解各类涉电矛盾纠纷。"我们的宗旨是:人民电业为人民,矛盾化解在基层,专业服务到家门,促进电力与地方经济社会和谐协调发展。"诸暨市供电局局长黄春光告诉记者。

在已建成的电力综治中心基础上,诸暨市供电局还抓住纪念"枫桥经验"55周年活动契机,打响践行"枫桥经验"、履行社会责任品牌。据了解,该局启动了枫桥综治分中心建设,将内设漏电保护器模拟操作装置、触电模拟装置、跨步电压触电模拟装置等设施,成为农村安全用电和中小学生安全用电教育基地;还将组建以全国劳模何贝为代表的电力宣讲团,深入基层,结合电力综治工作,宣讲"枫桥经验"在公共服务上的作用发挥。

目前,诸暨电力综治中心被授予诸暨市首批"枫桥经验"创新发展实践基地,纳入诸暨纪念"枫桥经验"55周年活动的重点培育参观示范点,并作为诸暨市"综治进企业"典型申报绍兴、省级综治示范单位。

3.3.2 诸暨市校调委依法调处化解学生伤害纠纷

提要:诸暨市学生伤害纠纷人民调解委员会(校调委)成立于2014年8月,主要职能是做好学生伤害纠纷调处化解工作。近年来,校调委坚持学生安全第一,深入开展"枫桥经验"校园实践;健全完善三项机制,推进调解工作高效协调发展;切实抓好"四篇文章",着力提高调解工作整体水平,成立八年来取得了显著成效,历年被评为市级先进调解组织。

"枫桥经验"进校园 依法调解保平安[1]

诸暨市学生伤害纠纷人民调解委员会(简称"校调委")成立于2014年8月,校调委地址设在诸暨市教育体育局(建设大厦12楼1215室),现有主任1名,副主任2名,专职调解员3名,校调委主要职能是做好学生伤害纠纷调处化解工作。

一、坚持学生安全第一,深入开展"枫桥经验"校园实践

近年来,市校调委坚持以新时代"枫桥经验"精神理念为指引,建立健全以"一个中心、两大要务、三项机制、四篇文章"为主要内容的"一二三四"工作机制,确保校调委各项工作顺利推进。坚持以"深化新时代'枫桥经验'校园实践,全力维护学生安全校园平安"为中心,认真落实"预防在先,化解为要"两大要务,积极开展校园安全隐患和矛盾纠纷排查工作,及时调处化解学生伤害纠纷事件,确保校园矛盾纠纷"小事不出校,大事不出镇,化解在基层"。

二、健全完善三项机制,推进调解工作高效协调发展

一是组织机制。建立健全"市—镇乡(街道)—学校"三级校调组织。市级由教体局、司法局联合成立"学生伤害纠纷人民调解委员会",镇乡(街道)依托属地镇街人民调解委员会组织,纳入校调委相关职能,镇乡(街道)中心学校对辖区学校校调工作负牵头协调的主体责任。各级各类学校建立校调组,落实学校安管处、政教(德育)处为校级调解组织。

二是工作机制。积极实施符合基层学校工作实际的"三三三制"调解工作制度。实行三个层级逐级调解,学生伤害纠纷在学校、镇乡(街道)和市校调委三个层级自下而上进行调解;做到每个层级调解不少于三次,调解三次以上不成,再申请提交上一级调解组织,市级未能调结的书面建议通过司法途径解决;坚持"一份责任,一份耐心,一份真情"工作要求,着力提升调解工作成

---

[1] 诸暨市学生伤害纠纷人民调解委员会工作汇报,2021年,系调研材料。

功率和实效性。

三是保障机制。落实人员保障,由司法、教育部门专职人员和有相应工作经验的老干部、老教师等担任调解员;市校调委现有专职调解员5名;各基层学校都配备专兼职调解员。落实场所保障,市校调委现有调解员办公室和专用调解室各1个,办公场所设施齐全。落实经费保障,市校调委每年安排工作专项经费20万元,由市财政纳入部门预算;镇乡(街道)学校校调工作经费,纳入当地政府和学校经费预算。

三、切实抓好"四篇文章",着力提高调解工作整体水平

一是加强队伍建设。市、镇街两级聘用区域内有一定威望和影响力的老干部(法官)、老教师或村(居)干部,担任专兼职调解员,建立健全调解员信息库,畅通信息网络。学校校调组调解人员一般由学校分管领导及安管主任、政教(德育)主任兼任,职责对应,情况明晰,对校园一般性学生伤害纠纷做到及时调处。组织对全市调解员进行分层分类教育培训,每年暑期组织一次调解员安全管理与调解业务技能培训。组织开展"调解工作案例"和"我的调解故事"征文评选活动。

二是推进工作规范。规范工作制度,建立健全校调委组织机制、工作职责、目标任务、原则纪律、调解程序等,形成加强内部管理、有效预防化解矛盾纠纷的工作制度体系。规范调解程序,坚持调解自愿原则,依法公正开展调解,建立健全"申请—受理—调查—调解—回访"的调解工作程序。规范调解文书档案,按照司法部门统一、规范的人民调解格式文书要求,制定调解文书,做到一案一卷,定期集中归档。

三是开展机制创新。建立校园安全督导组,调解员兼任安全督导员,常年常态开展校园安全巡查督查。近年来,督导组成员共计开展安全督查检查350余次,督查检查学校292所,实现中小学幼儿园年度"安全体检"全覆盖。加强"在线矛盾纠纷多元化解平台"建设,积极通过信息化、数字化手段途径,做到

调解信息实时互通,一般纠纷线上沟通调解。镇乡政府及学校、公安、司法等部门人员组成校园纠纷联合调处组,对辖区内重大复杂学生伤害事件,或可能引发群体性事件的矛盾纠纷,做到第一时间介入,及时进行联合调处。

四是深化"枫桥经验"进校园。加强"枫桥经验"思想理念精神的宣传教育,每年11月20日定为"枫桥经验"进校园专题教育日。成立学生NGO(民间自治组织)调解委员会和校园"模拟法庭",加强学生自我教育、自我管理,对学校内部同学之间的一般矛盾纠纷,组织指导学生开展自我调解。积极引进社区民间优秀调解组织资源,通过冠名、协作、特邀指导等方式,优化提升校调组织。如学勉中学特邀全国优秀人民警察、枫桥"老杨调解中心"主任杨光照,担任学校调解工作导师,创建学生矛盾纠纷调解组织"老杨工作室"。

市校调委成立八年来,取得了显著成效。校调委共组织、指导调解学生伤害矛盾纠纷280余起,纠纷受理率、调解成功率达100%;调解工作相关先进经验在全国、省、市交流;历年被评为市级先进调解组织;校调委成员被评为省、绍兴市学校安全工作先进个人和诸暨市优秀调解员。

3.3.3 诸暨市司法局聚焦"行专调解"

提要: 诸暨市司法局以夯基固本、示范引领、制度创新为抓手,大力推进行专调解工作,突出夯基固本,织密调解组织体系;突出示范引领,打造调解亮丽名片;突出制度创新,完善调解考评督导;为"保一方平安、促一方发展"做出积极贡献,努力谱写新时代"枫桥经验"诸暨新篇章。

诸暨市司法局聚焦"行专调解" 谱写"枫桥经验"新篇[1]

诸暨市司法局以夯基固本、示范引领、制度创新为抓手,大力推进行专调解工作,不断充实调解力量,为"保一方平安、促一方发展"做出积极贡献,努力谱写新时代"枫桥经验"诸暨新篇章。

一是突出夯基固本,织密调解组织体系。年初把行专人民调解工作列入年度重点工作,多方努力,多策并举,积极推进行业性专业调解组织建设。先后建立了驻法院"一院五庭"联合调委会、医疗纠纷调委会、交通事故调委会、物业纠纷调委会等15家,建立诉调对接、警调对接、检调对接等调解工作室21个,全力构建"哪里有矛盾纠纷,哪里就有调解工作"的行专人民调解网络体系。2021年1—6月,全市人民调解组织共受理各类矛盾纠纷6 598件,调解6 775件,成功6 728件,调解成功率99.31%。其中行专调委会调解纠纷3 718,占比54.88%,比2020年同期占比提高14.29%。其中,医调委和交调委调解的医疗纠纷和道路交通事故纠纷,对这两类案件的分流化解起到了主导作用,大大减少了法院诉讼的数量。

二是突出示范引领,打造调解亮丽名片。充分发挥规范调委会和调解能手的引领示范作用,出台《关于坚持发展新时代"枫桥经验" 进一步加强新时代调解工作的意见》和《关于开展品牌调解工作室创建活动的通知》。支持、鼓励专职人民调解员和退休政法干警、律师等社会专业人士、法律服务人员、基层德高望重的人士建立个人调解工作室,退休调解员享受每月2 000元基础调解补贴和150%"以奖代补"奖励。培育出老杨、詹大姐等一批说事能手、调解能手,打造出新时代行专人民调解工作的"领头雁"方阵。以老杨调解室为例,每年解决各类矛盾纠纷达200余起,在群众中威信很高,多次受到国家、省、市的表彰。在全市范围内打响了矛盾纠纷化解新品牌,赢得了广大

---

[1] 2021年8月10日发布,http://sfj.sx.gov.cn/art/2021/8/10/art_1488839_58923911.html。

群众的口碑,对全市人民调解工作的开展起到了引领示范作用。

三是突出制度创新,完善调解考评督导。大力加强新型矛盾高发领域行专调委会的制度建设力度,大胆探索,积极创新。如市电力纠纷调委会探索建立"1+N"供电所矛盾调解体系(即1个供电所配1名人民调解员,带领N个"电力老娘舅"),做好供电所管辖区域内的涉电矛盾纠纷调处化解工作。又如市学生伤害纠纷调委会,探索建立"三三三制"调解工作制度。坚持"专业矛盾专家调"的工作模式,增强了人民调解的专业性和权威性,对化解矛盾纠纷的数量和效果,均起到了积极的作用。同时下发《诸暨市行业性、专业性人民调解工作规范化建设考核办法》,从组织队伍建设、业务建设、基础保障等方面对行专调解组织进行考核。组织开展每日专人督查、每月召开例会、每季度下发《全市行业性专业调解工作情况通报》的"日督查、月例会、季通报"制度,将工作任务分解到项、落实到岗、量化到人,推动行专调解工作细节到位、重点突破、全面提升。

第四章
"诉调对接"化解矛盾纠纷

关于"枫桥经验"将诉讼与人民调解、仲裁、行政调解及其他非诉讼纠纷解决方式相衔接,便捷、灵活和高效地化解社会矛盾纠纷的史料文献数量较多、年代跨度较大。本章选取了诸暨市20世纪60年代(主要是21世纪)以来通过"诉调对接"多元化解矛盾纠纷的史料文献,先按"诉调对接"推动矛盾纠纷多元化解、"诉调对接"提升多元解纷质效、"诉调对接"多元化解矛盾纠纷典型事例三大主题进行分类,各再细分为不同主题类,之后按时间顺序辑录。

"诉调对接"推动矛盾纠纷多元化解的史料文献分为"诉调对接"机制建设文件、诸暨法院"诉调对接"工作文件、诸暨法院"诉调对接"工作成效三类。(1)关于"诉调对接"机制建设文件,收录了从2014年到2023年的史料文献,包括诸暨市政府以及诸暨市法院与信访局、司法局、财政局、工商联发布的有关"诉调对接"机制建设的文件。(2)关于诸暨法院"诉调对接"工作文件,收录了从2013年到2023年的史料文献,包括诸暨市法院关于完善诉讼与非诉讼衔接的矛盾纠纷解决机制的实施意见、诸暨市法院与司法局发布的关于律师进驻诉讼服务中心参与诉讼服务的通知、诸暨市法院推动矛盾纠纷分类分流化解实施细则。(3)关于诸暨法院"诉调对接"工作成效,收录了从2011年到2017年的史料文献,包括诸暨法院创新"枫桥经验"、推进社会矛盾化解情况的调研报告,诸暨法院创新发展"枫桥经验"、推动矛盾纠纷多元化解的工作总结以及诸暨市第十七届人大常委会对诸暨市人民法院"大立案、大服务、大调解"机制建设运行情况报告的审议意见。

"诉调对接"提升多元解纷质效的史料文献分为"诉调对接"助力大调解体系建设、"诉调对接"推动诉讼与非诉讼解纷机制衔接、"诉调对接"立足基层源头化解矛盾纠纷三类。(1)关于"诉调对接"助力大调解体系建设,收录了从2008年到2016年的史料文献,记录了诸暨法院开展刑事和解,整合资源创建联合人民调解委员会+五大专业化社会调解组织的"1+5"调解机构体系、建立"党政领导、综治牵头、法院主导、多方联动"大调解工作体系的探索。(2)关于"诉调对接"推动诉讼与非诉讼解纷机制衔接,收录了从2010年到2019年的史料文献,记录了诸暨法院从最初的"调解优先、调判结合",到让诉调对接"全覆盖""专业化""见实效",再到依托ODR平台构建具有诸暨特色的"分调裁审"新格局发展过程。(3)关于"诉调对接"立足基层源头化解矛盾纠纷,收录了从1965年到2020年的史料文献。早在20世纪60年代,诸暨县枫桥人民法庭就在民事审判工作中贯彻依靠群众、调查研究、就地解决、调解为主的方针;司法行政机关成立以后,仍继续坚持对基层调解组织的业务指导。21世纪后,诸暨法院创新指导人民调解工作机制,做到了"四强化"。近年来,随着信息化技术发展,诸暨法院在东和乡设立了"三位一体"巡回审判站,从纠纷产生、调解到司法确认,让群众做到了"零"次跑。

"诉调对接"多元化解矛盾纠纷典型事例的史料文献分为"诉调对接"有效化解矛盾纠纷、"诉调对接"机制创新发展、"诉调对接"工作成绩斐然三类。(1)关于"诉调对接"有效化解矛盾纠纷,收录了从2002年到2021年的史料文献,记录了枫桥法庭、绍兴市中院开展"枫桥式"人民法庭争创活动以及牌头法庭在矛盾纠纷多元化解方面的经验和事迹。(2)关于"诉调对接"机制创新发展,收录了从2012年到2021年的史料文献,记录的是诸暨法院首次对人民调解协议进行司法确认、探索多方联动的诉调衔接机制以及构建全域数字法院建设体系的创新发展。(3)关于"诉调对接"工作成绩斐然,收录了从2005年到2018年史料文献,记录的是诸暨法院枫桥法庭荣获"2004年中国十佳人民法庭"、枫桥法庭的《传承创新"枫桥经验" 筑牢基层治理"桥头堡"》入选《人民法院司法改革案例选编(五)》以及"整合资源、打破局限,推动矛盾纠纷在线化解"的工作总结被绍兴市委政法委编入2018年《新时代"枫桥经验"在绍兴资料选编》等事迹。

4.1 "诉调对接"推动矛盾纠纷多元化解

4.1.1 "诉调对接"机制建设文件

4.1.1.1 诸暨市法院、信访局、司法局关于建立信访纠纷化解联动机制的意见

提要:《关于建立信访纠纷化解联动机制的意见》提出市人民法院成立信访法庭,主要职责是法律咨询、涉法涉诉信访接待、涉法涉诉疑难信访听证等,与市信访局开设即时联动的视频对接系统。信访法庭接访期间,对信访人所反映的问题进行分流,分别送入诉讼程序、相关职能部门、信访局。如发现信访人所反映的问题系非涉诉类诉求,可将其引导至市人民来信来访接待中心处理。

诸暨市人民法院　诸暨市信访局　诸暨市司法局
关于建立信访纠纷化解联动机制的意见[1]

为坚持和发展枫桥经验，引导群众用法治思维、法治方式合理解决诉求，化解矛盾纠纷，市人民法院与市信访局、市司法局建立信访纠纷化解联动机制，以实现诉访无缝对接。实施意见如下：

一、市人民法院成立信访法庭，在南大门设立信访接待中心，并开通网上信访接待平台，方便群众来访。信访法庭的主要职责是法律咨询、涉法涉诉信访接待、涉法涉诉疑难信访听证等。

二、信访法庭与市信访局开设视频对接系统，即时联动对接。

三、信访法庭工作人员以法院干警为主，法院常年派驻干警2—3名，市司法局于每周一派律师参与接访。

四、信访法庭接访期间，对信访人所反映的问题进行分流，分别进入诉讼程序、相关职能部门、信访局。如发现信访人所反映的问题系非涉诉类诉求，可将其引导至市人民来信来访接待中心处理。

五、对信访人信访事项进行听证。市人民法院与市信访局可邀请所在镇乡街道、社区、居委会、村级组织及有关机关、社会团体派员一起参与听证，对信访诉求的合理性、合法性进行表决，并予以公布。

六、涉法涉诉案件已经依法终结，信访人仍不息访的，由市联席办商同相关事权处理部门按各自职能做好教育、疏导、解困工作，属地镇乡和部门负责落实稳控措施。

七、教育引导信访人合理合法反映诉求，对非访、闹访、缠访、寻衅滋事、敲诈勒索等行为，根据《治安管理处罚法》等法律、行政法规予以行政处罚，构成犯罪的，依法追究刑事责任。

1　2014年6月10日发布，http://www.zhujicourt.gov.cn/Detail3085.html。

八、本意见自下发之日起施行。

4.1.1.2 诸暨市政府办关于建立健全行政调解与司法调解衔接机制的意见

提要:《关于建立健全行政调解与司法调解衔接机制的意见》要求建立健全行政调解与司法调解衔接机制。行政调解实行"谁主管、谁负责"的原则,司法调解由人民法院负责。行政调解与司法调解应当资源共享,落实行政机关负责人出庭应诉制,按照所规定的衔接程序进行。

诸暨市人民政府办公室
关于建立健全行政调解与司法调解衔接机制的意见[1]

各镇乡人民政府,各街道办事处,市政府各部门:

为切实加强行政调解与司法调解的衔接配合,建立健全工作对接机制,有效预防和化解行政争议,根据《国务院关于加强法治政府建设的意见》(国发〔2010〕33号)、《浙江省人民政府关于加强法治政府建设的实施意见》(浙政发〔2011〕71号)、《最高人民法院关于建立健全诉讼与非诉讼相衔接的矛盾纠纷解决机制的若干意见》(法发〔2009〕45号)等有关规定,经市政府同意,现就建立健全行政调解与司法调解衔接机制提出如下意见。

一、指导思想

以党的十八届四中、五中全会精神为指导,把推进行政调解和司法调解工作作为贯彻"四个全面"战略布局、化解社会矛盾、创新社会管理的新方法,建立健全行政调解与司法调解衔接机制,实现行政调解与司法调解的有效衔接。

---

[1] 诸政办发〔2015〕157号,2015年12月9日印发。

二、工作原则和组织保障

（一）工作原则。坚持政府行政调解与法院司法调解各司其职、协调配合原则。坚持行政争议主动调解原则，对行政争议以及与行政管理有关的民事纠纷，在当事人自愿的前提下，由行政机关先行组织调解，把行政调解作为解决行政争议的重要方式。坚持合法、高效、便民原则，尊重当事人意愿，严格依法调解，简化工作环节，方便群众参与。

（二）组织保障。各镇乡（街道）及市政府各部门应加强调解力量配备，落实熟悉相关法律法规、热心调解的专（兼）职工作人员做好纠纷调解及行政调解与司法调解的衔接工作，并提供必要的经费保障。

三、衔接方式

（一）行政调解实行"谁主管、谁负责"。各镇乡（街道）及市政府各部门应及时受理、调解与本机关职能相关的行政争议及与行政管理有关的民事纠纷，对不愿进行行政调解或未达成协议的，要积极引导当事人依法运用行政裁决、行政复议等方式予以解决。对调解不成或对行政裁决、行政复议结果不服的，应当依法告知当事人司法救济权利，对于法院委托调解或邀请调解的事项，应当积极配合。

（二）司法调解由人民法院负责。行政机关要主动与法院对接，在调解中遇到须法院指导或解决的问题，要积极争取法院支持。

（三）行政调解与司法调解应当资源共享。落实预防和化解行政争议府院联席会议制度，建立各牵头单位负责、各职能部门紧密配合的协动机制。各镇乡（街道）及市政府工作部门要与市人民法院建立"诉调对接"工作统计台账，如实统计"诉调对接"工作数据。

（四）落实行政机关负责人出庭应诉制度。各镇乡（街道）及市政府工作部门应按要求落实行政机关负责人出庭应诉制度，市人民法院应向市政府定期通报行政机关负责人出庭应诉情况。行政机关负责人出庭应诉情况应纳入对各镇乡(街道)及市政府各部门的依法行政考核指标。

四、衔接程序

(一)公民、法人或者其他组织向政府或有关职能部门申请调解行政争议或与行政管理有关的民事纠纷的,政府及有关职能部门或者所属的行政调解组织应当予以受理。

(二)未经行政调解的行政争议或与行政管理有关的民事纠纷,人民法院在正式立案后,经当事人同意,在开庭前可先行向相关行政机关发出行政调解建议书,由相关行政机关进行行政调解,行政调解时间一般不超过15日。当事人不同意行政调解或者在商定、指定时间内不能达成调解协议的,人民法院应依法予以裁判。

(三)政府及有关职能部门按法院的行政调解建议书组织调解并达成调解协议的,应当制作调解书,并及时送达当事人及法院。调解协议有民事权利义务内容的,经双方当事人签字或者盖章后,具有民事合同性质。法律另有规定的除外。

(四)行政调解达成调解协议的,行政诉讼当事人可以申请撤回起诉,或者由人民法院依法按撤诉处理。

五、其他

本意见自发文之日起施行,法律、法规、规章或上级有关文件对行政调解和司法调解工作另有规定的,从其规定。

4.1.1.3 诸暨市法院、工商联关于建立诉讼调解与商会调解对接机制的意见

提要:《关于建立诉讼调解与商会调解对接机制的意见》要求遵循协调配合、合法自愿、高效便民的原则,切实推进诉讼调解与商会调解对接工作;人民法院与工商联建立诉调对接领导小组,建立对接工作联络会议

制度、信息通报交流制度,具体对接机制有诉前、诉中和执行阶段,双方对对接工作承担其必要的保障职责。

诸暨市人民法院　诸暨市工商业联合会
关于建立诉讼调解与商会调解对接机制的意见[1]

法院各庭室、工商联各基层商协会和各会员企业:

为深入贯彻《中华人民共和国人民调解法》和《中共中央国务院关于加强新形势下工商联工作的意见》,进一步落实浙江省高级人民法院、浙江省工商业联合会《关于建立诉讼调解与商协会调解对接机制的意见》,切实推进诉讼调解与商会调解对接工作,依法、公正、高效地处理各类涉及商会会员合法权益的民商事纠纷,结合我市实际,提出如下意见。

一、工作原则

第一条 协调配合原则。人民法院和工商联应密切协调,通过诉前委派调解、诉中委托调解、邀请协助调解等形式进行无缝对接,合力化解纠纷,促进社会和谐。

第二条 合法自愿原则。诉讼调解与商会调解对接工作应依法开展,不得违反法律、行政法规、司法解释的相关规定。调解工作要充分尊重当事人意愿,不得强制调解,不得损害当事人及利害关系人的合法权益和社会公共利益。

第三条 高效便民原则。商会调解组织应充分发挥各调解员工作能力,利用专业、地缘等优势,高效开展诉调对接工作,不得以拖促调,不得久调不决;商会调解组织应根据纠纷的实际情况,灵活确定调解的方式、时间和地点,尽可能方便当事人,降低当事人解决纠纷的成本。

---

[1] 2015年7月2日发布,http://www.zhujicourt.gov.cn/Detail3776_.html。

二、工作制度

第四条 人民法院和工商联建立诉调对接领导小组,由法院院长和工商联主席担任领导小组组长,分管领导担任副组长,负责日常协调工作,并分别确定一名对接工作联络员,负责日常联络工作。人民法院的对接工作由立案庭负责,工商联的对接工作由总商会人民调解委员会(以下简称"商调委")负责。

第五条 人民法院与工商联建立对接工作联络会议制度,及时研究解决对接工作中遇到的问题。联络会议原则上每半年召开一次,也可根据工作需要,经人民法院与工商联协商适时召开。

第六条 人民法院与工商联建立信息通报交流制度。商调委在调解过程中遇有法律方面的问题,可以向法院提出给予指导和帮助。经商调委调解未能达成调解协议,当事人起诉到人民法院的案件,人民法院可以向商调委了解有关调解情况,商调委也应当及时向人民法院通报案情。

第七条 人民法院在收到涉及商会会员的起诉状时,应当向当事人主动宣传诉前调解的优势和特点。对于符合受理条件且适宜诉前调解的民事案件,经双方当事人同意,人民法院可以在立案登记前将案件委派商调委先行调解。

双方当事人均同意诉前委派调解的,人民法院应当及时制作《诉前委派调解函》,同时将有关材料复印件移交商调委。当事人不同意诉前委派调解或者不能达成调解协议的,人民法院应当依法及时登记立案。

第八条 人民法院在受理涉及商会会员的民事案件后,经双方当事人同意,可以将案件委托商调委进行调解,或者邀请商调委协助调解。

诉中委托商调委调解的,人民法院应当及时制作《诉中委托调解函》,并将有关材料复印件移交商调委。不能达成调解协议的,人民法院应当及时恢复审理。

第九条　商调委接受人民法院委派或者委托调解后,应当在十五日内进行调解,经双方当事人同意,可以延长至三十日。期限届满后,商调委应当将调解情况书面函告人民法院并将相关材料退回。达成调解协议的,可以将调解协议一并移送人民法院。

第十条　经诉前委派调解达成调解协议的纠纷,商调委应根据具体情况,积极引导双方当事人自调解协议生效之日起三十日内向人民法院申请司法确认。人民法院审查认为符合法律规定的,应裁定调解协议有效。一方当事人拒绝履行或未全部履行的,对方当事人可以向人民法院申请强制执行。

人民法院经审查认为不符合法律规定的,裁定驳回司法确认申请。人民法院应当及时将驳回申请的原因、案件审查中发现的问题及有关工作建议通报商调委。

第十一条　经诉中委托调解达成调解协议的,商调委应根据履行情况,告知双方当事人到委托法院申请撤诉或由人民法院制作民事调解书。

第十二条　在民事案件执行过程中,人民法院根据案件具体情况,可以委托商调委进行和解,也可以邀请商调委参与和解程序。商调委应当充分发挥自身专长,着力化解双方当事人矛盾,促成执行和解。

第十三条　商调委自行受理的民事纠纷,经调解达成协议的,商调委应根据具体情况,积极引导双方当事人自调解协议生效之日起三十日内向人民法院申请司法确认。

第十四条　人民法院和工商联应加强对商调委调解员的培训和指导,采用专题讲座、庭审观摩、个案研讨以及评阅调解协议等多种形式提高调解员的法律业务水平和调解工作能力。

三、保障措施

第十五条　人民法院和工商联应当充分重视诉调对接工作对法治社会建设的重要意义,要加强组织保障、经费保障、人员保障,建立健全诉调对接工作各项机制,创新工作方式方法,推动多元化纠纷解决机制的不断完善。

第十六条　工商联(总商会)应当积极调整总商会调解组织,完善调解员遴选机制,安排经验丰富、有一定法律知识的人员参与调解工作。同时制定调解工作制度和流程,不断推进商调委工作的规范化。

第十七条　人民法院应当积极支持工商联(总商会)推动商调委建设,要及时将符合条件的商协会调解组织纳入特邀调解组织名册,明确商调委的业务范围、调解员名单、专业特长等,在诉讼服务中心予以公示,引导当事人高效、低成本地解决纠纷。

第十八条　人民法院和工商联要加大诉调对接工作宣传力度,在各类媒体平台大力宣传多元化纠纷解决机制的优势和工作实效,培育群众通过非诉讼方式解决纠纷的理念,提高多元化纠纷解决机制的公信力。

第十九条　本意见自下发之日起施行。

附件:诉讼调解与商会调解对接机制领导小组成员(略)

4.1.1.4　诸暨市法院与财政局联合建立"红色调解+共享法庭"多元化解模式

提要: 为从源头上预防和化解建设工程结算价款争议的矛盾,诸暨市法院和财政局决定建立工程价款结算"红色调解+共享法庭"多元化解模式。依托市级调解专家组,积极推进造价纠纷调解工作,建设"红色调解+共享法庭";建立健全帮扶机制,开展工程造价特色讲座,加快推进工程价款结算争议调解工作开展;培养基层"红色调解行业带头人",为群众提供便民服务,实现"红色调解+共享法庭"服务高效;在工作开展中突出党建引领,加强组织领导,积极宣传,致力于打造调解造价纠纷多元共治新格局,切实维护各方合法权益。

诸暨市财政局　诸暨市人民法院
关于联合建立工程价款结算"红色调解+共享法庭"多元化解模式的通知[1]

各有关单位：

为深入推进党史学习教育，切实发挥党建引领作用，扎实开展"我为群众办实事、我为企业解难题、我为基层减负担"专题实践活动，从源头上预防和化解建设工程结算价款争议的矛盾，经诸暨市财政局和诸暨市人民法院研究，决定建立工程价款结算"红色调解+共享法庭"多元化解模式。现将有关事项通知如下。

一、指导思想

以习近平新时代中国特色社会主义思想为指导，坚持和发展新时代"枫桥经验"，切实发挥相关职能部门协同作用，进一步健全矛盾纠纷源头防控、分层化解机制。同时，根据《浙江省建设工程结算价款争议行政调解办法》（浙建〔2020〕3号）、《关于全面加强"共享法庭"建设健全"四治融合"城乡基层治理体系的指导意见》文件精神，致力于打造调解造价纠纷多元共治新格局，切实维护各方合法权益，为创新发展"枫桥经验"提供"多元共治新品牌"，在全国形成可复制可推广的示范经验。

二、主要任务

（一）加快建立诸暨工程价款结算"红色调解+共享法庭"多元化解模式。依托市级调解专家组，积极推进乡镇街道、部门等造价纠纷调解工作的开展。建设一批具有固定调解场所、完善工作机制、专业人才齐全的"红色调解+共享法庭"。

（二）加快推进工程价款结算争议调解工作开展。建立健全帮扶机制，定期组织调解专家下沉到乡镇街道、部门等开展调解服务工作，听取社会各界的

---

[1] 2023年1月3日发布,https://www.zhuji.gov.cn/art/2023/1/3/art_1388946_59094206.html.

意见和建议,开展工程造价特色讲座,打造一批服务企业、服务行业、服务发展的基层党建示范点。

(三)加快落实各项为民举措,实现"红色调解+共享法庭"服务高效。聚焦工程领域矛盾纠纷高发部位,将造价师与法官的专业法律知识与建筑企业家、行业专家、红色调解员的一线工作优势相结合,培养一批基层"红色调解行业带头人",为群众提供红色调解指导、在线诉讼、委托送达、督促履行等便民服务。

三、工作要求

(一)突出党建引领。在诸暨开展工程价款结算"红色调解+共享法庭"多元化解模式,应突出党建引领,注重发挥红色调解党员专家的先锋模范作用,着力塑造党员全心全意为人民服务的社会良好形象,真正做到红色领航、红色堡垒、红色服务。同时,牢固树立"红色调解"与"共享法庭"全市"一盘棋"理念,各协同部门、各行业主管部门要积极参与工程价款结算"红色调解+共享法庭"工作。

(二)加强组织领导。进一步加强调解工作管理,做好调解工作台账,建立协作机制,确保有序推进,加快形成社会组织和人民群众广泛参与的"红色调解+共享法庭"建设大格局。

(三)积极扩大宣传。充分利用刊物、网站、微信公众号等多种形式加大宣传力度,扩大活动影响力和覆盖面,提高社会参与度。

4.1.2 诸暨法院"诉调对接"工作文件

4.1.2.1 诸暨市法院关于进一步完善诉讼与非诉讼相衔接的矛盾纠纷解决机制的实施意见

提要： 诸暨市人民法院《关于进一步完善诉讼与非诉讼相衔接的矛盾纠纷解决机制的实施意见》要求作为扩大诉讼与非诉讼相衔接的矛盾纠纷解决机制改革试点的法院，按照"党委领导、政府支持、多方参与、司法推动"的原则，加强诉前调解工作、试行诉讼自助中心、落实司法确认制度、实行特邀调解组织名录制度、建立法院专职调解员队伍、构筑全方位大调解工作机制、完善执行联动机制、加大培训指导力度，将矛盾及时就地化解在基层、解决在萌芽状态，最大限度地减少不和谐、不稳定因素。

诸暨市人民法院
关于进一步完善诉讼与非诉讼相衔接的矛盾纠纷解决机制的实施意见[1]

为贯彻中央关于诉讼与非诉讼相衔接的矛盾纠纷解决机制改革的总体部署，落实中央社会管理综合治理委员会等16家单位联合印发的《关于深入推进矛盾纠纷大调解工作的指导意见》，进一步深化多元纠纷解决机制改革，有效预防和化解社会矛盾，日前，最高人民法院制定了《关于扩大诉讼与非诉讼相衔接的矛盾纠纷解决机制改革试点总体方案》，并确定我院等42家法院为试点法院。根据试点总体方案要求，结合我院工作实际，现就切实做好试点工作，进一步完善诉讼与非诉讼相衔接的矛盾纠纷解决机制，制定本实施意见。

1　2013年11月8日发布，http://www.zhujicourt.gov.cn/Detail1989_.html。

一、指导思想

围绕构建社会主义和谐社会总体目标要求,按照"党委领导、政府支持、多方参与、司法推动"的原则,有效整合社会力量,深入推进诉调对接工作,努力打造全方位、大调解格局,进一步完善诉讼与非诉讼相衔接的矛盾纠纷解决机制,规范矛盾纠纷解决流程,将矛盾及时就地化解在基层、解决在萌芽状态,最大限度地减少不和谐、不稳定因素,为服务我市经济平稳较快发展、促进我市社会和谐稳定提供有力的司法保障。

二、组织领导

成立由院党组书记、院长赵中兴任组长的试点工作领导小组,在立案庭设立领导小组办公室,负责日常工作的组织协调和具体落实,办公室协助做好经验总结和信息、宣传等工作,文件另发。

三、具体措施

1. 加强诉前调解工作。进一步发挥诸暨市联合人民调解委员会的作用,规范立案大厅内的联合调解中心以及各法庭内联合调解中心分中心的运作,完善诉前调解工作制度、工作流程,明确调解人员职责、工作原则纪律、考核奖励事项等,综合运用背靠背调解、利益权衡法、冷热处理法等多种调解方法,结合情理、法理的分析,切实提高调解成效。每年委派、委托联合调解中心及其他各类调解组织化解的案件数(包括委派、委托调解后不再起诉、撤诉、纳入诉讼调解以及进行司法确认案件的总数),不低于所受理民商事案件总数的十分之一。

责任领导:斯丽英、张学军

责任部门:立案庭、民一庭、民二庭、各法庭

2. 试行诉讼自助中心。在立案大厅和枫桥法庭试点"诉讼自助中心",内设"诉前劝导站""诉讼引导站""法律指导站"和"信访疏导站"四个站点,由审判员、书记员或青年干警志愿者担任"诉前劝导员""诉讼引导员""法律指

导员""信访疏导员",主要为群众提供纠纷调解、诉讼引导、法律咨询、法制教育、判后答疑等人性化的法律服务,努力实现矛盾纠纷的即时、就地化解;不能化解的,则引导当事人依法、文明诉讼,并做好释法明理工作,从源头上预防信访风险。单位、群众可通过电话、网络等自助式"点单",预约所需法律服务。同时,中心也可应邀派员前往机关、单位、农村开展法律咨询、法制教育、司法服务等活动,满足人民群众的司法需求。

责任领导:斯丽英、张学军

责任部门:立案庭、枫桥法庭

3.落实司法确认制度。经人民调解委员会调解达成协议的,当事人根据《中华人民共和国人民调解法》第三十三条的规定共同向人民法院申请确认人民调解协议的,应当依法受理。经行政机关、行业调解组织或者其他具有调解职能的组织调解达成的协议,当事人申请确认其效力,参照《最高人民法院关于人民调解协议司法确认程序的若干规定》办理。

责任领导:斯丽英、张学军

责任部门:立案庭、各法庭

4.实行特邀调解组织名录制度。要建立特邀调解组织名册,把联合人民调解、医疗事故纠纷、妇女儿童权益保护、劳动争议、消费者权益保护、交通事故等六大专业化社会调解机构,以及行政机关、行业协会、商会、工会等其他具有调解职能的组织,纳入名册,健全管理,制订完备的工作规程,完善相应的操作程序,定期沟通联络,共同开展调解工作。

责任领导:张学军

责任部门:民一庭

5.建立法院专职调解员队伍。指派调解能力较强的法官或者司法辅助人员,依托由市政法委牵头组建的诸暨市道路交通事故调解中心,专职从事交通事故案件立案前的调解工作。经调解达成协议的,制作民事调解书,或依当事人的申请予以司法确认;未能达成协议的,则引导其进入诉讼程序。从事调解的法官原则上不得参与同一案件的开庭审理,但当事人同意的除外。

责任领导:张学军

责任部门:民一庭

6. 构筑全方位大调解工作机制。刑庭要积极开展刑事附带民事诉讼案件的调解和轻微刑事案件的和解工作,促使当事人达成调解、和解协议。民一庭要进一步加大与公安、劳动人事、卫生、工商等部门在交通事故、消费维权、医患纠纷、劳资纠纷、妇女儿童权益维护等领域的联动协调力度,形成信息共享平台,实现优势互补。民二庭要做好与工商联、商会、行业协会的日常沟通,依托我市服装、纺织、农业特产、五金机电等产业党组织和协会,建立产业调解室,借助协会影响力分流调处同业间纠纷。行政庭要加强行政诉讼协调工作,积极争取有关部门的协助和配合,促使行政争议得到实质性化解。各法庭要在外来人口聚居地组建自治性调委会,协助镇政府聘请外来人口来源地的干部集中调解外来人口间的纠纷。

责任领导:王忠达、张怀斌、斯丽英、张学军

责任部门:刑庭、民一庭、民二庭、行政庭、各法庭

7. 完善执行联动机制。进一步健全、完善"党委领导、人大监督、政府支持、法院主办、各界配合"的执行综合治理新格局,推进"执行征信、执行查控、执行惩戒、执行监督和执行保障"五大系统建设,构建被执行人信息共享平台,完善部门协作查找被执行人下落、查控被执行人财产、执行信息通报等工作机制,创新实施公开曝光、限制出境、限制高消费等执行措施,进一步提升执行效率。加强执行和解工作。简易案件,优先采用和解结案方式,促使当事人自动履行;涉及社会稳定,涉及工程款、农民工工资等可能导致群访的案件,主动争取政府有关部门支持,协调解决。

责任领导:张怀斌

责任部门:执行局、各法庭

8.加大培训指导力度。指派业务骨干,分片分辖区联系人民调解员,随时就工作当中遇到的法律适用、业务问题提供指导帮助。积极做好对人民调解员的日常培训指导,定期组织人民调解员召开例会,进行咨询答疑,主动邀请人民调解员旁听庭审,交流调解经验与技巧,不断提高人民调解员的法律素质和工作水平。结合"进村入企"大走访活动,积极走访联系企业、联系村居、结对农户,一般困难问题当场协调、现场解决,重大疑难问题及时上报、跟踪协调,对苗头性纠纷则做到一线发现、一线解决。

责任领导:张学军

责任部门:民一庭、各法庭

四、工作要求

1.统一思想,提高认识。要充分认识法院在诉调对接工作中的主导作用,准确定位,积极作为,主动搞好诉调对接工作,使诉调对接工作机制更加便捷、灵活、高效。最高院将我院确定为试点法院,这是对我院前几年探索创新发展"枫桥经验"、深化诉调对接机制的有力肯定,可以说是我院今后的又一亮点工作,全院各部门和全体干警要从思想上牢固树立"调解优先、调判结合"的理念,在工作上进一步突出调解优先,在能力上进一步彰显调解优先,确保试点工作顺利开展。

2.强化领导,形成合力。要进一步研究如何加大重心下移的力度,坚持抓基层、抓基础、抓队伍,把大量的矛盾纠纷化解在当地,消灭在基层,确保一方和谐稳定,社会秩序好转,群众安居乐业,党委政府满意。要联合相关部门定期召开诉调对接情况交流工作例会,认真分析、研究诉调对接工作的规律和特点,总结、评估前期工作,制定后期工作计划,及时应对新形势、新变化,解决新情况、新问题,形成工作合力,共同做好化解工作,确保诉调对接工作落到实处,发挥实效。

3. 完善机制,突出创新。要按照试点工作要求,进一步完善诉前调解工作机制,在人力、物力上给予倾斜,积极探索诉前调解新方法,不断提高我院诉前调解工作的社会知名度和群众认可度;进一步完善诉调对接工作机制,充分发挥各个调委会的职能作用,不断增强纠纷化解能力,合力化解矛盾纠纷;进一步完善全程调解工作机制,将调解工作贯穿于诉讼的每个阶段,使大部分案件通过调解达到案结事了人和;进一步完善调解激励工作机制,激励一线法官、人民陪审员、人民调解员更好地开展调解工作。

4. 加强宣传,打响品牌。各责任部门要结合自身工作特点,开展形式多样的宣传活动,通过举办培训班、庭审观摩、案例剖析等方式,宣传构建诉讼与非诉讼相衔接的矛盾纠纷解决机制的意义、目标任务和工作成果,争取社会各界和人民群众的支持配合,为试点工作营造良好的工作氛围和社会氛围。要注意收集、整理典型案例,及时总结、推广经验,充分挖掘、准确把握"枫桥经验"在新时期的科学内涵和价值,不断提高"枫桥经验"的实践指导意义,更好地发挥我院实践优势,树立我院良好形象。

4.1.2.2 诸暨市法院、司法局关于律师进驻诉讼服务中心参与诉讼服务的通知

提要:《关于律师进驻诉讼服务中心参与诉讼服务的通知》要求,诸暨市司法局会同绍兴市律师协会诸暨分会在注册执业律师中指派律师进驻诸暨市人民法院诉讼服务中心;进驻律师的工作职责是,接受法律咨询,进行诉讼指导,参与矛盾化解,开展法制宣传,引导法律援助;进驻律师应每日到岗、时时在岗,要建立健全工作台账制度、依法开展工作。

诸暨市人民法院　诸暨市司法局
关于律师进驻诉讼服务中心参与诉讼服务的通知[1]

市法院各部门、市司法局各部门：

为进一步落实司法便民、利民措施，有效提升司法服务群众的能力和水平，完善人民法院诉讼服务中心建设，最大限度地方便群众诉讼，保证人民群众在遇到法律问题或者权利受到侵害时获得及时有效的法律帮助，根据《最高人民法院关于全面推进人民法院诉讼服务中心建设的指导意见》的精神，经研究，决定指派律师进驻诉讼服务中心参与诉讼服务工作。现将有关事项通知如下。

一、工作人员

进驻诉讼服务中心参与诉讼服务的律师，由诸暨市司法局会同绍兴市律师协会诸暨分会在注册执业律师中进行指派，服务地点为诸暨市人民法院诉讼服务中心。

二、工作职责

（一）接受法律咨询。免费为前来诸暨法院诉讼服务中心办事的社会群众提供法律咨询并做好相关登记工作，为当事人提供必要的法律帮助。对于当事人咨询的内容比较复杂或疑难的法律问题，可以预约择期答复。

（二）进行诉讼指导。指导前来诸暨法院诉讼服务中心办事的社会群众准备诉讼材料、书写起诉状、申请书等法律文书，必要时可以代写。

（三）参与矛盾化解。为诉讼当事人、信访人员提供判后答疑、释法说理服务，协助人民法院做好有关当事人的服判息访工作。

（四）开展法治宣传。认真做好维权法制宣传工作，推进依法治国进程，维护社会稳定。

---

[1] 诸法〔2016〕5号，2016年2月17日印发。

(五)引导法律援助。对于有诉求但经济困难的起诉人、自诉人等有关人员,参与诉讼服务的律师可以向其告知法律援助申请的条件、受案范围、工作流程和联系电话等。对于符合法律援助的人,应引导其至法律援助机构申请法律援助。

三、工作要求

(一)要严格执行。指派律师进驻诉讼服务中心参与诉讼服务工作,是保障当事人权益、提高诉讼服务能力的一项重要举措,人民法院、司法行政机关和绍兴市律师协会诸暨分会要高度重视此项工作,认真抓好落实,确保参与诉讼服务的律师每日到岗、时时在岗。

(二)要建立健全工作台账制度,对有关法律咨询、信访化解等来访、来电要进行耐心、细致的答复和接待,并认真做好登记记录。

(三)要依法运作。进驻诉讼服务中心参与诉讼服务的律师,不得以法律咨询、诉讼指导等名义在诉讼服务中心从事有偿法律服务,不得收取当事人的钱物、牟取不正当利益,不得泄露国家机密以及当事人的个人隐私、商业秘密。

4.1.2.3 诸暨市法院推动矛盾纠纷分类分流化解的实施细则

提要:《推动矛盾纠纷分类分流化解的实施细则》为进一步推动矛盾纠纷源头化解,完善"源头预防为先、非诉机制挺前、法院诉讼断后"的递进式矛盾纠纷分层过滤体系,明确了矛盾纠纷流转负责机构和调解组织类型,规定了矛盾纠纷受理范围和地点、调解程序以及相关工作规范;强调基层法庭应加强与相应镇街之间业务的协同联动,将非诉讼纠纷解决机制挺在前面,进一步完善诉源治理工作机制,从源头上减少诉讼增量,实现矛盾纠纷消弭在萌芽、化解在基层。

推动矛盾纠纷分类分流化解的实施细则[1]

第一条 为深入贯彻落实中央深改委《关于加强诉源治理推动矛盾纠纷源头化解的意见》、浙江省两办《关于完善矛盾纠纷多元调解体系的意见》等精神,把非诉讼纠纷解决机制挺在前面,进一步完善诉源治理工作机制,从源头上减少诉讼增量,特制定本实施细则。

第二条 坚持发展新时代"枫桥经验",完善"源头预防为先、非诉机制挺前、法院诉讼断后"的递进式矛盾纠纷分层过滤体系,按照"繁简分流、轻重分离、快慢分道"的要求,进一步推动矛盾纠纷源头化解,压实基层首调责任,实现矛盾纠纷消弭在萌芽、化解在基层,从而持续推动万人成讼率下降。

第三条 市社会治理中心作为市级流转中心,负责市级各类调解组织、各镇街之间的矛盾纠纷流转。镇街综合信息指挥室作为镇级流转中心,负责镇街辖区内矛盾纠纷流转。

第四条 调解组织分为地域调解组织与行专调解组织。地域调解组织依据成立级别,分为市、镇、村三级。市级调解组织包括诸暨市人民调解委员会等。其余两级调解组织包括由各镇街、村社设立的所有调解组织。行业专业调解组织为行业主管部门或社会力量成立的专门对于某一或某几个领域纠纷进行调解的调解组织(具体名单详见附件)。

第五条 市社会治理中心及被申请人住所地、申请人住所地、合同履行地、合同签署地等镇街均可受理纠纷。如纠纷涉及不动产(含物业服务),原则上由不动产所在地调解组织优先调解,当事人双方自愿另选的除外。当出现多个地域调解组织同时符合条件的,由当事人协商,协商不成的,由市社会治理中心决定受理单位。

第六条 市社会治理中心和镇街综合受理窗口(以下简称"综窗")对事

---

[1] 诸法〔2023〕5号,2023年3月28日印发。

实清楚、属于本市受理的事项,做到来访必登。综窗工作人员根据事项的类别、属地,以"分类受理、归口办理、协同处理、闭环管理"为原则,通过浙江解纷码与基层智治综合应用一窗受理、协同交办。

第七条 综窗登记应要素齐全,"申请人信息"(姓名、身份证号码、联系地址、联系号码等)、"被申请人信息"(姓名、联系电话等)、"事项信息"(发生时间、发生地点、涉及人数、事项简述)等须按系统提示准确完整录入。

第八条 综窗受理的事项分纠纷类事项和非纠纷类事项。

非纠纷类事项,如信访、咨询等,由综窗根据相关规定流转。

纠纷类事项分可调解类纠纷和不可调解类纠纷。对可调解类纠纷,参照第九条内容流转。对不可调解类纠纷,可流转至镇街、市级职能部门处理。当事人要求直接进入仲裁、诉讼程序的,引导至绍兴仲裁委诸暨分会、法院诉讼服务中心及各基层法庭处理。

第九条 纠纷类事项中属于行专调解组织受理范围内的纠纷(受理范围详见附件),优先流转至对应调解组织;但对于婚姻家庭、物业等更适合由属地调解的纠纷优先由属地先行调处,调处不成的可上报至市社会治理中心再行调解。其他纠纷原则上流转至属地镇街,由属地落实首调责任。

上述纠纷调解后仍未调处成功的,经当事人申请,可流转至绍兴仲裁委诸暨分会或天平调解工作室开展诉前调解。

第十条 各调解组织及专窗原则上不可拒绝综窗移送的纠纷,应自收到派发事件之日起,2个工作日内受理事项。如认为不宜受理或应由其他调解组织调处的,须在2个工作日内说明理由提交综窗审核,综窗人员审核后重新分派流转。

第十一条 纠纷受理后,一般应在30日内办结,重大疑难复杂纠纷的调解期限可延长30日。

第十二条 在调处各类纠纷过程中,应严格按照系统要求详细填写各项信息,清楚记录纠纷发生的时间、地点、涉及的当事人、纠纷的前因后果、事件发展过程、证据材料、处理结果等,对双方无争议事实和争议焦点应明确予以记载。

在受理、调处纠纷过程中形成的所有材料必须保存完整、手续齐全。调解成功的,应通过相关系统上传调解资料,写明办理情况和结论;调解失败或终止的,应说明相关原因。

在调处过程中务必做到程序规范,各项工作符合相关规定。

第十三条　基层法庭应加强与相应镇街之间业务协同联动,对未经调解的纠纷,经当事人同意,可按照本实施细则相关规定对纠纷进行分流。

第十四条　本实施细则执行过程中与上级有关规定不一致的,按上级规定执行。

第十五条　本实施细则自出台之日起施行。

附件:诸暨市主要行专调解组织名录(略)

4.1.3　诸暨法院"诉调对接"工作成效

4.1.3.1　诸暨法院创新"枫桥经验"、推进社会矛盾化解情况调研报告

提要: 诸暨法院自2008年起全面推行"枫桥式"矛盾纠纷多元解决机制以来,充分借助各类基层人民调解组织的优势,通过在面上指导调解高效开展、线上专业调解有序推进、点上多元调解全面铺开,全力推动纠纷在诉前环节得到有效化解,使案件增幅得到有效控制、"调解优先"得到全面贯彻、诉讼效果日益提升,近十年来各类案件的受理数量保持平稳,诉讼效果日益提升,但还须进一步推动运用群众工作方法化解矛盾的机制建设。

创新群众工作方法　积极推进矛盾化解
——浙江诸暨法院关于创新"枫桥经验"推进社会矛盾化解情况的调研报告[1]

潘浩、叶建平、柴建钟、孙永武

一、运用群众方法多元化解矛盾的三点经验

浙江省诸暨市人民法院作为毛泽东同志亲笔批示的"枫桥经验"发源地的基层法院，始终坚持群众工作理念，自2008年起全面推行"枫桥式"矛盾纠纷多元解决机制，推动纠纷在诉前环节得到有效化解。

（一）面上指导调解高效开展。充分依托诸暨市基层调解组织、调解人员相对健全的优势，指派27名法官担任人民调解指导员，进一步完善诉前、诉中、诉时、诉后"四环指导法"等机制方法，促进基层人民调解工作的规范化和高效性。2008至2010三年，全市依托人民调解组织成功化解矛盾纠纷5 216件、4 939件、5 405件。从源头上促使法院案件增幅得到有效控制。

（二）线上专业调解有序推进。先后与市政府法制办、国土资源局、环保局等部门建立协调化解行政争议纠纷机制；与劳动人力资源和社会保障局、总工会建立劳动争议纠纷联动调解机制；与卫生局建立医患纠纷协调化解机制；与公安局建立交通事故纠纷联调机制等。配合政府有关部门组建了联合人民调解、医疗纠纷、维护妇女儿童权益、劳动争议、维护消费者权益、交通事故等六大专业化社会调解机构。

（三）点上多元调解全面铺开。2008年在法院立案大厅设立联合人民调解委员会；2010年在全市5个基层人民法庭建立联合调解分中心，吸纳退休的老法官、老司法所长等担任调解员，开展诉前调解工作，2008年至今年8月，市联合调解委员会及5个分中心共受理各类纠纷1 431件，调处成功852件；配合16个公安派出所建立了治安纠纷调解中心，完善诉调对接、诉警对接等

---

[1] 原载《人民法院报》（2011年9月8日，第8版）。

机制。

近三年来,经该院调解结案的案件数分别为 3 416 件、3 146 件、3 070 件,其中民商事案件调解率为 55%,刑事附带民事调解率达 85%,行政案件协调解决率为 73%,执行和解率达 59%。近三年群众申诉率分别为 0.44%、0.26%、0.31%。先后荣获执行工作、信访工作、平安综治等省级以上先进荣誉 8 项。

二、基层法院运用群众方法化解矛盾面临"四不"困境

(一)主观思想认识的淡漠导致"不愿做"。有的干警对新时期坚持党的群众路线与公正司法的关系理解不到位;有的干警不能主动接受群众的监督,听不得群众提出的意见、批评和建议;等等。凡此种种,体现在审判工作中,就是机械办案、就案办案,工作方法简单甚至粗暴,不能综合运用情、理、法等群众认同的方式、群众信服的方法化解矛盾纠纷。

(二)群众工作能力的欠缺导致"不会做"。近年来基层法院"三门"干警日渐增多,他们普遍缺乏基层锻炼经历,与人民群众接触较少,社会经验与阅历缺乏,在与群众交往时往往说不上话、耐不了烦,显得"先天不足";同时,已经工作多年的干警,也有相当部分不愿下基层,在群众工作能力上表现为"后天欠缺"。

(三)考核激励机制的不完善导致"不想做"。在执行阳光工资、规范津补贴后,旧的考核办法已不适用。从现在绩效考核办法数据设置看,普遍存在结案数、人均办案数等显性指标相对明确,但反映法官办理重大、疑难、复杂案件等隐性指标的考核方式不清晰的弊端。基层法院对干警个人的岗位目标绩效考核尚未得到很好落实,"干多干少一个样"现象有所抬头,一些肯干事、能干事的干警价值得不到充分体现。

(四)基层联系协作的松散导致"不去做"。人案矛盾带来审判压力的陡增,导致部分法官忙于办案,不问世情冷暖,除必要的下乡调查取证外,平时深入基层熟悉情况、了解矛盾、沟通联系较少,对基层组织开展调解的业务指导

也有待加强。

三、对运用群众方法推进矛盾化解的五项建议

(一)坚定运用群众工作方法化解矛盾理念。进一步以群众工作为统揽,放眼群众抓调解、促稳定。采取导师制度、业务培训、下派锻炼等方式,增强年轻法官做群众工作的能力。切实贯彻"调解优先、调判结合"工作原则,把调解作为处理案件的首要选择。对于依法不能调解或者根据案件特点不适宜调解的,要尊重当事人的意愿,依据实际情况选择合理的方式,妥善化解矛盾纠纷。

(二)立足审判积极探索化解矛盾的新方法。要在感情上和行动上进一步贴近群众,深入基层,深入群众,通过实地调查研究,广泛听取老百姓的意见,充分保证群众的知情权、参与权和监督权;要把法律、情理、乡风民俗和群众监督有机结合起来,加强释法说理,学会推心置腹,用群众听得懂的语言,提高其对法律的理解和裁判的认同。

(三)以机制创新推动司法联系群众工作经常化、制度化。强化群众对司法工作的监督,建立常态化的执法干警问责机制,确保法院干警的执法办案权始终处于可控状态。建立良好的内部协调互动机制。建议在每个业务部门确定一至两名经验丰富、业务精通的干警专职或兼职担任矛盾纠纷调处联络员,定期或不定期地进行交流沟通。

(四)多管齐下营造群众工作氛围。要不断健全教育培训机制,把群众工作作为开展法官素质教育的重要内容之一,纳入基层法院院长、人民法庭庭长轮训、干警专项素能培训内容。定期总结基层创造的一些好经验、好做法,编写形成工作案例,并积极予以推广。

(五)进一步加强与基层组织的联系协作与互信互动。加强与部门、乡镇、村居等基层单位的日常联系,通过建立多部门共同参与的信息共享、预警联动、部门协作、联调联处机制及纠纷排查和调解网络的信息反馈,发挥各自优势,变"法院调处纠纷"为"多元化解纠纷"。

4.1.3.2 诸暨市法院推动矛盾纠纷多元化解工作总结

提要:诸暨市法院创设"一中心四站点",强化诉调对接工作,引导群众在诉前化解矛盾纠纷;打造三级视频网络,强化人民调解指导,促进人民调解工作规范化、法治化;继续完善案件繁简分流机制,有效提升解纷效率;通过严格实行立案登记制、建设新型诉讼服务中心、健全行政调解与人民调解衔接机制、推广"在线法院调解"平台应用、深化"网上数据一体化处理"等举措,为群众提供更便捷的诉讼服务,发挥专业化和数字化的优势,积极开展特殊纠纷的调解前置工作,妥善化解矛盾纠纷。

诸暨市法院"创新发展'枫桥经验',推动矛盾纠纷多元化解"[1]

近年来,面对持续攀升的收案数量、日益繁重的审判任务,我院始终坚持和创新"枫桥经验",一方面,积极履行审判职能,整合审判力量,优化资源配置,规范和完善案件繁简分流,化解了大量矛盾纠纷,2012—2016年办结各类案件126 332件,2017年1—7月办结各类案件18 701件。另一方面,通过整合社会资源,推动建立"党政领导、综治牵头、法院主导、多方联动"的大调解工作体系,实现人民调解与司法审判的优势互补和工作"双赢"。相继总结出"三前调解法""四环指导法""五时执行法""三度调解把握法"等特色经验,不断赋予"枫桥经验"新的时代内涵,现已成为诸暨法院"枫桥式"人民法庭的主要亮点,在绍兴全市24个人民法庭中得到推广。2013年7月底,最高法院周强院长一行莅临我院视察指导工作时,充分赞扬了我院坚持发展"枫桥经验"的做法。枫桥人民法庭先后被授予"全国法院先进集体"和"全国法院系

---

[1] 诸暨市人民法院工作总结,2017年,系调研材料。

统人民法庭工作先进集体"荣誉称号,并于2014年7月在全国法院第三次人民法庭工作会议上作为唯一的基层法庭代表作交流发言。

一、我院创新发展"枫桥经验"的主要做法及取得成效

(一)创设"一中心四站点",强化诉调对接工作

2012年5月,我院率先在立案大厅和枫桥法庭设立了"诉讼便民中心",内设"纠纷劝导站""诉讼引导站""法律指导站"和"信访疏导站",分别由青年干警轮岗值班,为当事人提供诉讼引导、法律咨询、法制教育、纠纷调解、判后答疑等"一揽子"法律服务的同时,也使青年干警通过与老百姓的近距离接触,进一步了解社情民意、增强群众感情、掌握群众工作方法、提高群众工作能力,在工作中学会如何拉近与群众的距离、如何安抚当事人的激动情绪等工作方式方法,逐步建立起"一中心四站点"特色化诉前纠纷化解平台。矛盾纠纷经过四个站点"四重过滤",努力实现诉前化解;如不能化解,则引导当事人依法诉讼、文明诉讼,并从源头做好释法明理工作。同年,我院被确定为"全国诉讼与非诉讼相衔接的矛盾纠纷化解机制试点法院",并于同年8月承办了全国诉调衔接改革试点工作调研会和部署会。

2014年5月,我院改建信访接待中心,成立信访法庭,与市信访局、司法局建立信访化解联动机制,通过QQ视频联合接访、律师接访以及信访听证,积极引导群众用法治思维、法治方式合理解决诉求,化解矛盾纠纷,得到绍兴市委副书记、政法委书记尹永杰等领导的高度肯定。

2016年3月,我院在中心设立"律师志愿服务岗",免费提供法律咨询,开展律师代理申诉、申请再审等工作,巩固信访化解联动机制。同时今年我院还聘请两代表一委员、在当地有一定威望且热心调解事业的现代乡贤、"枫桥大妈"以及心理学者等社会组织成员作为调解志愿者,不定期进驻中心参与调解,拉近双方距离,缓和对立情绪,提高调解成功率。

2012年至今,我院诉前纠纷化解率始终位居绍兴全市法院首位,全省法

院前列,今年1—7月,诉前纠纷化解率达26.63%,居全省第3位。

(二)打造三级视频网络,强化人民调解指导

2013年,我院以强化调解指导为抓手,加强和改进对人民调解委员会、人民调解员的业务指导和培训,推行"遍布乡村上门指导、网络视频即时指导、业务培训专门指导、以点带面案例指导"等指导方式,促进人民调解工作规范化、法治化。进一步打造三级视频指导调解网络,在立案大厅建立"陈法官指导调解QQ群",5个法庭设立视频指导调解工作站,辖区乡镇、重点村居调解室以及袜业、珍珠、五金三个专业市场内设立视频指导调解工作点,分别与六大专业调解组织,以及辖区乡镇、村级调解室等实现视频对接,各调解组织、调解员在调解过程中发现疑难问题需要指导的,可即时与值班干警进行视频交流,或者在线留言答复,随时提供"面对面"法律业务指导,提高矛盾纠纷在第一时间的调处成功率。2016年来,已视频指导调解成功80余起,培训700余人次。

(三)强化繁简分流,推进简案速裁、繁案精审

2013年2月,诸暨法院报请上级法院批准,并经诸暨市编委批复同意增设简案庭,扩大简案受理范围和简易程序适用率,加大繁简分流力度。今年1月,我院大幅度调整部分分工、岗位分布,打通民一、民二、民三和金融庭之间的传统受案范围,初步构建起大民事审判格局,并出台《关于进一步加大案件繁简分流的若干规定》,做大做强简案速裁工作。经过诉前层层分流后进入诉讼程序的案件,1—7月的一审民事可调撤率为69.26%,同比上升5.76个百分点,平均审理天数52.69天,同比减少15.92天。5月,我院还被最高法院确定为"案件繁简分流机制改革示范法院"。5月下旬,我院又整合立案庭和简案庭力量,专门成立诉讼服务中心,由1名审委会专委担任主任,立案庭长、简案庭长兼任副主任,下设1个调解团队、2个速裁团队。对登记立案后的案件,除法律规定不适宜调解的或者当事人明确拒绝调解的以外,一律由调解团队先行调解、再次过滤,调解不成的,实行繁简分流,繁案由业务庭精审,简案由速

裁团队进行速裁。运行近两个月来,成效较为明显。

(四)细化工作举措,推进三大机制建设

围绕"大立案、大服务、大调解"工作机制要求,我院于2016年7月成立了由院长担任组长的诉讼服务中心建设工作领导小组,细化责任部门和工作职责,举全院之力建设诉讼服务中心,积极推进"三大机制"建设各项工作扎实开展。今年5月中旬,我院顺利完成新审判大楼搬迁,新型诉讼服务中心同时启用。

做实"大立案"。严格实行立案登记制,实现立案当事人"最多跑一次"。大力推进延伸立案、网上立案、跨域立案等工作,促使更多立案当事人"一次不用跑"。在部分镇乡、村居以及3个专业市场设置诉讼服务站、便民服务点,在交通不便的偏远山区设立便民立案站,积极延伸立案服务,去年来,通过上门立案、延时立案等,累计立案3 500余件。今年1月完成网上立案律师版操作手册,强化宣传推广力度,推动重点人群基本实行网上立案,同时在诉讼服务中心和5个法庭分别设置跨域立案专窗,配置硬件设备并安排专人负责,探索开展跨域立案,至7月底,我院共办理网上立案2 256件,通过跨法庭立案方式立案15件、跨市区立案方式立案6件。

做优"大服务"。高标准建设新型诉讼服务中心,整合除庭审以外的其他诉讼服务事项,增设文书送达、材料收转、档案查阅、保全鉴定、快递代邮等窗口,共开设服务窗口20个,确保当事人在诉讼服务中心就可"一站式"办理立案登记、查询咨询、诉前保全、司法救助、费用缴退、递交材料、联系法官、申诉信访、判后答疑等事项,实现审判辅助性事项的集约化办理。增强服务供给,配置浙江法院自助诉讼服务终端设备,为当事人提供自助式诉讼服务。完善便民措施,引进银行、邮政、电信等部门驻点,提供ATM机、自助售货、邮政快递、电信免费WiFi等服务,提升服务体验。

做强"大调解"。促成市政府出台《关于建立健全行政调解与人民调解衔接机制的意见》,积极引导相关行政争议及与行政管理有关的民事纠纷当事人,通过行政调解、人民调解方式实质性化解行政争议。经报请市委市政府同意,将诸暨市联合人民调解委员会的人员、经费等纳入法院统一管理,方便开展诉前调解工作。会同司法局,召集医疗纠纷、婚姻家庭、劳动争议、交通事故等9大专业调解机构负责人,一起协商进驻诉讼服务中心事宜,以便发挥专业化优势。1—7月,全市10大调解组织受理纠纷5 408起,成功调处5 224起,调处成功率达96.15%,其中,全市98%以上的医疗纠纷案件、90%以上的交通事故案件,分别由医调委、交调委妥善调处。

坚持改革创新。主动融入全市"一证通办一生事"改革,多次对接诸暨市"最多跑一次"改革专题组办公室,促使"一证通办"信息管理系统为我院单独开放5个数据端口,实现涉当事人户籍、不动产、银行存款、车辆、社保、纳税、信用等事项的信息共享。拍摄专题宣传片,大力推广"在线法院调解"平台应用,通过编制操作手册、电话指导、视频指导、现场指导等方式,及时解答相关实务问题,指导调解员进行平台操作。3月以来,已在线调解成功49件。同时,深化"网上数据一体化处理"。积极开展道路交通事故纠纷案件保险行业调解前置工作,根据生效法律文书和当事人在线申请,保险公司在线一键快速理赔,实现当日调解、当日领款。自2月启动来,已调解成功321件。

二、存在的主要不足

"枫桥经验"的本质是相信和依靠群众,矛盾不上交,就地化解人民内部矛盾,尤其是随着互联网时代的到来,网络赋予"枫桥经验"更多的内涵与外延。虽然我院在创新发展"枫桥经验"上做了不少努力,但在具体工作中还是存在一些不足,需要我们在接下来工作中不断改进提升,以最好的状态迎接"枫桥经验"五十五周年:

一是工作方式创新不足,模式单一。近年来,我院始终将工作重心放在诉调对接上,花大力气建立诉调对接中心,将诉调对接平台建设与诉讼服务中心建设相结合,想方设法减少进入法院的诉讼案件,而在如何将工作重心下移基层,如何从源头上化解矛盾上思考不足。

二是人民法庭功能有待完善。人民法庭是践行"枫桥经验"的重要职能部门,需要我们在实践中继续加强各种基层审判便民利民措施,有效化解基层矛盾纠纷。

三是互联网+枫桥经验力度还不够。虽然我院今年已大力开展互联网+审判工作,尤其是我院"在线法院调解"平台与道路交通事故纠纷"网上数据一体化处理"系统成效明显,但互联网背景下的"枫桥经验"更需要我们依靠大数据、发展新技术,另一方面,对照省高院星级诉讼服务中心评价标准,我院网上立案数据远远落后,意味着我院网上诉讼服务工作开展亟须加强。

4.1.3.3 诸暨市第十七届人大常委会关于"大立案、大服务、大调解"机制建设运行情况报告的审议意见

提要: 诸暨市第十七届人大常委会第五次会议在听取和审议了市人民法院《关于"大立案、大服务、大调解"机制建设运行情况的报告》后,充分肯定了"三大机制"建设运行取得的成效,认为市法院坚持以司法为民为根本宗旨,紧紧围绕"努力让人民群众在每一个司法案件中感受到公平正义"的工作目标,做实大立案、做优大服务、做强大调解,创新思路、攻坚克难,努力打造"互联网+"诉讼服务中心,为立案、调解、裁判、执行提供更加便捷高效的诉讼服务体系,进一步深化丰富了"枫桥经验",有效增强了人民群众的司法获得感。

关于"大立案、大服务、大调解"机制建设运行情况报告的审议意见[1]

诸暨市第十七届人大常委会第五次会议通过

（2017年9月6日）

2017年8月30日，市十七届人大常委会第五次会议听取和审议了市人民法院《关于"大立案、大服务、大调解"机制建设运行情况的报告》。

常委会组成人员认为，自2016年9月浙江省高级人民法院印发《关于建立健全"大立案、大服务、大调解"机制的指导意见》以来，市人民法院坚持以司法为民为根本宗旨，紧紧围绕"努力让人民群众在每一个司法案件中感受到公平正义"的工作目标，做实大立案、做优大服务、做强大调解，创新思路、攻坚克难，努力打造"互联网+"诉讼服务中心，为立案、调解、裁判、执行提供更加便捷高效的诉讼服务体系，进一步深化丰富了"枫桥经验"，有效增强了人民群众的司法获得感，"三大机制"建设运行取得了阶段性成效。常委会组成人员对此表示充分肯定。

常委会组成人员同时指出，当前"三大机制"建设运行还处于起步阶段，在实际工作中还面临着服务理念有待提高，便民利民覆盖面有待扩大，纠纷化解多元化机制有待完善等困难和问题。为此，常委会组成人员提出以下意见：

一、全面贯彻司法体制改革精神，牢固树立司法为民理念。"三大机制"建设运行是深化司法体制改革、解决案多人少矛盾、提升人民群众满意度的重大举措，是完善矛盾纠纷多元化解，推进案件繁简分流的必然要求。市人民法院要从全面依法治国的重大战略高度来认识"三大机制"建设运行，准确把握人民群众对诉讼服务的新需求、新变化，从诸暨的实际出发，积极回应社会关切，优化司法资源配置，提升司法服务水平，真正做到让案件立得进、办得出，

---

[1] 2017年9月15日发布，https://www.zhuji.gov.cn/art/2017/9/15/art_1382642_12629303.html。

让解决矛盾纠纷的渠道更多、效率更高、效果更好，力争"三大机制"建设运行走在全省前列，为我市经济社会发展和"法治诸暨"建设提供优质高效的司法服务和保障。

二、构建辐射型"大立案"机制，呼应"最多跑一次"改革。要严格落实中央全面深化改革领导小组《关于人民法院推行立案登记制改革的意见》，对依法应该受理的案件，做到"有案必立、有诉必理"，打造一窗式阳光文明立案平台，切实提升司法公信力。要创新立案方式，大力推行网上立案、跨域立案、延伸立案，实现立案的快捷和便利，突破法院办公场所地域限制，力争实现让数据多跑路，让群众少跑腿甚至不跑腿。要加大对新型立案方式的宣传力度和技术指导，完善诉讼服务指引岗位，针对不同群体制定个性化、针对性指导手册，提高群众对新型立案方式的知晓度、信任感和可操作性，切实做到上级要求和人民需求的有机统一，让"最多跑一次"改革在法院工作中得到充分体现。

三、构建集约型"大服务"格局，实现全方位司法便民利民。要以建设新型诉讼服务中心为抓手，配强人员力量，优化服务功能，打造集立案登记、执行事务、联合调解、律师服务、民商事调解与速裁为一体的一站式诉讼服务平台，为群众诉讼、律师履职、法官办案、审判管理提供全方位的集约服务。要推进诉讼服务标准化建设，完善导诉服务制度和自助服务专区、等候休息区等便民设施建设，优化安检程序，让司法服务更加细致、周全。要进一步转变工作作风，扩大诉讼服务领域，加快建立健全执行服务专区，为实现最高人民法院提出的"用两到三年时间基本解决执行难问题"目标提供坚实的基础。

四、构建多元型"大调解"平台，打造"枫桥经验"升级版。诸暨作为"枫桥经验"的发源地，要创新发挥"枫桥经验"在矛盾纠纷多元化解中引领作用。组建以未入额法官为主体、入额法官为辅助的调解团队，建立引导调解、特邀调解和法官调解"三调合一"的大调解工作机制，通过诉前化解、立案调解及简案速裁的方式将大部分案件解决在诉讼服务中心。主动争取党委、政府的支持,加强同司法行政部门、人民调解组织及相关部门的联系协作,建立健全联席会议制度和培训制度,重点指导十大专业性人民调解委员会有效开展工作,提高调解协议的司法确认比例,形成非诉与诉讼有机衔接的一体式矛盾纠纷多元化解格局,努力打造"三大机制"建设运行的诸暨品牌,以出色的成绩向"枫桥经验"55周年交上满意答卷。

以上审议意见,请市人民法院研究处理,并在三个月内将研究处理情况报告市人大常委会。

4.2 "诉调对接"提升多元解纷质效

4.2.1 "诉调对接"助力大调解体系建设

4.2.1.1 诸暨市法院贯彻宽严相济政策,探索刑事和解路径

提要:诸暨法院充分运用刑事和解的方式化解刑事纠纷,积极探索刑事和解实践,具体做法是:建立全程调解机制,推进刑事和解全面展开;创新调解方式方法,提高刑事和解实际效果;让法律工作者参与调解;实行民事赔偿与刑罚裁量相结合,扩大刑事和解的适用范围。调解与刑事诉讼的衔接消除了犯罪分子及其亲属对社会的对立情绪,节约了有限的司法资源,维护了社会和谐稳定。

贯彻宽严相济政策　探索刑事和解路子[1]

诸暨市人民法院

　　诸暨法院在近几年的司法实践中,故意伤害、交通肇事、寻衅滋事等案件居高不下,此类案件当事人大多数对立情绪大,受害人容易冲动,有将被告人"置之死地而后快"的报复心理;被告人一方大多赔偿能力有限,有的被告人家属对被告人"冷了心",有听之任之的心理。有的案件夹杂着许多起因,而这些起因又不是案件审理的对象。因此,若一判了之,或者处理不当,极有可能导致矛盾激化,造成新的刑事案件和当事人的不断上访。为此,我院在诉讼实践中,创新落实"枫桥经验",坚持以人为本,认真贯彻宽严相济的刑事政策,积极探索和实践刑事和解路子,充分运用刑事和解的方式化解刑事纠纷,努力使激烈的矛盾得到平和化解,有效促进了社会和谐稳定。

　　一、建立全程调解机制,推进刑事和解全面展开。坚持"能调则调,多调少判,案结事了"的原则,把调解贯穿于审判工作始终,除法律规定不适用调解或案情不适宜调解外,只要双方当事人有意向调解,都进行全程调解。一是做好调解前的准备工作。按照"先民后刑,有民必调"的要求,主动通知被害人提起附带民事诉讼,而且在审限允许的范围内先解决民事赔偿问题,给被害人一些安慰,给被告人一个悔过和取得被害人及亲属谅解的机会,促进双方减少误会,走向和好;坚持通过被告人的律师、被害人的代理人、亲属、村乡干部等多种渠道掌握案外情况,了解当事人的家庭状况、心理状态、经济状况等背景资料,摸清诉讼的成因,找到纠纷的症结,研究调解的思路和方法,制定调解预案,为刑事和解打好基础。二是做好庭前调解。由承办法官了解当事人的真实想法和可以接受的诉讼请求数额,有针对性地做好疏导和说服工作,尽力把

　　1　诸暨市纪念枫桥经验 45 周年领导小组办公室编:《构建和谐社会的新篇章:五年创新发展枫桥经验成果汇编》,内部资料,2008 年 11 月,第 153—156 页。

纠纷调解在开庭前。三是做好庭中调解。对已开庭审理的案件,在查明事实、辨明是非的基础上,从案件审判可能的结果上,进一步对当事人进行释法说理。努力把纠纷解决在庭审过程中。四是做好庭后调解。部分被害人在庭前调解过程中固执己见,但经开庭审理后弄清了有关事实和法律规定,亦有改变主意的;或者双方当事人愿意调解但差距较大,或者当事人表示要再作考虑的,审判人员一般不当庭宣判,给当事人一个适当的期限,并在此期限内,通过当事人的亲友、基层调解组织等再做调解工作,力促调解成功。

二、创新调解方式方法,提高刑事和解实际效果。一是扩大调解主体。整合资源,充分发挥社会力量在刑事调解中的作用。首先,邀请村级组织参与调解。对邻里矛盾纠纷而毁坏他人财物或者造成人身伤害的案件,因村级组织对当事人的情况和纠纷的原因等最为熟悉,我们就商请村委会组织人员一起进行调解,劝说当事人互谅互让。其次,调动被告人亲友的积极性。主动通知被告人亲友到庭旁听。许多亲属通过庭审,了解了案情,都愿意帮助被告人进行赔偿。

第三,让法律工作者参与调解。对当事人聘请律师的,则通过律师进行调解。对交通肇事、故意伤害等案件,则加强与交警大队、派出所的联系,确保调解赔付及时兑现,做到案结事了。二是创新调解方法。近些年来,我院法官不断探索,勇于创新,总结出了不少行之有效的调解方法。提出了"四个结合"的调解原则,即:法院调解与人民调解相结合,公开调解与不公开调解相结合,诉讼请求内调解与超诉讼请求达成协议相结合,当庭调解与当庭履行相结合。坚持"重沟通、明范围、讲技巧、慎量刑"的调解工作机制,采用"三法"提高调解效果,即:对一些当事双方对立情绪较大的案件,采用"事例调解法",选出同类事例,使其明确利害关系,促使调解成功;对多发的交通事故等人身损害赔偿案件,采用"明示调解法",公布赔偿标准,使当事人明确赔偿标准,尽早达成和解;对当事人虽愿意调解,但差距较大、矛盾较激烈的案件,采取"延缓调解法",给当事人权衡利弊的时间,等时机成熟再行调解,取得了较好效果。三是实行分类处理。如果被告方赔偿能力较强的,一般动员被告人适当多补偿一些给原告,力争双方和解;被告方赔偿能力一般,则按依法赔偿的数额先行预缴,促使双方和解;被告方赔偿能力较差,则做好双方工作,引导被害方放弃一部分赔偿要求或让被告方分期履行,要求加害方发动一切力量筹款,以求一次性调解了结。调解中积极引导双方向前看,不要把精力纠缠到过去的事上,确立和好就是最大益处的理念,从而达成和解撤诉。2005至2007年,我院共受理交通肇事案件351件,有附带民事诉讼的302件,调解结案84%左右,庭前全部履行的达80%以上;故意伤害案件554件,有附带民事诉讼的496件,调解结案的达85%,当庭履行的达80%。

  三、实行民事赔偿与刑罚裁量相结合,扩大刑事和解的适用范围。刑事和解是指在刑事犯罪发生后,依托刑事司法机关的职能,在中立的调解人的主持下,被害人和加害人进行协商,加害人以认罪、赔偿、道歉等方式取得被害人的宽恕,以达成和解,结果影响到刑事处分措施的制度。被告人或其亲属积极赔偿争取被害人谅解,目的之一是被告人得到从轻处罚。因此,我们在审判中,积极探索实践,把民事赔偿与量刑挂钩,并逐步扩大刑事和解范围。

  一是刑事和解与缓刑制度相结合。为了克服刑事和解案件被告人适用缓刑的随意性,我院专门制订相关制度,对量刑标准进行规范。对法定刑在三年有期徒刑以下的轻罪案件,如果被告人悔罪、被害人谅解、损失全额赔偿的一般判处缓刑,被告人是外地人在押的则判拘役或缓刑。被告人不认罪且不赔偿的,或者有其中一种情形的,则一般不适用缓刑;对交通肇事案件的审理,十分注重民事赔偿款提前到位的工作,形成了赔偿款到位且得到被害人谅解的可以判处缓刑的惯例。近三年来,我院交通肇事案件缓刑的比例分别达到74%、73%、75%,缓刑适用比例较高;在伤害案件审理中,对被告人民事赔偿好、悔罪好、被害人谅解的,且是3年有期徒刑以下的轻罪案件,则基本适用非监禁刑。如果是重伤案件,则作为酌定的从轻情节予以考虑。

二是探索重罪案件的刑事和解。拓展范围,将刑事和解应用到轻微犯罪类型中的重罪案件(主要是重伤、寻衅滋事、交通事故多人死亡的案件)。对这类案件一般是先调解民事部分,尽力挽回和弥补被害人的损失,再结合案情酌情判处。在重伤案件中,对于那些主观恶性深、犯罪情节重的,即使调解了,一般是从轻处罚,不适用缓刑。如果有法庭从轻、减轻情节的,也可适用缓刑。对于那些由于一时冲动用手或身边之物而伤害被害人的,经过调解达成和解协议的,则一般判处缓刑。对于寻衅滋事类一般不适用缓刑,但如果受害方过错程度大,加害方积极赔偿、认罪的,也予适用缓刑。近三年来,我院受理重伤案件67件,判处缓刑24件,占35.8%。

刑事和解与刑事诉讼的协同,有力地促进了当事人的和睦,实现了案结事了,减少了许多不稳定的隐患;节约了有限的司法资源,减轻了司法机关案多人少的压力;消除了犯罪分子及其亲属对社会的对立情绪,有利于对犯罪分子的教育、改造,维护了社会和谐稳定。

4.2.1.2 诸暨市法院创建"1+5"调解机构,初步形成覆盖全市的大调解工作网络

提要:诸暨人民法院创建了联合人民调解委员会+五大专业化社会调解组织的"1+5"调解机构,有效整合了法院与行政机关、社会组织的资源,助力诉前调解工作;初步形成了覆盖全市范围的大调解工作网络;拓宽了诉调对接渠道,采取多种措施协助相关组织机构开展诉前化解矛盾纠纷工作,为社会组织化解矛盾提供了有力的司法支撑;建立了双向联络制,对进入诉调对接的纠纷案件实行全程跟踪指导,随时向人民调解委员会提供帮助,全面发挥人民调解工作的职能作用。

诸暨整合专业化调解协力解纠纷[1]

苟红、李阳、余建华

近年来,浙江省诸暨市人民法院以推进社会矛盾化解、确保社会稳定为着力点,以维护群众利益、维护社会公平正义为出发点,依托审判职能,有效整合了法院与行政机关、社会组织的资源,创建了"1+5"调解机构,初步形成了覆盖全市范围的大调解工作网络。

"1"指的是一个联合人民调解委员会。该委员会设立在诸暨法院立案大厅,内配1个调解室、4名调解人员,利用人民调解资源开展诉前调解工作。记者注意到,在调解室内,各项工作制度、工作流程、调解人员职责、工作纪律、考核奖励等十几项制度规范有序地挂在墙上。

"到我们这来的当事人一般都是经立案庭诉前劝导后来的。"调解委员会主任谢环介绍说,立案法官在初审时,对涉及婚姻家庭、相邻关系、民间债务等事实清楚、争议不大的纠纷当事人,先告知联合调解的优势和好处,在征得当事人同意后,就转移到我们这儿先行调解。30天内调解不成的,移交立案庭立案。

截至目前,诸暨法院已在5个基层人民法庭全部成立了联合调解中心分中心,每个分中心配备1至2名人员,以社会阅历、法律经验丰富的退休老法官、司法所长为主。

"5"是五大专业化社会调解机构。诸暨法院先后与市总工会、司法局、人力资源和社会保障局组建劳动争议纠纷联动调解中心;与市卫生局等建立了医疗纠纷调解中心,妥善化解医患矛盾;与公安、交管部门配合,建立了道路交通事故调解中心;与市妇联成立诸暨市婚姻家庭纠纷人民调解委员会;与市工商局成立消费者权益保护人民调解委员会。

---

[1] 原载《人民法院报》(2012年7月30日,第4版)。

为依法支持配合人民调解组织和行政机关、相关社会组织诉前化解矛盾纠纷,诸暨法院采取多种措施,拓宽诉调对接渠道。一是对经过人民调解组织和联合调解中心调解成功的案件,当事人要求赋予人民调解文书强制执行力的,由法院审查后予以司法确认;对人民调解组织调解成功的案件,一方当事人不自动履行,另一方当事人申请法院强制执行的,依法审查并强制执行。二是对各类仲裁机关做出的裁决,当事人申请法院强制执行的,依法及时立案执行。三是主动协助行政机关和相关组织开展行政调解工作;对调处不成,一方当事人向法院起诉的,依法及时受理。这些做法为社会组织化解矛盾提供了有力的司法支撑,促进了社会矛盾及时有效化解。

据了解,目前,诸暨市共有各类调解组织839家、调解员3 522名、矛盾纠纷信息员3 299名。诸暨法院建立双向联络制,对进入诉调对接的纠纷案件实行全程跟踪指导。在人民调解委员会中各设一名联络员,负责向法院提供信息、反馈情况;在立案庭配有专门的人民调解联络员,业务庭指派业务骨干担任人民调解业务指导员,随时就工作中遇到的法律适用、业务问题提供指导帮助。在诉前、诉中、诉后全面发挥指导人民调解工作的职能作用,促进人民调解工作的规范化、法治化,提升人民调解组织化解矛盾的高效性、权威性。

"持续开展诉前调解、诉调对接及多方联动大调解格局的建立,使大量社会矛盾化解于萌芽状态。"该院副院长张学军说,去年诸暨法院民商事案件简易程序适用率为79.65%,平均审限天数在33天左右,一审民事息诉率达到94.16%,上诉、申诉和涉诉信访发生率均有不同程度下降。

数据显示,今年上半年,诸暨法院共有1 224件诉前纠纷被移交人民调解组织,调解成功率93%。

4.2.1.3 诸暨市法院建立起"党政领导、综治牵头、法院主导、多方联动"的大调解工作体系

提要:诸暨市法院搭建平台、整合资源、完善机制、推陈出新,逐步建立起"党政领导、综治牵头、法院主导、多方联动"的大调解工作体系;建设"一中心、四站点"工作平台,实现矛盾过滤的同时为当事人提供法律服务;按照"网格化""扁平化"社会管理方式的要求,充分整合多方资源优势,实现诉前分流、类案分流、繁简分流,推动矛盾纠纷多元化解;以多方联动为支撑,完善工作机制,深化诉调衔接,强化人民调解指导工作;创新发展"枫桥经验",通过引入调解志愿者,建设诉讼服务中心平台,让当事人真正感受到"大调解"的氛围,以促纠纷顺利解决。

诸暨:让"大立案、大调解、大服务"落地生根[1]

孟焕良、杨敏儿

作为"枫桥经验"发源地,浙江省诸暨市人民法院充分发挥人民法院在矛盾纠纷多元化解机制中的引领作用,通过搭建平台、整合资源、完善机制、推陈出新,逐步建立起"党政领导、综治牵头、法院主导、多方联动"的大调解工作体系,既缓解了法院办案压力,又促进了矛盾就地化解,实现了人民调解与司法审判的优势互补和工作"双赢"。

搭建平台 实现矛盾层层过滤

今年3月,七旬老人潘某在浙江省诸暨市江藻镇买菜时,被人急回身撞倒在地,后经医生诊断为左肩胛骨骨折。

潘某的女儿钱某和女婿周某作为代理人向诸暨市人民法院提交了诉状,

---

[1] 原载《人民法院报》(2016年11月8日,第6版)。

要求撞人者周某燕赔偿医药费、陪护费等各项损失1万余元。立案法官在收到潘某的诉状之后,认为该案可以先行调解,于是在征得原告代理人同意后将案件移送至人民调解委员会进行调解。经过调解员耐心劝导,析法明理,同时剔除其中不合理的费用,最终使得双方达成了调解协议,被告周某燕愿意赔偿给潘某相应的经济损失人民币5 000元,并当场付清。仅十天时间,该纠纷就得到了解决。钱某和周某在拿到赔偿款之后,均感慨法院的工作效率之快。

早在2012年5月,诸暨法院就启动"一中心、四站点"工作平台建设:在立案大厅、枫桥法庭设立诉讼便民中心(后改名为诉讼服务中心),内设诉前劝导站、诉讼引导站、法律指导站、信访疏导站,由青年法官轮岗值班,为当事人提供纠纷调解、诉讼引导、法律咨询、法制教育、判后答疑等"一揽子"法律服务。2013年起,该市其余4个法庭也陆续设立诉讼服务中心,至今已接待群众数万人次。

对涉及婚姻家庭、邻里矛盾、小额债务等案情简单、争议不大的民事纠纷,当事人前来立案时,立案法官发送《调解劝导书》,劝导其到驻庭调解中心先行调解。2013年以来,各法庭驻庭调解中心累计促成3 460起纠纷诉前调解成功,调解成功率达70%以上,自动履行率达98.34%。

对诉前调解不成的案件,由调解员填写《调解情况告知表》,记录调解经过,与诉讼材料一并移送诉讼引导站。引导员当天完成立案登记,并详细告知注意事项,提示诉讼风险,避免当事人东奔西走。

针对部分案件当事人文化程度低、诉讼能力较弱,不清楚如何起诉、应诉的实际,诉讼服务中心工作人员现场帮助当事人补充诉讼材料,解答法律问题,指导申请法律援助。2015年以来,各诉讼服务中心接受法律服务的人数已达1 800余人次。

及时开展判后答疑工作,注意做好初信初访者的释法明理工作,重复来信来访者的信访甄别工作,并配合相关部门对重大信访案件进行联调,视情况组织远程视频接访等。符合司法救助条件的,启动申请程序。

整合资源　确保纠纷多元化解

诸暨市目前已构建以9大专业调解机构、810家调解组织、3 375名人民调解员为框架,人民调解、行政调解、司法调解紧密衔接、联调联动的大调解工作格局。诸暨法院按照"网格化""扁平化"社会管理方式的要求,充分整合资源优势,通过诉前分流、类案分流、繁简分流,推动矛盾纠纷多元化解。

诸暨法院联合该市司法局,设立了诸暨市联合人民调解委员会(各法庭设立分会),经费由市财政全额保障。自今年起,人员、经费等均划归诸暨法院直接管理,现该委人员已全部被聘为陪审员,业务由简案庭具体负责指导。通过多方引导,一些事实清楚、法律关系明确、争议不大的相邻、小额债务、物业等纠纷案件当事人,纷纷接受人民调解这一非诉方式解决纠纷。2014年至2016年8月,累计诉前引导调解成功8 585件,诉中委托调解成功3 738件,诉前纠纷化解率始终位居全省、全市法院前列。

同时,该院先后与公安、劳动人事、卫生、工商、妇联、建设、教育、环保、总商会等部门对接,建立起交通事故、劳资纠纷、医患纠纷、消费维权、妇女儿童权益维护、物业纠纷、学生伤害、环境保护、商调会9大专业性调解委员会,指派法官以"专家门诊"的方式进行业务指导。并协助纺织服装、袜业、珍珠、五金机电等产业组织和协会,建立行业纠纷调解室。在店口镇、大唐镇等外来人口聚居地,协助组建了自治性调委会。2014年至2016年8月,全市各级各类人民调解组织累计受理矛盾纠纷35 449件,调解成功34 330件,调处成功率达96.84%,98%的医患纠纷均由医调会妥善调处。

完善机制　夯实诉调对接基础

为充分发挥审判的规范、引导作用,诸暨法院以多方联动为支撑,完善工作机制,深化诉调衔接,确保矛盾纠纷有效化解。

坚持"一镇一法官"制度,探索建立"三人行"司法服务团队(1名法官助理、1 名陪审员、1 名书记员),在交通不便的偏远乡村设立便民服务站、3 个专业市场设立专业服务站(兼具立案、调解、送达、排期、开庭等功能),并以此为联结点,形成法庭与乡镇、村居的联系网,及时掌握可能影响社会稳定、引发系列诉讼案件的信息,并做好与相关部门的沟通。对群体性劳资纠纷及突发性纠纷,探索法院与当地政府、公安、劳动、司法行政等部门"1+N"快速联动机制。今年以来,该院及时参与处理 16 起突发性和群体性事件。

诸暨法院强化人民调解指导工作,通过邀请庭审观摩、参与调解、个案分析、抽样阅评调解协议等多种形式,加强对其法律知识、调解技能、调解规范和文书制作等方面的培训,有效减少各级调解组织或调解员为片面追求调解率而产生的"和稀泥""各打五十大板"现象,增加人民调解的法治含金量,促进调解的规范化和法治化。2014 年以来,该院已培训人民调解员 2 000 余人次。同时借助"互联网+"提高效率,自 2013 年起先后在法院、法庭建立起"法官指导调解 QQ 群",搭建网上视频调解指导平台,打造三级视频指导调解网络,随时提供"面对面"法律业务指导。QQ 群开通至今,已视频指导调解 150 余起。建立信访法庭,开通远程视频接访,并协调公安、检察、信访等部门建立"QQ 视频接访"。同时,该院建立法庭 QQ 群、微信群,邀请各专业调解组织、辖区部门站所、村级调解室加入,及时互通信息情报,研讨处置方案,实现纠纷就地、就近快速解决。努力形成"庭、站、点、员"四位一体、覆盖法庭辖区的诉调对接网络。

近日,该院诉讼服务中心通过 QQ 视频对诸暨市消费纠纷人民调解委员会正在进行调处的一起由房屋买卖引起的定金退还纠纷进行调解指导。

投诉人江某称,其同售楼方签订了一份《商品房认购协议》,支付定金 5 000 元。由于签字时没有仔细阅读协议内容,当时销售人员告知自己如果不满意可以退款,因此才签下了这份协议。此外江某还称,售楼方没有将这份协议交付到自己手上,因此不符合相关规定,系违约,要求售楼方退还定金。售楼方则辩称,江某多次至售楼中心看房并接受咨询,买房意愿明显,当天付定金果断,并不存在投诉方所说的情况,因此坚决不肯退还定金。

负责诉调对接的工作人员认真审阅了消调委通过微信发送过来的《商品房认购协议》,结合双方当事人的争议焦点,给消费纠纷调解委员会调解员提出了以下意见:投诉人是否持有《商品房认购协议》并不是判断协议有效与否的必要条件,关键是要看协议的形式是否完整、是否符合规范;协议上的签名是否是当事人亲笔签名;协议内容是否是当事人的真实意思表示,有无欺诈、胁迫的情况;行为人对行为有无重大误解或显失公平;协议内容有无违反法律禁止性规定等。

人民调解员采纳了建议,正积极调处双方纠纷。

推陈出新　深化发展枫桥经验

作为"枫桥经验"发源地,诸暨法院一直在努力探索打造"枫桥经验"升级版,使其既有传承,又有创新。

该院引入调解志愿者,约请社会组织成员参与调解。牌头法庭与牌头镇密切配合,成立"乡贤调解会",聘请来自退休干部、居委会干部、退休教师、老党员、外出创业精英等各阶层在当地有一定威望且热心调解事业的10名现代乡贤作为调解志愿者。枫桥法庭借助镇里力量,不定期邀请"枫桥大妈"参与调解。该院还在法庭设立专门场所,作为代表委员工作室,每季度确定一名人大代表或政协委员开展监督联络工作,每月驻庭工作不少于一个工作日,主要职责为监督工作流程、旁听庭审调解、协助接访化解、反馈意见建议等。枫桥法庭首批约请了辖区3名人大代表(其中1名系省人大代表)、1名政协委员。

今年3月,诸暨法院会同该市司法局、绍兴律师协会诸暨分会,在法院诉讼服务中心设立了律师志愿服务岗,并在全市注册执业律师中,推选103名40周岁以下、业务能力强、政治素质好的青年律师作为服务律师,免费为群众提供法律咨询、诉讼指导、引导法律援助,并参与矛盾化解,以及协助法院做好服判息访等工作。截至目前,该服务岗已累计提供服务2 300余人次,群众反响较好。

近日,一起消费者投诉商场消费者权益纠纷案,通过值班律师QQ远程视频帮助成功调解。

一名消费者因商场地面湿滑而摔倒受伤,经医院检查为脚踝骨裂,就赔偿事宜多次与百货商场协商未果,遂投诉于该市消调委。

消调委调解过程中双方对赔偿费用的计算、责任的分担等问题无法达成一致意见,调解员向诸暨法院诉讼服务中心开通的"法官QQ视频指导调解"服务平台发出视频邀请,正在律师服务台值班的陈律师看到电脑上有视频邀请提示,马上进行了接通。

经过了解事情的原委,陈律师很快总结出双方争议焦点并进行详细分析,最后提出一个折中的调解方案。远在视频另一头的双方当事人最终听取了律师的意见和调解方案。

由于目前全市相继成立的专业化调解组织办公地点较分散,引导诉前调解的当事人寻找很不方便,不利于工作上的相互配合,诸暨法院按照"多渠道、一站式、综合性"的要求,占地面积3 400平方米的诉讼服务中心正在抓紧施工中,预期年底基本建成并投入使用。届时可以让这十大专业调委会以联合办公,分别调解的形式,让当事人真正感受到"大调解"的氛围,以促纠纷顺利解决。同时,法院各业务庭的业务骨干将与各调委会建立联系卡,定期对主管的调解组织进行业务指导,并将此工作作为今后法官提升干部的考核标准,形成一个"大服务"的现代化网络新格局。实现联合办公后,该院可以把所有案件统一编立引调字号,然后实行类案分流,让适合诉前调解的案件真正实现诉讼与非诉讼的无缝衔接,让"大立案、大服务、大调解"在诸暨法院生根开花。

4.2.2 "诉调对接"推动诉讼与非诉讼解纷机制衔接

4.2.2.1 诸暨市法院推进诉与非诉相衔接的矛盾纠纷解决机制

提要:诸暨市人民法院深入贯彻"调解优先、调判结合"原则,不断继承和发扬"枫桥经验",努力创新工作方式方法,探索推进诉与非诉相衔接的矛盾纠纷解决机制建设。主要做法有:联合党政机关成立联合人民调解委员会,将联合调解贯穿到矛盾化解的全过程;整合交通、劳动、医疗等部门或行业资源,成立多种行业调解组织,实现了行业调解与诉讼调解的有效衔接;建立"庭前沟通、庭中协调、庭后反馈"全程协调行政案件的行政调处制度,方便官民沟通,稳妥化解行政争议。

西施故里的调解新曲[1]

余建华、马程琳

作为"枫桥经验"的发源地,浙江省诸暨市人民法院深入贯彻"调解优先、调判结合"原则,不断继承和发扬"枫桥经验",努力创新工作方式方法,探索推进诉与非诉相衔接的矛盾纠纷解决机制建设。随着联合调解、行业调解、行政调处等工作机制的全面推行,诉调对接在古越大地绽放出美丽的花朵,创造了一片新天地。

联合调解　众人拾柴火焰高

"哥,咱们以后还是好兄弟吧?"听着弟弟余某凡的道歉,余某根拿着11 500元的获赔款,含泪点头,一把抓住了弟弟的手。看到这来之不易的场

---

[1] 原载《人民法院报》(2010年1月26日,第7版)。

景,联合调解室的老葛和老杨很是欣慰。

这是诸暨市法院联合调解室里发生的一幕,双方当事人是亲兄弟,并且是前后邻居,但平日里摩擦不断,一次发生打斗,两人都受了伤。余某根将弟弟告上法院。法官了解情况后,劝说他们通过人民调解的方式来解决。老葛和老杨接手了案子,经过耐心说服教育,兄弟俩终于化干戈为玉帛,就有了开头的一幕。

像这样兄弟之间、邻里之间的纠纷,老葛和老杨已经成功处理了多件。为充分发挥人民调解的作用,诸暨市法院积极争取市委市政府支持,由诸暨市委发文出台《关于建立人民调解与民事诉讼衔接联动机制的工作意见》,联合市司法局及各基层党政机关,成立联合人民调解委员会,诸暨市政府每年投入50万元保障调解工作的开展。

目前联合调解已经贯穿到解决矛盾的全过程。立案庭认为案件有调解的可能或者调解能更好地解决问题时,即转交给专门的调解引导员,由引导员劝说当事人进行调解并将当事人引导至设于立案庭内的联合调解室,联合调解室由市司法局专门聘任调解员专司调解工作。2009 年,该联合调解室共受理调解案件 263 件,调解成功 230 件。

行业调解　同舟共济解难题

经诸暨市法院建议,在市委统一领导下,当地整合交通、劳动、医疗等部门或行业资源,先后成立了交通事故调解委员会、劳动争议调解委员会以及医疗纠纷调解委员会等行业调解组织,实现了行业调解与诉讼调解的有效衔接。

诸暨市医疗纠纷调解委员会(简称"医调会")于 2008 年 12 月 1 日正式运行,这是浙江省第一家县级第三方医疗纠纷调处机构。两年前,一位老人因跌倒造成颅骨破裂,医院用碳合金进行了修补,但两年后碳合金破裂,患者家属提出 50 万元的索赔。医院则认为自己并无责任。家属经多次交涉无果,情绪激动,提出要集体上访。医调会得知该情况后,主动联系患者和医院,经过一周的努力,终于使各方达成一个调解协议:医院免费再对病人做一次手术,产品供应商免费提供碳合金,患者也放弃了高额赔偿的要求。纠纷得以圆满解决。

医调会成立 10 个月来,共受理调解案件 153 件,成功调结 126 件,并且做到了快速赔付。成功调结的案子至今未出现一起反复,真正做到了案结事了。

行政协调　官民沟通和为贵

"法官,我申请撤诉。"经过两个星期的等待,骆某华接过 8 000 元赔偿款,终于想通了。他在公司上班后的第二天,未到下班时间提前回家,途中发生交通事故致残。劳动部门未予认定工伤。在公司不支付医疗费的情况下,骆某华家属到公司吵闹,双方矛盾极为尖锐。同时,骆某华将劳动部门诉至诸暨市法院。法院没有简单一判了之,经过耐心工作,最终由第三人支付原告 8 000 元的医疗等费用,原告撤回起诉。

诸暨市法院在审理行政案件时,不是简单下判,而是着眼于在分清是非的基础上依法解决问题,维护当事人的权益。同时,该院不断创新调解方式方法,建立"庭前沟通、庭中协调、庭后反馈"全程协调行政案件的行政调处制度,在实践中为官民沟通架起了方便之桥。2009 年,该院共审结各类行政案件 68 件,行政相对人主动申请撤诉或法院依法裁定准予撤诉 44 件,协调撤诉率达 64.7%。

日前,浙江省委常委、副省长葛慧君对此做出重要批示肯定:"诸暨法院这个做法很好,有利于更加稳妥地化解行政争议,维护当事人合法权益。"

4.2.2.2　诸暨市法院加强"诉调对接",推动大调解工作格局形成

提要: 诸暨市法院通过明确性质让诉调对接"全覆盖"、行业联动让诉调对接"专业化"、机制建设让诉调对接"见实效",加强了诉调对接工作,推动大调解工作格局的形成,发挥司法的定纷止争作用,让更多的社会矛盾在源头化解。

"枫桥经验"对人民法院矛盾化解工作的启示[1]

郑重

今年是毛泽东同志批示"枫桥经验"五十周年(1963年至2013年)。源起于浙江省诸暨市枫桥镇的"枫桥经验"由最初阶级斗争背景下将"四类分子"(地富反坏分子)就地改造为新人的一种社会改造经验,发展为社会治安综合治理经验,再到村民自治、平安创建、社会矛盾预防化解、基层民主法治建设的经验,其内涵实现了历史性的发展和跨越。"枫桥经验"不仅是基层民主法治建设的经验,其对人民法院矛盾化解工作也具有重要指导意义。随着我国经济社会快速发展,利益格局深刻调整,各种矛盾问题交织,人民内部矛盾逐渐呈现出主体多元、诉求多样、数量高发的态势,这些矛盾最终多以案件形式汇集到人民法院。"枫桥经验"对我们的启示是要始终坚持司法为民,创新群众工作方法,构建多元矛盾纠纷预防与化解机制,努力将问题解决在基层,矛盾化解在源头,实现法律效果与社会效果的统一。

"枫桥经验"强调矛盾"就地化解"

1963年2月,中共中央决定在全国农村普遍开展"社会主义教育运动",提出要把绝大多数"四类分子"改造为新人,并采取"一个不杀,大部不捉"的政策。中共浙江省委选择诸暨、萧山、上虞等县作为试点,规定在"社会主义教育运动"中,除了现行犯外一律不捕,必须捕的也要报省委批准。是年10月底,枫桥"社教"对敌斗争基本结束,公安部领导发现枫桥没有捕人的做法,向正在杭州视察的毛泽东作了汇报,毛泽东肯定地说,"这叫矛盾不上交,就地解决",并指示好好总结。

根据毛泽东的指示,公安部总结报告了"枫桥经验"的主要精神,即"捕人少,矛盾不上交,依靠群众,以说理斗争的形式把绝大多数'四类分子'就地改

---

[1] 原载《人民法院报》(2013年11月6日,第5版)。

造成新人"。1963年11月20日,毛泽东做出重要批示:"此件看过,很好,讲过后,请你们考虑,是否可以发至县一级党委及县公安局,中央在文件前面讲几句介绍的话,作为教育干部的材料,其中应提到诸暨的好例子。要各地仿效,经过试点,推广去做。"11月22日,毛泽东在同公安部负责人的谈话中又强调指出:"从诸暨的经验看,群众起来以后,做的并不比你们差,并不比你们弱。你们不要忘记动员群众,群众工作做好了,可以减少反革命案件,减少刑事犯罪案件。"1964年1月14日,中共中央发出了《关于依靠群众力量,加强人民民主专政,把绝大多数"四类分子"改造成新人的指示》,把"枫桥经验"推向全国。

经过五十年的发展创新,"枫桥经验"最初的精神内核"为了群众、依靠群众、发动群众"得到了传承,"矛盾不上交,就地解决"则有了更为丰富的实践积累和时代内涵。

今天的枫桥镇依靠社会治安综合治理,创建平安乡镇建设,多元方式解决矛盾纠纷,基层民主法治建设等举措,有效解决了涉及群众切身利益的矛盾和问题。在枫桥镇,综治工作倡导事先预防而非事后惩戒,调解是矛盾纠纷化解的主要方式,司法途径是矛盾纠纷解决的最终方式。主管部门之间没有踢皮球推诿责任,让群众带着矛盾去上访,而是实行"变群众上访为干部下访,变坐等来访为主动走访,对疑难信访案件实行联动息访"的"三访"工作机制,最大限度减少了矛盾,使群众的矛盾在基层得到有效化解。

人民法院是国家审判机关,要始终坚持依法独立审判的原则,以事实为依据、以法律为准绳,维护司法权威公信。与此同时,积极参与社会矛盾化解、社会管理创新也是人民法院当前的重要职责。特别是对于诉至法院,尚未进入诉讼程序的诉调对接阶段矛盾和案件法律程序已经全部完结的涉诉信访矛盾,人民法院要牢固树立司法为民观念,构建完善诉调对接机制,推进涉诉信访矛盾多元化解,这是实现依法治国,创建平安中国,维护社会和谐稳定的必然要求。

诉调对接实现矛盾"源头化解"

"枫桥经验"在实践中密切依靠群众和基层组织,就地解决了大量矛盾纠纷,实现了"小事不出村,大事不出镇,矛盾不上交"。司法是维护社会公平正义的最后一道防线,但不是唯一一道防线。囿于司法自身功能的有限性,人民法院只能成为化解社会矛盾的"有限责任公司",而难以成为"无限责任公司"。从我国司法制度设计上看,对矛盾纠纷的化解,法律也明确规定了调解、仲裁和司法等不同形式的"多车道",而非司法诉讼一条"单行道"。因此,要加强诉调对接工作,推动大调解工作格局的形成,发挥司法的定纷止争作用,让更多的社会矛盾在源头化解。

明确性质让诉调对接"全覆盖"。通过调解解决社会矛盾纠纷既是中国优秀传统法律文化的经验积累,也是司法工作回应群众关切的现实需要。调解解决社会矛盾有利于降低司法成本,提高矛盾化解效率,增强调解结果的"可接受性",促进社会关系的和谐稳定。而诉调对接正是一种建立在"诉的背景、诉的引导、诉的管理和诉的保障"下的特殊的人民调解。诉的背景,是指调解不同于一般群众、社区组织、街镇居委的调解,而是矛盾已经诉至法院,在正式进入法院诉讼程序前的调解,这种矛盾调解迫在眉睫,人民群众对矛盾纠纷的解决也有更高的期待;诉的引导,是指对已经诉至法院的纠纷,由法院引导分流到诉调对接中心,而不是简单地将矛盾重新推向社会;诉的管理,是指对进入诉调对接中心的纠纷,虽未正式立案,但将其作为专门的调解类案件,由人民法院建立工作台账,严格流程管理,提高管理精细化程度和矛盾化解效率,防止出现工作推诿、拖延和疏漏;诉的保障,则是已达成调解协议且当事人有要求的,依法确认其法律效力,这也是诉调对接与一般人民调解不同的地方。同时要依法保障当事人的诉权,调解不成,符合立案条件的,要在法定期限内及时立案,让案件进入诉讼程序处理,防止出现简单地以调代立、久调不立,侵犯群众的合法权益。

行业联动让诉调对接"专业化"。诉调对接的最终目的是化解社会矛盾。很多矛盾的产生有其特定的行业背景,通过与相关行业联动,对不同矛盾进行分类处理,有助于提高诉调对接的专业化程度。如在消费者权益保护领域,人民法院与工商局、消保委构建诉调对接工作联动机制,既能有效发挥专业机构、民间组织的缓冲作用,又能彰显人民法院的居中主持地位,更有利于增强调解工作的可信度。在医患纠纷领域,由于患者相关医疗专业知识有限,证据收集固定困难,司法成本必然提高,通过诉讼途径解决医患纠纷往往费时耗力。如患者因证据和鉴定问题而承担败诉法律后果,医患矛盾最终可能演变成涉诉信访矛盾,甚至是缠讼闹访的信访积案,仍需要党委、政府合力协调解决。因此,在矛盾初始阶段就着力推动第三方化解医患纠纷平台的建设,强化对医患纠纷调解协议的司法确认工作,促进医患纠纷在诉讼外通过诉调对接化解,有利于矛盾的彻底化解和从根本上维护当事人的合法权益。此外,在交通事故损害赔偿纠纷、劳动争议、物业、农村土地承包等领域也应与交警、工会、房地、农委等主管部门加强诉调对接,深入推进行业联动化解矛盾机制的建设。总之,要争取更多参与纠纷化解的主体、拓宽纠纷解决的渠道,实现纠纷解决主体多元化,途径方法多样化。

机制建设让诉调对接"见实效"。矛盾宜疏不宜堵。实践证明,大多数社会矛盾在萌芽阶段是完全可以解决的。如果不及时采取有力工作措施从源头化解矛盾纠纷,当事人参与化解时间越长,对化解的期待就更高,化解的难度也就越大。因此,努力实现矛盾源头化解,是避免"小事拖大,大事拖炸"的关键。一些矛盾纠纷当事人采取极端方式危害社会,部分原因就是因为在矛盾初始阶段有关单位没有及时采取有效措施予以化解,在这方面教训是深刻的。要及时发现并化解这些萌芽状态的社会矛盾,需要人民法院工作重心下移、工作力量向基层一线倾斜,着力发挥好人民法庭、社区巡回审判点等组织的作用。要以"两庭一所"为依托,以综合治理网络为平台,建立诉调对接分中心,利用专职法官、人民调解员、村镇(社区)干部等多种资源,把矛盾纠纷的调处和预防工作向社区、村组延伸,实现就地化解。通过抓苗头、抓源头,抓基层、抓基础的机制建设,变事后处理为事前预防,有效化解"无案号"矛盾案件。

齐抓共管推动矛盾"多元化解"

"枫桥经验"重视社会治安和社会稳定,形成了"党政动手,依靠群众,立足预防,化解矛盾,维护稳定,促进发展"的基层社会治理模式。在人民法院矛盾化解工作中,要建立"党委领导、法院理诉、政府解难、多元化解"的工作机制,实现"司法依靠群众、服务群众,群众崇尚法律、认同法律"。要立足"社会矛盾社会力量解决、基层矛盾基层组织化解",综合运用经济、政治、法律等手段,教育、疏导、帮扶等办法,形成合力共同化解涉诉矛盾。

依靠党委、政府的政治优势,当好"指挥棒"。要加强党委对人民法院审判工作的领导,充分发挥党委的政治优势,有效预防和化解社会矛盾,建立健全统一领导、综合协调、各负其责、齐抓共管的工作格局。人民法院对审判工作中遇到的重大涉诉信访矛盾,要主动向地方党委、人大、政府报告和通报,争取领导、监督和支持。党委、政府要支持人民法院依法独立行使审判权,尊重和维护人民法院依法做出的公正裁判,协调做好涉诉信访矛盾化解工作,形成预防化解社会矛盾的强大合力。要明确诉访标准,实施诉访分离,建立涉诉信访终结退出机制,将涉诉信访工作纳入法治化轨道,对已经穷尽法律程序的涉诉信访矛盾主要由基层党委、政府承担教育、帮扶责任。对涉及教育、就业、住房、医疗、社会保障等民生问题的重大、敏感社会矛盾,单纯依靠司法手段往往难以从根本上解决,法院依法裁判后,当事人的生活困难、就业、住房等问题仍然存在,这些都需要党委、政府及时协调相关部门,综合施策予以化解。

依托基层组织的资源优势,弹好"协奏曲"。一些涉诉信访矛盾的产生与社会前端管理不完善密切相关,其化解也须借助基层组织和专业机构的优势。当前,传统以血缘为基础的熟人宗族社会已经开始逐步向以地缘为基础的市场经济社会转变。但从实际国情来看,在广大基层地区,特别是农村地区,人民群众的熟人意识仍然较强,厌讼、无讼仍是他们的朴素道德标准和理想生活图景。因此,要注重发挥街道、镇、村等基层组织调解民间纠纷的优势。基层组织对群众的家庭情况、社会关系、个人经历都较为熟悉,特别是基层一些德高望重、公道正派的人员,在群众中有一定的威信和影响,由他们来主持矛盾化解,有利于邻里关系的修复,效果可能比直接诉讼要好,也更易于为人民群众所接受。要充分发挥司法所、综治办提供法律援助的优势。很多矛盾之所以进入诉讼程序,是因为群众在诉讼前缺乏了解其他矛盾化解途径的渠道,或者没有相关基层组织及时接手,原本可以化解的简单矛盾变得复杂化。法律制度本身具有较强的专业性,要求一般群众了解权利救济渠道、掌握法律维权途径、知悉诉讼风险显然是不现实的。而让其咨询或聘请专门执业律师,又会导致诉讼成本提高,基层法律援助作为身边的"法律顾问"就能较好地解决这一问题。总之,要借助基层组织的积极作用,实现民间调解、行政调解和司法调解的有效衔接,全方位、多渠道化解处理各类社会矛盾。

发挥特殊人士的身份优势,筑起"防护墙"。吸收人大代表、政协委员、人民陪审员、律师、高校法学专家学者、志愿者等"独立第三方"参与信访接待、终结听证和矛盾化解工作,可以增加当事人的认同感和信任感,推动涉诉信访矛盾化解。如通过与司法局、律协合作,选派一批政治过硬、业务精良的律师参与法院的立案窗口咨询服务工作,为群众提供立案指导,让群众感受公正透明,让律师了解人民法院的工作流程,也促进了律师和法官职业共同体的互信和互动;选取政法院校的优秀在校研究生担任法院立案信访大厅志愿者,为来访群众提供法律咨询服务,既提高了他们自身司法实践能力,又为群众提供了实际帮助;选任一批来自妇联、婚姻登记中心、镇综合治理窗口等部门的干部参与信访窗口接待工作,使他们的工作思路和工作方法更贴近社情民意,更有助于矛盾的彻底化解。

"枫桥经验"的发展历程,体现了中国基层民主法治不断健全完善的过程,它始终强调在党委领导下,充分依靠群众,把发扬民主和依法办事相结合,运用各种有效手段,及时解决纠纷,为人民法院不断推进司法能力建设,有效化解社会矛盾,维护司法权威公信提供了有益的借鉴。

4.2.2.3 诸暨市法院依托ODR平台构建"分调裁审"新格局

提要: 诸暨市法院依托ODR平台,构建具有诸暨特色的"分调裁审"新格局,通过"1+1+1&1"的模式实现案件分类分流;利用ODR平台记载相关事实和证据,节省在立案调解和审理中的重复环节,提高办案效率;建立"3+3+3"的三大速裁团队的模式,合理分配司法资源,保证公平正义;通过整合"纠纷分类分流""诉调对接""立案调解"和"繁简分流"四个区块,打造线上线下"四块一链"为特点的一站式解纷模式。

诸暨法院:"区块e解"构建"分调裁审"新格局[1]

余建华、杨敏儿

"走诉讼至少3个月,调解只需19天,法院工作效率真高,我们感到很满意。"拿到调解书的当事人难掩激动之情。

身处"枫桥经验"发源地的诸暨法院结合省高院两个"一站式"要求,依托ODR平台,构建了具有诸暨特色的"分调裁审"新格局即整合"纠纷分类分流""诉调对接""立案调解"和"繁简分流"四个区块,打造线上线下"四块一链"

---

[1] 原载《浙江日报》(2019年11月11日,第15版)。

为特点的一站式解纷模式,从而不断满足人民群众的司法新需求。

自去年6月起,诸暨法院诉讼服务中心已全面入驻诸暨市综合治理中心开展诉讼引导分流工作,以1+1+1&1的模式对案件分类分流至专业调解组织,再通过法院的监督和司法确认,让调解成功具有法律效力。今年1—10月,诸暨法院诉讼服务窗口共分流纠纷11 591件,引导率85.48%,调解成功3 470件,办理司法确认2 948件。

在区块e解中,有一项"无争议事项记载"值得一提,专业调解员在对纠纷处理时,会根据法院要求,将无法调解成功的案件中,原被告基本无异议的事实和证据记载在ODR平台中,从而节省在立案调解和审理中重复调查、举证质证的环节,提高办案效率。无争议事项记载是作为串联整个区块链的纽带,让解纷工作更成体系,更有秩序。

到了繁简分流环节,诸暨法院以3+3+3的三大速裁团队的模式,受理并解决全院60%的民事案件。在审限中,要求80%以上的案件在20日内办结,比其他审理程序至少减少35天。而其余法官专攻难案,对疑难复杂案件进行精雕细琢,彰显公平正义,称得上"简"出效率,"繁"出精品。

"民之所向,力之所趋",诸暨法院通过降低诉讼、解决纠纷、理顺社会治理顺序,努力提升人民群众的满意度和获得感,助力提高基层社会治理体系和治理能力的现代化水平。

4.2.3 "诉调对接"立足基层源头化解矛盾纠纷

4.2.3.1 诸暨县枫桥人民法庭1965年工作总结

提要:诸暨县枫桥人民法庭在民事审判工作上进一步贯彻依靠群众、调查研究、就地解决、调解为主的方针,健全调解组织的同时对调解员开展集中培训和现场指导活动,提高了调解干部的政治思想水平和业务能力;将案件分类分流至调解组织,提高了法庭解纷效率;建立业务指导联系点,加强与大队调解干部的联系指导;开展调解组织和调解干部评比活动,激发调解干部的工作热情。

诸暨县枫桥人民法庭1965年工作总结(四好单位材料)[1]

(1966年4月5日)

伟大的"四清运动"之后,枫桥的政治、经济形势欣欣向荣,生产蒸蒸日上。全区掀起了一个大学毛主席著作的热潮。法庭在区委和上级的正确领导下,与有关部门密切配合,依靠群众力量,高举毛泽东思想伟大红旗,突出政治,进一步贯彻执行了中央关于依靠群众专政,依靠群众办案的方针。坚持以阶级斗争为纲,通过审判活动,及时打击敌人的现行破坏活动,正确处理人民内部纠纷,开展法纪宣传,预防犯罪和纠纷。对增强人民内部团结,加强人民民主专政,保卫党的中心,促进生产,起了积极的作用。

在刑事审判工作上,坚决贯彻中央关于依靠群众专政,少捕、矛盾不上交的方针。一年来共受理刑事案16件,处结14件,除一件赌博(属"四类分子")和破坏重婚判处管制和徒刑缓刑外,其余均以批判教育、具结悔过等方式处理,贯彻改造人,改造社会,消灭阶级的精神,深入就地依靠群众,制服改造敌人,化消极因素为积极因素。如吉竹坑大队反革命分子金某赌博一案,通过发动和依靠群众,说理斗争,制服改造了金某。群众反映:这样处理,可以利用劳动力,对生产、对集体经济有利;可以用来作为反面材料,教育群众、提高群众革命警惕有利;对争取教育他的子女有利;对分化瓦解改造敌人有利。

在民事审判工作上,进一步贯彻依靠群众,调查研究,就地解决、调解为主

---

[1] 诸暨县枫桥人民法庭工作总结,1966年,系调研材料。

的方针。一年来共受理民事案件86件,加旧存32件,共118件,办结114件,其中山林、水利、土地纠纷6件,离婚92件,返还聘金7件,房屋回赎、继承等7件,债务2件。这些案件,除了三件因被告外流找不到下落判决外,其余都是在做深做透思想工作的基础上调解解决的,并且深入就地、依靠群众。在调解的81件案件中,去就地的57件,占70%,其中依靠群众解决的38件,占47%。特别是山林、水利等有关中心的集体生产纠纷,全部都是就地调解解决。如视北公社王家坞大队与营盘大队的山林纠纷,营盘大队认为过去调整的花山地不合理,仗着人多之势将王家坞大队砟翻准备造蚕房的三十多段树全部拾来,我们获悉后,即去就地,在公社党委领导下,会同二个大队的干部一起学习了主席著作《中国共产党在民族战争中的地位》一文中"照顾全局,照顾多数及和同盟者一道工作",使干部明确必须树立全局观点,从全局利益出发,因此,纠纷很快得到解决。党委和群众都满意。

对婚姻、房屋等其他纠纷,也是从有利巩固集体经济,有利发展生产,有利团结,有利进步的原则出发,依靠群众,做透思想工作,进行解决,调解好后基本上没有反复。

此外,处理了人民来信154件,简易纠纷44件。

基层组织建设上,依靠公社,进一步整理健全了调解组织。全区共有调解委员会或调解小组一百八十九个,调解干部八百十六名,其中党员二百二十三名,团员四十七名,其余也都是贫下中农中的积极分子。但他们当中新手较多,业务不熟,对调解工作的重要性认识不足,比较普遍地存在着怕麻烦,怕找怨,怕困难的三怕思想,有的遇到纠纷三言两语,解决不好就简单地将矛盾上交;有的虽一股热情去调解,但一碰到钉子就打了退堂鼓,个别的甚至当群众去找他调解时,还不承认自己是调解干部。针对这一情况,我们配合公社,以突出政治,抓活思想,采取群众自我教育的方法提高他们。一年中先后四次集中训练了调解主任一百八十三名,占总调解主任的96.8%。同时通过携卷下乡,巡回就审,吸收调解干部参加,与他们同商量,同讲解,同总结的方式进行现场练兵。并根据不同时期帮助总结调解工作经验,树立先进标兵,及时加以推广。从而提高了调解干部的政治思想水平和业务能力,树立了为人民服务,为三大革命运动服务的思想。一年来,涌现了许多不计报酬,不问个人得失,披星戴月,风里来雨里去,辛勤为群众服务的调解干部。有的为了解决一个纠纷,一次不行两次,两次不行三次,甚至几十次,不厌其烦地为群众排解纠纷;有的为了查清一件纠纷的事实,跑了几十里,甚至百里以外去调查研究;有的甚至连家里死了人,都置于度外,仍然继续去解决纠纷。因而在调解工作上出现了新的起色,好的、比较好的调解组织占88%。据十二个公社不完全统计,调解解决各类纠纷1 813件,相等于法庭收案的十几倍。

通过一年的工作,我们有以下几点体会。

一、突出政治,实现法庭工作革命化

要法庭工作革命化,首先是要法庭干部思想革命化。过去,我们由于对突出政治的重要意义认识不足,成天只是在案件数字上打圈子,结果是孤立办案,脱离政治,脱离群众,脱离实际,以致案件越办越多,工作被动。不能及时打击现行,及时解决民间纠纷,影响当事人的生产、生活。影响社会主义革命和社会主义建设。

如何实现思想革命化呢?当然,除了党委和上级的领导教育外,主要是努力学习主席著作,加强自我革命和自我改造,克服形形色色的非无产阶级思想,树立一切为革命,一切为人民的思想。以主席思想统率自己,把主席依靠群众专政的伟大战略思想,贯彻在实际工作中。在这方面,我们是有一个认识过程的。当初认为"法庭办的是轻微刑事案件和民事案件,依靠群众专政的经验用不上"。又怕依靠群众办案后,"化工大、工夫赔不起"。经省三月法院院长会议精神的贯彻传达和反复学习文件之后,才初步认识依靠群众专政是主席的一贯思想。于是就采取边学习、边贯彻、边实践的方法行动起来,并尝到了甜头。但是,对依靠群众专政,依靠群众办案方针的战略意义仍理解不深。仅仅是为了办结几个案子而依靠群众,而没有认识到依靠群众办案是司法工作革命化的根本道路。

后来,《九省市法院院长座谈会纪要》和杨秀峰院长在杭州司法座谈会上的指示,强调指出依靠群众办案不是方法问题,而是根本路线问题,也就是法院工作如何跟上形势,争取主动实现革命化的问题。这对我们触动很大。经过学习文件,联系实际,总结工作,认识到法庭根本任务是对敌专政,但处理大量的人民内部矛盾性质的案件,是巩固无产阶级专政的一个重要方面,只有大抓基层建设,开展主动出防,依靠群众自己处理自己的问题,才有利于团结对敌,加强专政。从而提高了贯彻依靠群众专政,依靠群众办案方针的自觉性。一年来跑了一百零四个大队,开了五十多次大队干部、调解干部座谈会,进行面对面的指导,发挥第一道防线作用。基本上扭转了积案多,传票发得多,当事人上法庭催案告状多的局面,促进了法庭工作革命化。

二、为中心服务,是法庭工作的根本方向

中央指示,只管办案,不问形势,是"孤立办案"脱离阶级斗争的表现,是旧法观点的残余影响,必须彻底清除。在这方面我们以前的认识是不足的,往往是"孤立办案"忽视阶级斗争。通过学习主席有关专政的学说,使我们认识到作为无产阶级专政工具的人民法庭,必须为无产阶级政治服务,为社会主义经济基础服务。必须根据主席提出的备战、备荒、为人民的要求,密切联系阶级斗争形势,围绕党的中心正确区分和处理两类不同性质的矛盾,坚决打击现行犯罪活动,保证社会治安,全面地正确地贯彻中央"关于依靠群众专政、少捕,矛盾不上交"的指示。从而明确了方向,工作也就比较主动,围绕党的中心工作为三大革命运动服务。如去年在保安公社蹲点时,发现江下大队富农分子杨某拉拢贫农偷窃生产队集体稻谷损害集体经济一案。当时,生产队社员对两类矛盾混淆不清,严重影响了生产。我们即去就地抓住阶级斗争为纲,组织干部群众学习《二十三条》和有关政策,使社员提高了觉悟,分清了性质,在此基础上,依靠和发动群众斗争制服了富农分子,有力地保卫了党的中心。

三、党委领导,群众路线,是法庭工作的根本保证

服从党委领导,是搞好工作的关键。这一点我们无论在思想上,行动上都是比过去更自觉了。去年县委和区委指示:我们要把处理人民内部矛盾当作一件大事情来抓。我们根据这一指示,就更加大胆放手地发动群众和依靠群众。如新山与明山大队所发生的山林纠纷,先后曾二次要发生械斗。我们在区委的领导下,赶赴就地,平息事态,并经过反复学习主席著作《关于正确处理人民内部矛盾的问题》和深入调查研究,依靠群众进行调解解决的。事后,区委对此非常重视,在召开公社党委会上对纠纷专门做了研究,当作一项重要任务布置。永宁公社还在全区召开的训练调解干部会议上做了介绍。去年下半年东和公社党委和社教工作队队委,根据贫下中农要求,搞好"三五"规划必须首先解决好生产发展中的山林、土地、水利等纠纷。采取了工作队、公社干部、大队调解干部、知情群众四结合的办法组织了二百十七人的调解队伍,经过半个月的时间调解解决了各种生产权益纠纷二百零五件,为实现农业发展纲要服务。这一经验,又在枫桥召开的全县政法会议上介绍,大大推动了全区的调解工作。基本上形成了全党抓调解,依靠群众做好调解工作的局面。

四、蹲点搞样板,以点带面,是法庭指导调解工作的基本方法

过去,我们对蹲点的认识是不足的,认为法庭只一两个人,怎么蹲得住,因此,既无点,又无面,工作流入盲目性。去年在上级的指导下,开始进行试验,选择了原来案件比较多的保安公社作为试点,采取上上下下的办法,主要是将法庭的案件带下去与公社及同解干部共同商量,共同排队、摸底,排出哪些由调解组织可以解决,哪些由公社解决,哪些需要法庭配合一起解决,然后,进行分工包干。

通过近半年时间,初步搞出了全面开展调解工作,实现"矛盾不上交"的样板。同时还选择了十个村大、纠纷多的大队为业务指导联系点,加强联系指导,很受调解干部欢迎。他们反映说:"过去开会训练轰轰烈烈,训练结束无声无息;现在是开会训练干劲十足,训练结束联系密切。"并通过抓先进、树标兵,开展四好调解组织和五好调解干部评比、掀起比学赶帮运动。去年四月,发现护家洞大队调解主任陈阿德四年如一日,热心调解工作,做到矛盾不上交,而且件件纠纷都解决得既按政策办事,又得到当事人和群众的满意这一冒尖的先进人物后,一面抓住不放,积极帮助培养;一面请他在两次全区性的训练班上传经,后又将护家洞大队调解委员会的工作经验报请区委批转给各公社党委和大队支部,大力进行推广,掀起了一个比学赶帮的热潮。

我们虽然初步取得了一些成绩,但按照党的要求,形势的需要,还存在很大差距。主要是突出政治,活学活用主席著作,特别是在"用"字上狠下功夫还不够;贯彻依靠群众专政,依靠群众办案还不深入,政策思想还不够落实;特别是抓调解工作还不够深入,不够全面。今后,我们有决心进一步突出政治,高举毛泽东思想伟大红旗,牢固地树立起阶级观点、群众观点和革命观点,更好地为三大革命运动服务。

4.2.3.2 诸暨县枫桥人民法庭继续加强对基层调解组织的业务指导

提要: 枫桥人民法庭在司法行政机关成立后继续加强对基层调解组织的指导工作,并通过调解干部会议和培训活动、现场亲自指导、帮助开展调解工作等方式全面提高调解干部的业务水平和实战能力。在枫桥人民法庭的指导下,镇乡基本上做到了"小纠纷不出村、大纠纷不出乡"。

枫桥人民法庭继续加强对基层调解组织的业务指导[1]

在司法行政机关建立后,基层人民法庭要不要继续指导基层调解组织的工作?怎样去指导?诸暨县枫桥人民法庭以自己的工作实践回答了这二个问题。

一、不是"多此一举",而是"非做不可"

一九八二年初,枫桥人民法庭在安排全年工作时,有的同志提出:现在县有司法局,区有专职司法助理员,基层调解工作由他们专管,我们不必再去过问了;何况我们人手少、案件多,再要管是力不从心了,总之再去抓基层调解组织是多此一举了。司法行政机关建立后,人民法庭究竟要不要继续抓好对基层调解组织的指导工作呢?这个法庭就组织全庭同志学习《法院组织法》等有关法律和中央关于加强政法工作的有关指示。《法院组织法》第二十二条规定:"基层人民法院除审判案件外,并且办理下列事项……(二)指导人民调解委员会和人民公社司法助理员的工作……"《人民调解委员会暂行组织通则》第二条规定:"调解委员会是群众性的调解组织。在基层人民政府和基层人民法院指导下进行工作。"这些规定并不因为司法行政机关的设立而取消。通过学习,使全庭同志认识到,加强对基层调解组织的指导工作,是法律规定的基层人民法院的分内事,是一项非做不可的工作。

至于本身审判任务重,再去指导基层调解工作是否再有力量,这个法庭通过算账对比的办法解决了这个问题。全区乡、村两级调解会从一九七七年恢复以来到一九八一年共处理各类民间纠纷七千二百七十九件,相当于同期人民法庭受理的民事案条一百九十件的三十八点三倍。如果不是广大调解干部勤勤恳恳为人民排难解纷、大量案件涌进人民法庭,法庭显然是无力解决的。法庭指导基层调解组织的工作,虽然要花一定的时间和精力,但是通过指导可

---

1 诸暨市法院民事审判工作会议交流材料,1984 年,系调研材料。

以使大量的纠纷解决在基层、解决在萌芽状态,不至于向人民法庭起诉,使法庭可以集中精力处理必须受理的案件,这叫磨刀不误砍柴工。

全庭同志通过学习和讨论,从思想认识上解决了要继续加强对基层调解组织的指导工作的认识。因此,出现了人人关心调解组织和调解工作,个个参加对基层调解组织的业务指导。

二、采用三个办法,加强对基层调解组织进行业务指导

这个法庭加强对基层调解组织的指导上,除了当好党委参谋,要求党委加强领导、健全组织、建立制度、落实报酬等以外,主要是在业务上加强对调解组织的指导。

在业务指导上,枫桥人民法庭采用了以下三个办法。

1. 以会代训,全面提高调解干部的业务水平

在区委、区公所的领导下,枫桥区每年召开一次三到五天的全区乡、村调解干部会议会上,法庭同志和司法助理员组织全区调解干部学习《婚姻法》、民事政策和人民调解组织的有关通则、条例等。并结合本区实际,由法庭同志和司法助理员上辅导课,便全区调解干部从理论上进一步明确调解组织的任务,工作原则、工作方法与工作制度,构立起责任感和光荣感,提高业务能力。此外,枫桥人民法庭还与司法助理员配合,每季度召开一次乡司法助理员会议,学习文件,交流工作情况,布置任务。回去后,乡里再召开一次村调解主任会议。这样做的结果,使全区调解干部的政治素质和业务素质不断提高,不少难度较大的纠纷也能得到及时、正确处理。

2. 现场练兵,提高调解干部的实战能力

这个法庭的同志下乡办理民事案件和刑事自诉案件时,都请当地的调解干部参加。无论是调查取证还是传集调解,都有基层调解干部在场。这样,一方面给法庭工作带来许多方便;另一方面又可使调解干部通过帮助法庭办案,懂得怎样查清事实、分清是非,公正处理,丰富实战经验,指导自己工作。

3. 个别指导,参与基层调解

在基层调解干部工作中碰到困难时,他们向法庭同志请教时,法庭做到有问必答;他们要求法庭同志帮助时,法庭做到有求必应。法庭同志参与基层调解,为调解干部做参谋解决较为疑难的纠纷,一九八二年、一九八三年两年都在二十件以上。如枫桥镇朱某、骆某、陈某三者之间的房屋产权、买卖纠纷,枫桥镇调解会调解了几次没有处理好,便向法庭求援。法庭同志放下手头正在办理的案子,下去帮助,在查明事实的基础上分析了调解无效的症结所在,再与调解干部对三方当事人做了大量的思想政治工作,最后达成了调解协议,三方都很满意。调解会同志也十分感慨地说:"还是法庭同志有办法。"

三、指导工作效果显著

在枫桥区各级党、政组织的领导下,全区十五个乡(镇)、一百八十六个村(居委会),普遍建立了调解会。全区各调解干部八百九十七人,他们大多是热爱本职工作,办事公道,有一定工作能力的同志。在人民法庭的指导下,他们长年累月埋头苦干,夜以继日为民分忧。一九八二年、一九八三年共调解各类民间纠纷三千二百七十七件,相当于同期人民法庭受理的民事条件数的二十五倍,基本上做到了"小纠纷不出村、大纠纷不出乡"。一九八二年、一九八三年,东一乡、金王乡各有一年没有民事案件上法庭,还有七个乡每年只有三件以下案件是由法庭办理的。一九八二年、一九八三年各有六十三个村、五十个村没有一件案件上交乡。梅岭乡梧家洞村调解委在法庭的具体帮助下,两年调处纠纷近九十件。枫桥镇建立了镇、片、村三级调解网,做到"活动经常化,工作制度化",对民间纠纷抓早、抓好、抓了,工作卓有成效,被评为一九八二年浙江省先进集体。

4.2.3.3 诸暨市法院指导人民调解做到"四强化"

提要: 诸暨市法院依托审判职能,深化"枫桥经验",充分发挥基层调解组织第一道防线作用,指导基层调解组织处理民间纠纷,在具体工作中做到了"四个强化":确定指导人员,强化指导培训;强化制度建设,规范调解行为;强化宣传调研,优化调解环境;强化考核奖惩,落实指导责任,把人民内部矛盾通过多种途径解决在初始阶段,减少纠纷成讼率,节约了司法资源。

我院指导人民调解工作　做到"四强化"[1]

柴建忠

近年来,我院紧紧依托审判职能,深化"枫桥经验",充分发挥基层调解组织第一道防线作用,多管齐下,把人民内部矛盾通过多种途径解决在初始阶段,减少纠纷成讼率,节约了司法资源。2002年,指导协助基层调解组织处理民间纠纷成功率在90%以上,枫桥法庭还被最高法院评为"全国法院系统指导人民调解工作先进集体"。在具体工作中做到"四个强化":

一、强化指导培训,提高调解水平。院党委把指导人民调解工作列入重要议事日程,专门确定分管院长、法庭指导组成员、工作列入重要议事日程,专门确定分管院长、法庭指导组成员、各基层法庭正副庭长为指导工作联系人。具体工作中做到调解指导经常化,每个镇均确定一名审判人员进行专门联系和定期指导,对民间达成的调解协议进行审查;培训形式多样化,积极开展专题培训、以会代训、巡回审判、邀请调解员到法院旁听庭审等形式,着重提高调解干部对处理房产、乡邻、家庭婚姻、人身损害赔偿、债务等几类常见纠纷的政策法规水平,掌握基本调解技能,提高调解成功率。

二、强化制度建设,规范调解行为。针对民间调解中存在种种不规范、不合法现象及法院指导调解的临时性现象,着力建立完善一套指导人民调解的

---

[1] 诸暨市人民法院编:《诸暨法院信息》,内部资料,2003年第8期。

工作制度。如在基层法庭建立法律指导员工作制度,由法庭庭长、副庭长担任法律指导员,分片负责对辖区内各镇乡进行法律指导、培训工作,着力提高基层调解员调解水平;建立与各镇乡人民调解委员会联络制,使这项工作走上正规化、经常化道路;建立基层法庭与当地综治委、司法所、公安派出所等部门的政法联席例会制,定期交流调解经验,提供法律参考。

三、强化宣传调研,优化调解环境。对基层调解工作中出现的新情况、新问题进行专题调查研究,及时向有关部门提出对策建议。此外,还加强法制宣传,利用审理民间纠纷案件、下乡巡回办案、在媒体刊播文章、开展法律咨询等形式,向群众大力宣传最高法院关于确认人民调解协议效力的司法解释,增强群众法制观念和依法办事的水平,营造良好的人民调解工作外部环境。

四、强化考核奖惩,落实指导责任。指导人民调解工作将纳入法院岗位目标责任制考核中,把具体责任落实到庭和人,将全年是否完成指导调解工作作为加分项目之一。同时,对调解工作指导不力,导致矛盾纠纷进一步激化,造成严重后果的,按规定追究责任人的责任,并实行经济扣罚。

4.2.3.4 诸暨法院在东和乡设立"三位一体"巡回审判站

提要:诸暨市法院在东和乡设立了涵盖自助立案室、调解室、审判庭三大区域,能够实现自助立案、联动调解、巡回审判等功能的"三位一体"巡回审判站,从纠纷产生、调解到司法确认,让群众真正做到了"零"次跑,受到了基层群众的普遍欢迎。

浙江诸暨设立"三位一体"巡回审判站

——自助立案调解审判三大功能集一身[1]

张璐妮

6月11日,浙江省诸暨市人民法院在东和乡设立了"三位一体"巡回审判站,涵盖自助立案室、调解室、审判庭三大区域,能够实现自助立案、联动调解、巡回审判等功能。当天就成功调解了首批纠纷,受到基层群众的普遍欢迎。

东和乡是诸暨辖区内唯一的乡,离最近的诸暨法院枫桥人民法庭有近20公里,"七山一水二分田"的山区丘陵地形更是给当地群众前往法庭参与诉讼带来了诸多不便。"考虑到合同履行地为东和乡且申请司法确认案件有3件,通知双方当事人到庭不便,所以我们决定在巡回审判站对案件进行就地审理,既方便群众也便于实地了解案情。"一合同纠纷案承办法官王岚告诉笔者,先前她多次前往东和乡了解案情,和当事人沟通。

东和乡巡回审判站挂牌当天,王岚正式对3个案件的人民调解协议进行了集中审查。在双方当事人对调解内容均表示认可后,当场出具了确认调解协议有效的民事裁定书。至此,从纠纷产生、调解到司法确认,让群众真正做到了"零"次跑。

为突出联动调解的功能,该巡回审判站选址在东和乡政府和司法所附近,引入各方力量进驻调解,从源头上化解婚姻家庭、邻里纠纷等山区常见纠纷。提供24小时自助立案服务,在自助立案室的每台设备上都标明使用方法和操作流程,方便山区群众自主立案的需求。针对部分山区群众操作能力不强的情况,法庭还联合东和乡政府,安排专人随时为当事人提供自助立案指导。

"东和乡巡回审判站的设立,扩大了法院的服务'直径',构建起以人民法

---

[1] 原载《人民法院报》(2020年6月15日,第4版)。

庭为中心,以巡回审判为纽带,以法官服务为触角的工作体系,实现便捷司法服务全乡镇全覆盖!"诸暨法院副院长赵敏凯说。

4.3 "诉调对接"多元化解矛盾纠纷典型事例

4.3.1 "诉调对接"有效化解矛盾纠纷

4.3.1.1 枫桥法庭深化发展"枫桥经验"出成效

提要:诸暨市法院枫桥法庭找准自己在深化"枫桥经验"中的角色定位,切实奏好"三部曲":对诉诸法庭的纠纷,公正高效"审理得好";对尚未成诉的纠纷,指导参与"解决得早";对一些可能发生的纠纷,加强预防"控制得牢",走出了一条审判与综治齐并进、共互动的可行之路,有力地促进了审判工作的公正、高效开展和辖区的社会稳定、经济发展,先后被评为全国法院系统指导人民调解工作先进集体,绍兴市、浙江省人民满意政法单位,并荣立集体三等功一次、二等功一次。

枫桥法庭深化发展"枫桥经验"出成效[1]

近年来,市人民法院枫桥法庭主动找准自己在深化"枫桥经验"中的角色定位,切实奏好"三部曲":对诉诸法庭的纠纷,公正高效"审理得好";对尚未成诉的纠纷,指导参与"解决得早";对一些可能发生的纠纷,加强预防"控制得牢",走出了一条审判与综治齐并进、共互动的可行之路,有力地促进了审判工作的公正、高效开展和辖区的社会稳定、经济发展。该庭先后被评为全国法

---

[1] 原载《诸暨日报》(2002年10月29日,第3版)。

院系统指导人民调解工作先进集体,绍兴市、浙江省人民满意政法单位,并荣立集体三等功一次、二等功一次。

近年来,枫桥法庭紧紧依托审判职能,充分发挥基层调解组织第一道防线的作用,把人民内部矛盾通过各种途径解决在初始阶段,减少了纠纷的成讼率。促使大量的民间纠纷不出村、不上交,化解在最基层。今年辖区内调解组织受理纠纷642起,仅17起调处未果诉至法庭。

该庭十分注重抓好对基层调解队伍指导。法庭每半年分片对191个行政村、5个居委会和29家企业的调解组织的调解干部进行一次集中业务培训,讲授常用法律知识和有关司法解释及审判当中发现的倾向性、突出性问题,不断提高调解干部的业务素质和解决纠纷能力与水平。该庭还积极为规范调解工作提供帮助,提高调解的成功率;同时积极为司法人员提供法律建议。如针对镇乡司法所反映人身损害赔偿纠纷调处难度大、赔偿范围难以把握等情况,法庭参照有关法律精神,及时拟定了《人身损害赔偿纠纷处理意见》,并分发各镇乡司法所和基层调解组织,为他们处理这类案件提供参考,受到基层司法工作人员的欢迎。为了方便与辖区调解组织和群众的联系沟通,该庭还在社区专门建立了法律指导点,落实人员,在每月10日到社区的法律工作点指导调解工作,帮助解决疑难纠纷,对典型案件则就地开庭进行审理。如枫桥镇司法所在调处下西湖村沙场承包纠纷中,双方提出的沙场移位补偿损失数额差距较大,司法所多次调处未果。今年8月10日,法庭获悉后立即向司法所提出解决纠纷的法律依据和可行方法,使这起纠纷得以顺利解决。

该庭还与辖区的公安、交警、工商、税务等政府部门联合制定了解决纠纷的"联系卡",对当事人找到法庭并且属于法庭解决的问题,依法从快妥善解决;对不属法庭解决的,告知当事人原因,同时向应受理的部门开出"联系卡",使当事人少走了许多回头路,也使许多纠纷在起始阶段就得到及时处理。

4.3.1.2 绍兴市中院开展"枫桥式"人民法庭争创活动

提要:绍兴市中院在全市法院系统开展"枫桥式"人民法庭争创活动。继之前在各法庭设立诉前劝导站、诉讼引导站、法律指导站、信访疏导站、联合调解站、调解员培训站6个站点之后,诸暨市法院辖区5个法庭根据各自特点,因地制宜设立站点14个;其中,便民(下乡)立案站2个,专业市场指导调解服务站3个。枫桥法庭在辖区3个镇乡均设立指导调解工作室,在5个村设立指导调解联络站,其中3个村已开通QQ视频指导调解系统,牌头法庭在庭内设立调解员培训站1个。

绍兴:推行站点式服务 争创枫桥式法庭[1]

余建华

为方便人民群众,创新发展"枫桥经验",去年7月,浙江省绍兴市中级人民法院在全市法院系统开展"枫桥式"人民法庭争创活动,推动辖区基层法院23个人民法庭在边远乡镇、专业市场普遍设立诉前劝导站、诉讼引导站、法律指导站、信访疏导站、联合调解站、调解员培训站等服务站点。活动开展以来,全市人民法庭积极预防化解矛盾纠纷,自觉践行便民利民宗旨,着力提升人民法庭维护一方稳定、保障一方平安、服务一方群众的能力和水平,为促进经济平稳较快发展与社会和谐稳定做出了重要贡献。

诸暨:枫桥式法庭全力打造便民服务

阳春三月,诸暨市人民法院副院长张学军来到岭北镇,与岭北镇镇长一起在镇政府大门口举行了简单的便民立案站挂牌仪式。

岭北镇地处诸暨最南端,离市区53公里,户籍人口13 487人。平时村民

---

[1] 原载《人民法院报》(2014年4月22日,第6版)。

来镇上赶集,最少半个多小时,腿脚不便、年纪大的更是难得去镇上一次。

为缓解该镇老百姓立案难的问题,璜山法庭与该镇领导商议在政府楼内安排一间办公室,作为法庭便民立案站。每月11日、22日上午,璜山法庭将派员赴该站点,为当地企业、村民提供法律咨询、诉讼引导、现场立案、就地调解等便民服务。

这是诸暨法院继之前在各法庭设立诉前劝导站、诉讼引导站、法律指导站、信访疏导站等四个站点之后的又一便民举措。至今,法院辖区五个法庭根据各自特点,因地制宜设立站点14个。其中,便民(下乡)立案站2个,专业市场指导调解服务站3个,枫桥法庭在辖区3个镇乡均设立指导调解工作室,在5个村设立指导调解联络站,其中3个村已开通QQ视频指导调解系统,牌头法庭在庭内设立调解员培训站1个。

去年7月至今年2月期间,各法庭联合调解分中心,共受理纠纷461起,化解成功421起。此外,草塔法庭通过袜业市场的指导调解服务站,帮助化解纠纷16起;枫桥法庭通过视频指导站点,帮助化解纠纷8起;店口法庭设立法律咨询"谢法官QQ群",公布诉讼服务热线1条,每月定期半天到专业市场站点开展现场咨询答问、法律指导服务,每月编写一期《普法月报》,向所在市场经营户广泛发放。两个站点已接受群众来人、来电咨询十余次;牌头法庭、璜山法庭已对镇治调干部、调解员开展业务培训活动各1次。

巡回审判 延伸诉讼便民前沿

近日,草塔法庭庭长郭幼芬将一份民事调解书送到原告老方家中。躺在床上的老方握着郭幼芬的手,激动地说:"感谢郭庭长,走这么远的路,一次又一次地上门做工作,我们太感谢了。"

2012年,老方跟着两个朋友倪某和倪某某到外地砍树,不料在砍树时树木倒下,将老方砸倒在地。送医后,初步诊断多处骨折,经法医鉴定构成四级伤残并需要三级护理。老方为了看病,前后花去7万余元,而两个朋友仅支付

2万余元就不再支付。无奈之下,老方向草塔法庭提起诉讼,要求两人赔偿医疗费、误工费、护理费、残疾赔偿等费用,计69万余元。

受理此案后,草塔法庭立即与马剑镇村指导调解联络员取得联系,了解案件相关情况。考虑到当事人身体状态,先后4次到老方所在村、镇开展巡回审判工作,最终在村镇主任共同参与下,双方终于达成了调解协议,由二被告对原告损失各承担一半,约定分期支付,如果被告未按约定支付,则应加付50 000元赔偿款。事后,郭幼芬说:"审判就是服务,要做到司法为民并不难,关键要'想百姓之所想,急百姓之所急'。诉讼只有走到群众中间去,才能让人民群众充分感受司法的温暖和力量。"

2013年7月以来,诸暨法院以创建枫桥式法庭为契机,进一步将诉讼便民向下延伸,依托各个基层法庭及建立的巡回审判站,将巡回审判法庭设在矛盾发生地、群众家门口和村部(街道、社区),现场受理案件,调处矛盾纠纷,并用鲜活案例向群众普及法律知识,使群众足不出村,就能享受到更加方便、快捷、高效的司法服务。去年7月至今,法院巡回审判点诉前指导和化解各类矛盾纠纷20余起。

多方联调　提升服务满意度

为强化诉调对接,枫桥法庭积极实施"三维度"诉调同向联调机制,对纠纷通过多阶段、多环节、多层面的调解,提高调解(开庭)前审查诉辩双方的合理度、调解(开庭)时引导对基本事实的认同度、分头(休庭)解说以判决方式结案的基准度,最大限度争取案结事了。

2013年5月,枫桥法庭受理原告张某与被告张某某物权保护纠纷一案。原告起诉称,2012年7月,原告发现被告在翻修房屋时,将其祖父家平屋一间进行翻修,故要求被告恢复该平屋的原状。审理过程中,被告拿出卖房契一份,证明本案所涉房屋是被告张某某从原告祖父赵某处购买。

法庭受理该案后,通过电话首先与当地的调解委员会取得联系,了解当时的相关情况,再联合法庭联合调解中心的老同志一起进行调解。法官对原告进行法理和事实的分析,虽然原告张某办理了建设用地使用权证,但地籍调查表上没有赵某的签字,只有私章,现赵某妻子在庭审中明确表示未将诉争的房屋转予原告,且原告未诉请法院确认被告与赵某之间的买卖合同无效,故被告对诉争房屋的占有、使用具有相应的正当性。听了法官的分析,原告张某心悦诚服,当场表示撤诉。

4.3.1.3 牌头法庭把矛盾纠纷化解在基层和源头

提要:农村作为一个相对稳定封闭的社会圈子,依靠亲朋好友或长辈贤达调停处理,更有利于矛盾化解,而村书记作为农村基层党组织的带头人,往往具有较高的威望。牌头法庭联合辖区党委政府推行"村书记进法庭轮值"工作制度,积极联系群众,参与法庭案件调解,提高当事人的接受度和信任感,打通了诉源治理"最后一公里"。

浙江诸暨:牌头法庭诉源治理出新招![1]

王楚楚

父母因故去世,亲姐弟因遗产分割问题心生嫌隙,眼看着双方即将对簿公堂,浙江省诸暨市人民法院法官+村书记+调解员联合出招,姐弟俩握手言和,重归于好。

姐弟身陷遗产纠纷,法庭请来书记说和

2021年6月23日,浙江省诸暨市人民法院牌头法庭收到两份起诉材料,一对亲姐弟因遗产分割问题产生纠纷。姐弟俩的父母相继去世,留下55万元赔偿款及19万元存款,名下尚有一处房产。姐弟双方对遗产分割无法达成一

---

[1] 2021年8月6日发布,http://www.legaldaily.com.cn/mediation/content/content_8574795.htm。

致,且矛盾激烈,最终闹到了法庭。

"亲情案件"处理,宜调不宜判,为了更好地处理两姐弟的纠纷,牌头法庭闫龙会法官在了解案情后,决定先通过诉前调解来解开当事人的心结。

"当下,牌头法庭正在推行'村书记进法庭轮值'制度,原被告恰好为同村村民,我们决定邀请该村村书记参与调解。"承办法官与该村许书记联系后,敲定于6月30日上午在法庭调解。

当日,承办法官联合许书记及调解员,合三人之力释法说理,轮番给原被告做工作。尤其是许书记,凭借其村书记的威信,加上与原被告相熟的情义,晓之以理动之以情。

最终,姐弟俩达成一致意见:除房屋等财产归属之外,再由弟弟当场支付姐姐7万元。但由于银行卡日转账限额为3万元,弟弟在转账2.5万元后,调解又陷入了僵局……此时,许书记大手一挥,帮弟弟垫付了剩余的4.5万元。弟弟也表示,会在当天去银行取现金还给许书记。至此,一场纠纷终于顺利化解。

村书记进法庭轮值,诉源治理有奇效

为什么村书记会来法庭参加调解呢？这就不得不说到牌头法庭推行的"村书记进法庭轮值"工作制度了。

2020年12月,牌头法庭联合辖区党委政府推行"村书记进法庭轮值"工作制度,由乡镇党委提前制定村书记值班表,在每周固定时间安排村书记到法庭值班,工作职责包括:接待来访群众、回应群众诉求、参与法庭案件调解(主要是对诉至法庭的纠纷进行诉前调解)、判后答疑、释法说理等。

农村作为一个相对稳定封闭的社会圈子,村民之间发生纠纷,依靠亲朋好友或长辈贤达调停处理,更有利于矛盾化解。村书记作为农村基层党组织的带头人,往往具有较高的威望,更易受到村民信赖。在法院调解中引入"从群众中来"的村书记,更能提高当事人的接受度和信任感,拉近"庭"与"村"的距离,构建矛盾纠纷化解共同体,提高矛盾纠纷化解率。

同时,村级矛调中心是矛盾纠纷化解的前沿阵地,将诉至法庭的纠纷,引导由村书记在法官的指导下进行调解,既提高了村书记化解矛盾纠纷的意识和能力,又打通了诉源治理"最后一公里",有利于把矛盾纠纷化解在基层和源头,真正实现"小事不出村"。

截至目前,牌头法庭辖区内各村书记已参与调解案件30余件。

4.3.2 "诉调对接"机制创新发展

4.3.2.1 诸暨市法院首次对人民调解协议进行司法确认

提要:2011年,一起道路交通事故的当事人达成调解协议并共同向诸暨市法院提交了司法确认申请书,市人民法院通过司法确认程序,依法确认了该份道路交通事故调解协议。这是诸暨市法院对第三方主持调解达成的协议进行司法确认的首例案件,一方面有利于鼓励当事人选择人民调解途径化解矛盾纠纷,降低当事人的诉讼成本;另一方面也节约了法院诉讼资源,有效推动了诉讼与非诉讼相衔接的矛盾纠纷解决机制的完善和健全。

诸暨法院首次对人民调解协议进行司法确认[1]

余建华、孟焕良

日前,市人民法院通过司法确认程序,依法确认了暨阳街道人民调解委员会做出的一份道路交通事故损害赔偿调解书。这是最高人民法院3月30日

---

1 原载《人民法院报》(2012年8月21日,第8版)。

起施行《关于人民调解协议司法确认程序的若干规定》以来,该院对第三方主持调解达成的协议进行司法确认的首例案件。

今年2月22日,璜山镇俞某驾驶赣F38363自卸车(车主为赵某),在苎萝东路祥生新世纪小区前路口撞到骑电动车的钟某,造成钟某死亡、车辆损坏。后双方当事人就事故损害民事赔偿部分,一致请求暨阳街道人民调解委员会调解。4月12日,在暨阳街道人民调解委员会的主持下,受害人钟某的家属与车主赵某就事故赔偿达成调解协议,并共同向法院提交了司法确认申请书,请求对双方达成的调解协议依法予以确认。4月25日,法院依法出具了司法确认决定书,赋予协议强制执行效力。

法官认为,通过对调解协议的司法确认,一方面有利于鼓励当事人选择人民调解途径化解矛盾纠纷,降低当事人的诉讼成本。另一方面也节约了法院诉讼资源,有效地推动了诉讼与非诉讼相衔接的矛盾纠纷解决机制的完善和健全。

4.3.2.2 诸暨市法院探索多方联动的诉调衔接机制

提要:诸暨市人民法院注重资源整合,着力构建以诉前调解、诉调对接为重点的多元调解工作机制;探索人民法院与当地行政部门"1+N"快速联动机制,共同调处群体性劳资纠纷及突发性纠纷;对人民调解协议司法确认,保障当事人的合法权益;落实诉调衔接的组织、人员、经费保障以及考核制度,确保诉调衔接通道通畅;建立专业性调解委员会、行业调解室以及企业内部纠纷调解室,构建长效机制。

诸暨：多方联动　诉调衔接[1]

余建华、孟焕良、费小余

诸暨是"枫桥经验"的发源地，"枫桥经验"的核心内容是化解矛盾。作为"枫桥经验"的传承者——浙江省诸暨市人民法院注重资源整合，着力构建以诉前调解、诉调对接为重点的多元调解工作机制。

这种机制构建起一个大调解的工作网络，覆盖全市范围，在社会综合治理中取得了显著成绩，受到了中央领导的充分肯定。

如今，作为最高人民法院确定的全国诉讼与非诉讼相衔接的矛盾纠纷解决机制改革试点法院之一，诸暨法院以此次试点工作作为创新"枫桥经验"的抓手，不断完善和创新诉调对接工作机制，有效提高了矛盾纠纷诉前化解率，减轻了法院诉讼压力，提高了诉讼、执行案件调解率，降低了上诉、申诉和涉诉信访发生率。2011年至今，该院诉前引导调解结案1 829件，调解成功1 170件，调处成功案件的自动履行率达98.6%。2011年，该院受理的初信初访与上年同比下降12.4%以上。

敏感案件联动：把矛盾化解在萌芽

4月2日上午，诸暨法院草塔法庭庭长叶纯青依然如往常般忙碌。突然，电话响了。电话那头，有人焦急地喊着："中学出事了，法院快派人来，帮忙协助处理这一事件。"

叶纯青赶忙放下手中的活，叫上法庭干警驱车立即前往中学。

电话是当地镇政府工作人员打来的。当天，一名中学生因学业压力过大及家庭困难，跳楼自杀。

闻讯后，当事人亲属冲到学校，情绪十分激动。镇政府立即启动敏感案件联动化解机制，通知法院、派出所、教育局等相关单位人员共同处理。

---

[1] 原载《人民法院报》(2012年8月21日，第8版)。

在维持好现场秩序和安抚当事人家属情绪的同时,法院干警当场解答相关法律问题,协商赔偿处理方案。

经过一个上午的努力,该突发事件得到迅速处理。叶纯青说,联动机制虽然占用了法官一定的时间,花费了一定的精力,但矛盾纠纷及时化解在前沿,避免了冲突升级。

近年来,诸暨法院针对群体性劳资纠纷及突发性纠纷,探索人民法院与当地政府、公安、劳动、司法行政等部门"1+N"快速联动机制("1"指公安派出所联调平台,"N"指联调各成员单位)。这个机制要求,在突发事件发生后,信息须第一时间分流至派出所的联调室,同时,通知相关成员单位派员共同调处。如2011年,该院枫桥法庭辖区内3起涉及拖欠200余名职工工资的群体性纠纷,通过快速联调机制在诉前得以化解。今年上半年,草塔法庭辖区有2起意外伤亡事故,均通过快速联调机制得到妥善化解。

人民调解司法确认:让纠纷及时终结

"今天我是来履行法律判决的,但没想到我的权益这么快就得到了保障,我放心了,事情终于可以了结了。"一个当事人紧紧握着联合调解中心主任谢环的手,一个劲儿地说着感谢的话。这是发生在今年5月14日诸暨法院联合人民调解室的一幕,也正好是该院人民调解协议司法确认的第一案。

当事人是一名包工头,姓王。2011年,他从一家建设公司分包了工程中的泥工活,为此招用了泥水工金某为其工作。一天,浙江兆山混凝土公司在使用混凝土泵车灌注混凝土的过程中发生管道爆炸,散落出的物件导致金某受伤,造成八级伤残的后果,花费医药费2万余元。

事后,金某向法院起诉,要求雇主王某赔偿各项损失21万余元。王某辩称原告之伤不是他的过错造成的,而是浙江兆山混凝土公司在施工中造成混凝土管道炸裂引起的。

法院认为金某的损失虽然是雇佣关系以外的第三人造成的,但依照法律规定,受伤的雇员可以选择雇主赔偿,也可以选择侵权人赔偿。现金某选择雇主作为赔偿主体,符合法律规定。最终,法院判决由王某赔偿金某各项损失21万余元。

王某收到判决书后,迟迟不肯支付上述款项,觉得应该由浙江兆山混凝土公司最终承担才对。承办法官向王某释明,他可以赔偿后向侵权的第三人追偿,并且可以通过调解这种方式既快又好地解决纠纷。

于是,王某5月10日来到法院把21万余元的赔偿款当场全部支付给了金某,同时又和浙江兆山混凝土公司在法院联合人民调解中心达成了调解协议,由浙江兆山混凝土公司支付王某各项损失21万余元。

不过,王某看着手中的调解协议书和之前的民事判决书,有点担忧。他问调解中心主任谢环:"这个协议书和判决书的效力是一样的吗?对方到时不履行怎么办?我是不是还要再来法院打官司?"

谢环马上从柜子里拿出了诸暨法院和司法局联合下发的《关于人民调解协议司法确认工作的若干意见》,告诉王某可以申请司法确认,司法确认后的协议的法律效力等同于法院判决书,如对方不履行,可以申请法院强制执行。王某当即和浙江兆山混凝土公司一起提出了司法确认申请,诸暨法院很快做出了该院第1号司法确认决定书。此纠纷终于彻底圆满地解决了。

按照《最高人民法院关于司法确认程序的若干规定》要求,为进一步做好调解协议的司法确认工作,诸暨法院与诸暨市司法局于今年4月联合下发了《关于人民调解协议司法确认工作的若干意见》,积极引导当事人向人民法院申请司法确认,对符合确认条件的调解协议一般当天审查当天确认。允许当事人在法院内通过传真、邮件等形式提出审查申请,无须另行到立案庭申请。

今年1至7月,该院共审查确认人民调解协议158件,审查不予确认的2件。目前,经司法确认的人民调解协议全部自动履行完毕。

手牵手联动：诉调衔接更通畅

今年,诸暨法院在立案大厅设立诉讼便民中心,由青年干警志愿者担任引导员和法律指导员。同时,他们还承担起诉调衔接的"联络员",对适宜诉前调解的案件,由诉前劝导站直接劝导到人民调解中心进行调解;对调解不成的案件,由诉讼引导员提供立案法律服务;对调解达成协议需要进行司法确认的案件,由引导员提供司法确认的法律服务。

为了加强服务群众的力量,诸暨法院还专门制定下发了《关于加强人民调解业务指导工作的若干规定》,选派29名法官担任各专业调解委员会及乡镇调解组织的业务指导员,通过邀请庭审观摩、参与调解、个案分析等多种形式,加强对其法律知识、调解技能和文书制作、调解规范等方面的培训。

同时,该院还利用广播电台"法官说法"栏目、报纸专栏、门户网站以及"公众开放日"等载体,面对面地向公众宣传诉调衔接和人民调解协议司法确认的优势,扩大工作知晓度。与诸暨市司法局合办《诸暨大调解》杂志,为调解组织提供业务指导,为人民群众提供法制宣传。2011年以来,累计组织人民调解员旁听庭审80余次,邀请参与法院调解48次,培训16场380余人次。

为确保诉讼与非诉讼衔接解决机制的长效运作,诸暨法院首先落实组织、人员和经费保障,推动诸暨市委办出台《关于建立人民调解与民事诉讼衔接联动机制的工作意见》,在各乡镇及相关部门分别落实一名负责人负责诉前化解、协助法院调解工作。

在此基础上,诸暨法院和司法局联合成立了诸暨市指导人民调解委员会,聘请600余名基层治调工作人员为法院协助调解员。为保证"战斗力",设在法院的6个联调中心全部配备2名以上人民调解员,其他5个专业调解委员会共计57名工作人员的工资、误工补贴、办案奖励,以及所有办公场所建设、办公条件保障等经费全部列入政府财政预算,全额予以保障。同时,该委员会落实以奖代补政策,经联调中心诉前调解成功每件给予20元至300元不等的奖励,调动了广大调解员的工作积极性。

为了进一步提高诉前调解的成功率,该院还将诉前调解占涉诉民商纠纷总数比例、诉前调解成功率等诉调衔接重点指标纳入部门绩效考核内容。将诉前调解成功率指标纳入诸暨市乡镇平安建设考核内容。把调解业绩纳入审判管理范畴和法官业绩档案,与职级晋升和评先创优挂钩,最大限度地调动法官积极性,使更多案件实现案结事了。

跨界联动:构建长效机制

2008年起,诸暨法院先后与公安、劳动人事、卫生、工商、妇联等部门对接,建立起交通事故、消费维权、医患纠纷、劳资纠纷、妇女儿童权益维护等5个专业性调解委员会,并指派法官以"专家门诊"的方式进行业务指导。依托纺织服装、袜业、珍珠、五金机电等产业组织和协会,建立行业调解室。在重点企业如步森、海亮、盾安等集团建立企业内部纠纷调解室。在店口镇、大唐镇等外来人口聚居地组建自治性调委会,聘请外来人口来源地干部协助调解外来人口间的矛盾。

2011年,全市各级调解组织共调处各类纠纷5 804件,调解成功5 599件。今年1至7月,共调处各类纠纷4 329件,调解成功4 180件。

同时,诸暨法院还推行"涉诉情况"季通报制度,向辖区内27个乡镇、街道每月通报各自辖区内刑事、民商事案件发案率、纠纷受理数、诉前调解成功率等指标,调动各乡镇(街道)做好基层调解工作的积极性。

4.3.2.3 诸暨市法院构建全域数字法院建设体系

提要:诸暨市法院出台《关于推进全域数字法院建设的实施方案》,将以高度数字化和智能化手段实现数字正义为目标,打破空间和时间制约,聚焦全域数字法院改革目标和关键环节,着力构建以"1+1+4+X"为主要内容的全域数字法院建设体系,按下了数字化法院建设的"快进键"。

诸暨市人民法院构建全域数字法院建设体系[1]

陈军

日前,浙江省诸暨市人民法院出台了《关于推进全域数字法院建设的实施方案》,该院将以高度数字化和智能化手段实现数字正义为目标,打破空间和时间制约,聚焦全域数字法院改革目标和关键环节,着力构建以"1+1+4+X"为主要内容的全域数字法院建设体系,按下了数字化法院建设的"快进键"。

据悉,"1+1+4+X"即"一个平台+一个中心+四大任务+X项特色场景应用"。"一个平台"即浙江法院办案办公平台,推动"网上矛调中心"、基层四个平台与全省法院办案办公平台互联互通,执行领域全流程数字协同平台接入全省法院智慧执行系统。"一个中心"即综合信息指挥中心,建设集数字驾驶舱、执行指挥中心、警务指挥中心等于一体的综合信息指挥中心,将其打造成为"法院大脑"。"四大任务"即数字办案、数字诉服、数字监管、数字保障,不断在强化数字办案、运用数字诉服、提升数字监管、推动数字保障上实现新突破。"X项特色场景应用"即推动X项创新项目落地,在完成省高院、市中院规定动作的前提下,根据自身实际,加强调研探索,自主选取并打造具有诸暨人民法院特色、适宜后期推广应用的特色应用场景项目。

"下一步,我院将在保持执行领域数字化改革的全省领先地位的同时,不断丰富应用领域,用数字化'跨'的手段加强协同,全力打造数字'枫桥经验',为全市、全省乃至全国提供示范。"诸暨市人民法院院长陈键表示。

---

[1] 原载《诸暨日报》(2021年6月1日),见 https://www.zjrb.cn/news/2021-06-01/592407.html。

4.3.3 "诉调对接"工作成绩斐然

4.3.3.1 枫桥法庭荣获"中国十佳人民法庭"

提要:枫桥人民法庭多年来全面落实司法为民要求,公正高效审理各类案件,坚持创新发展"枫桥经验",创造了"三前调解法"和"四环指导法",实现了司法审判与人民调解的有效衔接和良性互动,走出了一条预防化解民间纠纷的新路子。2005年3月,在最高人民法院和中央人民广播电台举办的评选中,荣膺"2004中国十佳人民法庭"称号。省委副书记、政法委书记夏宝龙表示祝贺,并号召全省法院向枫桥法庭学习。

夏宝龙在枫桥法庭荣获"中国十佳人民法庭"
庆功会上强调法院要走在维护公平正义的前列[1]

诸暨市枫桥人民法庭荣获"2004中国十佳人民法庭"称号庆功大会昨天在绍兴市召开。省委副书记、政法委书记夏宝龙在会上强调,全省各级法院要认真学习贯彻胡锦涛总书记重要讲话精神,广泛开展向枫桥人民法庭学习活动,强化争先意识,创造一流业绩,努力把"走在前列"的要求落到法院工作实处,为深入实施"八八战略"、全面建设"平安浙江"构建社会主义和谐社会做出新贡献。

多年来,枫桥人民法庭全面落实司法为民要求,公正高效审理各类案件,坚持创新发展"枫桥经验",创造了"三前调解法"和"四环指导法",实现了司法审判与人民调解的有效衔接和良性互动,走出了一条预防化解民间纠纷的

---

1 原载《浙江法制报》(2005年4月8日,第1版)。

新路子。今年3月,在最高人民法院和中央人民广播电台举办的评选中,荣膺"中国十佳人民法庭"称号。

夏宝龙代表省委向枫桥人民法庭表示热烈祝贺。他说,枫桥人民法庭获得殊荣,充分反映了我省法院加强基层建设的成就,生动展现了我省法院公正司法、爱民为民的良好形象。全省各级法院要组织好、开展好向枫桥人民法庭学习的活动,开拓进取,真抓实干,努力使我省法院的各项工作走在全国前列。

夏宝龙强调,全省各级法院要坚持司法公正,在维护社会公平正义方面走在前列,坚持法律面前人人平等,以司法公正促进社会公平正义。要坚持司法为民,在依靠群众服务群众方面走在前列,把司法为民的要求落实到法院工作的每一个方面、每一个环节,真正做到人民法院为人民。要坚持固本强基,在夯实法院基层基础方面走在前列,把更多的精力放在加强基层建设上,把更多的资源向基层建设倾斜,努力使基层法院既有一流的硬件设施,又有一流的服务水平。要坚持从严治警,在树立法官职业形象方面走在前列,扎实开展保持共产党员先进性教育活动,加强法官职业道德建设,深入推进法院系统廉政建设,确保司法廉洁。

省高级人民法院院长张启楣出席会议并讲话。

4.3.3.2 诸暨市法院枫桥法庭传承创新"枫桥经验"

提要:诸暨市人民法院枫桥法庭始终坚持与时俱进、改革创新,总结特色经验,着力从源头上预防化解矛盾纠纷,降低纠纷成讼率;建立调解劝导制度、成立业务指导员机制、创设四环指导法,丰富司法服务内容,及时解决基层社会中潜在的纠纷及矛盾;打造涉诉情况通报机制、部门联调联动机制和信访合力化解机制,拓展纠纷化解渠道,分析当前矛盾纠纷的特点和难点;探索特色调解法、三度联调法以及在线化解法,创新纠纷调处路径,被授予首批"枫桥式标杆法庭"。

浙江省诸暨市人民法院枫桥法庭
传承创新"枫桥经验" 筑牢基层治理"桥头堡"[1]

浙江省诸暨市人民法院枫桥法庭充分发挥"枫桥经验"发源地优势,始终坚持与时俱进、改革创新,相继总结出"三前调解法""四环指导法""五时执行法"等特色经验,倡导形成"社会调解优先,法院诉讼断后"纠纷解决理念,着力从源头上预防化解矛盾纠纷,降低纠纷成讼率。近年来,枫桥法庭收案增幅逐年下降,远低于全市法院,且今年收案同比下降12%,被授予首批"枫桥式标杆法庭"。

一、健全三举措,丰富司法服务内容

一庭一中心。首创调解劝导制度,精心制作图文并茂、通俗易懂的《调解劝导书》,讲明人民调解的优势、步骤等,劝导当事人选择非诉方式解决纠纷。高标准建成功能齐全、布局合理的新型一站式诉讼服务中心和诉调对接窗口,将诉前劝导站、诉讼引导站、法律指导站、信访疏导站"四站合一",并实行庭领导首问责任制,为当事人即时提供法律服务,实现纠纷化解"最多跑一次"。近两年来,已有320余起纠纷得到即时解决,诉前纠纷化解率达28.53%。

一镇一团队。根据法庭辖区内两镇一乡和现有人员配备的实际情况,实行一个乡镇确定一名审判员、调解员或者陪审员、书记员作为定点联村的业务指导员机制,发放联系卡400余张,形成法庭与乡镇、村居的联系网。业务指导员走遍村居、走进住户、走近民众,把司法服务送到当事人家门口,畅通民众反映自身诉求的渠道,切实解决服务群众的"最后一公里"问题。利用便民立案站(点),加大巡回审判力度,就地化解农村承包、相邻纠纷等案件。同时,通过向镇、村干部了解情况,掌握、排查基层社会中潜在的纠纷情况及矛盾隐患,以便尽早加以化解。近两年来,引入诸暨市联合人民调解委员会枫桥调解

---

[1] 原载《人民法院司法改革案例选编(五)》,见 https://www.court.gov.cn/zixun-xiangqing-128591.html。

中心驻庭办公,成功调解719件。

一月一指导。创设"诉前环节普遍指导、诉时环节跟踪指导、诉中环节个别指导、诉后环节案例指导"等四环指导法,加强对人民调解委员会、人民调解员等业务指导与培训,源头上促进调解工作的规范化、法治化。在乡镇设立指导调解工作室、五个重点村居设立指导调解联络站,开通视频指导调解系统。建立法庭QQ群,邀请各调解组织、辖区部门站所、人民调解员加入。调解过程中发现疑难问题的,法庭工作人员可以随时通过QQ群进行业务指导。

二、打造三机制,拓展纠纷化解渠道

涉诉情况通报机制。以法庭公告栏及各镇、村便民服务站宣传窗为载体,每季更新涉农法律法规、政策及典型案例,实现法庭辖区司法宣传网络的全覆盖。每季度编发《法庭工作通报》,把辖区办案总量、同比增长情况,不同案例类型及所占比例、各村涉诉案件数量等情况反馈给辖区内党委政府、相关站所和市级以上人大代表,重点分析当前矛盾纠纷多发领域呈现的特点和问题,分析各镇(村)收案形势,深入探究产生根源,有针对性地提出司法建议等,推进辖区无讼村居建设,受到镇乡领导和人民群众的普遍赞誉。

部门联调联动机制。借助枫桥镇党委政府承担国标委首批"基层社会治理综合标准化试点"项目的契机,积极参与制定"基层社会矛盾纠纷大调解体系建设规范",进一步完善联调联动机制。对涉及相关行业协会、商会、工会、国土、工商等部门的案件,移送成员部门诉前委派调解,或由法庭牵头、邀请部门派员共同参与化解,实现法庭与乡镇各部门预防和化解纠纷的良性互动。定期召开联席会议,探讨工作过程中出现的新情况、新问题,剖析典型案例及矛盾纠纷的难点、疑点,总结经验,查找不足,制定改进措施等。

信访合力化解机制。加强案件风险评估工作,对案件审理及纠纷排查工作中发现的信访隐患,第一时间通告辖区党政部门;党政部门在遇到信访事件时,也及时邀请法庭参与,共同研究对策措施,合力化解矛盾和信访隐患。密切关注涉重点企业、可能影响社会稳定、易引起系列诉讼等信息,及时报告当地党委政府,并协助做好安抚与法律释明工作。高度重视信息互通与稳控联动,适时召开敏感时期维稳专题会议,提前采取针对性预防措施、准备化解预案,确保辖区总体稳定。

三、探索三方法,创新纠纷调处路径

特色调解法。依托辖区丰富的社会组织资源,设置多个特色调解工作室参与化解矛盾,如"大妈调解室"帮助化解婚姻家庭类纠纷,"乡贤调解室"帮助化解继承及邻里等纠纷,"行业调解室"帮助化解辖区内汽配、服装纺织类等比较专业的行业性纠纷,"代表委员工作室"帮助群众监督反馈法庭工作。近年邀请社会组织到庭参与调解51件,调解成功39件,调解成功率76.5%。

三度联调法。在"诉前调解、庭前调解、判前调解"三前调解法的基础上,进一步探索实施"三度联调把握法"。即庭前审查诉辩合理度,避免因未进行必要的实地考察或深入了解案情导致调解方案的偏离;庭中引导事实认同度,引导双方当事人对案件基本事实取得一致认可;庭后解说判决基准度,通过辨法析理,告知当事人案件的一般处理原则,在当事人了解判决结果基本走向的情况下,促成案件调解,实现调解工作从立案到宣判各个环节的同向衔接。实行"三度联调法"以来,法庭一审民事可调撤率、民事调解自动履行率始终保持在80%和60%以上。

在线化解法。按照浙江省在线矛盾纠纷多元化解平台、移动微法院的统一部署,提供线上与线下结合、形式多样、快速便捷的指尖诉讼和掌上办案,助力"枫桥经验"从"小事不出村"升级到"解纷不出户"。今年4月以来,已在线受理250件,其中调解成功174件,调解成功率72.8%;指导乡镇调委会在线受理81件,其中调解成功75件,调解成功率95%。

4.3.3.3　诸暨市法院推广矛盾纠纷在线调解经验

提要：诸暨法院充分发挥"枫桥经验"发源地的独特优势，坚持以人民为中心，加强诉前调解、诉调对接，降低纠纷成讼率；整合线上调解资源，运用ODR平台打通多元解纷机制的时空和方式局限；建立ODR平台运行规则，明确考核目标和管理模式，实现纠纷分流快捷便利；加大ODR平台的培训指导和宣传推广力度，实现线上线下互信共融；发挥ODR平台的司法确认职能，培育调解员队伍，完善工作机制保障。

整合资源、打破局限，推动矛盾纠纷在线化解[1]

诸暨市人民法院

近年来，诸暨法院充分发挥"枫桥经验"发源地的独特优势，推动建立矛盾纠纷多元化解工作体系。坚持以人民为中心，加强诉前调解、诉调对接，降低纠纷成讼率。大力推广"在线矛盾纠纷多元化解平台"（ODR平台），推进平台落地生根。目前，平台共注册调解机构121家、调解员440名；1—7月在线受理纠纷3 362件，结案2 285件，其中调解成功1 717件，已结案件的调解成功率为75.14%，平台运行初见成效。

一、坚持党政领导，实现调解资源由点及面

一是整合线上调解资源。主动融入基层社会治理体系，完成对综治调解、专业调解、仲裁调解、行政调解、行业调解、人民调解、律师调解、法官调解等多元解纷资源的线上整合，培育一支遍布城乡、镇街的新时代解纷"新专家"，提升镇街解纷服务的专业性和便捷性。二是打通多元解纷机制的时空局限。根据平台互联、互通、即时的特性，注重发挥人民主体作用，打破当事人地域性限

---

[1] 绍兴市委政法委编：《新时代"枫桥经验"在绍兴资料选编》，内部资料，2018年11月，第220—222页。

制,将 ODR 平台打造成便捷、高效的矛盾纠纷线上分流机制,成为解决纠纷"最后一公里"道路上的"高速巴士"。三是鼓励申请人自主选择线上调解。对于双方当事人同意上平台申请解决纠纷的,由申请人自主选择调解机构进行调解。1—7 月,ODR 平台共受理调解案件 3 362 件,其中当事人通过调解机构自主上线 1 761 件,占到 ODR 平台受理案件总量的 52.38%,当事人通过社会调解机构主动上线解决矛盾纠纷的积极性不断提高。

二、发挥全市合力,实现纠纷分流快捷便利

一是主动对接党委政府,引导全市协调配合。积极推动党委制定《诸暨市在线矛盾纠纷化解平台运行规则》,明确规定任务目标、考核标准、运行规则,以及如何防范虚假调解等,确保平台运行朝着规范化、制度化、标准化的方向发展。二是明确考核目标,确保第一道防线作用充分发挥。市综治办将 ODR 平台运行作为平安稳定亮牌考核目标,占总分值的 10%,要求各解纷机构每年在线调处案件数量不低于调处案件总量的 20%,每少一件扣 1 分,倒逼基层社会组织解纷工作的积极性。三是建立网格化的内部管理模式。基层法庭与各乡镇(街道)调解组织对接,法院诉讼服务中心与专业调解组织、律师调解组织,及三个街道调解组织对接,构建起 ODR 平台网络。主动将平台推广应用与律师调解工作相结合,鼓励律师引导当事人或者以代理人身份主动上线调解。

三、完善配套措施,实现线上线下互信共融

一是强化培训指导力度。多批次完成平台调解员的培训指导工作,要求其熟练掌握平台的基本功能和操作流程。在法官、调解员和当事人之间建立"一中心三平台"的工作联系,全天候进行远程业务指导、宣传推广平台运用等工作。二是强化宣传推广力度。与 ODR 开发公司合作开发操作手册,联合拍摄宣传片,充分利用媒体、网络等宣传阵地,推广平台应用,提升社会知晓度和认可度,引导群众自愿选择在线调解,培育新的解纷习惯。三是强化平台运行效果。通过对ODR平台的推广运行,有效解决一大批可调民商事案件。今年来,诸暨法院受理的民商事案件仍呈现递增模式,1—7月同比增长28.12%,但可调民商事案件总量同比下降2.93%,并未随着民商事案件数量的大幅增长而增长。

四、发挥司法职能,实现基层信用体系同步推进

一是加强司法确认功能应用。通过运用ODR平台对调解协议进行线上司法确认,提升调解机构和调解员的公信力。今年1—7月,共办理司法确认案件2162件,同比增长23.05%,极大提升了人民群众选择调解机构解决纠纷的积极性和主动性。二是强化调解员队伍培育。积极鼓励和培育具有一定特长的调解员队伍,增强了人民调解的法治含金量,消除当事人不必要的质疑,从而实现对基层社会信用体系的构建。三是完善工作机制保障。建立在线纠纷诉前"三导"制度,针对有解纷需求的当事人,由法院导诉人员、青年干警、志愿者、窗口立案人员以及各调解组织调解员等通过一劝导、二引导、三指导,劝导当事人诉前化解,引导当事人线上提交矛盾纠纷,实现平台运行规范高效。

参考文献

一、党政文件

中共诸暨市委、诸暨市人民政府:《关于创新"枫桥经验" 创建"平安诸暨"的实施意见》,2004年2月17日印发,诸暨市委〔2004〕18号。

中共诸暨市委、诸暨市人民政府:《关于坚持发展"枫桥经验" 深化"平安诸暨"建设的意见》,2010年2月20日印发,诸暨市委〔2010〕25号。

中共诸暨市委、诸暨市人民政府:《关于进一步加强新形势下人民调解工作的意见》,2014年2月14日印发,诸暨市委〔2014〕22号。

中共诸暨市委、诸暨市人民政府:《关于深入开展创新"枫桥经验" 创建"平安诸暨"的实施意见》,2005年3月8日印发,诸暨市委〔2005〕32号。

中共诸暨市委:《关于转发调查报告〈预防化解矛盾,维护农村稳定——"枫桥经验"新发展〉的通知》,1998年11月2日印发,诸暨市委发〔1998〕71号。

中共诸暨市委办公室、诸暨市人民政府办公室:《关于加强"大调解"体系建设 有效化解社会矛盾纠纷的实施意见》,2015年12月8日印发,诸暨市委办〔2015〕131号。

中共诸暨市委办公室、诸暨市人民政府办公室:《关于坚持发展新时代"枫桥经验" 进一步加强新时代调解工作的意见》,2021年2月7日印发,诸暨市委办〔2021〕2号。

中共诸暨市委办公室、诸暨市人民政府办公室:《关于建立人民调解与民事诉讼衔接联动机制的工作意见》,2008年10月13日印发,诸暨市委办〔2008〕113号。

中共诸暨市委办公室、诸暨市人民政府办公室:《关于建立物业纠纷人民调解工作机制的意见》,2015年12月2日印发,诸暨市委办〔2015〕80号。

中共诸暨市委办公室、诸暨市人民政府办公室:《关于进一步深化完善社会矛盾纠纷"大调解"体系建设的实施意见》,2012年8月6日印发,诸暨市委办〔2012〕100号。

中共诸暨市委机构编制委员会:《关于印发〈诸暨市社会治理中心主要职责、内设机构和人员编制规定〉的通知》,2022年9月21日印发,诸编〔2022〕17号。

中共诸暨市委政法委员会、诸暨市公安局、诸暨市司法局:《关于加强村(社区)治保调解组织建设的意见》,2020年12月21日印发,诸政法〔2020〕17号。

中共诸暨市委政法委员会、诸暨市司法局:《关于印发〈关于全面推进人民调解工作规范化的实施意见〉的通知》,2020年3月10日印发,诸司发〔2020〕2号。

诸暨市人民法院、诸暨市司法局:《关于律师进驻诉讼服务中心参与诉讼服务的通知》,2016年2月17日印发,诸法〔2016〕5号。

诸暨市人民法院:《推动矛盾纠纷分类分流化解的实施细则》,2023年3月28日印发,诸法〔2023〕5号。

诸暨市人民检察院、诸暨市司法局:《关于印发〈诸暨市人民检察院 诸暨市司法局关于检调对接工作的规定〉的通知》,2012年8月27日印发,诸检会〔2012〕10号。

诸暨市人民政府:《关于建立诸暨市医疗纠纷人民调解委员会的工作意见》,2008年10月17日印发,诸政发〔2008〕55号。

诸暨市人民政府办公室:《关于调整人民调解"以奖代补"政策的意见》,2015年6月2日印发,诸政办发〔2015〕63号。

诸暨市人民政府办公室:《关于建立健全行政调解与人民调解衔接机制的意见》,2015年12月29日印发,诸政办发〔2015〕156号。

诸暨市人民政府办公室:《关于建立健全行政调解与司法调解衔接机制的意见》,2015年12月9日印发,诸政办发〔2015〕157号。

诸暨市人民政府办公室:《关于建立诸暨市道路交通事故调解中心的通知》,2012年7月9日印发,诸政办发〔2012〕156号。

诸暨市人民政府办公室:《关于建立诸暨市总商会人民调解工作机制的意见》,2014年8月11日印发,诸政办发〔2014〕104号。

诸暨市人民政府办公室:《关于进一步激励关爱人民调解员的意见》,2020年8月10日印发,诸政办发〔2020〕32号。

诸暨市人民政府办公室:《关于实施人民调解以奖代补机制的意见》,2008年12月18日印发,诸政办发〔2008〕188号。

诸暨市社会矛盾纠纷大调解体系建设领导小组办公室:《关于设立镇乡(街道)联合调解中心的实施意见》,2018年7月6日印发,诸大调解办〔2018〕1号。

诸暨市社会治安综合治理办公室、诸暨市社会矛盾纠纷大调解体系建设领导小组办公室、诸暨市司法局:《关于加强社会化调解体系建设的实施意见》,2015年10月9日印发,诸大调解办〔2015〕1号。

诸暨市社会治安综合治理办公室、诸暨市社会矛盾纠纷大调解体系建设领导小组办公室、诸暨市司法局:《关于建立矛盾化解甄别疏导机制的实施意见》,2015年10月9日印发,诸大调解办〔2015〕2号。

诸暨市社会治安综合治理委员会办公室、诸暨市精神文明建设委员会办公室、诸暨市司法局、诸暨市财政局:《关于建立人民调解志愿者队伍 大力开展志愿服务活动的实施意见》,2016年3月21日印发,诸政办发〔2016〕12号。

诸暨市司法局、诸暨市供电局:《关于成立诸暨市电力纠纷人民调解工作领导小组和诸暨市电力纠纷人民调解委员会的通知》,2017年11月14日印发,诸司〔2017〕49号。

诸暨市司法局、诸暨市教育局:《关于印发〈诸暨市学生伤害纠纷人民调解工作实施办法〉的通知》,2014年8月18日印发,诸司〔2014〕41号。

诸暨市司法局:《关于开展建立乡镇(街道)人民调解委员会试点工作的意见》,2002年3月21日印发,诸司〔2002〕20号。

诸暨市司法局:《关于开展人民调解员等级评定工作的通知》,2017年7月17日印发,诸司〔2017〕37号。

诸暨市司法局:《关于印发〈诸暨市选聘退休社会人士担任专职人民调解员实施方案(试行)〉的通知》,2021年12月9日印发,诸司〔2021〕10号(已废止)。

诸暨市司法局:《深化发展"枫桥经验"三年规划(1999—2001年)》,1999年5月8日印发,诸司〔1999〕20号。

中共大西区委:《关于推广"枫桥经验" 搞好社会综合治理的实施意见》,1990年5月25日印发,大委〔1990〕45号。

中共枫桥镇委、枫桥镇人民政府:《关于建立枫桥镇矛盾化解甄别疏导机制的实施意见》,2015年3月27日印发,枫委〔2015〕31号。

中共枫桥镇委员会、枫桥镇人民政府:《关于成立枫桥镇调解中心的实施意见》,2000年3月21日印发,枫委〔2000〕18号。

中共枫桥镇委员会:《枫桥镇治保调解工作考核办法》,2000年2月25日印发,枫委〔2000〕13号。

中共赵家镇委员会:《关于成立"山娘舅"微调解组织的实施意见》,2018年12月23日印发,赵委〔2018〕46号。

中共诸暨市浣东街道工作委员会、诸暨市人民政府浣东街道办事处:《关于创新发展"枫桥经验" 推进综治网格化管理工作的实施意见》,2008年8月15日印发,浣工委〔2008〕45号。

二、档案与报刊

叶辉、孙陈超、梅芳燕:《浙江诸暨市创新模式解医疗纠纷》,《光明日报》2009年8月1日,第1版。

余建华、马程琳:《西施故里的调解新曲》,《人民法院报》2010年1月26日,第7版。

臧铯、周智敏、翁均飞:《春风化雨润万家——诸暨市创新社会管理纪实》,《浙江日报》2011年2月28日,第1版。

潘浩、叶建平、柴建钟、孙永武:《创新群众工作方法 积极推进矛盾化解——浙江诸暨法院关于创新"枫桥经验"推进社会矛盾化解情况的调研报告》,《人民法院报》2011年9月8日,第8版。

李恩树:《"枫桥经验"激活民间调解力量》,《法制日报》2011年12月17日,第2版。

荀红、李阳、余建华:《诸暨整合专业化调解协力解纠纷》,《人民法院报》2012年7月30日,第4版。

余建华、孟焕良、费小余:《诸暨:多方联动 诉调衔接》,《人民法院报》2012年8月21日,第8版。

郑重:《"枫桥经验"对人民法院矛盾化解工作的启示》,《人民法院报》2013年

11月6日,第5版。

孟焕良、杨敏儿:《诸暨:让"大立案、大调解、大服务"落地生根》,《人民法院报》2016年11月8日,第6版。

余建华、杨敏儿:《诸暨法院:"区块e解"构建"分调裁审"新格局》,《浙江日报》2019年11月11日,第15版。

张璐妮:《浙江诸暨设立"三位一体"巡回审判站——自助立案调解审判三大功能集一身》,《人民法院报》2020年6月15日,第4版。

三、著译作

浙江省诸暨市公安局编:《枫桥经验三十年》,内部资料,1993年版。

诸暨市纪念枫桥经验45周年领导小组办公室编:《构建和谐社会的新篇章:五年创新发展枫桥经验成果汇编》,内部资料,2008年版。

绍兴市"枫桥经验"50周年活动领导小组办公室编印:《5年来"枫桥经验"重点报道选编》,内部资料,2013年版。

绍兴市地方志编纂委员会办公室编:《绍兴市志(1979—2010)》(第三册),浙江古籍出版社2018年版。

绍兴市委政法委编:《新时代"枫桥经验"在绍兴资料汇编》,内部资料,2018年版。

《枫源村志》编纂委员会编:《枫源村志》,吉林文史出版社2021年版。

编写说明

"枫桥经验"是在党领导下,依靠群众将矛盾纠纷化解在基层,化解在萌芽状态,就地解决矛盾纠纷的典型经验,自1963年形成以来始终坚持注重群众参与化解矛盾纠纷的机制建设。本卷选取了20世纪60年代以来,尤其是21世纪之后的史料文献,其中包括与矛盾纠纷多元化解机制建设相关的政策性和实施性文件、会议交流材料、工作汇报或总结、新闻报道、经典案例等,按"枫桥经验"大调解体系建设、基层社会多元化解矛盾纠纷、行业性专业性调解化解矛盾纠纷、"诉调对接"化解矛盾纠纷四大类分章辑录,每章又细分为不同主题,按时间顺序编排。为了方便读者从点、线、面三重维度纵览"枫桥经验"矛盾纠纷多元化解机制建设的历史画卷,我一方面通过"导论"概述了自己汇编"枫桥经验"矛盾纠纷多元化解机制建设史料文献的研究心得,另一方面在每章及每份史料文献前编写了提要。

本卷编写自开展到交付出版社耗时两年,其间带康震、殷晨、项楚、朱锦继、张娅妮、曹佳、尚乐妍、陈绎帆等项目组成员多次赴诸暨调研收集材料,最终能顺利成稿离不开大家的吃苦耐劳和通力协作。参与项目的很多同学今日已奔赴新的工作岗位,相信大家都不会忘记曾经在暑期冒着酷暑奔赴诸暨各部门、乡镇(街)和村(居)收集资料并集中汇总整理的历历场景。本卷能够付梓出版要感谢浙江大学光华法学院的胡铭院长,如果不是他多次组织召开工作推进会并联合出版社编辑召开统稿会给予鞭策,定不会有眼前呈现给读者的这本书;还要由衷地感谢汪世荣教授,如果不是他给我这个研究史料文献的机会并经常指教,我也不会发现这个学术视域的魅力;同时还要感谢在调研过程中为我们收集史料文献给予了大力支持和帮助的部门、单位及工作人员,以及在编写过程中给予批评指导的学界同人。

鉴于时间仓促,本卷关于"枫桥经验"矛盾纠纷多元化解机制建设史料文献的收集难免有所遗漏,后期尚须进一步补充完善,不妥之处敬请读者批评指正。

朱继萍

2023 年 8 月 5 日

图书在版编目(CIP)数据

"枫桥经验"矛盾纠纷多元化解机制史料与研究 / 朱继萍编著 . -- 北京：商务印书馆，2025
（"枫桥经验"史料整理与研究）
ISBN 978-7-100-23114-5

Ⅰ.①枫… Ⅱ.①朱… Ⅲ.①社会问题—史料—研究—诸暨 Ⅳ.① D669

中国国家版本馆 CIP 数据核字（2023）第 188414 号

权利保留，侵权必究。

"枫桥经验"史料整理与研究
第八卷
"枫桥经验"矛盾纠纷多元化解机制
史料与研究
朱继萍　编著

商 务 印 书 馆 出 版
（北京王府井大街 36 号　邮政编码 100710）
商 务 印 书 馆 发 行
南京爱德印刷有限公司印刷
ISBN 978-7-100-23114-5

2025 年 8 月第 1 版　　　开本 720×1000　1/16
2025 年 8 月第 1 次印刷　印张 31¼

定价：168.00 元